dtv

Kein Geringerer als Goethe hielt die Gedenkrede auf Christoph Martin Wieland bei der Totenfeier am 18. Februar 1813. Wieland hatte die geistige Welt des späten 18. Jahrhunderts entscheidend geprägt und wurde von der Großherzogin Anna Amalia von Weimar sehr geschätzt. Sie hatte ihn an ihren »Musenhof« geholt. Viele seiner Zeitgenossen – Goethe eingeschlossen – haben ihn insgeheim nicht gemocht, sein der Aufklärung verpflichtetes Denken abgelehnt; die späteren haben ihn für undeutsch und gar frivol gehalten, und damit war Wieland für das 19. Jahrhundert literarisch »erledigt« und geriet in Vergessenheit. Jan Philipp Reemtsma hebt den Schleier des Vergessens und leistet Aufklärung über ein bedeutendes Werk der Aufklärung. In seiner detaillierten Untersuchung über den von Arno Schmidt sehr geschätzten Altersroman Wielands – das wohl persönlichste Werk des Dichters – macht er dessen eigene, höchst modern anmutende Weltsicht feinsinnig und klug deutlich. Die Worte Arno Schmidts über den Roman ›Aristipp‹ können auch für Reemtsmas Buch gelten: »eine Bereicherung im wahrsten Sinne«.

Jan Philipp Reemtsma, geboren 1952 in Bonn, lebt und lehrt in Hamburg. Er ist Philologe und Vorstand des Hamburger Instituts für Sozialforschung sowie der Arno-Schmidt-Stiftung, Mitherausgeber der Bargfelder Ausgabe der Werke Arno Schmidts, Autor und Herausgeber zahlreicher Bücher zu literarischen, zeitgeschichtlichen und politischen Themen.

Jan Philipp Reemtsma

Das Buch vom Ich

Christoph Martin Wielands
»Aristipp und einige seiner Zeitgenossen«

Deutscher Taschenbuch Verlag

März 2000
Deutscher Taschenbuch Verlag GmbH & Co. KG, München
© 1993 Haffmans Verlag, Zürich
ISBN 3-251-20131-X
Umschlagkonzept: Balk & Brumshagen
Umschlagbild: ›Landlinien I‹ (1987-88) von Bernd Koberling
(© Sammlung Christine und Roland Hirter, Bern)
Gesamtherstellung: C. H. Beck'sche Buchdruckerei
Nördlingen
Gedruckt auf säurefreiem, chlorfrei gebleichtem Papier
Printed in Germany · ISBN 3-423-30760-9

Wieland erklärte sich von seiner Seite gegen den Gebrauch des Wortes Tugend und machte es überall lächerlich, weil er den Unsinn dieses so sehr gemißbrauchten unverständig gelallten Wortes haßte und es für den Alltagsgebrauch zu vornehm hielt. – Mit größter Heftigkeit spricht er gegen die Philosophie, um so mehr, da Reinhold aus Bonhomie der Fichte'schen Wissenschaftslehre gehuldiget habe, da er doch selbst über alle Kant'sche Philosophie durch ein System der Popularität sich hätte die Oberherrschaft erwerben können. Er, Wieland, würde einem solchen philosophischen reinen Ich eine Tracht Stockprügel auf den Hintern aufzählen lassen, um ihn zum Geständnis zu bringen, daß sich das reine Ich nicht ohne das NichtIch setzen könne.

Böttiger

INHALT

OSMANNSTÄDT
UND TITELKUPFER

»Aber der junge Vetter ist nicht recht befriedigt. ›Mit Vernunft sich heraushalten? – Ist das nicht zu wenig? Wo bleibt dabei der wahrhafte, der rechte Mensch?‹ – ›Er lebt, Rätin, er lebt‹, ruft in diesem Augenblick in der Wochenstube am Hirschgraben in Frankfurt eine alte Frau der erschöpften jungen Wöchnerin Elisabeth Goethe zu. Der unbefriedigte Frager in Erfurt kann die Antwort, die das Schicksal für die Entwicklung der Menschheit bereit hat, nicht hören. Aber die Welt wird sie dereinst hören. Einmal wird das Genie, das da mittags um zwölf Uhr am 28. August 1749 mühsam zur Welt kam, Antwort geben. Ihm voranschreitend, ihm den Weg ebnen wird, zu Bescheidung und Mittelmaß auserkoren, Christoph Martin Wieland.«

Jutta Hecker

Wenige Kilometer von Weimar liegt das Dorf Osmannstädt. Heute gibt es dort eine »Wielandschule Oßmannstedt« hinter einer Mauer und einem großen verschlossenen Tore mit je einer Urne auf jedem Pfeiler, um die Ecke aber ist ein kleines, da geht man hindurch und ist da; Peter Hacks beschreibt es so: »Vor den Toren Weimars besaß er ein Gütchen, Osmannstädt. Ein gestrecktes, französisch ummauertes Wasser lief senkrecht auf die Front seines Dichterschlößchens zu und bildete mit dem ein T. Es ist nicht zu glauben, in wie kleinem Maßstab Versailles sehr hübsch nachzuahmen geht.« Das, sagen wir lieber: Gutshaus, steht heute noch und zeigt zudem drei Zimmerchen her, worin wenige Bücher, Wielands Schreibzeug, das von Kraus 1774/75 gemalte Bild von Wieland nebst Familie, ferner Tisch, Stühle, Sopha, Schreibtisch und wenige Handschriften zu sehen sind. Das kleine Museum ist nach dem Zweiten Weltkrieg eingerichtet worden. Als Arno Schmidt im Jahre 1939 das Haus besucht hat, wußten die Bewohner nichts von einem Wieland.

Seit 1943 gibt es am Hause eine Tafel: »In diesem Hause hat / Christ. Martin Wieland / von 1797 bis 1803 als Gutsherr gewohnt / hier ist im Winter 1803 / Heinrich von Kleist / sein Gast gewesen / Die Kleistgesellschaft 1943« steht darauf, man kann es bis heute so lesen. Der Kleist-Gesellschaft also verdanken wir das kleine Museum, und wir wollen ihr nicht übelnehmen, daß der Wortlaut der Tafel etwas kraus geraten ist. Eine Kleist-Gesellschaft darf so etwas, sie hat sich um ihren Namensgeber zu kümmern. Doch folgt die Kleist-Gesellschaft mit dieser Aufschrift auch einem Topos der Wieland-Lektüre.

Noch jemand ist in Osmannstädt Gast gewesen, Jean Paul. Das war so, aber nur so sieht es auch die Jean-Paul-Ausgabe des Hanser-Verlages, wenn sie die letzten Sätze der »Konjektural-Biographie« kommentiert: »S. 1080 *Wieland:* Die letzte Nacht auf der Fahrt nach Weimar besuchte J. P. den greisen Wieland auf seinem Gut in Oßmannstädt.« Nach Ansicht der Kommentatoren hat es sich also um einen Reisebericht gehandelt, und nicht Inhalt, noch der im Anhang abgedruckte Passus aus Jean Pauls Vorwort zur ersten Ausgabe: »[...] vertrauet dem Leser eine *Konjektural-Biographie* meines zukünftigen Lebens in sogenannten poetischen Episteln an« macht sie stutzen. Wer liest, liest »Das Ende« (so die Überschrift der letzten poetischen Epistel) wie es gelesen sein will, als eine Meditation zum Tode: »Ihr guten Leser, die ihr vom unbekannten einschlafenden

Menschen doch den fortsprechenden Autor erbet, schauet leicht meinem kleinen Schachspiel mit mir selber zu bis zum Umlegen der letzten Figur«, und so heißt es denn am Ende: »Die Sonne geht hinab – meine Reise endigt – und in wenig Minuten bin ich an einem geliebten teuern Herzen – – es ist deines, unsterblicher Wieland!« Ist der vernagelte Kommentar zu dieser Stelle nur Legasthenie, ist er baares Unverständnis für Jean Paul, oder ist er eine literaturgeschichtliche Zwangshandlung: bei Wieland ist ein von uns verehrter Autor allenfalls zu Gast gewesen?

Christoph Martin Wieland ist am 20. Januar 1813 neunundsiebzigjährig in Weimar gestorben, begraben liegt er in Osmannstädt. Selbdritt, wenn man so will, oder à trois. Unter dem dreiseitigen Obelisk liegen noch seine Frau Dorothea, geborene Hillenbrand, und Sophie Brentano, Enkelin der Cousine und Jugendfreundin Sophie LaRoche, geborene Gutermann, Schwester von Clemens und Bettina, dem Kinde. Auf dem Stein des Obelisken das Distichon Wielands: »Liebe und Freundschaft umschlang die verwandten Seelen im Leben, / und ihr Sterbliches deckt dieser gemeinsame Stein.« Ein schmiedeeisernes Rundgitter friedet die Stelle ein.

5. Juli 1827: Im Hause Goethes finden sich ein: der Dichter selbst, sein Eckermann, »der Kanzler«, der Oberbaudirektor Coudray, der das Grab Wielands gestaltet hat. Man spricht über Weltpolitik, Wellingtons Gesandtschaft nach Petersburg »und deren wahrscheinliche Folgen«, die griechisch-türkische Konfliktlage, man gedenkt der Tage unter Napoleon, tempi passati. Der Kanzler und Coudray gehen, und Eckermann notiert Goethes Worte: »›Da ich in Jahrtausenden lebe‹, sagte er, ›so kommt es mir immer wunderlich vor, wenn ich von Statuen und Monumenten höre. Ich kann nicht an eine Bildsäule denken, die einem verdienten Manne gesetzt wird, ohne sie im Geiste schon von künftigen Kriegern umgeworfen und zerschlagen zu sehen. Coudrays Eisenstäbe um das Wielandische Grab sehe ich schon als Hufeisen unter den Pferdefüßen einer künftigen Kavallerie blinken, und ich kann noch dazu sa-

gen, daß ich bereits einen ähnlichen Fall in Frankfurt erlebt habe. Das Wielandische Grab liegt übrigens viel zu nahe an der Ilm; der Fluß braucht in seiner raschen Biegung kaum einhundert Jahre am Ufer fort zu zehren, und er wird die Toten erreicht haben.‹ Wir scherzten in gutem Humor über die entsetzliche Unbeständigkeit der irdischen Dinge und nahmen sodann Coudrays Zeichnung wieder zur Hand [...]« Es ist aber noch alles am Orte, Gitter, Grab und Ilmschleife.

Am 24. Januar wird der Leichnam Wielands in der Freimaurer-Loge »Amalia« zu Weimar ausgestellt, am 25. Januar 1813 ist die Beerdigung zu Osmannstädt; am 18. Februar die Totenfeier, wiederum in der Loge. Ein Heft der Freimaurer-Analecten beschreibt das Setting: »Hinter dem Sitze des S. E. Mstrs. erblickte man zwischen zwei großen blauen Säulen, welche durch schwarze Draperien mit silbernen Spitzen halb verdeckt waren, die Chiffre der Loge auf dunkelblauem Sammt in Golde. In der Mitte der Loge lag, auf dem schwarzen Boden ausgebreitet die blauseidene Decke, welche Wieland's Sarg am 24. Januar geziert hatte. In der Mitte der Decke zeigte sich das pythagoreische Fünfeck in Gold, und an den Ecken standen vier große brennende Kerzen. Zwischen dem Sitze des S. E. M. und der eben erwähnten Decke lagen, erhöht auf einem blauseidenen Kissen mit Gold, des verewigten Br. Wieland's maurerische Bekleidung, durch einen großen Blüthenzweig des Dichters gedeckt.«

Zunächst spricht der »Meister vom Stuhl«, dann übergibt er das Wort an den »ehrwürdigen Bruder von Göthe«. Dieser spricht dann: »Zu brüderlichem Andenken Wielands«, und das »brüderlich« ist, was dem Leser leicht entgeht, die freimaurerische Redekonvention, kein »confrater« in irgend anderem Sinne. »Durchlauchtigster Protektor, Sehr ehrwürdige Meister, Verehrungswürdigste Anwesende!«, so geht es an, »Ob es gleich dem einzelnen unter keiner Bedingung geziemen will, alten ehrwürdigen Gebräuchen sich entgegen zu stellen, und das, was unsere weisen Vorfahren beliebt und angeordnet, eigenwillig zu verändern, so würde ich doch, stände mir der Zauberstab wirklich zu Gebote, den die Muse unserm abgeschiedenen Freunde geistig anvertraut, ich würde diese ganze düstere Umgebung augenblicklich in eine heitere verwandeln: dieses Finstere müßte sich gleich vor Ihren Augen erhellen, und ein festlich geschmückter Saal mit bunten Teppichen und munteren Kränzen, so froh und klar als das Leben unseres Freundes, sollte vor Ihnen erscheinen.« Man mag diesen Ausdruck der Freude für eine jener Spielformen der Nekro-Rhetorik halten, die darauf zielen, den Trauerprozeß abzukürzen, also Weltlichkeit schon vor dem Leichenschmaus wiederherzustellen. Man kann ihn aber auch in einem sehr viel ernsteren Sinne verstehen. Man kann die letzten zehn Wörter des nächsten Absatzes ganz wörtlich auf den Sprechenden beziehen und als etwas interpretieren, das sich nicht *gegen* die, sondern *in* der Rhetorik durchsetzt, die konventionellerweise solche Konfessionen verbietet: »Da möchten die Schöpfungen seiner blühenden Phantasie Ihre Augen, Ihren Geist anziehn, der Olymp mit seinen Göttern, eingeführt durch die Musen, geschmückt durch die Grazien, sollte zum lebendigen Zeugnis dienen, daß derjenige, der in so heiterer Umgebung gelebt, und dieser Heiterkeit gemäß auch von uns geschieden, unter die glücklichsten Menschen zu zählen, sondern mit einem Ausdruck der Freude und des Jubels zu bestatten sei.« Wieland sei mit einem Ausdruck der Freude und des Jubels zu bestatten.

Die Rede »Zu brüderlichem Andenken Wielands« ist Goethes Grablegung Wielands. Wie jede Grabrhetorik von der Ambivalenz der Gefühle der Trauergemeinde lebt, so ist auch das über dem Grabe errichtete Monument nur zum Teil die Verewigung des Angedenkens, es verweist auch, gerade in seiner Gewichtigkeit auf den Grund-Sinn von Grabstein und -platte: dem Toten die Wiedergängerei unmöglich zu machen. Die Rede »Zu brüderlichem Andenken Wielands« wälzt einen Stein vor die Gruft, und der da wälzt, feiert sich als der »Überlebende«, durchaus im Canettischen Sinne: »Der Augenblick des Überlebens ist der Augenblick der Macht. Der Schrecken über den Anblick des Todes löst sich in Befriedigung auf, denn man ist nicht selbst der Tote. Dieser liegt, der Überlebende steht. Es ist so, als wäre ein Kampf vorausgegangen und als hätte man den Toten selbst gefällt.« Und wie sehr, wenn man die voraufgegangene Zeit zuweilen wirklich als einen Kampf erlebt hat.

Frei von jeder mörderischen Attitüde, schreibt Canetti, sei der Wunsch, literarisch zu überleben. »Er begnügte sich« – Canetti über Stendhal – »ohne Wehleidigkeit damit, für wenige zu schreiben, aber er war ganz sicher, daß in hundert Jahren sehr viele ihn lesen würden. Klarer und isolierter und ohne jede Anmaßung ist der Glaube an literarische Unsterblichkeit [...] nicht zu fassen. Was bedeutet dieser Glaube? Was ist sein Inhalt? Er bedeutet, daß man da sein wird, wenn alle andern, die zur selben Zeit gelebt haben, nicht mehr da sind. [...] Man wählt sich die Gesellschaft derer, zu denen man selbst einmal gehören wird: alle jene aus vergangenen Zeiten, deren Werk noch heute lebt, die zu einem sprechen, von denen man sich nährt. [...] So bieten sich die Toten den Lebenden als edelste Speise dar. Ihre Unsterblichkeit kommt den Lebenden zugute: in dieser Umkehrung des Totenopfers fahren alle wohl. Das Überleben hat seinen Stachel verloren, und das Reich der Feindschaft ist zu Ende.« Was, wenn es seitens des Überlebenden nicht zu Ende ist? Goethes Logenrede ist in der Tat nichts weniger als der Versuch eines Mordes übers Grab hinaus. Wielands letzte Rede vor der Loge »Amalia« hatte das Thema »Über das Fortleben im Andenken der Nachwelt«; Goethe hat versucht – und er ist nicht ganz erfolglos dabei geblieben, wenn auch die sogenannte »Objektivität« immer noch den bekanntermaßen gewichtigeren Anteil an solchen säkularen Ereignissen hat – das Fortleben Wielands im Andenken der Nachwelt zwar nicht zu zerstören, aber doch zu stören, zu gewichten, unter das eigene, darin dann doch auch angemaßte Maß zu zwingen. Er sagt es selbst: »Umso lieber« spreche er hier »einige Worte, als sie flüchtige Vorläufer sein können dessen, was künftig die Welt [...] für ihn tun wird. Diese Gesinnung ist's, diese Absicht, um derentwillen ich mir ein geneigtes Gehör erbitten darf; und wenn dasjenige, was ich mehr aus einer fast vierzig Jahre geprüften Neigung, als aus rednerischer Überlegung, keineswegs in gehöriger Verbindung, sondern vielmehr in kurzen Sätzen, ja sprungweise vortrage, weder des Gefeierten, noch der Feiernden würdig erscheinen dürfte, so muß ich bemerken, daß hier nur eine Vorarbeit, ein Entwurf, ja nur ein Inhalt und wenn man will, Marginalien eines künftigen Werks zu erwarten seien.« Auch das kann man an der Oberfläche der Floskeln nur als die übliche Entschuldigungsrhetorik lesen: man möge dem Redner dies und das verzeihen, er werde den Text noch nacharbeiten. Man kann aber auch lesen, was die Floskeln dann aussprechen, wenn man sie beim Worte nimmt: daß, was hier vorgetragen werde, nicht aus der Rhetorik stamme, sondern von Herzen komme, daß es – gleichwohl oder darum – Wielands nicht würdig sei, noch den Zuhörern resp. den Lesern, daß die Wortverbindungen keineswegs gehörig seien, und wenn Goethe sagt, er spreche aus einer »fast vierzig Jahre geprüften Neigung« heraus, so möchten die doch nachgerechnet sein, aufs Jahr 1774 etwa, in dem Goethe seine Farce »Götter Helden und Wieland« schreibt, ein derbes Ding, in dem er versucht, Wieland zum Männlein zu machen und selbst ganz herkulisch dazustehn. Wieland wußte sich durch Lob und Besprechung des Stückes im »Teutschen Merkur« zu wehren und Goethes Wutausbruch, nun sei er beim Publico prostituieret, ist überliefert. Gleichfalls der nach der Lektüre von Wielands so wohlwollender wie herablassender Rezension des »Götz«: Wieland rede wie sein (Goethes) Vater. Solch früher Zorn möge bei der Rede von der fast vierzigjährigen Neigung mitgedacht werden, und aus der geprüften Neigung klingt eben auch, daß sie eine Prüfung gewesen ist. An Wielands Grab ist Goethe auch einer Bürde ledig.

Er weist die Lebendigkeit des physisch Toten in jene Zeitschranken, die für ihn selbst nicht gelten sollen. »Die

Wirkungen Wielands auf das Publikum waren ununterbrochen und dauernd. Er hat sein Zeitalter sich zugebildet, dem Geschmack seiner Jahresgenossen sowie ihrem Urteil eine entschiedene Richtung gegeben, dergestalt, daß seine Verdienste schon genugsam erkannt, geschätzt, ja geschildert sind.« Es ist alles gesagt. Ein Kind seiner Zeit, prägte er seine Zeitgenossen. Nichts darüber hinaus denn Angedenken. Das Angedenken gilt seiner Person, denn sie war »hinter« der Schreiberei das eigentlich Attrahierende: »woher kam die große Wirkung, welche er auf die Deutschen ausübte? Sie war eine Folge der Tüchtigkeit und der Offenheit seines Wesens. Mensch und Schriftsteller hatten sich in ihm ganz durchdrungen, er dichtete als ein Lebender und lebte dichtend« – und was derlei Feuilletonismen mehr sind, etwa: »und so schrieb er auch urteilend und urteilte schreibend«, und »aus der Fruchtbarkeit seines Geistes entquoll die Fruchtbarkeit seiner Feder«; (hier wetteifert das mißlungene Bild mit der prekären Grammatik). Wo er denn aber außer Mensch gleichsam »auch noch« Dichter und nicht Schreiber gewesen ist, was wäre zu sagen?: »Alle diese Werke traten wirklich zur rechten und günstigen Zeit hervor« – das hat ihren Erfolg ausgemacht. Wenn wir sie heute nicht mehr mögen, kann uns kein Tadel treffen, und ich sage euch: ihr müßt sie nicht mehr lesen. Denn schließlich waren es eigentlich gar keine Werke der Dichtung im eigentlichen Sinne: »Oft unternahm der glückliche Dichter das Kunststück, ganz gleichgültigen Stoffen durch die Bearbeitung einen hohen Wert zu geben« – »Wieland fürchtete nicht, durch Studien seiner Originalität Eintrag zu tun, ja schon früh war er überzeugt, daß, wie durch Bearbeitung schon bekannter Stoffe, so auch durch Übersetzung vorhandener Werke, ein lebhafter Geist die beste Erquickung fände.« Es war so etwas wie eine Freizeitaktivität; aber gleichzeitig ist das Stichwort gefallen, unter das Goethe das Werk Wielands zu bringen gedenkt: Übersetzungen. Denn auf diesem Felde gibt es – weniges, »Rameaus Neffe« etwa ausgenommen – keine wirkliche Konkurrenz. Er sagt viel über Wielands Shakespeare, Lukian, Horaz, Cicero, Aristophanes, gibt noch eine kleine, seitdem viel zitierte Theorie des Übersetzens wie gratis mit bei. Vor allem aber sagt er, daß Wieland eigentlich nichts als Übersetzungen geschrieben habe –: die Versdichtungen? fremde Stoffe für unseren Geschmack bearbeitet; die Prosadichtungen? Ergebnisse jener »sorgfältige[n] Vorübungen, welche dem Übersetzer noch mehr als dem Dichter notwendig sind«. Und was wäre sonst noch zu erwähnen? Der Journalist Wieland, der Kommentator der Französischen Revolution (und wir wissen, wie verächtlich Goethe speziell über diesen Zweig der Wielandischen Produktion dachte) und der Herausgeber des »Teutschen Merkur« – auch in dieser Beziehung keine Möglichkeit eines Vergleiches.

Schließlich nimmt Goethe Wielands Kritik an dem ja auch ihm durchaus geistesfremden Kant zum Anlaß, die Überlebtheit des Älteren geschichtsphilosophisch abzusichern. »Denn ob es gleich im Anfang scheinen wollte, als wäre die Absicht überhaupt nur auf Wissenschaft, sodann auf Sittenlehre und was hievon zunächst abhängig ist, gerichtet, so war doch leicht einzusehen, daß wenn man jene wichtigen Angelegenheiten des höheren Wissens und des sittlichen Handelns, fester als bisher geschehen, zu begründen dachte, wenn man dort ein strengeres, in sich mehr zusammenhängendes, aus den Tiefen der Menschheit entwickeltes Urteil verlangte, daß man, sag' ich, den Geschmack auch bald auf solche Grundsätze hinweisen, und deshalb suchen würde, individuelles Gefallen, zufällige Bildung, Volkseigenheiten durchaus zu beseitigen, und ein allgemeineres Gesetz zur Entscheidungsnorm hervorzurufen. Das geschah auch wirklich und in der Poesie tat sich eine neue Epoche hervor, welche mit unserm Freunde, so wie er mit ihr in Widerspruch stehen mußte.« Uns fällt es schwer, diesen Satz in Deutlichkeit zu fassen – mit Kant beginnt er und endet bei den Romantikern – und man wird, angesichts der Tatsachen eher geneigt sein hervorzuheben, daß jede neue literarische Richtung – »Sturm und Drang«, »Klassik« oder »Romantik« – ihren Selbstdefinitionsprozeß durch einen Angriff auf Wieland eingeleitet hat, aber dazu gleich. Dem Hörer jedenfalls werden die Angriffe der »Xenien« und die der Schlegels im »Athenäum« in diesem Satz Goethes ununterscheidbar sein, worin für den rhetorischen Strategen das Risiko liegt, selbst literaturgeschichtlich eingeordnet zu werden, d.h. einer Epoche zugehörig und möglichem Veralten sich ausgesetzt zu sehen. Goethe placiert sich darum als synthetisches Prinzip zwischen den Antithesen: »Von dieser Zeit an erlebte er manches unbillige Urteil, ohne jedoch sehr davon gerührt zu werden, und ich erwähne dieses Umstands hier ausdrücklich, weil der daraus in der deutschen Literatur entstandene Konflikt noch keineswegs beruhigt und ausgeglichen ist, und weil ein Wohlwollender, wenn er Wielands Verdienst schätzen und sein Andenken kräftig aufrechterhalten will, von der Lage der Dinge, von dem Herankommen sowie der Folge der Meinungen, von dem Charakter, den Talenten der mitwirkenden Personen genau unterrichtet sein müßte, die Kräfte, die Verdienste beider Teile wohl kennen, und, um unparteiisch zu wirken, beiden Parteien gewissermaßen angehören.«

Aus der sich zugeschriebenen Position über den Zeitläuften, Moden nicht nur, sondern Epochen enthoben, einer der eben in Jahrtausenden lebt, gibt Goethe das Fazit in den Zeitenlauf hinein: »Auch übernahm ich diese schöne Pflicht nur in der Betrachtung: es könne das von mir Vorgetragene dem zur Einleitung dienen, was künftig, bei wiederholter Feier seines Andenkens, von andern besser zu leisten wäre. Wird es unsern verehrten Meistern gefallen, mit diesem Aufsatz in ihre Lade allè dasjenige niederzulegen, was öffentlich über unsern Freund erscheinen wird [...] so würde hiedurch ein Schatz von Tatsachen, Nachrichten und Urteilen gesammelt, welcher wohl einzig in seiner Art sein dürfte, und woraus denn unsere Nachkommen schöpfen könnten, um mit standhafter Neigung ein so würdiges Andenken immerfort zu beschützen, zu erhalten und zu verklären.« Das Ergebnis so initiierter Literaturgeschichtsschreibung »in Sachen« Wieland hat

Arno Schmidt 144 Jahre nach der Rede »Brüderlichem Andenken« so bezeichnet: »Wieland? –: Hm. – [...] Ein berühmter Name, gewiß; aber wie ich gestehen muß, mir nur eine Schattengestalt. Die Literaturgeschichte [...] hat ihn doch längst so endgültig ‹abgetan› [...]«.

So wenig man solche literarische Strategie als bloß funktional historischen Trends bei- oder unterordnen kann, so wenig kann man ein Ereignis wie die Bildung eines literarischen Kanons, aus dem ein zuvor unter die bedeutendsten gerechneter Autor ausgeschlossen bleibt, auf die erfolgreiche Strategie eines Einzelnen, und wäre er denn der bedeutendste, zurückführen. Dennoch wird man berechtigt sein, von einer erfolgreichen Strategie zu sprechen, sicherlich in Bezug auf die literaturgeschichtlichen Auswirkungen der Jahre 1813 bis heute, wahrscheinlich auch schon der Jahre zuvor. Wieland selbst hat das nachweislich empfunden. Es möchte gleichsam zu »privat« wirken, wenn man aus Johanna Schopenhauers Brief vom 10.3.1807 an Arthur die Mitteilung zitierte, Wieland meide ein Zusammentreffen mit Goethe, und zu paranoid, wenn man liest, Wieland meine, die Angriffe der Schlegels seien eine Fortsetzung Weimarer Intrigen gegen ihn. Subjektiv hatte Wieland beste Gründe, Angriffe als »ungerecht« zu empfinden. So sehr sich Wieland immer wieder als Lehrer, Mentor, Anreger oder Vorbild empfunden und empfohlen hat, so wenig war er doch darauf aus, etwa eine »Schule« – ein Umstand, der als etwas Besonderes in Deutschland von Mme. de Staël hervorgehoben wird – zu gründen. Mme. de Staël hat da schon etwas richtiges gespürt. Es wird ihm die kurze Zeit bei Bodmer in Zürich rückblickend Lehre genug gewesen sein, aber es ist natürlich auch immer eine Mentalitätsfrage. So hat er selbst, von denen abgesehen, zu denen ihn Bodmer verpflichtet hatte und einen Rückfall Uz betreffend (aber er hat sich dafür entschuldigt), keine literarischen Fehden initiiert. Vielmehr hat Wieland stets ein erstaunliches Engagement für ihm eigentlich fremde Autoren gezeigt. Arthur Schopenhauer wäre zu nennen; Kleist vor allem; der junge Goethe. Und endlich natürlich

Shakespeare, der Wieland nicht *trotz* seiner Übersetzung in vielem fremd blieb, sondern, den er übersetzte, *obwohl* er ihm in vielem fremd war – wenn auch nicht so sehr, wie die Überlieferung aufgrund der Angriffe auf seine Übersetzung wissen will, denn in Einigem ist seine Übersetzung »shakespearescher« als die von Schlegel und Tieck. Den eigenen Geschmack nicht zum Maßstab zu nehmen, noch der Versuchung nachzugeben, dessen Maximen zur Grundlage einer allgemeinen Gesetzgebung in aestheticis zu machen, zeichnet Wieland vor den meisten seiner Zeitgenossen und Nachfahren aus – ist aber zweifellos auch seine konstitutionelle Schwäche im Literaturkampf gewesen; »aber auch hier beweist er sich als immer derselbe. Ein solcher Federkrieg darf ihm niemals lange dauern, und wie sich's einigermaßen in die Länge ziehen will, so läßt er dem Gegner das letzte Wort, und geht seines gewohnten Pfades«. Mangel an Mut oder e dir le genti?

Die Frage, warum bis zu Wielands Tod neue literarische Richtungen sich in Abgrenzung zu ihm versucht haben, selbst zu definieren, wird man nicht mit Rückgriff auf solche persönlichen Eigenschaften unternehmen können, auch das Phänomen des »Älteren« reicht nicht nur nicht aus, sondern taugt, vom Individualfall Goethe abgesehen, überhaupt nicht, siehe Klopstock. Der Göttinger Hainbund hatte sich um einen Älteren versammelt, um ihn auf Kosten eines anderen Älteren zu ehren; so schreibt Voß: »[Klopstocks] Geburtstag feierten wir herrlich. Gleich nach Mittag kamen wir auf Hahns Stube [...] zusammen. Eine lange Tafel war gedeckt und mit Blumen geschmickt. Oben stand ein Lehnstuhl ledig, für Klopstock, mit Rosen und Levkojen bestreut, und auf ihm Klopstocks sämtliche Werke. Unter dem Stuhl lag Wielands Idris zerissen. Jezt las Cramer aus den Triumphgesängen, und Hahn etliche sich auf Deutschland beziehende Oden von Klopstock vor. Und darauf tranken wir Kaffee; die Fidibus waren aus Wielands Schriften gemacht. Boie, der nicht raucht, mußte doch auch einen anzünden, und auf den zerissenen Idris stampfen. [...] Hernach [...] aßen wir, punschten, und zuletzt verbrannten wir Wielands Idris und Bildnis.« Derlei klingt zopfig-derb, aber man sollte nicht vergessen, daß es sich vermutlich um die erste moderne Bücherverbrennung in Deutschland handelt, und wenn ich an dieser Stelle vom »Ressentiment gegen die Aufklärung« etwa spräche, wäre das kaum mehr als ein Schlagwort, gäbe nicht eine Selbstschilderung der Klopstockianer das Stichwort dazu: »Wir gingen bis Mitternacht in einer Stube ohne Licht herum und sprachen von Deutschland, Klopstock, Freiheit, großen Taten und Rache gegen Wieland, der die Unschuld nicht achtet.« Frivolität, was dann später im literaturgeschichtlichen Verdikt »Rokoko« heißen wird, und Undeutschheit – das werden die Topoi sein, mit denen das neunzehnte Jahrhundert Wieland aus seinem literarischen Kanon verbannt. Man sieht, wie gering die Chancen der literarischen Aufklärung in Deutschland gewesen sind.

Doch das war ja nur eine der Blüten, die das Treiben gegen Wieland Mitte der 70er Jahre trieb, eines, das Sengle eine Literaturgeschichte von 1879 zitierend die »Sturmflut gegen Wieland« nennt oder in eigenen Worten ein »Fegefeuer«, aus dem Wieland, wie es die Metapher will, geläutert hervorgegangen ist. Dem Hainbund folgte Goethe mit dem »Jahrmarktsfest zu Plunderweilern« und eben »Götter, Helden und Wieland«, anonym gedruckt und angeblich gegen Goethes Willen, der es nur aus einer Bierlaune heraus verfaßt habe, im Titel aber den ungenannten Verfasser durch das Arrangement der Buchstaben dem Insider ausweisend: »GÖTter HElden UND WIELAND« liest man da; Lenz mit seinem »Pandämonium Germanicum« und ein weiteres Anonymum »Prometheus, Deukalion und seine Rezensenten«, das Wieland für ein Produkt Goethes hielt, es war aber von Wagner. Und schließlich und spät Klopstock selbst, der die Flegeleien seiner Anhänger in seiner »Gelehrtenrepublik« in gravitätische Borniertheit übersetzte: »Es war einmal ein Mann, der viel ausländische Schriften las und selbst Bücher schrieb. Er ging auf den Krücken der Ausländer, ritt bald auf ihren Rossen, bald auf ihren Rossinanten, pflügte mit ihren Kälbern, tanzte ihren Seiltanz. Viele seiner gutherzigen und unbelesenen Landsleute hielten ihn für einen rechten Wundermann. Doch etlichen entgings nicht, wie es mit des Mannes Schriften eigentlich zusammenhinge; aber überall kamen sie ihm gleichwohl nicht auf die Spur. Und wie konnten sie auch? Es war ja unmöglich, in jeden Kälberstall der Ausländer zu gehen.« Klopstocks und seiner Anhänger Haltung verbietet, was da so Sturm- und Drangflut gewesen ist, für bloßen Lärm von Generationswechseljahren zu halten. Sengle sagt zu Recht, Klopstock habe »dem Wielandbild jene Abstempelung« gegeben, »welche danach in Deutschland weitverbreitet und seit der Romantik herrschend, gewissermaßen kanonisch wurde«.

Was man die »Weimarer Klassik« nennt und sich um das, wie ältere Literaturgeschichten gerne sagen: »Dioskurenpaar« Goethe & Schiller – ja, kann man »bildete« sagen?, umfaßt sie doch letztlich nur einen geringen Teil von beider Produktion – von »duumviralische[r] Miene« sprach Wieland in diesem Zusammenhang, – jedenfalls war, was dann für die Nachwelt »Weimarer Klassik« wurde, ein literarisches Programm, das zunächst in den eher berüchtigten »Xenien« vorgetragen wurde, und wiewohl Wieland nicht der einzige gewesen ist, der unter diesen »Ungebühren« zu leiden hatte, so war er eben doch der prominenteste, und, davon ganz abgesehen, eben auch einer der wenigen von Rang, gegen die sich die »Xenien« richteten. Gibt die Anspielung auf das Wielandische Geburtsdatum vom 5.9. noch Gelegenheit zu mattem Scherz: »Bücket euch, wie sich's geziemt, vor der zierlichen Jungfrau zu Weimar, / Schmollt sie auch oft – wer verzeiht Launen der Grazie nicht«, so ist in »Göschen an die deutschen Dichter« der Ärger über den Erfolgreichen, der sich zuvor im »bücket euch« versteckt hatte, unüberhörbar: »Ist nur Wieland heraus, so kommt's an euch übrigen alle / Und nach der Lokation! Habt nur einstweilen Geduld!« Es ist schwierig, sich in die Aufregung und Bereitschaft zum Gekränktsein hineinzufinden, die solches begleitet hat. In die

»Geschichte des deutschen Geschmackes« gehöre, hat Karl Kraus geschrieben, »nicht so sehr alles, was gegen die ›Xenien‹ geschrieben wurde, wiewohl es ja auch trostlos genug sein mag, sondern das Werk selbst und die Begeisterung dafür. Zwar ist die frische, unbefangene Jugend jenes Zeitalters, die sich somit kaum von der heutigen unterscheidet, sofort als das Literatentum agnosziert, das sich hämisch der Flamme auf des Nachbars Dach freut; aber die Anspruchslosigkeit, die hier eine Flamme gewahrte, zeigt, welches Minimum an Satire damals genügt hat, um den Instinkt der Schadenfreude, der dieser Zunft wie keiner andern eingeboren ist, in Betrieb zu setzen. Das Feuer hätte schon an den schlechten Hexametern ein natürliches Hindernis finden müssen […] und gar nicht so uneben […] war jenes (Distichon), mit dem einer geantwortet hat: ›In Weimar und in Jena macht man Hexameter wie der; / Aber die Pentameter sind doch noch excellenter.‹«

Schließlich »die Romantik«, oder, wir habens kleiner: die Schlegels. Ihr »Athenäum« soll zunächst der, so wörtlich: »Annihilation« Wielands dienen und dann sich zur Programm-Zeitschrift entwickeln. Auch von einem »Autodafé«, also von einem Scheiterhaufen und Glaubensbekenntnis, ist die Rede. Interessant ist die Art, wie die Schlegels den literarischen Tod Wielands herbeiführen wollen. Sie appellieren einmal, wie in den »Xenien«, an die Ressentiments der weniger Erfolgreichen, indem sie den Umfang der Göschen-Ausgabe zum Beleg für die Nichtigkeit des in ihr Gedruckten nehmen: »Wieland wird Supplemente zu den Supplementen seiner sämtlichen Werke herausgeben, unter dem Titel: Werke, die ich sogar für die Supplemente zu schlecht halte, und völlig verwerfe. Diese Bände werden aber unbedruckte Blätter enthalten, welches sich besonders bey dem geglätteten Velin schön ausnehmen wird.« Das ist nicht nett, aber für sich genommen gar nicht so unwitzig. Bezeichnend wird es im Kontext. Der bildet nämlich eine Anzeige »Citatio edictalis«, in der Wieland des Plagiats beschuldigt wird. Angeführt werden zum Beleg für den Vorwurf Autoren wie Sterne, Bayle, Voltaire,

Cervantes, Shakespeare, Horaz, Crébillon. Es ist der Vorwurf mangelnder Originalität. Der markiert in der Tat eine Zeitenwende. Es wäre Wieland nicht in den Sinn gekommen, es sei der Ausweis dichterischer Größe darin zu suchen, ob einem ein neuer und origineller Stoff einfalle.

Es handelt sich in der Tat um einen Bruch. Man versteht Wieland plötzlich nicht mehr. Der Verleger merkt es am Absatz der »Sämmtlichen Werke«. Waren die noch, um Nachdruckern das Wasser abzugraben, in vier Formaten gleichzeitig erschienen, also von der »Fürstenausgabe« bis zum wohlfeilen Taschenbuch, und war selbst das nicht ausreichend, den Wiener Nachdruck zu verhindern, wird nur die wohlfeile bis zum Ende geführt. Die Käufer haben sich verlaufen. Grubers 1818 verfaßte Vorrede für den 1824 erschienenen ersten Band der ersten postumen Ausgabe von Wielands »Sämmtlichen Werken« liest sich mehr als merkwürdig: dauernd wird dem Leser, der die Ausgabe schließlich gekauft hat, versichert, daß Wieland sich nicht überlebt habe.

Erdbeben kündigen sich an, so sagt man, wenn die Hühner unruhig werden. Es sind die kleinen Indizien, auf die man achten muß. Man nehme zum Beispiel die Titelkupfer zu (damit der Name nun endlich einmal falle) Wielands letztem großen Roman »Aristipp und einige seiner Zeitgenossen«. Der Verleger wollte Kupfer, und Wieland gab sich drein. Der Verleger wollte den »berühmten Füger« aus Wien, und Wieland sollte ihm schreiben. Wieland tat's, Füger willigte gern ein, und Wieland gab die Stelle an, die er Füger zu illustrieren bat. Es ist eine Passage aus dem ersten Band. Die weibliche Hauptgestalt des Buches, Lais, sitzt mit Sokrates auf der Akropolis von Athen unter dem »Ölbaum der Athene Polias«. Dort findet ein Gespräch über Schönheit und Tugend statt, in dem Sokrates der Lais ein Lebensideal nahezubringen versucht, das nicht das der Lais ist noch sein wird – davon im vierten Kapitel. Die Szene ist genau lokalisiert, wer will, kann sich einen Plan der Akropolis nehmen und ein Kreuz einzeichnen: da sitzen sie. Wielands Anweisungen sind präzise: »1) Sokrates wird mit möglichster Genauigkeit, so wie er in den besten Gemmen und Büsten von den Alten abgebildet erscheint, dargestellt. Er ist in seinem 70sten Jahre, aber noch gerade, kräftig und lebhaft. Er ist wie ein rechtlicher Bürger von Athen gekleidet, und hat eine Art von Schuhen oder Sandalen unter die Füße gebunden. Er sitzt der Lais gegenüber in der Attitude eines mit Enthusiasmus Redenden. 2) Lais, eine Dame von 22 Jahren ungefähr, kann nicht schön, edel und reizend genug dargestellt werden [...] Nächst ihrem Kopf muß auf ihr Gewand vorzüglicher Fleiß verwendet werden, damit es sich in viele, aber leichte und zierliche Falten lege, um die schönen Formen ihres Körpers zwar anständig zu bedecken aber nicht zu verbergen. [...] 3) Die Scene ist unter einem großen alten Oelbaum, nahe dem Tempel der Minerva, von welchem die Facade im Mittelgrunde, von der Seite in die Augen fällt. Im Hintergrunde sieht man die Propyläen, unter welchen ein Paar (oder auch mehrere) junge Athener lustwandeln, – oder mit Betrachtung der Statuen des Perikles, Solons u. A. beschäftigt sind.« Die Anweisung entspricht dem, was die Leserin im Buche findet: Lais mag der Phantasie des Künstlers Spielraum geben, ihr Aussehen ist, von der Zuschreibung, daß sie die Schönste sei, und der Farbe ihrer Haare einmal abgesehen, nicht näher bestimmt. Anders Sokrates. An vielen Stellen des Buches wird auf sein Äußeres angespielt, auf seine »Silenenhaftigkeit«, seine Statur, die berühmte aufgeworfene Nase usw. Wielands ganzer Romanentwurf ist anders denn vor dem Hintergrund historischer Treue nicht zu denken, nur vor ihm vermag seine Kritik an Platons Sokrates-Bild den zu überzeugen, der philosophisch dissentiert.

Füger wählt sich eine andere Passage, eine rührendere: den Abschied der Lais von Sokrates, währenddessen sie seine Hand küßt. Das mag hingehen. Da das Ganze in einer Ecke eines nicht näher bestimmten Raumes stattfindet, erspart sich Füger die nachprüfbaren Details der Umgebung. Dennoch ist ihm die seltsam geraten. Was im Buch eine Ecke in einem Privathause ist, gerät Füger zu einem mit einem Vorhang paraventartig abgetrennten Vordergrund, auf dem eine Frau und ein Mann zu sehen sind. Eine Säule wächst in die Höhe, die auszumessen kaum möglich ist, da die Konturen des Hintergrunds etwas wie eine riesige Basilika ahnen lassen. Die Größe des Raums scheint seltsame Luftwirbel zu bewirken. Die Flamme einer von der nicht sichtbaren Decke hängenden Lampe weht nach rechts, der Rauch, der aus einem Becken auf einem Dreifuß steht, wölkt gerade nach oben, der Mantel der Frau, deutlich aus schwerer Wolle gefertigt, weht nach links, was auf einen schweren Sturm schließen läßt. Die Frau blickt den Mann von unten herauf an wie ein Hund, der etwas angestellt hat, und hält dabei die rechte Hand des Mannes, als hätte sie ihm eben die Nägel poliert und prüfte nun das Ergebnis. Beide haben keine Schuhe an, ein Umstand, auf den die Linke der Frau zu deuten scheint. Der Mann hat den Zeigefinger der Rechten erhoben und mahnt – vermutlich will er sagen, daß die Frau, deren Arme unbedeckt sind, sich wärmer anziehen soll, weil es doch so stürmt. Sein Gesicht ist die Standardausführung des Typs »griechischer Philosoph«, wahrscheinlich handelt es sich um Aristoteles.

Genug mokiert. Der entsetzlich mißratene Kupferstich zeigt deutlich eine Neigung zur falschen Bedeutsamkeit, zur Veredelung ins Stereotyp hinein. Daß die Details auf so kuriose Weise nicht zueinander passen, ist Resultat des Bemühens, jedes einzelne bedeutend zu gestalten, ohne auf den Zusammenhang zu achten: der Mantel weht, weil es einen dramatischen Faltenwurf braucht (und der graziöse, den Wieland wollte, vermieden werden soll); der (wahrscheinlich Weih-)Rauch muß gemessen wölken; und die Flamme wäre senkrecht nach oben wahrscheinlich langweilig. Sokrates sein überliefertes Gesicht zu verpassen, schien Füger wohl unpassend. Griechische Philosophen sehen nicht aus wie Sokrates, und Lais darf auch nicht den Anflug von Frivolität zeigen. Schließlich ist das Ganze in eine Art Kirche verfrachtet, damit jede Assoziation an ein eben stattgehabtes Fest, das »ziemlich weit in die Nacht« gedauert hat, unterbleibt. Nicht nur, daß der Illustrator nichts von dem Buch, das er doch wenigstens auszugsweise gelesen haben wird, verstanden hat, er scheint sich des Gelesenen fast zu schämen, jedenfalls den Eindruck zu haben, er müsse ihm, was Würde und Klassizismus betrifft, aufhelfen. Es ist, als bäte das Titelkupfer den Leser um Entschuldigung für das, was nun kommt: eigentlich ist es *so* gemeint.

Das wird ein Topos der Wieland-Rezeption bleiben. 1949 erscheint die Biographie »Wieland« von Friedrich Sengle, die erste nach der Gruberschen von 1827. Im Vorwort heißt es: »Wenn der Verfasser gefragt wurde, woran er arbeite, und er auf Wieland hinwies, so war beim durchschnittlich Gebildeten ein schlecht verhehlter Abscheu zu bemerken, obwohl in den wenigsten Fällen irgendeine Kenntnis des Dichters bestand.« Sengle weist auf die Ursachen hin: »Seit der ›germanischen‹ Wendung des deutschen Geistes, die sich mit romantisch-christlichen Ideen eigentümlich verband, das heißt seit Klopstock und Göttinger Hain, seit Sturm und Drang und Romantik, gilt Wieland für die herrschende Meinung in Deutschland als undeutsch, unsittlich und unchristlich.« Ein Beispiel aus O. F. Gruppes »Leben und Werke deutscher Dichter« über Wielands Verserzählung »Nadine«: »Dies Stück ist in seiner Art ein Höchstes [...] Man kann das Schamloseste wohl nicht verschämter vortragen: ein Hautgout, der nur noch Ekel erregen wird. Von hier ab betrat Wieland immer mehr den Weg der verhüllten Sinnlichkeit, mit Einem Wort: der Schlüpfrigkeit, worin er vielleicht, wenn das ein Ruhm sein kann, unübertroffen dasteht; in der ›Idris und Zenide‹ brachte er es so weit, daß dies Stück in einem Autodafé, ähnlich wie Kotzebue's Werke auf der Wartburg, von den Mitgliedern des Hainbundes verbrannt wurde.« Und anläßlich der »Musarion« schreibt der treffliche Mensch: »[...] eine graziöse Philosophie für ein Schlaraffenland gemäßigter Zone und vollkommen geeignet um innerhalb der Mauern eines Harems zu herrschen, aber Staat und Mensch, Kunst und Wissenschaft sind dabei nicht denkbar; den Deutschen konnte nichts Verderblicheres gebracht werden. Selbst die krasseste Philosophie des Fleisches mag immer noch besser sein, als diese schwächliche und doch raffinirte Lebensweisheit, welche der vornehmen Welt der damaligen Zeit zu predigen weder des Mutes noch der Kraft, ja nicht einmal des Talentes bedurfte. [...] Es versteht sich, daß Musarion ihrem Stande Ehre macht und die Mischung von Philosophie und Hetärenwesen, welche damals pikant scheinen mochte, kann uns nur widerwärtig sein ...«

Wenn Gruppe das eine oder andere zu loben findet, gibt er auch gleich die Rechtfertigung an: »Wieland ist verwandelt [...] Und wodurch? Durch nichts anderes als durch Goethes Nähe und durch den Zauber seines Einflusses.« Das ist der zweite Topos: nachdem man sich entschuldigt hat, rechtfertigt man die Beschäftigung mit Wieland durch einen Hinweis auf Goethe. Auch damit hat Gruber begonnen. In einer Anmerkung zu Wielands Gedicht »Das Leben ein Traum« verteidigt er einige der darin enthaltenen Gedanken mit dem Hinweis, daß sich ähnliche in Goethes »Werther« fänden. Ein Blick auf die Entstehungsdaten zeigt aber, daß der »Werther« *nach* dem Gedicht Wielands geschrieben ist und man die Vermutung äußern kann, Goethe habe das Gedicht in seinem Roman, sagen wir: verarbeitet. Man wird so was immer wieder finden: die Wertschätzung der Werke Wielands hängt dicht mit ihrem Bezug zu Goethe zusammen. Zum »Agathon« finden wir allerlei Studien und Untersuchungen, denn er ist der erste weithin anerkannte Roman in Deutschland – und damit der Wegbereiter des »Wilhelm Meister«; den »Oberon« liest man das ganze 19. Jahrhundert hindurch, nicht nur weil er sich so schön als romantische Oper eignet, sondern wegen des Lorbeerkranzes, den Goethe nach der Lektüre, wie es die Überlieferung will, von Haus zu Haus hatte reichen lassen. Jeder, der sich von Zwängen solcher Traditionen frei macht, wird ohne weiteres zugeben, daß es sich beim »Agathon« nicht um den besten Roman, beim »Oberon« nicht um die beste Verserzählung Wielands handelt.

Es ist Walter Benjamin, der 1933 das historische Vorurteil in einem Essay bündelt, der so virtuos geschrieben ist, daß man das briefliche Geständnis, er kenne den Autor, über den er da eine Auftragsarbeit abzuliefern habe, gar nicht, kaum für möglich hält, obwohl es im ersten Satz des Aufsatzes als literaturgeschichtlicher Befund wiederkehrt: »Wieland wird nicht mehr gelesen.« Der Schluß besagt, daß man Wieland nicht mehr lesen solle: »Am 26. Januar 1813 ist Wieland gestorben. An seine Grabstätte in Oßmannstedt schließt die dämonische Allegorie sich an, die Goethe beim Anblick des Entwurfs einer Umzäunung zu diesem Grabe kam. Sie verbirgt nicht nur den tiefsten, sondern auch den gerechtesten Gedanken, den er dem längst Verstorbenen zuzueignen fand: ›Da ich in Jahrtausenden lebe [...]‹« – es folgt, was wir kennen, dann fährt Benjamin fort: »Es gibt Autoren, für deren Fortleben die Möglichkeit, wieder gelesen zu werden, nicht mehr als ein Standbild zu sagen hat. Ihre Fermente sind für immer in den Mutterboden, in ihre Muttersprache eingegangen. Ein solcher Autor ist Christoph Martin Wieland gewesen.«

In der zweiten Hälfte dieses Jahrhunderts beginnt sich das Wieland-Bild zu ändern. Sengles Biographie ist ein erstes Indiz. Die Begründung, die er für sein Interesse gibt, ist noch ganz vor dem Hintergrund der Tradition – und der Erkenntnis ihrer geistesgeschichtlichen Fragwürdigkeit ausgeführt: »Es kann sich in diesem Buche nicht darum handeln, Wieland gegen alle nationalen oder sittlich-religiösen Vorwürfe zu verteidigen und den armen Mohren in einen blonden Siegfried oder, wie es der augenblicklichen Mode entspräche, in einen passablen Christen umzudeuten [...] Es gehört vielleicht zur Sache selbst, festzustellen, daß meine Wieland-Darstellung nicht erst in der französischen Zone, sondern schon im Krieg unter den trübseligsten Verhältnissen beschlossen und begonnen wurde. Man stellte sich damals die Frage, warum man in großer Not Mozart besser hören könne als Wagner oder selbst Beethoven, und fand die Antwort, daß der Schrei, den die Expressionisten noch so sehr liebten, uns ganz fremd und töricht geworden sei, während eine große bis in den Tod unbesiegbare Heiterkeit uns wohl verständlich und mehr als alles verehrenswürdig erschien. Es ist das Zurückgehen hinter Sturm und Drang und Romantik, die neue Wendung zum Objektiven, was uns auch Wieland näher treten läßt [...]« Neue Wendung zum »Objektiven«, na schön, aber »unbesiegbare Heiterkeit«? Das ist wieder eine Übernahme aus der Logenrede – es geht nicht ohne.

Wenn man heute von einer Wieland-Renaissance in Deutschland sprechen kann, so ist die allerdings hauptsächlich Arno Schmidt zu verdanken. Sein am 26. Mai 1957 im Süddeutschen Rundfunk gesendeter Dialog-Essay »Wieland oder die Prosaformen« verläßt den Rahmen der Tradition, in der es eine Entschuldigung für Wieland brauchte. Auch Schmidt beginnt mit einer politischen Anspielung: »B. *(ungeduldig=neugierig):* Und wie heißt schließlich und endlich Ihr Wundermännchen ? / A. *(strafend):* Wohl war er ein ‹Männchen› – das heißt körperlich. Aber es kann ja nicht Jeder ‹Sechs Fuß hoch aufgeschossen, / ein Kriegsgott anzuschaun› sein : die Literatur hat andere Maßstäbe für Tauglichkeit, als die SS !« Schmidt plädiert für Wieland, indem er Goethe angreift: »Da erschien etwa ein ‹Werther›, ein geniales Werk, das sich als ‹Briefroman› deklarierte – was man lediglich daran merkt, daß ab und zu ein ‹lieber Freund› apostrophiert wird, den man ansonsten nicht im Geringsten näher kennen lernt. : Dabei ist es doch gerade das primitivste Kennzeichen eines Brief‹wechsels›, daß sich zumindest zwei – wenn nicht gar mehrere – gleichwertige Individualitäten in ihren diversen Erlebnisreihen entfalten sollen ! Der ‹Werther› ist ein Tagebuch; ganz simpel ! – Oder der ‹Reise= und Entwicklungsroman› des ‹Wilhelm Meister›: wie grimmig hat es Wieland nicht betont, daß dergleichen nichts anderes ist, als die Entschuldigung für einen mangelnden Plan ? ! Für Goethe ist die Prosa nie ein Konstruktionsproblem gewesen; sondern breites Sammelbecken für heterogenste, bei längst verschollenen Anlässen entstandne, Aufzeichnungen : wo die ‹Handlung› stockt, werden einfach alte, vor

20 Jahren geschriebene Novellen aufgeklebt, Gelegenheitsgedichte untergebracht, Aforismensammlungen eingeschoben. / B.: Das ist wahr; das hat auch mich immer gestört: dieses Mißverhältnis zwischen den vielen ‹schönen Stellen›, und ihrer rumpelkistenhaften Unordnung. – Wieland nun ist, darauf wollen Sie ja vermutlich hinaus, das gerade Gegenteil ?«

Die Rede von Goethes Prosa als einer »Rumpelkiste«, bereits im Roman »Aus dem Leben eines Fauns« verwendet, wo sich eine Vorformulierung des im Funk-Essay Dargelegten findet, wurde gerne und viel zitiert. Sie war das eigentliche Skandalon, in dessen Windschatten Schmidts Lob für Wieland einigermaßen unbehelligt blieb. Schmidt war dem Publico zunächst der respektlose Flegel, der die Tradition nicht gelten ließ – man übersah, daß er nur einen bestimmten, allerdings allgemein anerkannten Kanon in Frage gestellt hatte, und auf andere nicht minder ehrwürdige Traditionslinien verwies. Es sollte noch über ein Jahrzehnt dauern, bis eine verwirrte Leserschaft sich mit der Tatsache konfrontiert sah, daß der vermeintliche Rebell Arno Schmidt genausogut als Konservativer passieren konnte. Wer Schmidts Lese-Empfehlungen folgte, konnte zweierlei in sich vereinigen: das Gefühl, etwas Ketzerisches zu tun (nicht Goethe, *sondern* Wieland, Moritz, Schnabel, Brockes usw.), *und* das, sich besser auszukennen als der Deutschlehrer. Diese Kombination ging, es ist nicht verwunderlich, manchen auf die Nerven, und machte die Durchsetzung des Werkes Arno Schmidts nicht eben leichter – aber das ist ein anderes Thema.

Natürlich ist es – für sich genommen – vollkommen unnötig, einen Autor gegen einen andern auszuspielen. Doch war es im Falle Wieland/Goethe zumindest ein Akt ausgleichender Ungerechtigkeit. Um zu einem neuen, durch die Lesetradition des 19. Jahrhunderts nicht determinierten Bild Wielands zu kommen, mußte es *gegen* diese Tradition durchgesetzt werden. Und da der Literaturkanon des 19. Jahrhunderts, der wenigstens für die erste Hälfte des unsrigen verbindlich blieb, um die Zentralfigur Goethes komponiert war, mußte Wieland zunächst *gegen* Goethe ausgespielt werden, so wie die Tradition habituell Wieland mit dem Hinweis auf Goethe zunächst abwertete (»nur der Vorläufer«) und ihn nur mit dem Hinweis auf Goethe (»immerhin der Vorläufer«) teilweise gelten ließ – aber nicht las. Dazu kam natürlich, daß der Kanon insgesamt an Verbindlichkeit verloren hatte, und es insofern leichter fiel, Autoren vorzuführen, die nicht kanonisch abgesegnet waren. Ich werde auf diesen Aspekt im dritten Kapitel zurückkommen, und breche den Gedanken darum ab.

In Schmidts Hinweis auf die Form des Briefromans in seiner Kritik am »Werther« steckt schon der auf den Briefroman »Aristipp und einige seiner Zeitgenossen«: »[...] der ‹Aristipp› ist, wie der einzige ‹historische›, so auch der einzige ‹Briefroman›, den wir Deutschen besitzen, und mit Ehren vorzeigen können. / B.: Sie wissen genau, was Sie damit behaupten ? ! / A.: Niemand besser, als ich !« Zwar hat es unter den Wenigen, die Ausnahmen von der Tradition der Wieland-Mißachtung bilden, immer wieder einige gegeben, die auf den »Aristipp« hingewiesen haben, so der Verfasser des Artikels »Wieland« in der ADB, so der Herausgeber des »Aristipp« in Joseph Kürschners »Deutscher National-Litteratur«, Heinrich Pröhle. Aber so entschieden als das beste Werk Wielands, und als das Werk, das vor allen andern eine erneute Wieland-Lektüre nötig mache, hat niemand vor Schmidt den »Aristipp« bezeichnet. Will sagen: mit einer Ausnahme – Wieland selbst. Böttiger hat Wielands Urteil »Er ist mein Liebling, ja er ist mir mehr als Agathon« überliefert und den Satz, sein ganzes Schriftstellerleben sei nötig gewesen, um an seinem Ende ein Buch wie den »Aristipp« schreiben zu können.

Merkwürdigerweise hat sich um dieses Eigen-Urteil niemand recht gekümmert. Nun muß zwar auch niemand die Vorlieben der Autoren für ihre eigenen Werke zum Maßstabe des Urteils erheben, aber normalerweise ist ein solches Autos epha Gegenstand der Beschäftigung und Anlaß der besonderen Auseinandersetzung mit dem Einzelwerk. Auch das ist ein Symptom. Man nahm solche Äußerungen einfach nicht ernst als Material, das zu einer Auseinandersetzung mit einem Autor gehört, ließ sich vielmehr durch den faktischen Mißerfolg des »Aristipp« beim zeitgenössischen Publikum lenken. Der allerdings ist nicht von der Hand zu weisen, und er wird dazu beigetragen haben, daß der Roman mit seinen vier Bänden Fragment geblieben ist. Es war viel zusammengekommen. Der Tod der jungen Sophie Brentano, der Tod der Frau, die finanziellen Schwierigkeiten, die schließlich zum Verkauf des Gutes Osmannstädt führten. Gleichwohl hat das überdeutliche Desinteresse des Publikums das Seine getan, und es hat sich – mit der Ausnahme Arno Schmidts – bis in die 8oer Jahre dieses Jahrhunderts fortgesetzt.

Das Urteil Sengles über den »Aristipp« ist noch ganz traditionsverhaftet – bis zu *dem* Buch ging die Bereitschaft zur Neubewertung nicht. »Antiquarisch« nennt Sengle den »Aristipp« und würde ihn »einen Rückfall in den enzyklopädischen Roman der Barockzeit« nennen, gäbe es nicht »auch in den Romanen Goethes und Jean Pauls zahlreiche mehr oder minder gelehrte Einlagen«. Aber Wieland habe des Guten zu viel getan: »Im Grunde ist der ›Aristipp‹ ein einziges riesiges Bildungsgespräch, dessen Bedeutung nicht durch dichterische und historische Werte bestimmt wird, und diese sind bei Wieland, trotz aller Vielseitigkeit und Klugheit doch verhältnismäßig gering. Es könnte an Dutzenden von Beispielen gezeigt werden, wie Wieland immer da, wo der Sache nach das Gespräch in die Tiefe gehen müßte, ausweicht. Er betastet und besieht die Gegenstände meistens nur von außen, wie mancher Liebhaber keine Bücher liest, sondern nur in ihnen blättert. Was im Tone eines Kavaliergespräches nicht bewältigt werden kann, bleibt unbewältigt, und das ist, bei der Anlage des ganzen Romans, meistens gerade das Wichtigste. Das Gespräch über Platos ›Symposion‹ ist kein Gespräch über den platonischen Eros, wie man denken sollte, sondern bezeichnenderweise ein Gespräch über das Gespräch. Über diese formale Frage hat Wieland Gutes zu sagen, aber Platos ›Symposion‹ bleibt nur der zufällige Anlaß dafür. So hat

33

man nach der Lektüre des Werkes alles in allem den Eindruck, etliche vielseitig belehrende, aber doch etwas dünne Plauderstündchen mit dem greisen Dichter erlebt zu haben. [...] Der Roman ist, so wenig es dem ermüdeten Leser auffallen mag, unvollendet.« Die Fehlleistung ist interessant. Das erwähnte Gespräch über Platons »Symposion« ist erstens nicht *nur* eines über Platons »Symposion«, aber wo es das ist, ist es durchaus auch eine Auseinandersetzung mit dem Inhalt des Werkes; dort wo es nur ein Gespräch *anläßlich* von Platons »Symposion« ist, ist es durchaus keines über »das Gespräch«, sondern über den Eros, wenn auch nicht, oder nicht nur, über den Platonischen. Allerdings gibt es eine Abhandlung Wielands über das »Symposion«, in der es ausschließlich über »das Gespräch«, soll heißen: die Kunst, Dialoge zu schreiben, geht. Doch handelt es sich dabei nicht um Platons, sondern Xenophons »Symposion«. Will man Sengle nicht unterstellen, er habe im »Aristipp« nur geblättert und die Lektüre einen Assistenten besorgen lassen, dessen Ermüdung er dann mit der Bemerkung: »Ihnen ist wohl gar nicht aufgefallen, daß der Roman unvollendet geblieben ist?« zur Kenntnis genommen hat – will man das nicht unterstellen, wird man erkennen, wie stark die Macht einer Tradition ist, die eine von Grund auf andere Art, mit bestimmten Dingen umzugehen, abstößt und darum abstoßend findet. Obwohl Sengle richtig vermutet, daß die Auseinandersetzung mit Platon im »Aristipp« etwas mit den von Wieland empfundenen »Anmaßungen der idealistischen Philosophen«, sprich Kant und Fichte, zu tun hat, kommt ihm doch nicht in den Sinn, die im »Aristipp« vorgeführte Art, mit intellektuellen Problemen umzugehen, als Kritik bestimmter philosophischer Traditionen ernstzunehmen. Wahrscheinlich wird ein solcher Blick erst dann möglich, wenn in der philosophischen Auseinandersetzung selbst Argumente Anerkennung gewinnen, die denen Wielands bzw. seines Aristipp ähnlich sind, und das ist in Deutschland erst Anfang der 70er Jahre dieses Jahrhunderts der Fall. Weil aber die Form des Romans und wie und welche Argumentationen in ihm gezeigt werden aufs engste zusammengehören, kann Sengle, der diesen Zusammenhang spürt, dem Roman auch ästhetisch nichts abgewinnen.

Es mußten sich also, außer dem Unkräftigwerden eines verbindlichen Kanons, der Wieland ausschloß, auch noch weitere »Rahmenbedingungen« ändern. Die »philosophische Seite« an Wielands Roman konnte vielleicht wirklich erst dann gewürdigt werden, als Positionen anerkannt worden waren, die das Unternehmen »Philosophie« *insgesamt* in Frage stellten, wie es etwa der späte Wittgenstein getan hat, oder, in der aktuellen Gegenwart, Richard Rorty. Die ästhetische Seite brauchte vielleicht die Leseerfahrung mit Autoren wie Joyce oder Pynchon (oder den Rückgriff auf Laurence Sterne), um die Polyphonie eines Romans wie des »Aristipp« würdigen zu können.

1984 erschien zum ersten Mal seit der Erstausgabe der »Aristipp« als Einzelband, zuvor war er nur im Rahmen von Werkausgaben zu haben. Als Herausgeber firmierte ein gewisser H. Pröhle – ganz recht, der Herausgeber im Rahmen der Kürschnerschen »National-Litteratur«. Der Insel-Verlag wußte augenscheinlich keinen Zeitgenossen, der die Arbeit hätte tun können oder wollen, und darum wurde auch die Pröhlesche Einleitung von 1880 einfach übernommen. 1988 erscheint dann im Deutschen Klassiker Verlag eine kommentierte Ausgabe des »Aristipp«, herausgegeben von Klaus Manger. Sie enthält nicht nur einen reichhaltigen Stellenkommentar, Informationen zur Entstehungs- und Wirkungsgeschichte, sondern auch noch einige Materialien, die dem Interessierten nützlich sind, zum Beispiel den erwähnten Aufsatz über das Xenophontische »Symposion«. Wenn irgend etwas die Qualität von Mangers Edition beeinträchtigt, so allenfalls (was kurios klingen mag) die Quantität des Apparates. Er ist fast so umfangreich wie der Roman selber und suggeriert dadurch, daß man das Buch ohne das in ihm angehäufte Wissen nicht recht verstehen könne. Im Grunde handelt es sich um eine Unhöflichkeit dem Autor gegenüber. Die ist aber nun nicht Manger anzulasten, sondern folgt der gegenwärtigen Editionsmode, die nun mal einen Hang zur Elephantiasis hat. So sehr also Mangers Apparat den *Leser* abschrecken mag, so nützlich ist sie dem, der über den »Aristipp« *schreiben* will. Ihm wird Mühe erspart, und das Erscheinen von Mangers Edition hat mir erlaubt, einen halben Karteikasten mit Exzerpten einfach wegzuwerfen. Die andere Hälfte des Karteikastens wegzuwerfen, ermöglichte mir das 1987 erschienene dreibändige Riesenwerk von Thomas C. Starnes, »Christoph Martin Wieland. Leben und Werk«, eine Chronologie von Wielands Leben, montiert aus Abertausenden von Zitaten. Starnes Buch erlaubt es, den Literaturanhang drastisch zu reduzieren: es reicht künftig das Zitat »nach Starnes«.

Mangers Edition erspart mir zudem ein Kapitel. Über die Entstehungsgeschichte des Romans »Aristipp und einige seiner Zeitgenossen«, über die Quellenlage zu den teils historischen Hauptfiguren Aristipp und Lais, über die Transformationen der Figur Aristipps im Werke Wielands kann man bei Manger nachlesen, was wissenswert ist. Schließlich hat Klaus Manger auch das (von einer verschollenen Dissertation aus dem Jahre 1926 abgesehen) erste nur dem »Aristipp«-Roman gewidmete Buch geschrieben: »Klassizismus und Aufklärung. Das Beispiel des späten Wieland«. Das Buch – der Titel deutet es an – ist neben einer Interpretation einiger Züge des Romans eine geistesgeschichtliche Einordnung. Meine Interpretation des »Aristipp« schließt sich enger an den Text an. Ich versuche mit ihr, so etwas wie ein Porträt des Romans zu zeichnen und die so entstehende Physiognomie (wenn sie denn vor den Augen des Lesers entsteht) als die einer geistigen Haltung zu identifizieren, die eine eigene Tradition hat.

Ich will zum Ende dieser Einleitung mir nicht noch das Problem aufladen, zu diskutieren, wozu Literaturinterpretationen eigentlich gut seien. Nur so viel: ich bin weder Adornos noch Platons Meinung, daß Werke der Literatur Interpretationen oder gar »die Philosophie« zu ihrem Verständnis oder ihrer Er- oder Einlösung brauchten. Gleichwohl ist es eine Tatsache, daß sich die Menschen seit es

Literatur gibt mit dem »Auslegen« derselben beschäftigen. Lassen wir es dabei. Es scheint so zu sein, daß die menschliche Gattung – nein, vorsichtiger: ein Teil der menschlichen Gattung Literatur braucht – nein, vorsichtiger: eine Zeitlang gebraucht hat, und zur Zeit vielleicht noch braucht, um sich ein Bild von sich zu machen oder zu entwerfen, kurz: sich über sich selbst, die Conditio humana, zu informieren. Ein *Teil* dieses Versuches, salopp gesprochen: mit sich klarzukommen, ist auch das Reden *über* Literatur, der Streit über Qualität, Veraltetes, Neues, Kanonisiertes, Ketzerisches und so weiter. Wer Literatur »interpretiert« macht dabei mit, nichts weiter.

Die vorliegende Interpretation wird, um ihrem physiognomischen Anliegen gerecht zu werden, versuchen, sich aus dem Referat herauszuspinnen. Der Roman eignet sich sehr wenig dazu, in eingeführte Schemata gefaßt oder an ihnen gemessen zu werden. Das liegt einmal an der oben diskutierten Traditionslage, aber vor allem auch an dem Umstand, daß der »Aristipp« erstaunlich genau gearbeitet ist, und darum eine genaue Lektüre braucht und verdient. Meine Bewunderung für diesen Roman ist auch nach mehrmaliger Lektüre noch gewachsen. Ich bin mir dabei bewußt, daß sich, wenn man sich in ein Buch »vergräbt«, man einem »Beziehungswahn« unterliegen kann. Wie ein gewissenhafter Paranoiker sieht man dann überall »Zusammenhänge« und tut das, was man »überinterpretieren« nennt. Über solche Art des Umganges mit Literatur hat übrigens Wieland schon in seinem »Schlüssel zur Abderitengeschichte« gespottet. Ich wüßte allerdings keine Grenzen anzugeben, wann etwas »heraus-« oder »hineininterpretiert« wäre. Ich will dieses Problem gar nicht methodisch destruieren (was möglich wäre), sondern als praktisches durchaus aufrechterhalten. Aber so: es handelt sich um eine Geschmacksfrage, und de gustibus *est* disputandum – schließlich würde auch niemand behaupten, man könne nicht mit Recht sagen, die Suppe sei versalzen, weil niemand aufs Gränlein genau angeben könne, wann. Ich versuche darum meistens »fair« vorzugehen: aus Zitaten und Referaten mein Verständnis der Leserin vorzulegen, weniger Behauptungen mit Zitaten zu »belegen«.

Das bringt es mit sich, daß ich ausführlich zitiere. Ausführlich und *lang*. Letzteres folgt aus einer Eigentümlichkeit des Wielandischen Stils. Nur in seltenen Fällen kann man seine langen Perioden auf »das Wesentliche« durch Auslassungen verknappen. Wieland schreibt lange Sätze, aber keine langatmigen. Man kann sie, um ein anderes Bild zu gebrauchen, kaum dehydrieren. Man achte bei Wielands Sätzen stets auf Rhythmus und Takt; in den erhaltenen Handschriften zum Roman wird man finden, daß der erste Satz des Briefes I,22 »Wie, mein weiser Freund? Sollt' es wirklich dein Ernst seyn?« mehrere Umarbeitungen erfahren hat, bis er die uns vorliegende unscheinbare Gestalt erhielt. Auf solche vermeintliche Kleinigkeiten, auch auf andere Schönheiten der Ausführung, auf die doch, was die Neigung zu einem literarischen Werk angeht, fast alles ankommt, werde ich nur selten hinzuweisen die Gelegenheit haben. Wer darum meint, dann sei es für sie doch besser, gleich das Buch selber zu lesen, hat unwiderleglich recht.

Der Roman hat keine »Story«, aber viele Geschichten, kein »Thema«, aber ist die Verbindung vieler Themen. Etwas zur Form des Ganzen werde ich im fünften Kapitel sagen, hier nur, zum Beschluß der Einleitung, wenige Worte zum Inhalt. Der Roman beginnt mit der Reise Aristipps von Kyrene über Olympia und Korinth nach Athen – der vierte Band endet mit der Ankündigung der Abreise Aristipps und seiner auf den Tod kranken Frau Kleone aus Kyrene, um in Rhodos Heilung zu finden. Dazwischen liegen über 30 Jahre. Der erste Band sieht Aristipps Zeit bei Sokrates, politische Verwirrungen in Aristipps Vaterstadt Kyrene und wie sie ausgehen, eine Reise Aristipps durch die Ägäis und nach Syrakus und zu Dionys I., schließlich die Bekanntschaft mit der »Hetaire« (die Anführungsstriche werden im vierten Kapitel erläutert) Lais in Korinth und bei einem längeren Aufenthalt auf Aigina. Der zweite Band sieht Aristipp auf einer weiteren längeren Reise, berichtet vom Prozeß und Tod des Sokrates, vom Selbstmord eines seiner

Schüler, der in Melancholie verfällt, vom Beginn der schriftstellerischen Laufbahn Platons, dessen Werke von nun an stets erneut Thema der Briefe sein werden, und vom Lebenslauf der Lais, die im zweiten Band zu einer Aristipp gleich gewichteten Gestalt wird. Der dritte setzt die Themen des zweiten fort, das Schicksal der Lais neigt sich, die Philosophie Platons wird weiter erörtert, desgleichen, wie in den vorigen Briefen auch, Themen der Politik und Kunst. Aristipp läßt sich nach einem erneuten Aufenthalt zu Athen in Kyrene nieder und gründet eine Familie. Der Band endet mit dem Abschiedsbrief der Lais. Der vierte Band beginnt mit Nachrichten, die es wahrscheinlich machen, daß Lais Selbstmord begangen hat. Es folgt eine große Kritik der Platonischen »Politeia« in der Form einer Rezension für einen Freund und als Ablenkung aus dem Kummer. Der Diskussion einiger Argumente aus dieser Rezension folgt die »psycho-therapeutische« Wendung der Kritik an der Platonischen Philosophie (siehe Kapitel 3). Der Band endet mit der Erkrankung der Frau Aristipps und einem Vorausblick auf den ungeschriebenen fünften Band, der Aristipp und Platon am Hofe des Dionys II. gesehen hätte.

Der Roman ist – auf den Anlaß zu einer solchen Unternehmung weise ich im dritten Kapitel hin – Wielands Versuch, jener Geisteshaltung komplexen Ausdruck zu verleihen, die er »Aufklärung« genannt hätte und hat. Nota bene: sie deckt sich nur teilweise mit dem, was die Schulbücher so nennen. Das liegt nicht zuletzt daran, daß er jeglicher pädagogischen Attitüde enträt. Wir werden nicht belästigt damit, was einer sein soll. Wieland stellt eine Haltung vor. Mit der Behauptung, sie sei dem Menschen gemäßer als andere, verziert er sie nicht. Doch ist sie auch kein privates Lebensmodell, wie das dumme Gerede von der »unbesiegbare[n] Heiterkeit« will. Sie ist die Markierung einer großen Tradition im Moment ihres vorläufigen Unterganges an der Zeitenscheide vom 18. ins 19. Jahrhundert. Was Wieland tut, ist die Haltung uns so vorzustellen, daß wir eine Ahnung davon bekommen, was wir verloren haben.

Erstes Kapitel

»POLITEIA«

*»Als ihm einer ein Rätsel vorlegte mit der
Aufforderung: ›Löse es!‹ erwiderte er:
›Tor du, wozu lösen, was uns trotz der
Banden, in denen es liegt, schon Schwie-
rigkeiten macht?‹«*

Diogenes Laertios

Neunundvierzig Bände hat die erste postume Ausgabe der
Werke Wielands. Sie hat aber noch vier Bände mehr, Band
fünfzig bis dreiundfünfzig, und vom zweiundfünfzigsten
gibt es zwei. 50–53 enthalten Grubers »Wielands Leben« –
eine Biographie, deren Wert schon deshalb gemeinhin zu
gering geachtet wird, weil es nur eine andere gibt, Sengles
»Wieland«, deren Wert aber überschätzt wird. Der Band 52,
wie gesagt, ist zweimal vorhanden und auch von Gruber,
er heißt: »C. M. Wielands Selbst=Schilderung / in der / Erläuterung / der / die letzte Ausgabe begleitenden / Kupfer=
Sammlung / von / J. G. Gruber / Leipzig 1826, / bey Friedrich Fleischer«. Die Biographie war, wie die gesamte Ausgabe, in Leipzig bei Göschen verlegt worden, die (»eigentlichen«) Bände 50–53 in den Jahren 1827/28.

Es ist ein Geschenk an Göschen gewesen und als »Supplementband« gekennzeichnet. Gruber hat hierin etwas
unternehmen wollen, wozu er den Auftrag den noch un-
gedruckten Erinnerungen Böttigers entnommen hatte:
»Als unser Böttiger Wielanden in Osmannstädt zum letzten
Male besuchte, kam die Rede auf Klopstocks Todtenfeier.
›Die Beschreibung davon, so erzählt Böttiger, – die ich Wieland von Weimar aus zugeschickt hatte, war ihm sehr
rührend gewesen, besonders hatte ihn eine kleine Schrift

sehr angezogen: Er über ihn betitelt, worin man nur Stellen aus Klopstocks Schriften zusammengestellt und so eine Autobiographie des unsterblichen Sängers sinnreich aufgestellt hatte. Man könnte, sagte Wieland, dasselbe auch aus meinen Werken thun. Man müßte aber dazu auch in eine geheime Geschichte derselben genau eingeweiht seyn.«« Es geht also nicht; Gruber aber will es dennoch unternehmen und am unrechten Orte: »Dies fiel mir sogleich wieder ein, als ich Veranlassung erhielt, der Kupfersammlung zu unsrer Ausgabe von Wielands Werken Erläuterungen beizufügen.« Über diese nichts weiter, und schmunzeln macht es schon, wenn man sie in Band 52(2) vergebens sucht. Verleger Fleischer hat aber separat eine »Kupfersammlung zu Wielands sämtlichen Werken« herausgegeben, »heute kaum noch nachzuweisen«, wie der zu Wielands 250. Geburtstag zu erscheinen bestimmte Nachdruck vorsichtig anmerkt. Aber, noch einmal, genug davon; Gruber sagt auch ganz schnell, was der eigentliche Grund der Unternehmung gewesen sei: »Bei weiterem Nachdenken darüber erinnerte ich mich auch eines Wunsches von Wieland, daß doch irgend einer seiner Freunde zu einer Apologie seiner erotischen Gedichte sich entschließen möchte. [...] Daß es im Jahre 1825 noch einer ganz anderen Apologie für ihn bedürfen würde, – ich glaube kaum, daß selbst Er, der von unsern Fortschritten keine sonderlich sanguinischen Hoffnungen hegte, sich dieses hätte träumen lassen.« Und Gruber setzte fort: »Es ist aber so, und darum entschloß ich mich zu dem Versuch, beides in dieser Schrift zu vereinigen.«

Eine der Apologien verlangt näheres Hinsehen. Eingeleitet wird sie mit einem Kupfer, gezeichnet vom bekannten Hans Veit Schnorr von Carolsfeld, gestochen von Georg Döbler, keinem Bande zu-, sondern wohl auf Grubers besonderen Wunsch den anderen Kupfern bei-, ja vorgeordnet. Zu sehen ist etwas wie ein Palmenhain, der im Hintergrund in ein Laubwäldchen übergeht, vor dem einige wenig bekleidete Figuren eine unbedeutende Gruppe bilden. Links vorn einer, der aufgrund von Haar- und Barttracht sowie würdig getragenem Mantel, unter dem er nichts anhat, als griechischer Philosoph zu erkennen ist; neben dem ein pauswangiger Debiler mit Kranz, der im Gegensatz zum ersteren, der die rechte, die linke Schulter frei hat. Rechts kommen ihnen drei Figuren entgegen: links ein besser, wenn auch gröber Gekleideter, der aussieht wie ein schlecht abgezeichneter Sokrates (aber immer noch ein Ausbund an Realismus zu dem in der Einleitung beschriebenen), rechts noch ein Grieche, in der Mitte ein älteres Herrchen, von dem wir fürchten, daß es Wieland sein soll, bekränzt auch er, auch er in griechischem Gewande. Barfuß sind sie alle. Das erklärt sich aus der Unterschrift: »Wielands Ankunft im Elysium«; (daß die zweikammrige Teigmulde mit dem Stöckchen drauf im rechten Vorderstgrund Charons Nachen sein soll, weigere ich mich zu glauben).

Gruber hat etwas dazu geschrieben, das fängt so an: »Lebhafter als je war mir einst in einer Mitternachtsstunde Wieland gegenwärtig. Mir war, als [...]« usw. Er habe sich dann die »Lustreise ins Elysium« vorgenommen, anschließend die »Gespräche im Elysium«, worauf er sich selbst eine Elysiumsszene dichtet, die mit Merkur beginnt, der den toten Wieland herabholt, »hat er doch mein Andenken unter einer ansehnlichen Nazion viele Jahre lang in Ehren gehalten‹«; man weiß schon, »Teutscher Merkur«, nicht wahr. »Da ich es ihm mit meinem Beutel nicht eben besonders gelohnt habe, so will ich [...]‹« usw.: »der Mann ist Wieland. – ›Das freut mich!‹ sagten Horaz und Luzian wie aus einem Munde. ›Sieh da, mein treuester Verehrer‹, sagte Sokrates« – in diesem Stile. Wer mag, lese nach. Die Gruppen nun sind die: Wieland wird geleitet von Sokrates und Lukian, Platon und Aristipp entgegen. Sokrates fragt Wielanden, wen er zuerst begrüßen wolle? und »ohne sich nur einen Augenblick zu besinnen, antwortete Wieland: – Platon! –« Und so endet das Stücklein: »Da reichte Platon ihm schweigend die Hand, und Wieland sank an seine Brust.«

Man kann bei diesem sentimentalischen Getändel leicht

übersehen, worum es Grubern in seiner Apologie geht: die Rücknahme des Romans »Aristipp und einige seiner Zeitgenossen«, jedenfalls die Rücknahme der nicht nur philosophischen Kritik an Platon zugunsten eines – dem historischen Aristippos von Kyrene zugeordneten – Begriffes von Philosophie, über den im dritten Kapitel ein Näheres. Gruber hat seine apologetischen Pflichten – hinzuzufügen wäre: wie immer – so verstanden, als müßte er Wieland beim Publikum vor sich selbst in Schutz nehmen. Zwar hat 1897 Max Koch in der ADB ihn indirekt gerügt: Wielands »Gesinnung gegen die Platonische Lehre ist seit dem ›Agathon‹ nicht freundlicher geworden, aber seine Kritik hat sich so vertieft, daß die Fachwissenschaft in ihrer Ignorirung des Wieland'schen ›Aristipp‹ der Arbeit des ehemaligen Erfurter Philosophieprofessors doch Unrecht zufügt.«

»Nur dem Unkundigen« seien sie langweilig, die »in Wahrheit unschätzbaren Erörterungen über Anabasis und Politeia«, schreibt Arno Schmidt. Das mag immerhin sein, aber befremdlich ist sie schon, die Erörterung der »Politeia« im vierten Bande des »Aristipp«. Diese vier Briefe mit ihren 233 Seiten des 384-Seiten-Bandes, die beinahe ein Fünftel des uns vorliegenden Romanes ausmachen, wirken auf den unvorbereiteten Leser wie eine fast gewaltsame Arrettierung des Gesprächsflusses. Und wenn Koch in der ADB, auf den »Aristipp« als Ganzen eingehend, »die hohe geistige Bildung eines Publicums bewundern« muß, »das diesen Ausschnitt aus der Geschichte der alten Philosophie als Roman aufzunehmen vermochte«, so mag man es mit dem Bewundern halten wie man will, wird aber doch bei diesem Exkurs über (ausgercchnet! ist man versucht einzuwerfen) Platons »Politeia« fragen wollen, ob hier nicht in der Tat eine Grenze überschritten sei. Und zwar eine Grenze der Form: man denke sich die Shakespeare-Exkurse in »Wilhelm Meisters Lehrjahren«, im »Nachsommer«, im »Ulysses« auf ein proportionales Maß angeschwollen.

Das Publikum hat es nicht aufzunehmen vermocht, Koch irrte sich da. Das formale Befremden, das uns ankommt, ist direkte Folge dieses Umstandes. Doch wollen wir Wielands Zeitgenossen nicht schelten, um uns geht es nicht verständiger zu. Hildegard Emmel schreibt in ihrer zuweilen durchaus nützlichen »Geschichte des deutschen Romans« vom »offenen Schluß« des »Aristipp«. Wie Emmel hätte wissen können, hört der Roman zwar am Ende des vierten Bandes auf, ist aber keineswegs beendet. Aber bereits Sengle meinte ja, daß das dem Leser kaum auffallen werde. Wieland hat es geahnt: »Es findet sich, daß ich mit dem 4. Band zwar allerdings aufhören kann, aber daß die Ausführung meines Plans, den Aristipp bis nahe an seinen Tod fortzuführen, wenigstens noch einen starken Band erfordern würde. Im vierten kann ich ihn nicht weiter bringen als bis zum Tode seiner Kleone und zu seinem Entschluß, Cyrene wieder zu verlassen und sich zu seinem Freund Filistus nach Syrakus zu begeben. Ich bin aber gleichwohl entschlossen, es vor der Hand bei den vier Bänden zu lassen, und nicht eher an den 5ten zu gehen, als bis unsre – merken, daß dem Werke noch was fehlt.« Die »–« haben nicht, es ist bei vier Bänden geblieben. Um zu merken, daß etwas fehlt, ist gar kein besonderes Formgefühl vonnöten, ausreichend wäre Kenntnis der Stoffüberlieferung. Und auch wem diese fremd ist, der könnte sich auf Wielands »Geschichte des Agathon« besinnen – immerhin der mit der »Geschichte der Abderiten« bekannteste und meistdurchforschte Roman Wielands – und auf dessen am Hofe des Dionys zu Syrakus spielenden Passagen. Was Wieland in seinem ersten Roman vermieden, wiewohl angedeutet hatte, hätte im letzten zur Ausführung gelangen müssen: das Zusammenführen der beiden Philosophen, Platon und Aristipp, am Hofe des Tyrannen von Sizilien. »Ein wahrer Biedermann / zeigt seine Theorie im Leben«, wie es im »Kombabus« heißt – der Verfasser der »Politeia« und deren Rezensent, agierend am selben Hofe, das hätte den »Politeia«-Exkurs weniger als eine Arrettierung denn als ein Atemholen erscheinen lassen.

»Wenn alles so ergangen wäre, wie ich es am 1. Jenner dieses Jahres ausrechnete, so sähe ich mich bereits im

Stand, Ihnen das Manuskript vom 4. Bande des Aristipp zu überreichen. Wahrscheinlich würde dies auch, mancher unvorhergesehenen hinderlichen Zufälle ungeachtet, dennoch der Fall gewesen seyn, wenn mein böser Genius, der meine leidige Neigung zu schweren Aufgaben kennt, mir nicht eine der allerschwersten, mühseligsten und zeitverderbendsten unter allen möglichen litterarischen Aufgaben in den Kopf gesetzt hätte, deren Auflösung mich bereits 4 Monate lang einzig beschäftigt, ohne daß ich noch mit ihr zu Rande bin. Da Sie doch schwerlich errathen könnten was für ein halsbrechendes Abenteuer dies seyn mag, so will ich Ihnen lieber gleich sagen, daß es nichts geringeres ist als der Einfall, meinen Aristipp eine ausführliche Darstellung und Beurtheilung des vornehmsten aller Werke des göttlichen Plato, seines unermeßlichen Dialogs über die beste Republik auf den Hals zu schieben. Sie können sich nicht vorstellen was für ein Stück Arbeit dies ist: wenn ich aber so glücklich seyn sollte, mich mit Ehren aus der Sache zu ziehen, so wird es das wichtigste und beste morceau meines ganzen Werkes seyn, und ich stehe Ihnen dafür, daß Sie selbst es mit Vergnügen lesen sollen, wiewohl ich all mein Bißchen Hab und Gut wetten wollte, daß es Ihnen nicht möglich wäre, das Platonische Original selbst auch in der besten Übersetzung nur bis zur Hälfte Blatt für Blatt durchzulesen – trotz der Menge herrlicher Stellen, wovon es voll ist.«

Wir dürfen hierbei das Jahr nicht vergessen: 1801. Platon-Lektüre war durchaus nichts, was der sich für gebildet Ästimierende von sich aus und wie selbstverständlich unternahm. Platon war nicht einmal im philosophischen Kanon (wobei man sich natürlich darüber streiten kann, ab welchem Zeitpunkt man von einem solchen berechtigt wird sprechen können), sondern allenfalls theologische Ware. Kant, so nimmt man an, kannte Platons Schriften nur aus seinem Brucker. Zum selbstverständlichen Stück Philosophiegeschichte gerät Platon erst, als diese Disziplin wird: durch Hegel. Trotzdem, Wieland ist »seiner« Zeit, die sie zur Zeit der Niederschrift des »Aristipp« auch schon

nicht mehr ist, nicht »voraus«, weder in seiner Publikums-
bildung nicht verschmähenden Präsentation der Platonischen »Politeia« vor Hegel, noch in seinen Übersetzungs-
proben vor Schleiermacher (ab 1804). Daß die »Politeia«
jemals wieder eine ernstzunehmende Rolle in »der Philosophie« spielen werde, ist im »Aristipp« *nicht* unterstellt,
genausowenig wie daß »die Philosophie« eine eigene
Denkdisziplin sei, die es zu bewahren – gar zu kultivieren
– gelte; aber ich greife vor. Dennoch sollte natürlich ein
Platon, wenn schon nicht gelesen, so doch gekannt sein.

Dieses »beste morceau« des Werkes ist nämlich zum
mindesten eines: eine gerade für den philosophischen
Laien bestimmte Einführung in die »Politeia«. Der Leser,
der angeblich vorausgesetzter Kenntnisse wegen den »Aristipp« entmutigt aus der Hand legt, irrt aus fehlgeleiteter
Frustrationsprophylaxe. Man muß die »Politeia« nicht kennen, um den Band 4 mit Verständnis und Genuß lesen zu
können. Kennt man sie – steigert sich das Vergnügen, das
ist alles. Mit Bedacht hat Wieland Aristipps Kritik am Platonischen Hauptwerk als Rezension angelegt. In erster
Linie natürlich, weil sich die besondere »aristippische« Art
zu philosophieren, die Wieland vorzuführen beabsichtigt,
gerade mit hintersinniger Absicht einer eher »geringen«
Textgattung bedient. Zweitens aber ist es auch reine
Leserfreundlichkeit – aber beide Motive gehen in eins.

Der Athener Eurybates, ein reicher Kaufmann, auf dessen Landgut Aristipp und Lais einander vorgestellt worden
waren, ist es, der Aristipp nach Kyrene schreibt und ihn
bittet: wenn du »gelegentlich [d]ein Urtheil über dieses
sonderbare Kunstwerk, so ausführlich als Lust und Muße
dirs gestatten werden, mittheilen wolltest, würdest du mir
keine geringe Gefälligkeit erweisen: denn mein eigenes
macht mit den dithyrambischen Lobgesängen seiner Be-
wunderer einen so häßlichen Mißklang, daß es unbeschei-
den wäre, wenn ich nicht einiges Mißtrauen in seine Voll-
gültigkeit setzte. Aufrichtig zu reden, Aristipp, ich hab' es
noch nicht über mich gewinnen können, das ganze Werk
von Anfang bis zu Ende zu durchlesen; ich kenn' es nur aus

einigen Bruchstücken, und würde dir daher desto mehr Dank wissen, wenn du mich durch einen umständlichen Bericht, wie du das Ganze gefunden hast (einen vollständigen Auszug darf ich dir nicht zumuthen) in den Stand setzen wolltest, mir einen hinlänglichen Begriff davon zu machen.« Eurybates ist also ganz in der nämlichen Situation wie der präsumptive Leser des »Aristipp« (und, wie von Wieland vermutet, auch sein Verleger), und über einen kleinen Umweg wird dieser Ignoranz ein gewisses Recht zugesprochen. Die »Politeia« sei kein Werk, das man mit Genuß als ein Ganzes von Anfang bis Ende lesen könne, so deutet sich eine formale Kritik an, es lohne sich aber dennoch, sie einmal gegen ihre affirmative Überlieferungstradition zu lesen (»Da man [...] zu Athen nur Eine Stimme hört«).

Die Frage, in welchem Grade der »Sokrates« der Platonischen Dialoge dem der atheniensischen Wirklichkeit ähnlich sei, ist in der Platon-Philologie immer wieder diskutiert worden. Sie mag den rein philosophisch Interessierten wenig angehen, kann der sich doch mit einer reinen Kunstfigur »Sokrates« abfinden und von der Frage unbelästigt finden, warum Platon nicht in der Tat eine reine Kunstfigur gewählt habe. Wer aber in einem historischen Roman einen Zeitgenossen des Sokrates einen Platon-Dialog besprechen läßt, kann ihm nicht erlassen, zu diesem Problem Stellung zu nehmen. Zwar ist der Rekurs auf den »wirklichen Sokrates« kein überlieferter Topos in der Auseinandersetzung der Sokratischen Schulen gewesen, aber vom historischen Aristippos von Kyrene überliefert Aristoteles in seiner »Rhetorik« das Argument gegen Platon: »Unser gemeinsamer Freund hat jedenfalls nichts dergleichen gesagt.« Wieland jedenfalls läßt seinen Aristipp gleich zu Beginn seiner Rezension der »Politeia« festhalten: »daß er dem guten Sokrates unaufhörlich seine eigenen Eyer auszubrüten giebt« und daß dieser Vorwurf auf »beynahe alle seine Dialogen« zutreffe, »aber den gegenwärtigen noch viel stärker als die meisten andern« treffen müsse; »wir wissen, was er hierüber zu seiner Rechtfertigung zu sagen pflegt und lassen es dabei bewenden«. Doch nur für den Augenblick; das Motiv taucht immer wieder auf, sei es nun bei der für die »Politeia« typischen um- (und in der Wieland/Aristippischen Kritik ab-)wegigen Argumentationsweise: »Ich zweifle sehr, daß ihm hier die Ausrede zu Statten kommen könne, er lasse seinen Sokrates sich nur darum so stellen, als ob er selbst noch nicht wisse, wie er die vorgelegte Aufgabe werde auflösen können, – um die Täuschung der Leser, als ob sie hier den berüchtigten Eiron wirklich reden hörten, desto vollkommner zu machen« – sei es, daß nur noch anzüglich von »seinem« Sokrates die Rede ist, denn »den Sokrates, den er [...] die doppelte Rolle des Erzählers und der Hauptperson des Drama's spielen läßt, ist und bleibt sich selbst durchgehends immer ähnlich; denn es ist immer Plato selbst, der unter einer ziemlich gut gearbeiteten und seinem eigenen Kopfe so genau als möglich angepaßten Sokrateslarve, nicht den Sohn des Sofroniskus, sondern sich selbst spielt«, also ein Stück von dem, was Gernot Böhme den »Typ Sokrates« nennt. Es geht dabei nicht in erster Linie um die Kritik, die, in einem historischen Roman gegen ein Stück Philosophie vorgebracht, scheinbar nur um den Preis einer Gattungsverkennung geübt werden konnte: der Platonische Sokrates sei nicht authentisch. Was sich in diesem Topos verbirgt, ist eine philosophische und ästhetische Kritik an Platon. Der (»historische«) Sokrates habe besser (und unterhaltsamer) philosophiert als Platon dies tue. Wo sich Platon dem »authentischen« Sokrates (und man wird das immer lesen müssen als: dem Sokrates der Xenophontischen »Erinnerungen an Sokrates« [vgl. Kapitel 3 und 6] nähert, wird ihm Lob: »[...] daß man ihm Tage lang zuhören möchte, wenn er sich in dieser Sokratischen Manier zu filosofieren so lange erhalten könnte«; dann wieder Tadel, ästhetischer einmal an der fehlenden Geschmacksicherheit, bezogen auf eine der zahlreichen komischen Einlagen in der »Politeia«: »Ich erkenne in dieser [Szene] höchstens eine verunglückte Nachahmung irgend einer Aristofanischen Possenscene, und allenfalls den Possen-Sokrates der *Wolken*, aber nichts weniger als die fröhliche Laune dieses immer heitern und wohlgemuthen, aber zugleich immer gesetzten und die Würde seines Karakters nie vergessenden Sokrates, mit welchem ich lange genug gelebt habe, um das feine Salz, womit sein Scherz gewürzt zu seyn pflegte, von dem widerlichen Meersalz unterscheiden zu können, worein Plato hier [...] einen so unglücklichen Mißgriff gethan hat«, dann Tadel am Niveau der Argumentation: »Um so auffallender ist es, wenn wir seinen Sokrates, den wir eine geraume Zeitlang so verständig, wie ein Mann mit Männern reden soll, reden gehört haben, sich plötzlich wieder in den Platonischen verwandeln, und in eine andre Tonart fallen hören, welche wir (mit aller ihm schuldigen Ehrerbietung gesagt) uns nicht erwehren können, unzeitig, seltsam, und, mit dem rechten Wort gerade heraus zu platzen, ein wenig läppisch zu finden.« Dieser an mehreren Stellen vorgebrachte Einwand, das platonisch-sokratische Philosophieren vereinige zu oft die Züge extremer Spitzfindigkeit mit plattester Albernheit, überführt sich selbst in ein ästhetisches Argument: »Ich gestehe, daß ich es, an Platons Stelle, nicht über mich hätte gewinnen können, [...] den Sokrates mit so ströhernen Waffen fechten [...] zu lassen. Man könnte zwar zu seiner Entschuldigung sagen: Bekannter Maßen habe Sokrates sich gegen die Sofisten und ihre Schüler aus Verachtung keiner schwerern Waffen bedient; da es ihm nicht darum zu thun gewesen sey, sie zu belehren, sondern ihrer zu spotten [...] Ich antworte aber: sobald *Plato, der Schriftsteller,* sich die Freyheit herausnahm, den nicht mehr lebenden Sokrates zum Helden seiner *filosofischen Dramen* [...] zu wählen, und ihm zu diesem Ende eine subtile, schwärmerische, die Grenzen des Menschenverstandes überfliegende Filosofie, die nichts weniger als die seinige war, in den Busen zu schieben; mit Einem Wort, so bald er sich erlaubte aus dem wirklichen Sokrates einen idealischen zu machen, würde es ihm sehr wohl angestanden haben, auch die einzigen Züge, die er ihm lassen mußte, wenn er sich selbst noch ähnlich sehen sollte, die Art wie er die Ironie und die Indukzion zu handhaben pflegte, zu idealisieren; ich will sagen, sie mit aller der Feinheit und Kunst zu behandeln, deren sie bedarf, wenn sie für eine Methode gelten soll, dem gemeinen Menschenverstand den Sieg über sofistische Spitzfindigkeit [...] zu verschaffen.« Kein Original, kein Ideal liefere Platon, zuweilen allenfalls die Karikatur (die »gerade deßwegen, weil sie übertrieben ist, dem großen Haufen und den Fernestehenden die Ähnlichkeit seines Zerrbildes mit dem Original [...] desto auffallender macht«). Das nämliche gelte allerdings auch für die Darstellung sophistischer Argumentationen – und gilt letzlich auch für die Argumente Platons selbst, die ja den Referenten nicht nur deshalb seltsam anmuten, weil er derlei aus dem Munde des Sokrates nie vernommen hatte. Die Kritik an der »Falschdarstellung« des Sokrates, an der gekünstelten und durchaus nicht kunstreichen Argumentationsweise und Gesprächsführung und die Kritik am philosophischen Konzept Platons selbst bzw. an der geistesgeschichtlichen Gestalt Platons als dem eigentlich »ersten Philosophen«, mit dem die Philosophie beginnt, von der Lebenskunst zu einer Disziplin zu werden, meinen dasselbe: radikale Kritik am Denkkonzept »Philosophie« selbst.

Aber vor alldem ist die Konfrontation des »historischen« mit dem »platonischen« Sokrates auch ein Stück Platon-Philologie, die es ernstlich zur Zeit der Abfassung des »Aristipp« in Deutschland wenigstens noch nicht gibt. Dem Erstleser (und dem »reinen« Philosophen um so mehr, der meist ganz unbelästigt bleibt von der Frage, woher uns ein Stück philosophischer Text denn komme) ist der Hinweis auf den »attischen« Hintergrund des Buches über die ideale Polis mehr als nur nützliche Beigabe. Wir finden den Hinweis, daß ein philosophisches Problem bereits vor seiner »ernsthaften« Ausführung satirisch – durch Aristophanes – aufgeführt worden, daß ein Gesprächspartner des Sokrates, Glaukon, Platons Bruder gewesen sei, der in Xenophons »Erinnerungen an Sokrates« eine »sehr armselige Figur« gemacht habe – das ist kein historisch transponierter Klatsch, sondern Hinweis auf das uns nur fragmentarisch überlieferte Textgeflecht antiker Literatur, aus dem auch ein philosophischer Text nicht ohne Schaden für ihn selbst herausgeschnitten werden kann. Ein bestimmtes Argument beruhe auf dem Doppelsinn des Wortes »adikein« und sei somit genaugenommen keines, sondern ein Wortspiel, möge der Platon-Leser ebenso berücksichtigen 'wie den Umstand, daß die Vision einer streng hierarchischen und autoritären Polis-Verfassung von einem Athener abgefaßt worden sei, der die Niederlage gegen Sparta miterlebt, und der in der Typologie der Verfassungen dem griechischen Zeitgenossen gleichermaßen seine politische Gegenwart vor Augen geführt habe.

Endlich sei es nicht müßig zu fragen, um was für eine Art Text es sich bei der »vor uns liegende[n] reiche[n] Komposizion«, dem »Hauptwerk« Platons, dem »Vollkommenste[n] was er vermag«, eigentlich handele. Man kann diese Frage von zwei Seiten her beantworten, und Wieland läßt seinen Aristipp sich auf beide stellen. Einmal kann man versuchen, den Problemgehalt möglichst prägnant zu bezeichnen, und dann die Formen auszumitteln suchen, in denen er präsentiert wird. Zum zweiten kann man aus der Analyse der verwendeten Formen auf einen gemeinsamen Gehalt zu schließen versuchen, vorausgesetzt allerdings, dieser erschiene in solchem Verfahren noch als der eigentliche Kern, das »Anliegen« des Unternehmens, und nicht vielmehr selbst nur als formales Mittel, mögliches Organisationsprinzip des scheinbar Disparaten, »roter Faden«, wenn man will.

»Außer mehrern nicht unbedeutenden Nebenzwecken, welche Plato in seinen vorzüglichsten Werken mit dem Hauptzwecke zu verbinden gewohnt ist, scheint mir seine vornehmste Absicht in dem gegenwärtigen dahin zu gehen, der in mancherley Rücksicht äußerst nachtheiligen Dunkelheit, Verworrenheit und Unhaltbarkeit der vulgaren Begriffe und herrschenden Vorurtheile über den Grund und die Natur dessen, was recht und unrecht ist, durch eine scharfe Untersuchung auf immer abzuhelfen«, einige vulgare bzw. sophistische »Irrlehren zu bestreiten«, und schließlich »den wesentlichen Unterschied zwischen der Gerechtigkeit, im höchsten Sinn des Wortes, und ihrem Gegentheil überzeugend darzuthun, und zu beweisen, daß sie das Ziel und die Vollkommenheit des edelsten Theils der menschlichen Natur sey; daß der Mensch nur durch sie in Harmonie mit sich selbst und dem allgemeinen Ganzen gesetzt werde, und daß, so wie die Ungerechtigkeit die Hauptquelle aller das menschliche Geschlecht drückenden Übel sey, die Gerechtigkeit hingegen das höchste Glück aller einzelnen Menschen sowohl als aller bürgerlichen Gesellschaften bewirken würde«. So wäre die Problemexposition und das Argumentationsziel der »Politeia« gewiß zureichend bestimmt, vorausgesetzt, man läßt die Möglichkeit, dies in einem Satze zu tun, zu. Von ihr ausgehend wäre der umfangreiche Text zu durchmustern, in den Nebenlinien das Hauptanliegen oder doch ihre Verknüpfung mit ihm aufzusuchen, das Thema »Gerechtigkeit« bis in den Entwurf einer Polis-Utopie, einer Psychologie, einer Erkenntnistheorie und allerlei mehr zu verfolgen und zu rekonstruieren, wie es aus sich selbst in seine anderen thematischen Erscheinungsformen mutiert. Fraglich, ob man auf diesem Wege wirklich einen Begriff des Ganzen gewinnen kann, wird doch die Eigenart des Textes hierbei stets unter unser rekonstruktives Bemühen gezwungen, wie übrigens Platons Versuch eines Selbstreferates im »Timaios« zeigt. Wenn nicht sein Scheitern wie etwa bei Walter Pater als ästhetische Qualität gepriesen wird, wo doch eher ein argumentatives wie ästhetisches Problem vorliegt: »Es ist die Folge von Platos literarischem Geschick, von seiner wahrhaft dramatischen Handhabung des Gespräches, daß sich in seinem Verlaufe ein Stoff ganz natürlich aus dem anderen ergibt; daß bei der beträchtlichen Spannweite des ›Staates‹ und ungeachtet dessen, daß trotz allem die Themen in vorzüglichem logischen Zusammenhang aneinander gekettet sind, der Reihe nach die Gerechtigkeit, der ideale Staat, die Analyse der individuellen Seele, das Wesen des wahren Philosophen, seiner zweckentsprechenden Erziehung, das Gesetz des politischen Wandels, als der eigentliche Gegenstand in den Vordergrund des ganzen Werkes zu treten scheinen.« Das ist pure Beschwörung, die dem Texte nichts beut. Die boshaften Bemerkungen des Wielandischen Aristipp werden dem Text gerechter: »Es giebt vielleicht kein auffallenderes Beyspiel, wie nachtheilig es ist in mehrern und entgegen gesetzten Fächern zugleich, glänzen zu wollen, und wie wohl Plato daran thut, die Künstler und Handarbeiter in seiner Republik durch ein Grundgesetz auf eine einzige Profession einzuschränken, – als sein eigenes. Glücklich wär' es für ihn gewesen, wenn die Athener ein Gesetz hätten, vermöge dessen ihren Bürgern bey schwerer Strafe verboten wäre, in eben demselben Werke den strengen Dialektiker, den Dichter und den Schönredner zugleich, zu machen. Vermuthlich würde Plato jedes von diesen dreyen in einem hohen Grade gewesen seyn, wenn er sich auf Eines allein hätte beschränken wollen: aber da er diesen dreyfachen Karakter in sich vereinigen will, und dadurch alle Redner, Dichter und Dialektiker vor und neben ihm auszulöschen glaubt, kann er neben keinem bestehen, der in einem dieser Fächer ein vorzüglicher Meister ist; denn er ist immer nur halb was er seyn möchte. Wo er scharf räsonnieren sollte, macht er den Dichter; will er dichten, so pfuscht ihm der grübelnde Sofist in die Arbeit [...]«

Die Heterogenität der Stilmittel führt Wielands Aristipp direkt zurück auf die Frage nach dem »Hauptzweck« des Werkes, der nur unter Vernachlässigung seiner textuellen Eigenarten auf die obige Problemexposition reduzierbar ist –: »Was für einen Zweck konnte der Mann durch dieses wunderbare Werk erreichen wollen? Für wen und zu welchem Ende hat er es uns aufgestellt? War seine Absicht, das wahre Wesen der Gerechtigkeit aufzusuchen und durch die Vergleichung mit demselben die falschen Begriffe von Recht und Unrecht, die im gemeinen Leben ohne nähere Prüfung für ächt angenommen und ausgegeben werden, der Ungültigkeit und Verwerflichkeit zu überweisen: wozu diese an sich selbst schon zu weitläufige und zum Überfluß noch mit so vielen heterogenen Verzierungen und Angebäuden überladene Republik, deren geringster Fehler ist, daß sie unter menschlichen Menschen nie realisiert werden kann? Oder war sein Zweck, uns die Idee einer vollkommenen Republik darzustellen; warum läßt er sein Werk mangelhaft und unvollendet, um unsre Aufmerksamkeit alle Augenblicke auf Nebendinge zu heften [...]?«

Wieland läßt seinen Aristipp die Frage aus dem Charakter Platons beantworten: der sei eben einer, der so was schreibe. Daß der »Hauptzweck« des Buches das Thema der »Gerechtigkeit« sei, sei zwar einerseits offensichtlich, aber nicht weniger offensichtlich sei auch, daß es nicht nur anders, sondern anders besser hätte abgehandelt werden können, »aber er hatte seine guten Gründe, warum er seine Idee einer vollkommenen Republik zur Auflösung des Problems zu Hülfe nahm. [...] Die Ausführlichkeit der Widerlegung des den Filosofen entgegen stehenden popularen Vorurtheils und des Beweises, daß eine Republik nur dann gedeihen könne, wenn sie von einem ächten Filosofen, d.i. von einem Plato regiert werde«, sei das Zentralmotiv der »Politeia«: die Selbststilisierung des Verfassers zum Philosophenkönig. Daß diese Selbststilisierung in einem zuweilen so unphilosophischen Stile erfolge, hänge damit aufs engste zusammen: »Nächst diesem fällt von allen seinen Nebenzwecken keiner stärker in die Augen, als der Vorsatz, den armen Homer, dessen dichterischen Vorzügen er nichts anhaben konnte, wenigstens von der moralischen Seite (der einzigen wo er ihn verwundbar glaubt) anzufechten, und um sein so lange schon behauptetes Ansehen zu bringen. Daß er ihn aus den Schulen verbannt wissen will, ist offenbar genug; sollte er aber wirklich, wie man ihn beschuldigt, so schwach seyn, zu hoffen daß einige seiner exoterischen Dialogen, z.B. Fädon, Fädrus, Timäus und vor allen der vor uns liegende, mit der Zeit die Stelle der Ilias und Odyssee vertreten könnten? Wofern ihm dieser Argwohn Unrecht thut, so muß man wenigstens gestehen, daß er durch die episch-dramatische Form seiner Dialogen, durch die vielen eingemischten Mythen, durch das sichtbare, wiewohl öfters [...] sehr verunglückte Bestreben, mit Homer in seinen darstellenden Schilderungen zu wetteifern, und überhaupt durch seine häufigen Übergänge aus dem prosaischen in den poetischen, sogar lyrischen und dithyrambischen Stil mehr als zu viel Anlaß dazu gegeben hat.« Das ist – auf der Romanoberfläche – nur der Tadel eines unberechtigten schriftstellerischen Selbstbewußtseins, bzw. aussichtsloser dichterischer Ambitionen. Gleichzeitig aber handelt es sich um eine Kritik des »Typs Platon«, mit dem die abendländische Philosophie recht eigentlich beginnt, d.h. um eine Kritik des herrscherlichen Anspruchs »des« philosophischen Denkens. Daß die Form, in der dies vorgetragen wird, nicht bloß die romanhafte Einkleidung eines »eigentlich« theoretischen Gedankens ist, liegt an der Zusammenfügung von Philosophie und Psychologie, die für den »Aristipp« nicht nur theoretisches, sondern auch eines seiner formalen Prinzipien darstellt. Die Erörterung des Themas »Philosophie« im dritten Kapitel wird Gelegenheit geben, dies zu erläutern.

Im Kapitel »Politik« werden wir Aristipp als einen kennenlernen, den mancher einen »Unpolitischen« nennen würde, es mag daher verwundern, daß Wieland ihn sehr auf dem Zusammenhang insistieren läßt, der zwischen der Phantasie des Philosophenkönigs und der realen politischen Abstinenz besteht: Platons politische Kritik vor allem an den athenischen (demokratischen) Verhältnissen verschaffe ihm Gelegenheit, »nebenher seine eigene Apologie gegen einen öfters gehörten Vorwurf zu machen, indem er den wahren Grund angiebt, warum er keinen Beruf in sich fühle, weder einen Platz an den Ruderbänken der Attischen Staatsgalere auszufüllen, noch (wenn er es auch könnte), sich des Steuerruders selbst zu bemächtigen.« Es ist nicht das (vorerst nur im Jargonsinne so genannte) »Unpolitische« daran, das Aristipp kritisiert, und nur der Vollständigkeit halber wird hier erneut das Nichtübereinstimmen mit Sokrates erwähnt. »Wenn Aristipp und seines gleichen diese Sprache führten«, läßt Wieland seinen Aristipp schreiben und Platons Sokrates mit den Worten zitieren, daß »die Wenigen, die im Besitz der wahren Weisheit sind« genug getan hätten, »wenn sie, selbst rein von Unrecht und lasterhaften Handlungen, ihr gegenwärtiges Leben in Unschuld hinbringen« – wenn ein Aristipp also so spreche, »möchte wohl nichts erhebliches dagegen einzuwenden seyn; aber von dem Platonischen Weisen sollte man mit vollem Recht eine heroischere Tugend fordern dürfen [...] Der wirkliche Sokrates war wenigstens ganz anders gesinnt, und ließ es sich, als er mit sehr guten Hoffnungen aus diesem Leben ging, keinen Augenblick gereuen, das Opfer der entgegen gesetzten Denkart geworden zu seyn. Aber freylich ist Platons Weiser kein Sokrates.« Konsequenz wird angemahnt, aber die Mahnung ist dem Leser der Hinweis auf das Kommende, die Reise Platons nämlich nach Syrakus an den Hof des Dionys. Doch, wie gesagt, das alles ist ungeschrieben; wir haben nur die Anekdoten des Diogenes Laertios und dies und das und ein lesenswertes Buch von Ludwig Marcuse, und natürlich Wielands »Agathon«, aus dem sich folgern läßt, aber nicht viel.

Die Idee der königlichen Philosophen oder Philosophenkönige ist für den Rezensenten der »Politeia« nur Anlaß zum Spotte: »Daß er nehmlich keine andre Filosofie für ächt gelten lasse, als seine eigene, und also sein großes politisches Geheimmittel gegen alle die Menschheit drückende Übel darauf hinauslaufe: daß alle Regenten zu Platonen werden, oder vielmehr (da dieß, wenn sie auch wollten, nicht in ihrer Macht steht) daß der einzige mögliche und wirkliche Plato, Aristons und Periktyonens Sohn, zum Universalmonarchen des Erdkreises erhoben werden müßte [...]? Wenn nun aber auch zu dieser einzigen kleinen Veränderung, wie heilbringend sie immer für das gesammte Menschengeschlecht wäre, nicht die mindeste Hoffnung vorhanden ist, wofür will er daß wir seine Republik ansehen sollen?« Es sei das Aussinnen von Utopien sowieso ein so müßiges Geschäft, daß es nicht nötig sei, ihre Möglichkeit in der Welt auch noch an offensichtlich absurde Bedingungen zu binden. »Die Platonische Republik ist als ein vermeintlich auffallendes Beispiel von erträumter Vollkommenheit, die nur im Gehirn des müßigen Denkers ihren Sitz haben kann, zum Sprichwort geworden, und Brucker findet es lächerlich, daß der Philosoph behaupte, niemals würde ein Fürst wohl regieren, wenn er nicht der Ideen teilhaftig wäre«, schreibt Kant und referiert es wie einen Konsens der Zeit, gegen den erst er und erste Einwände erhebt. Im Grunde (so wieder Wieland/Aristipp) wisse es der Verfasser selbst; wahrscheinlich sei, »daß er selbst von ihrer innern Lebenskraft und Dauerhaftigkeit keine große Meinung hege, und so gut als Andre wisse, daß eine idealische Republik nur für idealische Menschen passe, und, um so frey in der Luft schweben zu können, an den Fußschemel von Jupiters Thron angehängt werden müsse.« Nicht ernstlich also sei die Herrschaft der Philosophen Bedingung der Möglichkeit jener idealen Polis, sondern ihr Entwurf sei eine gigantische Metapher für den Herrschaftsgestus der Philosophie.

Es bleibt darum die Kritik an der politischen Konzeption, die die »Politeia« eben doch auch darstellt, moderat; erstaunlich moderat für einen Leser des 20. Jahrhunderts, den es nicht geringe Anstrengung kostet, die ironische Perspektive wiederzugewinnen, die Wieland so selbstverständlich ist: »Ich denke, wir müssen der Tatsache ins Auge sehen, daß hinter der Idee des königlichen Philosophen das Streben nach Macht steht. Das schöne Porträt des Herrschers ist ein Selbstporträt. Wenn wir uns einmal vom Schock dieser Entdeckung erholt haben, dann können wir dieses furchteinflößende Bild erneut betrachten; und gestärkt mit einer kleinen Dosis sokratischer Ironie, werden wir es vielleicht nicht mehr so furchtbar finden [...] wir werden sogar ein wenig Mitleid mit Platon empfinden, der sich mit der Errichtung des ersten Lehrstuhls für Philosophie zufrieden geben mußte, statt mit der Errichtung ihres ersten Königsthrones.«

Der »Aristipp« ist kein optimistisches Buch; – überhaupt ist »die Aufklärung« weit weniger optimistisch gewesen als die, die sie so wenig kennen, meinen. Doch ist er, bei allem Wissen um die Dialektik des Projektes europäischer Zivilisation eben doch mehr als hundert Jahre vor deren Kollaps geschrieben worden, und rechtens las man damals anders. Wie heute der Schlußsatz von David Humes »Inquiry« isoliert nicht mehr zitierbar ist, zu seiner Zeit aber durch Kontext und Zielrichtung fast gegenteilig bestimmt gewesen war, so kann Wielands Aristipp der Platonischen Dichterverbannung – bezogen auf die Mehrzahl der griechischen Literatur – gerade unter zivilisatorischem Aspekt etwas abgewinnen; (und in der Tat: aus der »Ilias« die Moral studieren ist ein eigen Ding). Aus demselben Grunde erfolgt auch das ausdrückliche Lob der ganz unhomerischen Maxime für den Krieg, Leichen nicht zu fleddern, Häuser nicht niederzubrennen und Länder nicht zu verwüsten. Das aber bleibt, abgesehen von der Zustimmung zu den zuweilen satirischen Attacken gegen die athenische Demokratie, das einzige, was zu loben sei. Einrichtungen wie die berüchtigte Weiber- und Kindergemeinschaft und alle Vorschriften der idealischen Polis in erotischen Angelegenheiten werden kopfschüttelnd oder mit Spott referiert. Und hier setzt dann auch die Kritik am Modell eines totalen Staates ein in der Analyse seiner Herrschaftstechnik. Die Platonische Sexualgesetzgebung diene nur dem einen Zweck einer absoluten Staatsloyalität durch Verhinderung der Entstehung anderer Loyalitäten. »Mit Einem Wort, es bedurfte nichts als die bloße Beybehaltung der gewöhnlichen Ehe, um aus unsrer Platonischen Republik [...] ein so armseliges Ding von einer gemeinen heillosen Alltagsrepublik zu machen, wie man ihrer in Griechenland, klein und groß, zu Hunderten zählt.« Die familiären Loyalitäten werden durchaus grundsätzlich gegen den Anspruch der Staatsloyalität gesetzt, etwa im Falle der Gesetze zur Tötung staatsunnützen Lebens in der Platonischen Polis. Diese Gesetze seien, den Staat als obersten Zweck einmal vorausgesetzt, durchaus konsequent, aber das gelte schließlich nur für die Platonische Republik, »wo sich freylich alles anders verhält als in den unsrigen. In den letztern lebt jeder Mensch sich selbst und seiner Familie, dann erst dem Staat; in der seinigen lebt er bloß dem Staat«. Man denke in diesem Zusammenhang auch an Freuds Überlegungen zum antistaatlichen Widerstandspotential in der sexuellen Zweierbeziehung.

»In der vollkommensten Republik«, referiert Wieland/ Aristipp das Konzept totalitärer Staatlichkeit, müsse »alles rein konsequent und zweckmäßig seyn«, da »es in derselben nicht darum zu thun ist, die einzelnen Gliedmaßen des Staats, sondern das Ganze so glücklich als möglich zu machen, und das letztere auf keine andere Weise zu erhalten steht, als wenn jede Klasse, und jeder einzelne Bürger in der seinigen, gerade das und nichts anders ist, als was sie vermöge ihres Verhältnisses zum Ganzen nothwendig seyn müssen«. Diese Vorstellung vom Staat als einer organischen Ganzheit, die den einzelnen Teilen ihre Funktion gebe, sei aber das Proton pseudos: »Der Irrthum liegt darin, daß [...] die Bürger als organische Theile eines politischen Ganzen, d.i. als eben so viele Gliedmaßen Eines Leibes betrachtet« werden, »welche nur durch ihre Einfügung in denselben leben und bestehen« und »keinen Zweck für sich selbst haben«. Es sei aber dies Gleichnis vom Leibe auf die »bürgerliche Gesellschaft« nicht anwendbar; und es folgt ein Bekenntnis zu liberaler Staatlichkeit: »Die Menschen, woraus sie besteht, haben sich [...] bloß in der Absicht vereinigt, ihre natürlichen, d.i. ihre weltbürgerlichen Rechte, in die möglichste Sicherheit zu bringen, und sich durch diesen Verein desto besser zu befinden. Hier ist es also gerade umgekehrt: der Staat ist um des Bürgers willen da, nicht der Bürger um des Staats willen. Die Erhaltung des Staats ist nur in so fern das höchste Gesetz, als sie eine nothwendige Bedingung der Erhaltung und der Wohlfahrt seiner sämmtlichen Glieder ist; nur, wenn es allen Bürgern, in so fern Jeder nach Verhältniß und Vermögen zum allgemeinen Wohlstand mitwirkt, verhältnismäßig auch wohl ergeht, kann man sagen, daß der Staat sich wohl befinde; und damit dieß möglich werde, darf der Einzelne in freyer Anwendung und Ausbildung seiner Anlagen und Kräfte nur so wenig als möglich, d. i. nicht mehr eingeschränkt werden, als es der letzte Zweck des Staats, mit Rücksicht auf die äußern von unsrer Willkühr unabhängigen Umstände, unumgänglich nöthig macht.«

Antik ist das nicht; nichts von dem, was dem historischen Aristipp zugeschrieben ist, möchte dem ähnlich sehen; keine rekonstruierte sophistische Position ist das, nicht Aristoteles noch Cicero, um den Schein möglichen Zitates zu wahren. Es ist allenfalls verdünnter Locke. Auf den ersten Blick wäre das auch nicht unwahrscheinlich. Warum sollte der Aufklärer Wieland nicht Anhänger der Lockeschen Staatstheorie sein, und warum sollte er nicht seinen Aristipp ein ähnliches Räsonnement anstellen lassen, um ihm eine »moderne« Argumentationsbasis gegen Platon zu geben, das Problem mißachtend, daß Lockes Argumentation sich gegen eine ganz andere Staatsform richtet? Aber hätte da nicht – dahingestellt, ob das in einem »historischen« Roman dieser Art möglich gewesen wäre – die Kritik weit grundsätzlicher, nämlich von den grundlegenden Gedankenfiguren her ansetzen müssen: daß nicht die Frage nach der Natur des Menschen und der ihr gemäßen Staatsform (heiße die nun mit Aristoteles »Polis« oder mit Cicero »res publica« oder sei sie in der »Politeia« idealisch dargelegt) zu beantworten sei, sondern die, welche Staatsform oder gesellschaftliche Organisation bestimmten menschlichen Zielen die zuträglichste sei? Denn in diese Frage lassen sich die Entwürfe von Hobbes und Locke trotz aller Unterschiede überführen. Wieland hat das unterlassen. Aber gerade daß er die Frage so wenig grundsätzlich angehen wollte, ist interessant. Vom Jahre 1800 aus gesehen, sind die politischen Phantasien Platons nichts weiter als eben Phantasien, und sie sind über 2000 Jahre alt. Sich mit ihnen herumzustreiten, ist fast ein wenig langweilig. Darum holt Wieland auch zu keiner Widerlegung großen Stiles aus, sondern gibt nur den Hinweis, wie eine Widerlegung großen Stiles – wenn sie denn lohnte – zu verfahren hätte. Er läßt es seinen Aristipp selber sagen: »Doch dieß nur im Vorbeygehen; denn es gehörig auszuführen und anschaulich zu machen, würde ein größeres Buch erfordert, als ich, so lange noch etwas besseres zu thun ist, zu schreiben gesonnen bin«.

Aber es ist nicht nur die 1800 fehlende politische Nötigung, sondern auch die un- oder besser a-politische Haltung von Wielands Aristipp, und die ist nun sowohl eine dem »historischen« Aristipp angemessene wie auch eine politische Haltung, die Wieland – einer der politisch reflektiertesten deutschen Schriftsteller seiner Zeit – an einem Modellfall vorführt. Näheres dazu im zweiten Kapitel. Für den Rezensenten der »Politeia« genügt es – der Brief geht übers Mittelmeer von Kyrene nach Athen –, die grundsätzliche Fremdheit der politisch-phantastischen Radikalisierung der Hermetik und Enge einer diktatorischen Polis nach dem eingestandenen Vorbild Spartas gegenüber der eigenen Haltung eines Citoyen du monde zu erwähnen und zu zeigen, woher denn argumentiert werden *könnte,* wenn es das Argument *lohnte.* Denn es reicht doch, einfach den Reiseweg nicht über Sparta zu nehmen. Bei Tische mag es sich anders ausnehmen, sprich in Syrakus am Hofe der Dionyse.

Aber dort kommen wir in diesem Roman nicht mehr hin, und auch Aristipp ist noch nicht dort, und so ist ihm ärgerlicher als die politische Phantasie, die, wenn man sie nur liest, nichts und keinem schadet, die *Haltung,* aus der sie geschrieben ist, die sich einem eben, auch wenn man liest, aufzwingt; fatal ist nicht die Platonische Polis, sondern Platon, der Mensch, der Philosoph. Die intellektuelle Verhärtung, ein Sparta auszusinnen, das dessen mögliche Karikatur noch übertrifft, es »bis zu einer Konsequenz zu treiben, die, wie ein eiserner Streitwagen, alles was ihr entgegen steht zu Boden tritt, und über alle Bedenklichkeiten und Rücksichten, d. i. über die Köpfe und Eingeweide der Menschen weg, in gerader Linie auf das Ziel losrennt, das sie sich vorgesteckt hat«, über dem Prinzip die Menschen, über dem imaginierten Ganzen das zu vergessen, was sub specie dieser Setzung Teil ist, kommt eben nicht von ungefähr: »Bey einem Filosofen, der seine Geistesaugen immer nur auf die ewigen und unveränderlichen Urbilder der Gattungen und Arten geheftet hält, kommen die Einzelnen Dinge, als bloße vorübergleitende Schemen oder unwesentliche Wolken- und Wasserbilder, in keine Betrachtung; und da er alle die Knoten, in welche die Meinungen, Neigungen, Bedürfnisse und Leidenschaften der Menschen im gesellschaftlichen Leben sich unaufhörlich verwickeln und durch einander schlingen, immer mit einem einzigen Grundsatz wie mit einem zweyschneidigen Schwert zerhauen kann, warum sollte er sich die Mühe geben sie auflösen zu wollen?«

Wie er, Aristipp, Probleme aufzulösen gedenke, davon gibt die Rezension der »Politeia« einige Beispiele. »Das allerseltsamste« bei Platons Art Streitgespräche zu inszenieren, sei, »daß in diesem ganzen Schattengefechte beide streitenden Parteyen, indem sie einen bestimmten filosofischen Begriff von der Gerechtigkeit suchen, den popularen, auf das allgemeine Menschengefühl gegründeten Begriff immer stillschweigend voraussetzen, ohne es gewahr zu werden. Es ist als ob die närrischen Menschen den Wald vor lauter Bäumen nicht sehen könnten; sie suchen was ihnen vor der Nase liegt, und was sie bloß deßwegen nicht finden, weil sie sich in einer Art von Schneckenlinie immer weiter davon entfernen. Sie würden gar bald einig geworden seyn, wenn Sokrates, statt der kleinen spitzfündigen und hinterstelligen Fragen, die ihm schon Aristofanes vorwarf, geradezu gegangen, und das, was alle Menschen, vermöge eines von ihrer Natur unzertrennlichen Gefühls, von jeher Recht und Unrecht nannten, in seiner ersten Quelle aufgesucht hätte.« Diese erste Quelle ist unser Sprachgebrauch: »Da ein Wort doch weiter nichts als das Zeichen einer Sache, oder vielmehr der Vorstellung die wir von ihr haben, ist, so kann es dem Wort Gerechtigkeit allerdings gleichviel sein, was Plato damit zu bezeichnen beliebt; aber der Sprache ist dieß nicht gleichgültig; und ich sehe nicht mit welchem Recht ein einzelner Mann, Filosof oder Schuster, sich anmaßen könne, Worte, denen der

Sprachgebrauch eine gewisse Bedeutung gegeben hat, etwas anders heißen zu lassen als sie bisher immer geheißen haben.« Von sich aus eine Definition von »Gerechtigkeit« zu geben, unternimmt Aristipp nicht, es bleibt bei Hinweisen dieser Art, wie etwa dem pauschalen auf die Ausgangsdefinition »jedem das Seine geben ist gerecht«, deren angebliche Widerlegung das ganze Werk in Gang bringt. Der Hinweis bedeutet, daß man mit solchem Ordinary-language-Verständnis zurechtkommen könne, solange man nicht vergesse, daß eine derartige Regel Ausnahmen leide, die aber keine Falsifikation der Regel darstellten. Im Einzelfall darüber zu streiten, was zu *tun* gerecht sei, sei interessant, aber nach einem spezifisch *philosophischen Begriff* der Gerechtigkeit zu suchen, uninteressant, weil unnötig. Etwas finden zu wollen, was »Gerechtigkeit an sich« heißen könne, sei Unsinn – in diesem Sinne verteidigt er auch die sophistische Redeweise: »Sie [die Sophisten] kennen überhaupt kein Gut noch Übel an sich, sondern betrachten alle Dinge bloß wie sie in der Wirklichkeit sind, d.i. wie sie allen Menschen, in Beziehung auf sich selbst oder auf den Menschen überhaupt, unter gegebenen Umständen scheinen.« Aus der sophistischen Position, die in der weiteren Ausführung in Bezug auf Staat und Politik übrigens ungefähr mit der Hobbesschen identifiziert wird, läßt Wieland seinen Aristipp übernehmen, daß in einem angenommenen Naturzustand des Krieges aller gegen alle die Redeweise von »Gerechtigkeit« oder »Ungerechtigkeit« keinen Sinn habe, weil der Naturzustand ja gerade als normenfreier definiert sei. Andererseits gehe unser Gefühl für gerechtes Handeln nicht auf in der Beachtung des zufälligerweise gerade geltenden positiven Rechts – hier nimmt Wielands Aristipp Humes Kritik an Hobbes auf: es gebe selbstverständlich Gefühle wie Zuneigung, Solidarität, gerecht und ungerecht diesseits der Staatsverfassungen. Gerade das Spannungsverhältnis von diesen zu jenen sei das Interessante: »[...] das, was Recht ist, von dem, was Wahn oder Gewalt zu Recht setzen, zu unterscheiden«.

Das aber ist schon so ziemlich das Einzige, was Wielands Aristipp Platon gegenüber an »konstruktiver« Gegenposition beziehen läßt, und auch in anderen Fragen, die in der Rezension angesprochen werden, verhält es sich kaum anders. Das mag man enttäuschend finden, wird es aber hinnehmen müssen. Kaum verwunderlich wird aber dann sein, daß die Auseinandersetzung mit der Platonischen Erkenntnistheorie – Ideen- und Anamnesis-Lehre – ebenfalls nicht so erfolgt, daß ihr etwa eine eigene entgegengestellt würde. Es könnte auch müßig scheinen, vom Jahre 1800 her wider die Ideenlehre streiten zu wollen. Doch hat »das Sprachspiel der Philosophen seine eigene Zeit«, es ist ihm immer alles synchron. Das ist natürlich nicht die Ansicht aller Philosophen gewesen, aber das macht nichts, spätestens macht es nichts mehr, seit es mit Wittgenstein erlaubt ist, zu sagen, die Philosophie löse ebensowenig Probleme ein für allemal, wie das Kratzen den Juckreiz »an sich« beseitige. Sieht man die philosophische Problemlage einmal so an, gibt es auch keine philosophischen Probleme mehr, sondern nur das Problem Philosophie, aber auch das muß kein Problem sein, nicht einmal die Frage, was sie denn sei, die Philosophie, ist sonderlich interessant, es sei mit ihr – wie Wieland seinen Aristipp sagen läßt – wie mit den Nasen: was eine Nase sei bedürfe nicht der Definition, ohnehin habe jeder seine eigene. Doch ist, wie über Nasen zu reden sei, nicht umstritten. Man kann es in der Medizin und der Ästhetik tun. Aber wie spricht man über das »Sprachspiel der Philosophie«? Anders als über die Sprachspiele der Philosophen? Hierüber (und über anderes) wird im dritten Kapitel zu reden sein.

Kants referierenden Bezug auf Bruckers Philosophiegeschichte hatte ich schon zitiert, man wird sich erinnern: »Brucker findet es lächerlich, daß der Philosoph (Platon) behauptete, niemals würde ein Fürst wohl regieren, wenn er nicht der Ideen theilhaftig wäre.« Doch so geht es weiter: »Allein man würde besser thun, diesem Gedanken mehr nachzugehen und ihn (wo der vortreffliche Mann uns ohne Hülfe läßt) durch neue Bemühungen in Licht zu stellen, als ihn unter dem sehr elenden und schädlichen Vorwande der Unthunlichkeit als unnütz bei Seite zu setzen.« Es geht dann weiter mit der Überlegung, welche Rolle die »Idee der Gerechtigkeit« bei der Errichtung eines wohlverfaßten Staates spiele, was wir, da wir das Thema verlassen haben, beiseite setzen können. Es sollte auch nur ein Hinweis sein, wie der auf das 1798 in der Cröker-schen Buchhandlung erschienene »Wörterbuch zum leichtern Gebrauch der Kantischen Schriften« von Schmid, das unter »Idee« vermerkt: »Dieser Ausdruck hat bey Kant eine bestimmtere, dem Plato entlehnte Bedeutung, als im gewöhnlichen Sprachgebrauche.« – Ich möchte mit diesen Hinweisen nicht mehr andeuten, als ich an dieser Stelle einlösen kann, sondern nur deutlich machen, daß hier immerhin ein mehr als nur antiquarisches Interesse im Spiel sein könnte.

»Er hat sich«, läßt Wieland seinen Aristipp über den Philosophen Platon schreiben, »eines mächtigen Zauberworts bemeistert, womit er sich gegen Hieb und Stich fest machen, womit er, wie man seine Hand umkehrt, Berge versetzen und Meere austrocknen, womit er Alles in Nichts und Nichts in Alles verwandeln kann. Das Bild, das kein Bild ist – des Dings, das kein Ding ist, weil es weder von den Sinnen ertastet, noch von der Einbildungskraft dargestellt, noch vom Verstande gedacht und bezeichnet werden kann, mit Einem Wort, die Idee des Dinges an sich, das wahre unaussprechliche Wort der Platonischen Mystagogie, die formlose Form dessen was keine Form hat – Was ist unserm Thaumaturgen nicht mit diesem einzigen Aski, Kataski möglich? Ja, wenn unter dem Wort Filosof so ein Mensch gemeint wäre, wie unsre gewöhnlich so genannten Filosofen, Sofisten, Allwisser, Liebhaber und Kenner des vermeinten Wahren, Schönen und Guten, welches mit den Augen gesehen, mit den Ohren gehört, mit irgend einem äußern oder innern Sinn gefühlt, von der Einbildungskraft gemahlt, von der plastischen Kunst gebildet, vom Verstand erkannt, von der Sprache bezeichnet, und im wirklichen Leben als Mittel zu irgend einem Zweck oder als Zweck irgend eines Mittels, als Ursache irgend einer Wirkung, oder Wirkung irgend einer Ursache, gebraucht werden könnte« – dann? dann wären diese Philosophen keine Platonen, denn dieser »hält es unter seiner Würde, sich mit Betrachtung und Erforschung all des armseligen Plunders der materiellen und einzelnen Dinge abzugeben, welche [...] weder Etwas noch Nichts, sondern eine Art von Mitteldingen zwischen Nichts und Etwas sind. Das hauptsächlichste, wo nicht einzige Geschäft seines Lebens ist, sich auf den Stufen der Arithmetik, Geometrie und Dialektik zur Betrachtung der einfachen und unwandelbaren Ideen der Dinge, und von diesen übersinnlichen Wesen bis zum mystischen Anschauen des höchsten Ontôs On oder Urwesens aller Wesen zu erheben, über welches, als etwas an sich Unbegreifliches und Unaussprechliches, ihm eine deutliche Erklärung nicht wohl zuzumuthen ist; und da er durch diese gänzliche Versenkung seines Geistes in das, was an sich Wahr, Schön, Gerecht und Gut ist, nothwendig selbst durch und durch wahr, edel, gerecht und gut werden muß: wo könnten wir einen Sterblichen finden, welcher tauglicher und würdiger wäre, die Welt zu regieren als Er?«

So geht es fort, in fast gemütlichem Spotte, als lohne es nicht, sich die Mühe wirklicher Einwände zu machen. Es ist, als wollte der Schreiber sagen: wenn einer so denken *will* – was soll ich dabei tun? daß *ich* es *nicht* will, versteht sich von selbst, und was ich *andern* sagen *kann,* ist allenfalls, daß es nicht besonders praktisch ist, so zu denken. Das kann einen, der zur Philosophie ein anhänglicheres Verhältnis hat als das hier zur Schau gestellte, unschwer auf die Nerven gehen, und ist Motiv genug für einen wie Gruber, solchen Fauxpas im Jenseits wiedergutmachen zu wollen. Als die Rezension auf das bekannteste von allen Bildern Platons, das Höhlengleichnis, zu sprechen kommt, wird der Ton allerdings etwas müder, wenn auch kaum philosophischer. »Was kann ich dir darüber sagen? Es ist schwer in solchen Dingen überall eine Meinung zu haben. Das Gewisseste, was ich davon sagen kann, ist, daß *meine* Vorstellungsart so verschieden von der Platonischen ist, als die Grundsätze, von denen wir ausgehen.« Was folgt, ist eine *ästhetische* Kritik des Höhlengleichnisses. Wer eine solche Geschichte aussinne, tue das doch wohl, damit ein schwieriger Gedanke, eine wenigstens sinnlich faßbare Gestalt erhalte. Dann müsse die Gleichnisgeschichte aber sauber konstruiert sein und nicht mehr Rätsel aufgeben, als sie löse. Zum Beispiel sei die Grundvoraussetzung des Ganzen unklar: warum die Menschen dazu verurteilt seien, in eine Höhle gebannt, nur die Schatten der wahren Wesenheiten wahrzunehmen. Die aus dem »Phaidros« zu gewinnende Antwort Platons wird dann einer weiteren Kritik unterzogen. Wieder wird derjenige, der spezifisch *philosophische* Einwände sucht, den Kopf schütteln. Aber Wieland/Aristipps Kritik ist keineswegs naiv. Sie betont nur, daß Einwände ästhetischer Art in philosophischen Texten ein Recht haben. Es kann nicht ausbleiben, daß Wieland über das dithyrambische Schulmärchen vom Armenier Er den Spott schalenweise ausgießt: »[...] wie dieser Lichtring zugleich zwischen Himmel und Erde aufgerichtet stehen, über Himmel und Erde ausgebreitet seyn, und den ganzen Himmel wie ein Gürtel umfassen kann? [...] Woran die Enden dieses den Himmel zusammen haltenden Lichtgürtels befestigt sind, damit die Spindel der Anangke an ihnen hangen kann? Warum Anangke ihre Spindel, gegen die Gewohnheit aller andern Spinnerinnen, zwischen ihren Knieen herumdreht, und zwanzig andere Fragen, deren der Leser sich nicht erwehren kann, ohne die Antwort darauf zu finden. Plato ist, wie wir lange wissen, ein Liebhaber vom Übernatürlichen, Unerhörten, Kolossalischen; wir wollen ihn dieses Geschmacks wegen nicht anfechten; aber die Bilder, die er uns darstellt, müssen doch Sinn, Bestandheit und Zusammenhang wenigstens an und unter sich selbst haben, und er muß unsrer Einbildungskraft nicht mehr zumuthen als sie leisten kann. Versuch es einmahl, dir die ganze Gruppe von Erscheinungen, die der Armenier in dem Lichtgürtel des Himmels gesehen haben will, in Einem Gemählde vor die Augen zu bringen.«

So ist denn auch die Kritik an der gesamten Anlage des Platonischen Werkes gleich zu Beginn der Rezension als eine Kritik an der Form des vorgeblichen Dialogs gegeben. »Ich setze«, beginnt diese Kritik, »als etwas Ausgemachtes voraus, was wenigstens Plato selbst willig zugeben wird: daß ein Dialog in Rücksicht auf Erfindung, Anordnung, Nachahmung der Natur u. s. f. in seiner Art eben so gut ein dichterisches Kunstwerk ist und sein soll, als eine Tragödie oder Komödie« – unter dieser Voraussetzung sei allerhand Tadelnswertes zu finden, etwa die Länge des Ganzen, die der Voraussetzung, es sei ein Gespräch, widerstreite, dann die mangelnde Proportion der Einzelteile untereinander und im Verhältnis zum Ganzen. Der Haupteinwand aber ist der: »[...] worin die wesentlichste Schönheit eines Dialogs beschaffen sei? – Vorausgesetzt, daß die Rede nicht von Unterweisung eines Knäbleins durch Frage und Antwort, sondern von einem Gespräch unter Männern, über irgend einen wichtigen, noch nicht hinlänglich aufgeklärten, oder verschiedene Ansichten oder Auflösungen zulassenden Gegenstand ist, so läßt sich doch wohl als etwas Ausgemachtes annehmen: ein erdichteter Dialog sei desto vollkommener, je mehr er einem unter geistreichen und gebildeten Personen wirklich vorgefallenen Gespräch ähnlich sieht. In einer solchen gesellschaftlichen Unterhaltung stellt jeder seinen Mann; jeder hat seinen eigenen Kopf mitgebracht, hat seine Meinung, und weiß sie, wenn sie angefochten wird, mit starken oder schwachen, aber doch wenigstens mit scheinbaren, Gründen zu unterstützen. Wird gestritten, so wehrt sich jeder seiner Haut so gut er kann; oder sucht man einen Punkt, welcher Allen noch dunkel ist, ruhig und gemeinschaftlich aufzuhellen, so trägt jeder nach Vermögen dazu bei. [...] Unterhaltungen dieser Art sind es, die der Dialogendichter zu Mustern nehmen muß; aber auch dadurch hat er den Forderungen der Kunst noch kein Genüge getan. Denn da er, als Künstler, sich nicht auf das Gemeine und Alltägliche beschränken, sondern das Schönste und Vollkommenste in jeder Art, oder, genauer zu reden, ein in seinem Geiste sich erzeugendes Bild desselben, zum Vorbilde seines Werkes nehmen und dieses eben dadurch zum wahren Kunstwerk erheben soll: so kann mit dem größten Rechte von ihm erwartet werden, daß die gelungene Bestrebung, dem Ideal eines vollkommenen Dialogs so nahe als möglich zu kommen, in seinem ganzen Werke sichtbar sei.« Daß Platon hier gefehlt habe, liege auf der Hand, der Dialog heiße besser »*sokratischer Monolog*«, denn er habe, wie es an anderer Stelle heißt, gegen das »dramatische Gesetz, jeder Person ihr Recht anzuthun«, verstoßen. Man sieht, wie nahe diese ästhetische Gesetzgebung nicht nur an moralischen Vorstellungen im allgemeinen, sondern am Haupt-Thema der »Politeia«, der Frage nach der Gerechtigkeit selber, liegt. Der Kern des Wieland/Aristippischen Einwandes lautet, daß Platons Dialog sein Ziel schon *aufgrund seiner Form* verfehlen *mußte*. Ich werde im sechsten Kapitel das Thema wieder aufgreifen, und es hier nur bei dem Hinweis belassen, daß in der Vorstellung eines gemeinsamen, gleichberechtigten Gespräches natürlich auch eine Vorstellung von menschlich-urbanem Umgang miteinander liegt, der jede »Politeia«-Staatlichkeit wie jede Vorstellung vom Philosophenkönig oder königlichen Philosophen, ja bereits vom »Lehrer des Volkes« gegensätzlich, ja zuwider sein muß. Wir werden etwas davon im nächsten Kapitel wiederfinden.

Das Ideal des gleichberechtigten Gesprächs schließt ein anderes aus, das scheinbar zu dem, was wir »Aufklärung« nennen, gehört. Ein Ideal nämlich, das über das eben Gesagte hinaus, sei es inhaltlich, sei es formal, die »Vernünftigkeit« der ganzen Veranstaltung garantieren soll. Weder ist es möglich (und vor allem gibt es keinen Grund, es für nötig halten zu wollen), a priori anzugeben, welche Argumente oder welche nicht-argumentativen Redeweisen in so einem Gespräch Platz haben, und welche nicht, noch ist es das unbedingte Ziel, in dem Gespräch zu einem Konsens zu kommen. Wenn der philosophisch Interessierte jetzt die Achseln zuckt und einwendet, derlei laufe doch auf bloßen Zeitvertreib hinaus, dann wäre ihm sicher nur bedingt zu widersprechen, etwa mit der Gegenfrage, was eigentlich der präzise Unterschied zwischen »Zeitvertreib« und jenem anderen X, das vorzuziehen wäre, sei. Antwortete er, es gehe ihm um ernst und unernst, wäre zu replizieren, daß das Wielandische Gesprächsideal mit »Unernst« nicht das Geringste zu tun habe, vorausgesetzt, der »Ernst« schließe nicht definitorisch jedes Vergnügen aus. *Nicht* von vornherein zu bestimmen, was in einem Dialog vorkommen dürfe und was nicht, sei gerade Ausdruck des Bemühens um die Sache und die Verständigung, und wer den Konsens als einziges oder doch wenigstens oberstes Ziel des Dialogs ansehe, vergesse, daß es sehr oft allen Beteiligten ausgesprochen nützlich, dem Verständnis einer Sache zuträglich und noch dem lieben Frieden dienlich sei, nicht übereinzustimmen.

Die Weigerung, irgend etwas vor allem andern als »vernünftig« auszuzeichnen, prägt auch die dem Platonischen Bild von der menschlichen Seele entgegengesetzte Auffassung Aristipps. Bekanntlich nimmt Platon eine dreigeteilte Seele an, deren unterster Teil die Triebe und Begierden, deren mittlerer der Wille, die Aggressionen und die elementaren Rechtsbegriffe ausmachen, und deren oberster die lenkende Vernunft darstellt. Das Bild entspricht der Vorstellung Platons von den drei Klassen in seinem Staat: Pöbel, Militär und Philosophenherrscher. Es ähnelt auch dem Freuds vom Es, Ich und ÜberIch, aber ähnelt ihm doch nur, insofern es dreiteilig ist, nicht in der Beziehung der bei Freud anders bestimmten Teile der Seele zueinander.

Platon argumentiert für sein Bild, um plausibel zu machen, wie der Mensch sich gegen seine unmittelbaren Triebansprüche durchsetzen und vernünftig handeln könne. Es würde zu weit führen, zu zeigen, wie Wielands Aristipp die Platonischen Argumente destruiert (u. a. in einem fingierten Dialog Aristipp vs. Sokrates in Platonischer Manier) – so viel bleibt am Ende übrig: was uns charakterisiert, ist nicht, daß wir gegen irgendwelche blinden Triebe »vernünftig« zu handeln imstande sind, sondern wir handeln je nachdem, in welchen Konstellationen unsere Bedürfnisse mit den Umständen, die es ermöglichen, sie zu befriedigen oder nicht, unseren Einsichten in das Risiko ihrer Befriedigung, mit den Rücksichten, die uns widerstreitende Triebe aufnötigen, oder den Rücksichten auf anderes, was uns lieb und wert ist, Moral etwa, sich befinden. Die Psychoanalyse würde in diesen Fähigkeiten die erblicken, die ihr Bild von der Seele dem Ich zuschreibt. Nicht in einer bestimmten Art und Weise zu handeln, sondern die Fähigkeit, je nachdem so oder so zu handeln, macht unsern Wert aus, und unsere Identität besteht nicht in der Unterordnung unter bestimmte Prinzipien, vor allem nicht im Anspruch auf Gleichförmigkeit im Fühlen, Denken und Handeln: »Sind wir nicht sogar durch das innigste Selbstbewußtseyn genöthigt, unser Ich in allen seinen Veränderungen, Zuständen und Gestalten, selbst in den ungleichartigsten und unverträglichsten (z.B. im Übergang aus der Trunkenheit einer heftigen Leidenschaft in den heitern Stand der ruhigen Besonnenheit) für Ebendasselbe zu erkennen?«

Zweites Kapitel

POLITIK

»Nichts mehr von neuen Konstituzionen!«

Wieland

Man könnte von einer Geschichte dreier Städte sprechen –: Athen; Kyrene; Syrakus; – Athen: und die Erfahrungen mit der Demokratie; Kyrene: oder die Rhythmik politischer Veränderungen; Syrakus: Chancen und Risiken der Mon-Archie. Aber Syrakus wäre das Thema des ungeschriebenen fünften Bandes gewesen, und insofern wäre eine Darstellung der politischen Dimension des »Aristipp und einige seiner Zeitgenossen«, ausgerichtet an den drei Städten, schlecht gewichtet, da sie sich notwendigerweise *zu* sehr an dem orientieren müßte, was fehlt, als an dem, was da ist. Ich fange also anders an: Der »Aristipp« ist ein politischer Roman mit einem unpolitischen Protagonisten.

Dabei ist es leichter zu bestimmen, was ein politischer Roman ist, als was man unter einem a-politischen Helden zu verstehen hat. Politisch können wir einen Roman nennen, der sich dem Diktum Napoleons, die Politik sei das Schicksal, zumindest als einer bedeutenden Teilwahrheit nicht verweigert und entsprechendem Geschehen oder Räsonnement Platz gibt. Aristipp ist kein politischer Akteur, doch wird er als Person hochentwickelten politischen Urteilsvermögens gezeigt – so charakterisiert ihn Arno Schmidt, ihn zum gewissermaßen »idealen Helden« der Wielandischen Romane stilisierend: »[...] der Intellektuelle. Der hochgebildete Einzelne. Ausgesprochen diesseitig: Ablehnung, bestenfalls euhemeristische Begutachtung, jeglichen Unendlichkeitsfimmels. Politisch und soziologisch hoch interessiert; aber vorsichtig in der aktiven Einmischung.«

Wielands Aristipp ist vor allem in bezug auf den historischen Rahmen, in den er gestellt ist un-, oder sagen wir besser: a-politisch. Er ist als Polis-Grieche a-politisch und er ist das zunächst, weil die Quellenlage es so will. In Wielands Übersetzung des Gespräches zwischen Sokrates und Aristipp aus Xenophons »Erinnerungen an Sokrates« heißt es trocken so: »Offenherzig zu reden, ich hege keine große Meinung von dem Verstand der Menschen, der an der Sorge sich selbst das Nötige zu verschaffen, wiewohl sie ihm alle Hände voll zu tun gibt, nicht genug hat, sondern sich auch noch mit der Verpflichtung beladet, für die Bedürfnisse der übrigen Staatsbewohner zu sorgen.« Die mahnenden Worte des Sokrates über die stadtbürgerlichen Pflichten, die im Roman in einem Brief des Antisthenes wiederkehren werden, bleiben erfolglos. Hierbei muß man mitdenken, daß ja bereits Sokrates den Athenern als a-politisch galt. Auch Wieland läßt seinen Aristipp ausdrücklich darauf hinweisen. Sokrates' Weigerung, sich aktiv in der Politik zu betätigen, wies ihn als Unnützling aus, als Nur-Privatmann. Und daß er in seiner Verteidigungsrede Athen mit einem edlen Pferde verglich, sich selbst aber mit eines solchen Rosses Trainer, dem bei dieser Tätigkeit keine Zeit bleibe, sich um Staatsgeschäfte zu kümmern, hat ihm sicherlich keine zusätzlichen Freunde beschert. Ich erwähne das nur, um den Abstand deutlich zu machen, der zwischen einem wie Aristipp von Kyrene und einem normalen Bürger Athens in dieser Sache liegt. Von solchem Abstand ist die Rede, wenn ich Aristipp a-politisch nenne, und das auch noch dann eine Weile tun werde, wenn ich über die politischen Statements dieser Romanfigur schreibe, denn auch diese Bekenntnisse zu mon-archischer Staatsverwaltung leiten sich aus der Überzeugung her, daß es einem Staate nicht zum Heile gereiche, wenn möglichst viele seiner Bürger sich mit seiner Lenkung abgäben.

Die Reise, die Wieland seinen Aristipp zu Beginn des Romans antreten läßt, endet zwar im Grunde nie, denn Aristipp ist als Reisender konzipiert (weshalb die Jahre seines Aufenthaltes in Kyrene mit Familiengründung und allem Zubehör auch so blaß sind und, wie um einer Pflicht zur Romankontinuität zu genügen, im dritten Band nur summarisch abgehandelt werden), doch hatte die erste Etappe ein Ziel, Athen, und mit Sokrates ein Ziel in Athen. Reisegrund und -anlaß sind nicht dasselbe. Der Beginn der politischen Verwicklungen in seiner Vaterstadt Kyrene erscheint in einem Brief an seinen Freund Demokles, einen demokratischen Politiker, so: »So ist sie denn endlich geborsten, die Gewitterwolke, die wir schon so lange über unser ungewahrsames Vaterland herhangen sahen! Jetzt, lieber Demokles, darf ich dir doch wohl bekennen, daß die Besorgniß, in eine von den Fakzionen, die einander dermahlen in den Haaren liegen, wider Willen hineingezogen zu werden, ein Hauptgrund war, meine Reise nach Griechenland zu beschleunigen.« Daß er Athen zu einem Zeitpunkt betritt, wo nach dem Sieg Lysanders bei Aigospotamoi der Peloponnesische Krieg beendet, Athen geschlagen ist, sich seinen Belagerern übergibt und dulden muß, daß die Langen Mauern geschleift werden, wo Sparta ein antidemokratisches Besatzungsregime, die »Dreißig Tyrannen« installiert, beunruhigt ihn nicht. Er ist kein Athener. Und im übrigen eignet sich eine bestimmte philosophische Mode gut als Mimikry: »Ich habe meine Cyrenische Kleidung bereits mit einem äußerst einfachen Kostum im Geschmack meines neuen Freundes Antisthenes vertauscht; meine Baarschaft bleibt in Korinth niedergelegt, und ich werde nur gerade so viel Geld nach Athen tragen, als ein Mensch, der täglich drey bis vier Obolen zu verzehren hat, in sechs Monaten nöthig haben mag. Du solltest mich wirklich in meinem neuen Sokratischen Schülermantel sehen! Er ist zwar etwas grob von Wolle, und reicht nicht sehr weit unter die Knie! aber Antisthenes versichert mich, daß er mir trefflich stehe. In diesem Aufzuge werde ich wahrscheinlich zu Athen nicht so viel Eindruck machen, daß die Dreyßig sich viel um mich bekümmern werden.« Die eigene Sicherheit scheint hier das Kriterium politischer Klugheit, und entsprechend fällt der Rat an den in Kyrene zurückgebliebenen und ähnlich a-politischen, gleichzeitig politisch aber desinteressierten Kleonidas aus: »Die neuesten Nachrichten, die mir aus Cyrene zugekommen sind, lassen mich besorgen, daß die zeitherige Ruhe unsers so glücklich scheinenden Vaterlandes von keiner langen Dauer mehr seyn werde. [...] Auf alle Fälle, mein Lieber, suche dich so lang' als möglich frey zu erhalten; und siehst du, daß die Sachen eine Wendung nehmen, die dich entweder unvermerkt verwickeln oder wohl gar gewaltsam in eine der Fakzionen, die sich bereits zu bilden scheinen, hinein ziehen möchte, so folge meinem Beyspiel, und flüchte dich in Zeiten unter den zwar etwas engen aber sichern Mantel des weisen Sokrates.« Und später: »Immer finde ich, daß deine Familie nicht übel gethan hat, sich, wie du mir meldest, noch in Zeiten und mit guter Art an die Partey anzuschließen, die, allen Anscheinungen nach, das Spiel gewinnen wird. Wenn man keine Hoffnung hat, etwas fürs Allgemeine ausrichten zu können, so gebietet die Klugheit, wenigstens für sich selbst zu sorgen.« – Für so etwas gibt es natürlich ein böses Wort, das schnell bei der Hand sein kann: Opportunismus. Aber es gibt Zeiten, könnte die Replik lauten, die einem nichts als Opportunismus übrig lassen, auch solche, in denen das Wort unbrauchbar wird. Auf den Sinn dieses »Opportunismus« komme ich am Ende des Kapitels.

Was nun geschieht in Kyrene? Ein Lehrstück. Es hat drei Akte: *Erster:* Ariston, ein ambitionierter Politiker der oligarchischen Partei (und ein Verwandter Aristipps), gewinnt Anhänger beim Volk und der Jeunesse der Mittelklassen; seine Erfolge alarmieren oligarchische Konkurrenten; man rüstet gegeneinander. Die demokratische Partei nutzt die Situation, erklärt sich zum »rechtmäßigen Beschützer der Gesetze und der Freiheit« und fordert Auflösung der Waffenlager, Rücktritt sämtlicher oligarchischen Staatsbeamten, Einberufung einer allgemeinen Bürgerversammlung. Daraufhin einigen sich Ariston und seine beiden

Konkurrenten triumviral; es kommt zu bewaffneten Auseinandersetzungen, aus denen die Oligarchen mit Hilfe ausländischer Söldner und des »ganzen Cyrenischen Pöbels« siegreich hervorgehen. Die Reste der demokratischen Partei fliehen in die Berge.

Zweiter: Das siegreiche Triumvirat setzt auf innenpolitischen Terror gegen die Anhänger der demokratischen Partei und versucht gleichzeitig eine populistische Linie zu halten, indem einige wohlhabende Familien enteignet werden. – Ariston entledigt sich seiner Mit-Triumvirn durch ein inszeniertes Attentat, das er allein überlebt. Ariston ist Alleinherrscher. Er bemüht sich um innenpolitische Stabilität. Aussöhnung mit den anderen oligarchischen Fraktionen. Brot & Spiele zur Festigung allgemeiner Popularität. Der Bürgerkrieg wird für beendet erklärt.

Dritter: Die demokratische Partei hat in den Bergen aufgerüstet; Marsch auf Kyrene; Schlacht vor den Toren, Ariston fällt, dennoch militärisches Patt. Der Führer der demokratischen Partei, Aristipps Freund Demokles, und der neue der aristokratischen, Aristipps Bruder Aristagoras, einigen sich auf einen Kompromiß: Repatriierung der während des oligarchischen Terrors Verbannten; Repropriierung der Enteigneten; paritätische Besetzung eines verfassunggebenden Gremiums. Kyrene erhält eine Verfassung, die künftige Stabilität garantieren soll.

Das Wort »Lehrstück« nehme man nicht zu wörtlich. Es lehrt der geschilderte Dreiakter so wenig wie ein anderer, den die wirkliche Weltgeschichte spielt – oder eben doch vor allem dies eine: daß es in der Regel schwierig ist, jenes Schema aus ihm zu gewinnen, daß es erlaubt, ein »Merke!« anzuschließen. Ein Lehrstück also nicht nach Brechtschem Schema; aber auch nicht nach Lukács, denn es wird nicht aus dem Geschehen selbst deutlich, welcher Art seine Motion war. Es muß kommentiert werden, wie es ja auch gar nicht als Geschehen erzählt, sondern in Form einzelner Nachrichten mitgeteilt wird: »Die neuesten Nachrichten, die mir aus Cyrene zugekommen sind, lassen mich besorgen [...] die neuesten Berichte, die ich aus Cy-

rene erhalte [...] so ist sie denn endlich geborsten, die Gewitterwolke [...] und berichte mir mit der ersten Gelegenheit, was für eine Wendung diese Händel nehmen [...] Es
fehlt viel daran, lieber Demokles, daß mir die Nachrichten
von dem immer wahrscheinlicher werdenden Erfolg der
Anschläge meines Verwandten, die du mir durch den
Schiffer von Gortyna zugefertiget hast, so angenehm
wären, als du zu glauben scheinst [...] Du bist bereits be-
nachrichtigt, lieber Aristipp, daß es bei uns endlich zu
einem Ausbruch gekommen ist, wobei [...] Hoffentlich hat
der weise Sokrates deine weltbürgerliche Filosofie von
ihrem hohen Fluge der Erde wieder nahe genug gebracht,
daß dir die Schicksale deines Vaterlandes nicht ganz
gleichgültig seyn werden [...] ich berichte dir also, lieber
Aristipp [...] Ich füge diesem kurzen Abriß unsrer neuen
Verfassung nur noch dieses hinzu, daß [...]«

Auch die Verfassung ist kein Muster – oder sagen wir so:
es wird von ihr nicht behauptet, daß nach ihrem Maße überall gut gelebt werden könne. Doch die Ausführlichkeit, mit
der Wieland sie mitteilen läßt, zeigt, daß sie ihm doch nicht
nur zum Lokalkolorit diente. Da sich ein reales Vorbild für
sie nicht finden läßt, nicht antik, nicht modern, wird man
zudem annehmen müssen, daß der Verfasser des Romans
einige Überlegung auf diesen Entwurf verwendet habe.
Doch bevor wir ihn ansehen, gehen wir auf sein Vorbild
zurück, denn ganz parthenogen springt auch bei Weimar
ein politischer Homunculus nicht in die Welt. »Es fehlt viel
daran, lieber Demokles«, haben wir Aristipp schon sagen
hören, »daß mir die Nachrichten von dem immer wahrscheinlicher werdenden Erfolg der Anschläge meines Verwandten, die du mir durch den Schiffer von Gortyna zugefertiget hast, so angenehm wären, als du zu glauben
scheinst. Sie würden es auch dann nicht seyn«, fügt er
hinzu und weist damit auf jene schickliche Distanz hin, die
zwischen jedem anständigen Menschen und nicht nur seinem Vaterland, sondern auch seiner Familie liegen sollte,
»wenn ich nicht voraussähe, daß meiner Familie vielleicht
kein größeres Unglück zustoßen könnte, als wenn Ariston

in seinem Unternehmen glücklich wäre. Denn wie lange, glaubst du wohl, daß die willkührliche Regierung eines jungen Schwindelkopfes dauern würde, der sich selbst nicht zu regieren weiß [...]? [...] Laß michs wiederholen, mein Freund, um unsre Republik vor einer unabsehbaren Reihe unseliger Folgen der gegenwärtigen Störung ihres innern Gleichgewichtes zu retten, ist kein anderes Mittel als eine neue Regierungsform: und dies vorausgesetzt, fordere ich alle Weisen unter Griechen und Barbaren heraus, in diesem Augenblick eine bessere für euch zu ersinnen, als die Solonische.«

Die Verfassung Solons aus dem Jahre 594 v. u. Z. ist die Antwort auf eine revolutionäre oder revolutionär scheinende Situation gewesen. Die attischen Kleinbauern waren verarmt, mehr: überschuldet und wurden von ihren Gläubigern gern darob in Haft genommen, was die Verelendung begreiflicherweise ausweitete. Der Versuch Drakons, durch Zentralisierung der Gewalt (Abschaffung der Blutrache, Entwurf eines Systems oppressiver Strafen) Zivilisation und Menschenwürde gleichzeitig zu befördern, reüssierte nicht. Der wachsende Außenhandel ließ ein Bürgertum entstehen und zu einem Gegengewicht gegen den Adel werden. Die Regierung war seit etwa 100 Jahren nicht mehr monarchisch, sondern wurde durch Archonten, Beamte für ein Jahr, ausgeübt – man kann sagen, daß der Adel direkt durch Bevollmächtigte regierte. Und wie es so geht, auch innerhalb einer Klasse herrscht kein innenpolitischer Friede, die Archonten waren immer mehr politische Führer auf Abruf, und man muß die Umsicht des attischen Adels bewundern, daß er diese politische Krise nicht auslebte, sondern stoppte, man sah »kein anderes Mittel als eine neue Regierungsform«: der Archon Solon erhielt den Auftrag eine solche zu ersinnen und diktatorische Vollmachten, um sie einzusetzen und die Bedingungen für ihr Funktionieren zu schaffen. Seine Verfassung war der Versuch, einer zunächst unternommenen Sozialreform politische Gestalt und Dauer zu geben. Da Wieland seinen Aristipp weder auf das Reformwerk noch auf die Einzelheiten der Verfassung eingehen läßt, können wir sie auch übergehen und verweisen den Interessierten auf das schöne Schaubild im »dtv Geschichtsatlas«. Solon war, so Aristipp, »darauf bedacht, die Republik durch Vertheilung der Gewalten unter die Archonten, den Areopagus, einen Senat von vier hundert, und die Volksgemeine, dergestalt zu ordnen, daß er sich eine dauerhafte Harmonie des Ganzen davon versprechen konnte«. Die neue Verfassung von Kyrene, nach Krise, Putsch und Bürgerkrieg als Kompromiß zwischen den Vertretern der demokratischen und aristokratischen Partei ausgehandelt, ist in der Tat der Solonischen nicht unähnlich. Vor allem der Grundgedanke ist derselbe: die Verfassung soll nicht eine Art politischer Fassade abgeben, hinter der die soziale Wirklichkeit verborgen bleibt, sondern sie soll der Realität der Klassengesellschaft politisch Rechnung tragen. »Die höchste Staatsgewalt ist in einer ziemlich zweckmäßigen Proporzion (wie mich däucht) zwischen dem Senat, welcher ausschließlich aus den ältesten und begütertsten Familien genommen wird, und dem Volk, oder vielmehr dem aus dem Mittel desselben erwählten großen Rath, der das Volk vorstellt, vertheilt.«

Der Senat ist das Organ, vermittels dessen die Klasse der Besitzenden direkt Politik macht, oder, besser gesagt, das Organ, das der faktischen Machtausübung dieser Klasse politische Form gibt. Der Große Rat ist ein Parlament, das dieser Macht gewisse klar definierte Grenzen setzt. Der Senat stellt das Staatsoberhaupt, den Kanzler und die Minister, übt die Polizeigewalt aus sowie die erstinstanzliche Gerichtsbarkeit in allen Fragen. »Der Senat [...] vereinigt, unter den verfassungsmäßigen Einschränkungen alle Gewalten in sich« – also ist er auch die Legislative. Seine Verordnungen erhalten Gesetzeskraft, diejenigen aber, die »den ganzen Staat betreffen«, nur dann, wenn sie die Billigung des Großen Rates erhalten. Das allein macht den Großen Rat allerdings noch nicht zu einer wirklichen Gegenmacht, aber Wieland hat ihm zwei weitere Aufgaben zugeteilt: er allein entscheidet über Krieg und Frieden, er kontrolliert die Finanzverwaltung und er beschließt über die Höhe der Steuern.

Man mag nun über eine solche Verfassung denken, was man will, wird aber zugeben müssen, daß sie sinnreicher erdacht ist als so manche, die uns die Geschichte vorzeigt. Zweifellos hat Wieland hier eine antike Verfassung gestaltet, d. h. eine, die ein politischer Reformer, der Zeitgenosse des Aristipps gewesen wäre, hätte ersinnen können. Gleichwohl ist eine um 1800 erdachte antike Verfassung immer auch als ein Zeitdokument zu lesen, zumal bei einem Schriftsteller, der sich mit der europäischen, d. h. vor allem französischen Politik so ausführlich beschäftigt hat wie kaum einer seiner schreibenden Zeitgenossen. Bedenkt man ferner, wie oft Wieland das Auseinanderfallen von Verfassung und Verfassungswirklichkeit im Laufe der Französischen Revolution kommentiert hat, wie oft er auf die englische Zwei-Kammern-Verfassung als mögliches Vorbild für Frankreich zu sprechen gekommen ist, bedenkt man zudem, daß schließlich die Initialzündung der Revolution, die Einberufung der Generalstände, wegen der Finanzprobleme des Staates erfolgt war, die nicht zuletzt von dem militärischen Engagement Frankreichs in Nordamerika verursacht worden waren, so liegt der Gedanke doch nahe, die Verfassung Kyrenes als Empfehlung zu lesen: so – mutatis mutandis – wäre politische Stabilität zu erreichen.

Es liegt nahe und wäre doch ganz falsch. Man vergesse nicht, daß die Solonische Verfassung nicht funktioniert hat. Auf dem Papier hatte sie etwa dreißig Jahre bestanden, als sie durch die Diktatur des Peisistratos faktisch außer Kraft gesetzt wurde. Und diese Diktatur war das Resultat einer fast bis zum Bürgerkrieg eskalierenden Destabilität gewesen. Wieland hat seinen Aristipp das nicht übersehen lassen: »Indessen bewies der Erfolg in wenig Jahren, daß seine neue Staatseinrichtung mit Einem Gebrechen behaftet war, welchem hätte vorgebeugt werden können, wenn er etwas weiter vor sich hinausgesehen, und der momentanen Stimmung des Volkes auf der einen, und der verstellten Mäßigung der ehmahligen Oligarchen auf der andern Seite, nicht zu viel getraut hätte. [...] Solon hätte billig unbefangen genug seyn sollen, vorauszusehen, daß weder die untern Volksklassen noch die Häupter der mächtigsten Familien sich in den Schranken, worein er sie eingeschlossen hatte, lange halten lassen würden; und daß er also, um der Ruhe des Staates Dauer zu verschaffen, auf ein haltbares Mittel bedacht seyn müsse, den einen und den andern jede Ausdehnung ihrer politischen Rechte unmöglich zu machen. Dieses Mittel würde er in einem Eparchen (oder wie man ihn sonst nennen wollte) gefunden haben, dem die Konstituzion nicht mehr, aber auch nicht weniger Macht in die Hände gegeben hätte, als erfordert wurde, um das Volk durch die Aristokratie, die Aristokratie durch das Volk, und beide durch die Allmacht des Gesetzes in ihren Schranken zu erhalten.« Die Verfassung von Kyrene bestimmt für diese Aufgabe ein paritätisch besetztes Gremium. Wäre es dieses diktatorische oder monarchistische Element, das Wieland einer postrevolutionären Zeit empfohlen hätte? Paßt das nicht recht gut zu dem Umstand, daß die Niederschrift des ersten Buches des »Aristipp« einen Monat vor dem Staatsstreich Napoleons beendet worden ist? Und schreibt im Januar 1800 nicht der »St. James Chronicle« unter der Überschrift »Prediction concerning Buonaparte«: »As extraordinary as it may appear, that what a German author dared to advise in one of his writings a year ago, when Buonaparte was in the remote part of Egypt, and quite forgotten by the French, should now be litterally followed by them [...]« – ja, gemeint ist Wieland und gemeint ist sein Dialog »Über den neufränkischen Staatseid ›Haß dem Königthum!‹«, wo es heißt: »*Heribert.* Wie Sie sprechen! [...] Aber – weil doch auch der Rath eines Feindes nicht immer zu verachten ist, – Ihr einziges Rettungsmittel, wenn ich bitten darf? / *Wilibald.* Es ist – entsetzen Sie sich nicht gar zu sehr! – es ist – weil Sie doch keinen König mehr wollen, und in der That auch, so lang' es noch Bourbons giebt, keinen haben können – ihre Konstituzion vom Jahr 1795, die nach dem ungeheuren Riß, den sie am 18ten Fruktidor bekommen hat, ohnehin nicht lange mehr halten kann, je bälder je lieber ins Feuer zu werfen und – einen Diktator zu erwählen. / *Heribert.* Einen Diktator? / *Wilibald.* Oder Lord Protector, oder Protarchon, oder wie ihr ihn sonst nennen wollt. Der Nahme thut wenig zur Sache; wenn es nur ein Mann ist, dem ihr die unumschränkte Gewalt, welche das alte Rom, wenn es zur Rettung der Republik zu thun war, einen ad hunc actum ernannten Diktatoren beylegte, mit Sicherheit anvertrauen könnt. [...] Er darf aber, aus vielerley Rücksichten, kein eigentlicher Franzose, wenigstens von keiner alten und bekannten Familie seyn, und wenn er sogar einen ausländischen Nahmen hätte, so wäre es nur desto besser. Auch muß er eine Menge Proben abgelegt haben [...] und wenn er sich bereits einen großen Nahmen in der Welt gemacht hätte, und im Besitz der allgemeinen Achtung stünde, so sehe ich nicht, was ihm noch abginge, um euer und der ganzen Welt Retter zu werden. Das Außerordentliche bey der Sache ist, daß ihr diesen Mann nicht erst zu suchen braucht; denn, durch einen Glücksfall, den man wohl in seiner Art einzig nennen kann, ist er schon gefunden. / *Heribert.* Buonaparte also! / *Wilibald.* Wer anders? / [...] / *Heribert.* (mit komischem Ernst) Buonaparte Diktator der großen Nazion! Der Vorschlag hat etwas einleuchtendes. Wir werden ihn in Überlegung nehmen.«

Bedenkt man, daß die erwähnte Verfassung von 1795, die sogenannte Direktorialverfassung, ein Zweikammernsystem war, mit einem »Rat der Alten« und einem »Rat der 500«, daß die durch sie begründete Regierung, kurz nach deren Inkrafttreten, einen royalistischen Aufstand niederzuschlagen hatte und zwei Jahre später, nach einem antiroyalistischen Staatsstreich, nur noch formal in Kraft war, ist der Gedanke verführerisch, daß Wieland ins antike Kyrene transponiert hatte zeigen wollen, wie bei einer rechtzeitigen Diktatur des Generals Buonaparte die Verfassung hätte in Kraft bleiben können, wobei sich die diktatorischen Vollmachten allein auf Maßnahmen gegen den Mißbrauch der Verfassung erstreckt hätten. Der Gedanke liegt besonders nahe für einen Leser, dem, wie den meisten Literaturgeschichten, der politische Schriftsteller Christoph Martin Wieland vor allem wegen dieser ja wirklich in ihrer Art einzigartigen politischen Voraussage bekannt ist. Ein solcher Leser wird gleichfalls die Sympathien, die Wieland seinen Aristipp für die Mon-Archie des Dionys I. hegen läßt, für eine frühnapoleonische Träumerei halten, und damit als Ausdruck einer – wie auch immer irrenden – Hoffnung lesen.

Wielands Verfassung für Kyrene ist so liebevoll ausgepinselt, daß man den Kommentar, den sein Aristipp dazu an Learchus nach Korinth schreibt, leicht überlesen kann. So lautet er: »Wie gefällt dir nun unsre Republik in dieser neuen Gestalt, edler Learch? Sie [...] hat, wenn ich ihr nicht zu viel schmeichle, so ziemlich die Miene, ihre zwanzig Jahre so gut wie irgend eine andere auszudauern. Oder meinst du nicht?« Ein ironischer Federstrich und das ganze so künstlich aufgeführte Gebäude wird – ja, was? Keine Karikatur, sicherlich, doch vielleicht Parodie? Nicht aus sich selbst heraus, aber doch in Konfrontation mit der historischen Welt »wie sie ist«, und diese Konfrontation nimmt die ironische Zurechnung möglicher Dauer vor. Parodistisch ist nicht der Schreibtischentwurf einer Verfassung im Vergleich mit einer zu erwartenden Wirklichkeit, die nicht mitspielen wird. Das liefe nur auf das behäbige »Das mag in der Theorie richtig sein, taugt aber nicht für die Praxis« hinaus, auf das anderswo schon geantwortet worden ist. Nein, Parodie ist dieser Verfassungsentwurf nicht deshalb, weil er nicht tauglich wäre, sondern weil er es *ist*. Aber die ihm folgende Verfassung wäre, wie jede, tauglich nur eine bestimmte Zeitlang, und sie wird an denselben Problemen zugrunde gehen wie jede andere, auch die weniger tauglichen. Parodie ist die Verfassung, weil sie gut ist, denn weil die guten zugrunde gehen wie die schlechten, zeigt sich, daß es nicht an der Qualität der Verfassung liegt, ob sie zugrunde gehen. Und weil das so ist, liegt es überhaupt nicht an der Verfassung. Oder vorsichtiger formuliert: wenn es auch nicht *ganz* sinnlos ist, sich Gedanken über kluge, »ausgewogene« Verfassungen zu machen, so ist es doch *ziemlich* sinnlos. Aber was soll man tun? Es ist hier, wie so oft, ähnlich wie bei dem Mann im Witz, der seinen Schlüssel unter der Straßenlaterne sucht, und, gefragt, ob er ihn dort verloren habe, sagt: Nein, aber hier kann ich wenigstens was sehen. »Ernsthaft zu reden, es wäre unartig von mir, wenn ich unsern Prometheen die Freude, eine so zierlich gearbeitete Konstituzion zu Stande gebracht zu haben, und meinen Mitbürgern ihr Vergnügen an derselben durch Mittheilung meiner Gedanken verkümmern wollte. Aber bey dir darf ich die Weissagung wohl in Geheim hinterlegen, daß unsre Staatsmaschine, wie richtig sie auch einige Jahre spielen mag, noch ehe dreyßig Jahre in die Welt gekommen sind, wieder ins Stocken gerathen und den Söhnen ihrer Verfertiger wenigstens eben so viel zu schaffen machen werde, als die vorige den Vätern. Alle bürgerliche Gesellschaften haben den unheilbaren Radikalfehler, daß sie, weil sie sich nicht selbst regieren können, von Menschen regiert werden müssen, die es größtentheils eben so wenig können. Man kann unsre Regierer nicht oft genug daran erinnern, daß bürgerliche Gesetze nur ein sehr unvollkommenes und unzulängliches Surrogat für den Mangel guter Sitten, und jede Regierung, ihre Form sey noch so künstlich ausgesonnen, nur eine schwache Stellvertreterin der Vernunft ist, die in jedem Menschen regieren sollte. Was hieraus unmittelbar folgt, ist, denke ich: man könne nicht ernstlich genug daran arbeiten, die Menschen vernünftig und sittig zu machen. Aber, wie die Machthaber hiervon zu überzeugen, oder vielmehr dahin zu bringen wären, die Wege, die zu diesem Ziele führen, ernstlich einzuschlagen? – Dieß ist noch immer das große unaufgelöste Problem! Wie kann man ihnen zumuthen, daß sie mit Ernst und Eifer daran arbeiten sollen, sich selbst überflüssig zu machen?«

Diese Sätze sind der Schlußpunkt, den Wieland am Ende einer fast ein halbes Jahrhundert währenden Tätigkeit als politischer Schriftsteller setzt. Man tue ihn nicht als wohlfeile Geste der Altersresignation ab. Denn man bedenke, ob in diesem klassischen Einwand anarchistischer Prove-

nienz gegen staatssozialistische Modelle nicht das Schicksal der Revolutionen des 20. Jahrhunderts in a nutshell
liegen, und in der Unfähigkeit der anarchistischen Theorie, auf die Frage nach den Bedingungen der Selbstregie-
rung der Menschen zu antworten, der kurzfristige Erfolg
ebendieser staatssozialistischen Modelle. Das ist keine
unzulässige Aktualisierung. Doch um das deutlich zu
machen, muß ich die Leserin dazu nötigen, sich einen kurzen Überblick über die politischen Schriften Wielands zu
verschaffen.

Da sie das seit 1988 selber tun kann, darf ich mich (einigermaßen) kurz fassen, kann aber doch nicht umhin, auf
diese Datumsangabe »1988« noch einmal zu deuten: bis dahin gab es keine Edition von Wielands politischen Schriften. Das ist einmal Teil der Wieland betreffenden Edi-
tionsmisere allgemein, aber nicht nur. Schließlich sind
diesem Datum über 20 Jahre voraufgegangen, in denen
gerade die »politischen« Dichter landauf und -ab entdeckt
worden sind. Es wäre gar nicht abwegig gewesen, wenn jemand, dem der »Dichter« Wieland ganz gleichgültig gewesen wäre, den »politischen Schriftsteller« sich und andern
entdeckt hätte. Zwar hat es einen Versuch gegeben, den
politischen Autor Wieland wenigstens interpretierend vorzuführen, der insofern nicht ohne Verdienst gewesen ist,
als er als Beispiel anmaßenden Unverständnisses einen
der Herausgeber der 1988er Edition motiviert hat, diese
Edition ihrem Verleger einzureden. So bleibt denn vorerst richtig, daß wer sich über den politischen Schriftsteller Christoph Martin Wieland kundig machen will, die
1988er Ausgabe seiner politischen Schriften heranziehen
muß, und daß es bisher eine einzige Analyse des politischen Schriftstellers Wieland gibt, die etwas taugt, nämlich
die Vorrede zu jener Edition. Die Leserin wird es also dem
Verfasser dieser Zeilen nicht übelnehmen, wenn er im folgenden dem Duktus jener Vorrede folgen wird, auch wenn
er sich dabei wie das Schulmeisterlein Wutz vorkommt.

Das früheste, was wir kennen, ist eine Schülermitschrift
aus seiner Berner Zeit. Sie handelt vom Gleichgewicht der

europäischen Staaten, ist recht prussophil und austriaphob – aber das ist eine Reminiszenz aus dem Teutschen Krieg, den man später den Dreißigjährigen nannte. Das sind so alte Zeiten nicht. Wielands Leben steht ziemlich genau zwischen dem Dreißigjährigen Krieg und dem Ersten Weltkrieg. Was den Zweiten Weltkrieg anlangt, so mag man auf das Konto der Voraussagen rechnen, daß Wieland sich zu einem unabhängigen Polen und einem starken Great Britain bekannte: »Solang diese Nation frey ist, können niemals alle übrigen zu Sklaven werden.« »Ein allgemeiner und beständiger Frieden« sei vor allem zu wünschen, und gemeint ist hiermit eine Näherung an die Politik über die Außenpolitik. »Machtgleichgewicht« – das ist tendenziell ein Scherzwort, wenn man nicht daran festhält, »Macht« für etwas Statisches zu halten. Es ist wirklich ein Stück aus dem Schulbuch, aber nach diesem Propädeutikum faßt Wieland bereits sein Thema ziemlich eindeutig, ich möchte es nennen: Theorie der politischen Argumentation. Er erprobt die Theorie ab 1789.

Der Kern von Wielands »Theorie der politischen Argumentation« ist, wie oft bei ihm, ein so einfacher, daß man ihn fast nicht wahr- geschweige denn ernstnimmt. Gleichwohl kenne ich wenige, die die Frage nach den Zwecken und den Mitteln in der Politik so ernst, so gewissenhaft und so unermüdlich stets wieder neu gestellt hätten wie er, ohne sie in einen Dogmatismus zu fassen. Den gibt es bekanntlich in zwei Varianten. Daß der Zweck die Mittel heilige, ist die eine, bekanntere, die andere ist, daß man den Zweck nach Maßgabe der erforderlichen Mittel beurteilen solle, wobei diese Maßgabe die Wertung des Zweckes nicht einschließt. Daß sie jeweils »am falschen Ende« skrupellos seien, werfen die Vertreter der jeweiligen Dogmatik einander vor. Nun ist es zwar richtig, den Befund, daß wer Honig haben will, Bienen in Kauf nehmen muß, nach ethischer Begutachtung in den praktischen Schluß zu transformieren: Wer Honig will, will Bienen; doch ist eben darum auch wahr, daß der, der die Bienen nicht will, den Honig verbietet. Das alles aber steht nicht da »als Prinzip«

und schon gar nicht »für immer«, sondern bedarf stets des Räsonnements. In ihm werden nicht »Grundsätze erprobt« – ein Verfahren, dem diese sowieso nicht standhalten können. Wieland ist der, vielleicht vorläufig letzte, entschiedene Vertreter einer politischen Kasuistik.

In einem Aufsatz und einem Dialog, 1758 und 1780, hat er sich zu zwei besonderen Argumentationsfiguren geäußert. Im Text von 1758 gibt es eine sehr schöne Auflistung verschiedener Grade der Unmöglichkeit, in der die logische vor den Dingen rangiert, die Gott allein möglich sind. »Am anderen Ende der Skala finden wir: ›Endlich sind einige Dinge bloß darum unmöglich, weil diejenige, welche sie würklich machen können, nicht wollen.‹« Die Empfehlung lautet: man nenne probeweise den behaupteten Sachzwang »Vorwand«, bzw.: »Der Faule spricht, es ist ein Löwe auf dem Wege.« Man kann, wenn man will. Was aber ist, wenn man – nicht wollen will? Es gibt da eine Broschüre mit dem Titel: »Deutschland in seinem höchsten Flor, wenn es will; ein Vorschlag, dem Kaiser und Reich gewidmet« und Wieland antwortet als »Teutobold von Alt-Eich« mit einem »Patriotischen Beytrag zu Teutschlands Höchstem Flor (wenn es will)«. Wieland verspottet in seiner Replik den in der Broschüre gemachten Vorschlag, alle Probleme Deutschlands auf ein Finanzproblem zurückzuführen, das sich durch eine, wie wir heute sagen würden, Ergänzungsabgabe lösen ließe. Man müsse nur wollen. »Teutschland in seinem höchsten Flor wenn es will – Zweifeln Sie nicht, edler, vaterländischer teutscher Mann! Teutschland will. Warum sollte es nicht wollen? Wer sollte nicht den höchsten Flor seines Vaterlands wollen? O ganz gewiß es will! Die herrlichen Zeiten! Ich seh sie schon! Sie sind da! Teutschland will!« Aber: »Ich muß indessen, unter der Hand gestehen, daß ich selbst desfalls in gewissen Augenblicken etwas schwachgläubiger bin, als einem tapfern Manne ziemt, und mich nicht ganz von der albernen Furcht losmachen kann, Teutschland möchte etwa am Ende wohl gar nicht – wollen wollen. Das wär ein desperater Streich! – Und doch – warum sollten wir uns solche kleinmüthige Gedanken machen? Daß der Vorschlag Teutschlands höchsten Flor wirklich bewirken würde, daran kann ja gar kein Zweifel seyn. Die hundert Millionen sind auch da. Woran sollt es also liegen? Ist denn Teutschland nicht eine moralische Person? Kann Teutschland, als eine solche, nicht wollen, was zu seinem Besten dient? Und da dieser große moralische Coloß 48 000 000 Arme hat (sind freylich auch einige Millionen Ärmchen drunter!) warum sollte er nicht alles können, was er will? – Also, wer ein ächter blauäugiger und goldhaariger Teutscher ist, ziehe seinen Seckel, und die Spötter sollen bald zu Schanden werden!« Worüber Wieland hier spottet, ist einmal natürlich der patriotische Ton der angegriffenen Broschüre – auf sein Lob eines unvereinigten Deutschland komme ich noch zurück. Vor allem aber geht es ihm um einen Argumentationsfehler: nämlich über ein Kollektiv so zu reden, als handele es sich um ein Individuum, ohne auf die Voraussetzungen einzugehen, unter denen das statthaft sein könne. Man kann diesen Fehler auch als Verwechslung von Zweck und Mittel darstellen, setzte doch eine Steuererhebung wie die vorgeschlagene jene Institutionen voraus, die zu schaffen die Erhebung (u. a.) gedacht ward.

Im Dialog »Stilpon oder über die Wahl eines Oberzunftmeisters von Megara« (1780) wird nebenbei auch über das Problem des intellektuellen Ratgebers in der Politik gehandelt, aber das eigentliche Thema des Dialogs ist die bekannte Definition von Politik als der Kunst, das kleinere Übel zu wählen. Zwei megarische Ratsherren fragen den Philosophen Stilpon, ob sie lieber einen Schurken oder einen Dummkopf zum Stadtoberhaupt wählen sollten, und der längere Teil des Dialogs besteht in einem sehr ernsthaften Streitgespräch über die Vor- und Nachteile der einen oder anderen Entscheidung. Der Rat Stilpons besteht in der Zurückweisung der Ausgangsfrage. Wenn man erst einmal akzeptiert habe, daß es nicht darum gehe, den Besten mit der Leitung des Staates zu betrauen, könne jede unter der Prämisse dieses Verzichts zustandegekommene

Wahl nur ein Übel sein. Auch auf die Vorhaltung, einer der beiden müsse gewählt werden, um die Wahl eines dritten, der zugleich ein Dummkopf *und* ein Schurke sei, zu verhindern, vermag Stilpon nicht umzustimmen. Das Resultat ist, daß die zerstrittenen Parteien, weil sie sich weder auf den einen noch auf den anderen einigen können, besagten dritten als Kompromißkandidaten erwählen. Auch hier ist die Pointe klar: hat man sich einmal für etwas entschieden, das nur dazu da ist, ein mögliches Übel zu *vermeiden*, ohne daß man noch darauf achtet, ob es nicht *selbst* ein Übel sei, erzielt man auf jeden Fall ein übles Resultat. – Zwei politische Argumentationsfiguren, deren Bedeutung ich nicht zu erläutern brauche, werden als grundsätzlich untauglich verworfen: einmal das Zwillingspaar »Sachzwang/Man-muß-nur-wollen«, dann »das kleinere Übel«. Sie dienen nicht der Klärung einer Situation und der in ihr möglichen Handlungen, sondern dienen dazu, sich vor einer sachgemäßen Analyse zu drücken. Solche Analyse politischer Rhetorik gehört zu den Grundaufgaben politischer Schriftstellerei.

Interessant ist aber darüber hinaus die Rolle, die Wieland speziell seinem Stilpon zuweist, denn sie ist die Verkörperung der Intentionen Wielands selbst bzw. der weiteren Aufgaben, die er einem politischen Schriftsteller zuweist. Stilpon hat in dem ja nur vordergründig absurd wirkenden Streit, wer der bessere sei, der Schurke oder der Dummkopf, durchaus eine Meinung. Er für sich würde den Schurken vorziehen (der Berechenbarkeit wegen). Aber er sieht es nicht als seine Aufgabe an, solche Ratschläge zu geben, sondern vielmehr die Ratsuchenden über die Regeln des politischen Räsonnierens aufzuklären. Die Aufgabe des politischen Schriftstellers sei nicht, seine Meinung zu allerlei Weltgeschehnissen zu verbreiten, sondern die politische Urteilsfähigkeit der potentiellen Entscheidungsträger zu verbessern. Wieland hat diese Haltung mit erstaunlicher Konsequenz von Anfang an bewahrt. Erstaunlich nenne ich diese Konsequenz deshalb, weil sie seinem Temperament widersprach. Zeitgenossen beschreiben Wieland als launisch, als jemanden, der sich von einem Teilaspekt eines soeben Gehörten oder Erlebten verleiten ließ, sofort über das Ganze zu urteilen, und zwar je einseitiger desto besser. Allerdings sei er in seinen Urteilen nie konsequent gewesen, habe er heute so, so habe er morgen gegenteilig geurteilt. Ginge es uns hier um die Psycho-Analyse des Autors Wieland, könnte man versuchen, die eingenommene Haltung des politischen Schriftstellers, jenseits des Meinungsstreites zu verbleiben, als selbsttherapeutische oder doch zumindest als Selbstdisziplinierung zu verstehen – aber da müßte man sehr ins Detail gehen, und pauschale Vermutungen wie die eben angestellte vermeiden, denn in solchen Fällen ist Banalität immer Verfälschung.

Interessanter scheint mir der Umstand zu sein, daß nicht nur die Leser Wielands von damals bis heute äußerste Schwierigkeiten hatten, Wielands Haltung zu akzeptieren, ja zumeist sie überhaupt zu verstehen. Die Identifizierung von politischer Schriftstellerei und Meinungsäußerung führte dazu, Wieland vorzuhalten, er widerspreche sich oder er habe keine politische Haltung. Prominentesten Ausdruck hat dieses Mißverständnis in der im Eingangskapitel schon ausführlich zitierten Logenrede Goethes gefunden. Kurioserweise faßt er, dem es, wenn man so will, konstitutionell zuwider war, überhaupt in einem engeren Sinne politisch zu urteilen, sein Verständnis der Haltung Wielands in diese Worte: »Der geistreiche Mann spielte gern mit seinen Meinungen, aber, ich kann alle Mitlebenden als Zeugen auffordern, niemals mit seinen Gesinnungen.«
Das Bild vom »schwankenden« Wieland hat sich erhalten, die behauptete Gesinnungsfestigkeit ist zu Recht als Schönrednerei, oder sagen wir: Grabesfreundlichkeit verstanden worden, denn wenn man sich überhaupt auf den Standpunkt der Meinungsschriftstellerei stellt, ergibt die Unterscheidung von Meinungen und Gesinnungen allenfalls als Unterscheidung von öffentlicher und privater Sphäre einen einsehbaren Sinn (»Er mag geschrieben haben, was er will, doch war er im Grunde doch ein anständiger Kerl!«).

Natürlich möchte ich damit nicht unterstellen, Wieland habe keine Meinungen zu den Ereignissen, Themen, Problemen etc. gehabt, über die er in seinen Aufsätzen gehandelt hat. Ich habe lernen müssen, daß es nicht unnötig ist, das zu erwähnen, weil die genannte Identifizierung von politischer Schriftstellerei und Meinungsmacherei so weitgehend ist, daß meine Rekonstruktion der Wielandischen Haltung in der Vorrede zur Edition seiner politischen Schriften so gedeutet worden ist, als hätte ich Wieland loben wollen, weil er zu den politischen Verhältnissen seiner Zeit keine Meinung gehabt hätte. Das ist, wie gesagt, natürlich Unfug. Wielands Haltung folgt aus der wenig aufregenden Einsicht, daß es auf die Meinung eines einzelnen Schriftstellers nicht so besonders ankommt in jenem getösereichen Hin und Her, das man Öffentlichkeit nennt; und aus der Überzeugung, daß er wichtigere Aufgaben habe. Man mag dahinter die Überzeugung vermuten, daß ein höherer Grad an Rationalität bei der Meinungs*bildung* und der Entscheidungs*findung* auch zu klügeren Meinungen und besseren Entscheidungen führe, aber selbst wenn man dieser Überzeugung mit einer gewiß angebrachten Skepsis gegenübersteht, wird damit Wielands Haltung nicht hinfällig. Wer erlebt hat, wie das, was von der westdeutschen Linken nach eigener Meinung im Jahre 1990/91 noch übrig gewesen war, im Streit um das Ereignis des zweiten Golfkrieges nicht nur zusammenkrachte, sondern sich auch noch sterblich lächerlich machte, wird mir zugeben, daß jener Streit sich nicht durch einen Mangel an Meinungen oder an Maximen ausgezeichnet hat, wohl aber durch ein fast völliges Fehlen politischer Urteilskraft, die Meinungen als Ergebnisse politischer Analyse hätte ausweisen können, anstatt ihre Evidenz zu behaupten, und die Anwendbarkeit und Vereinbarkeit diverser Maximen hätte erproben können, anstatt sich darin zu üben, sie bloß immer wieder lautstark zu bekräftigen. Gleichwohl zeigt der genannte Fall in karikaturhafter Zuspitzung das Niveau des politischen Räsonierens, das nicht die Ausnahme, sondern die Regel ist – und darum ist es natürlich andererseits nicht verwunderlich, daß Wielands Haltung so wenig verstanden worden ist.

Oft nicht nur nicht verstanden, sondern als skandalös betrachtet. Wieland hatte im September 1777 im »Teutschen Merkur« in mehreren Fortsetzungen Christian Wilhelm Dohms Betrachtungen und Informationen »Einige der neuesten politischen Gerüchte« gedruckt. Dort hieß es: »Sollte man sich nicht schämen, noch zuweilen in aufgeklärten Ländern sich so auszudrükken, als wenn das Volk um den Monarchen nicht dieser um jenes willen da wäre; und als verkennte man die große Wahrheit, daß in einem Staat keine Gewalt von oben herab dem Volk aufgedrückt, sondern allemal von unten herauf durch das Volk (dem sie nutzen und frommen soll) geschaffen sey – Wahrheiten, die schon im vorigen Jahrhundert und (sogar) in Portugall anerkannt worden.« Diesen Satz ließ Wieland nicht unkommentiert, er schrieb in einer Fußnote: »Ich bin selbst einer von den Ketzern, die diese Wahrheit verkennen. D(er) H(erausgeber).« Von Dohm aufgefordert, sich zu erklären, ließ Wieland in der November-Nummer einen Aufsatz mit dem Titel »Über das göttliche Recht der Obrigkeit oder: Über den Lehrsatz: ›Daß die höchste Gewalt in einem Staat durch das Volk geschaffen sey.‹ an Herrn P. D. in C.« drucken. Daß es Wieland in diesem Aufsatz *nicht* darum ging, zu diskutieren, welche Vorzüge eine demokratische Staatsverfassung vor einer monarchistischen (oder umgekehrt) habe, sagte er deutlich: »Die Könige bedürfen weder meines Unterrichts (denn die Starken bedürfen des Arztes nicht) noch meiner Vertheidigung, – oder es stünde übel um ihre Sicherheit.« So viel zum Gewicht der Meinung in solchen Sachen. Worum aber ging es ihm?: Er halte »erstens [...] den Satz, den Sie (mit der Gewißheit eines Mathematikers der von einem demonstrirten geometrischen Lehrsatz spricht) für eine große Wahrheit geben, für keine Wahrheit [...] und zweytens« behaupte Dohm, jene »Wahrheit« sei gleichbedeutend mit dem Satze »daß das Volk nicht um des Monarchen willen da sey«, wo doch »meiner Überzeugung nach, zwischen diesen beyden

Sätzen ganz und gar keine nothwendige Verbindung« sei. Wieland geht es also nicht um die Kritik einer politischen Meinung, sondern um die für diese Meinung vorgebrachten Gründe. Wieland kritisiert Dohm, weil dieser zu begründende Normen für Tatsachen ausgibt. Man kann nicht als Faktum behaupten, daß alle Macht im Staate vom Volke ausgehe – allenfalls kann man versuchen Zustände herbeizuführen, in denen das der Fall ist. Zweitens ist es unsinnig, diesen angestrebten Zustand als ein »göttliches Recht« normativ vorauszusetzen. Wieland argumentiert so: alle Rechtsverhältnisse seien gewissermaßen geronnene Gewaltverhältnisse. Alle Machtausübung leite sich aus Kämpfen um Macht her, daß es überhaupt gesellschaftliche Macht gebe, rühre daher, daß einst jemand diese ergriffen habe. Mit welchem »Recht«? Dem des Stärkeren. Wenn nun überhaupt mit einem »göttlichen« (oder »Natur«-)Recht argumentiert werden *solle,* so lasse sich mit ihm wesentlich besser für das »Recht des Stärkeren« argumentieren als für demokratische Verhältnisse. Wer letztere wolle, müsse sich andere Argumente einfallen lassen, ja eben gerade *gegen* das Argumentieren mit »göttlichem« oder »Natur-Recht« sich zur Wehr setzen. In der Sprache der Mathematik ausgedrückt, führt Wieland gegen Dohm einen Widerspruchsbeweis. Wenn mit Tatsachen und dem Argument des »göttlichen Rechts« argumentiert werde, erziele man nicht das von Dohm gewünschte, sondern ein gegenteiliges Ergebnis. Q. e. d. Dem Leser bleibt es überlassen (hier endet die Analogie zur Mathematik), ob er den Beweisgang akzeptieren und das Ergebnis annehmen oder das Ergebnis ablehnen und die Beweismethode ändern will.

Das öffentliche Ergebnis war ein Skandal: Wieland, der Verfasser des »Goldnen Spiegels« ein Fürstenknecht, ein Zyniker der Macht? Sogar der Freund Jacobi sagte sich von ihm los. Es half natürlich nichts, daß Wieland noch einen erläuternden Kommentar hinterherschrieb, zumal dieser in Verse gefaßt war – »Schach Lolo oder« so lautete der Titel, um gleich zu signalisieren, worum es gehen sollte: »das göttliche Recht der Gewalthaber«. – Und so hebt das Gedicht an: »Regiert – darinn stimmt Alles überein – / regiert muß einmal nun die liebe Menschheit seyn, / das ist gewiß: allein / Quo Jure, und von wem? in diesen beyden / Problemen sehen wir die Welt sich oft entzweyn. / Doch, schon zur Zeit der blinden Heyden, / (als noch was Rechtens sey sich Krantor und Chrysipp / nach ewigen Gesetzen zu entscheiden / anmaßten) fand der Sohn des listigen Philipp, / man komme kürzer weg, den Knoten zu zerschneiden. / Seit dieser Zeit fieng man gewöhnlich dabey an, / was Pyrrhus, Cäsar, Mithridates, / und Muhammed und Gengiskan, / und mancher der nicht gern genannt ist, stets gethan, / sich förderst in Besitz zu setzen. / Das Recht kommt dann von selbst! das sind Subtilitates, / Juris Deliciae, woran / die knasterbärtigen Doktoren sich ergötzen. / Die Freude gönnt man ihnen gern. / Das Jus Divinum, liebe Herrn, / steht also, wie ihr seht, so feste, / und fester als der Kaukasus: / Befiehlt wer kan, gehorcht wer muß; / ein jeder spielt mit seinem Reste / und unser Herr Gott thut das Beste. / ›Ja, sagt ihr, aber daß ein Schach, / ein Narr, ein Kind, ein Nero, ein Kaligel, / ein Heliogabalus, die Zügel / des Schicksals führen soll?‹ – Und warum nicht? Regiert / nicht eine Windsbraut oft, und rührt / in einen garst'gen Brey die liebe Welt zusammen? / setzt euch in einem Huy das größte Schloß in Flammen, / bricht Dämme durch, spült manchen schönen Ort / mit Jung und Alten weg, reißt Ufer, Wälder fort, / und alles das unläugbar Jure / Divino, liebe Herrn! die Sach ist sonnenklar. / So wird die Welt regiert, und eine ganze Fuhre / von Syllogismen macht's nicht mehr noch minder wahr.« Und weiter heißt es dann: »Der winzigste Deunculus / machts eben so in seinem Spannenkreise, / nur nicht so gut; behauptet frisch sein Jus / Divinum über Weib und Kinder, / Haus, Hof und Haabe, Schaf und Rinder, / und giebt nicht Rechenschaft davon, als – wenn er muß.«

Es hätte, gerade den letzten Satz recht gelesen, eigentlich das Mißverständnis ausgeschlossen sein müssen, hier wolle einer ein »what ever is, is right« behaupten, aber noch neun Jahre später mußte sich Wieland gegen den ihm unterstellten »offenbar unsinnigen Satz« zur Wehr setzen, »die Stärke oder physische Kraft sey das erste Principium dessen was in menschlichen Handlungen recht oder unrecht ist«. Gleichsam kopfschüttelnd schreibt Wieland, wenigstens der »Schach Lolo« hätte die möglichen Mißverständnisse aus dem Aufsatz über »das göttliche Recht der Obrigkeit« ausräumen müssen, »aber vermuthlich gehörte er [sein jüngster Kritiker] zu den weisen Männern, die keine Verse, oder doch wenigstens keine Mährchen lesen, und von deren einem ich vor einigen Jahren in einem weitläufigen und sehr motivirten Briefe gebeten und beschworen wurde, doch endlich einmal, relictis nugis, gescheidt zu werden, und, anstatt der leidigen Mährchen, schöne dogmatische Abhandlungen über ›das Laster weh den Menschen thut, die Tugend ist das höchste Gut,‹ und dergleichen noch so wenig gepredigte Wahrheiten zu schreiben.«

Es wird nach dem bisher Ausgeführten einleuchten, wenn ich sage, daß man Wielands Beschäftigung mit den Ereignissen der Französischen Revolution besonders wenig verstehen wird, wenn man sie mit der Frage beginnt, ob er nun dafür oder dagegen gewesen sei. Wieland ist auch jemand, der jenes vielen liebgewordene Schema durchbricht, das angeblich zum Verständnis der deutschen Reaktionen auf die Französische Revolution tauglich sei. Das Schema ist an der Gretchenfrage orientiert, wie man es mit der Hinrichtung des Königs halte. An dieser Frage lasse sich der sentimentale Enthusiast der ersten Phase der Revolution von dem unterscheiden, der als wirklicher Demokrat sozusagen bei der Fahne geblieben sei. Wen wirklich in erster Linie die *Meinung* Wielands interessiert, der wird hier verwirrt werden. Skepsis und Ablehnung begleiten die ersten Schritte der Revolution; es folgt etwas wie ein enthusiastisches Zwischenhoch; dann Tadel wegen der Behandlung des Königs; seine Hinrichtung aber wird mit einem gewissen Verständnis zur Kenntnis genommen. Von Meinungslesern wird das dann gern als Ausweis von Wielands Wankelmütigkeit genommen. Von Anfang an hat Wieland gewußt und gesagt, daß zu Paris Geschichte, vielleicht zum ersten Male überhaupt *Welt*geschichte geschrieben werde, und er hat es für seine Pflicht als Schriftsteller gehalten, intellektuell dabeizusein. Er hat auch zu den wenigen gehört, die von sich haben sagen können, sie wären dabeigewesen. Den Entschluß zur Campagne in Frankreich hat er übrigens abgelehnt. Ich kann hier nicht ins Detail gehen, sondern nur Beispiele geben. In seiner »Kosmopolitischen Addresse an die französische Nazionalversammlung«, einem (von Seiten der »Meinung«) durchaus antirevolutionär eifernden Text, wirft er der Nationalversammlung vor, sich und ihr Unternehmen selbst nicht ernstzunehmen. Aus ihrem Umgang mit den Finanzproblemen des Staates zeige sich, daß sie unsicher sei, ob sie auf Kontinuität oder Diskontinuität setzen wolle. Rhetorisch auf Neuanfang gestimmt, erkenne sie doch die Schulden an, die ein König gemacht habe: »Geht nicht vom 15ten Julius eine ganz neue Ordnung der Dinge in Frankreich an? Ist es nicht eben so, als ob die ganze Nation neu erschaffen aus dem Chaos hervorgegangen wäre? Und man will sie für Contracte verantwortlich machen, die ein König, der nur Gott von seinen Handlungen Rechenschaft zu geben hatte, zu einer Zeit eingieng, da die jetzige freye Nation, in moralischen Sinne, gar nicht existierte?« Mit diesem Beispiel ist die Methode gekennzeichnet, mit der sich Wieland den französischen Ereignissen nähern wird. Er kritisiert die Ereignisse aus konservativer Haltung (die die seine auf Seite der Meinungen meist gewesen sein dürfte) *und* sagt im nächsten Zuge, man sei noch nicht weit genug gegangen. Er kritisiert die Nationalversammlung, daß sie die Grenzen ihres Auftrages überschreite, *und,* daß sie auf halbem Wege haltmache. Wo denn sei ihre demokratische Legitimation?: sollte alles, was die französische Nation »vor der Hand beim Tausche gewonnen hat, darin bestehen, daß die sogenannte Aristokratie einer demokratischen Oligarchie Platz machen muste, und daß die Vier und zwanzig Millionen Menschen, – die mit aller Majestät Herrlichkeit und Allgewalt, womit sie von den redseligen Demagogen decoriert werden, noch immer größtenteils sehr arme Wichte sind, – anstatt eines einzigen Königs, nun die Ehre haben von zwölfhundert kleinen Melks (mit Hrn. von Voltaire zu reden) an der Nase geführt werden?« Mit diesem formalen Kunstgriff stellt Wieland die revolutionären Ereignisse in ihrer Dynamik, oder wenn man will: als Entscheidungssituationen dar. Auch dadurch verliert die Frage an Interesse, was der eine oder andere zu dem jetzt eingetretenen Ereignis meine, und es tritt in den Vordergrund die Analyse der Situation als einer Ausgangsbedingung für Künftiges und die Frage nach den Optionen, die sie berge.

Um seine Intentionen deutlich zu machen, greift Wieland auf das Genre des »Göttergesprächs« zurück. So läßt er etwa Jupiter, die französischen Könige Ludwig IX. und Heinrich IV. sowie den halblegendären Römer Numa Pompilius auf das Paris des Jahres 1790 blicken, das in strömendem Regen den Jahrestag seiner Revolution feiert. Heinrich sagt, daß man zu weit gegangen sei, Jupiter hält dagegen, daß Revolutionen ihre eigenen Bewegungsgesetze hätten:»Man wollte anfangs nur so weit gehen als die Noth erforderte, und wurde durch die unaufhaltbaren Wogen der Zufälle weiter fortgerissen. Ohne eine Revolution konnte dem Staate nicht geholfen werden, eine Revolution aber war nur durch überwiegende Gewalt möglich.« Hier hat Wieland das eine Thema seiner und nicht nur seiner Revolutionsanalysen angesprochen: die Frage der Gewalt. Die andere, von ihm gleich zu Beginn schärfer gesehen als von den meisten Akteuren selbst, ist die soziale Frage. Er läßt seinen Jupiter das Thema der Staatsschulden wiederaufnehmen und seinen Heinrich IV. folgenden Gedanken anschließen:»Man hat die Klerisey aus ihren Gütern herausgeworfen, und auf sehr mäßige Besoldungen gesetzt; man hat den Adel nicht nur zu großen Aufopferungen genöthigt, sondern sogar aller mit dem Blute seiner Vorfahren erkauften Vorzüge beraubt: und die Capitalisten, die in den letzten funfzig Jahren unermeßliche Reichthümer auf Unkosten der Nation zusammen speculiert haben, sollten allein ruhige Zuschauer der Noth des Vaterlandes abgeben dürfen, und für seine Rettung nichts aufopfern müssen? Dann wäre das, was man dem Adel und der Priesterschaft genommen hat, nicht Opfer, sondern Raub! Einer so groben Versündigung gegen die festgestellte Gleichheit der Rechte und Pflichten können sich die Gesetzgeber nicht schuldig machen; oder wenn sie dessen fähig wären, wie könnte die Nation dazu stille schweigen?« Das ist keine zufällige Bemerkung, und es als wohlfeile Demagogie zu lesen, geht auch nicht an. Wieland, der von Seiten seiner *Meinungen* allenfalls girondistische Sympathien gehabt haben mag, besteht als *Analytiker* darauf, daß das Programm politischer Gleichheit nichts ohne eines sozialer Gleichheit sei, überholt damit zumindest das jakobinische Zentrum links und findet sich – ganz ähnlich wie in der Frage der Gewalt – erstaunlich einig mit Jean Paul Marat, den er im Grunde verabscheut: »Daß die erste Nazional-Versammlung die Einführung der Gleichheit nicht bis zu einer neuen gleichen Verteilung des ganzen französischen Bodens getrieben hat, war eine bloß willkürliche Einschränkung ihres ersten Grundsatzes, eine offenbare Inkonsequenz«, und an anderem Orte: »Und die weisen Männer, die ihre philosophischen Einsichten durch die berüchtigte Deklarazion der Rechte in so schlimmen Ruf gesetzt haben, sollten wirklich so schwindlicht gewesen seyn, nicht zu sehen was sie thaten, da sie die neue Organisazion des Staats auf eine allgemeine, unbestimmte, der willkührlichsten Ausdehnung und gefährlichsten Mißdeutung ausgesetzte Gleichheit gründeten? Sie sollten nicht gesehen haben, daß sie durch einen solchen Grundsatz (...) des armen Volkes nur spotteten, wenn sie, ihrer eigenen Deklarazion der Rechte (...) zu Trotz, die verhaßteste aller Ungleichheiten, die Ungleichheit zwischen Armen und Reichen, bestehen ließen.«

Die stete Frage nach der potentiellen Dynamik der Situation führt Wieland zur Analyse von Kräfteverhältnissen – die Frage, die derweil die deutsche Diskussion umtrieb, ob denn was in Frankreich geschehe, rechtmäßig geschehe, interessiert ihn nicht. »Die französische Staats-Revoluzion ist – eine geschehene Sache. Die Frage, ob die Nazion dazu berechtigt gewesen sey? scheint mir, da geschehene Dinge nicht zu ändern sind, eben so überflüssig zu seyn, als sie, wegen des Mißbrauchs, der von Bejahung oder Verneinung derselben gemacht werden kann, gefährlich ist.« Auch das Thema der Gewalt betrachtet er illusionslos. So schreibt er an seinen Schwiegersohn Reinhold: »Bey allem dem läßt sich kaum länger läugnen, daß der König eine zweydeutige Rolle zu spielen scheint und den Verdacht, den die Jakobiner nicht aufhören gegen ihn zu erregen, wenigstens dadurch rechtfertiget, daß er nichts entscheidendes thut, um solchen von sich abzulehnen, und der ganzen Welt zu beweisen, daß er durch seine öffentlichen Erklärungen und Schritte nicht bloß den verborgenen Gang eines geheimen Plans zu decken suche. (...) Wie vieles auch an den Jakobinern mit Grund auszustellen ist, so kann ich mich doch nicht erwehren, ihre Sache im Ganzen innerlich zu begünstigen; denn, in fine finali, würde ihre Unterdrückung unfehlbar der Tod der Gleichheit u. Freyheit seyn, und, wenn Frankreich zuletzt doch eines von beyden, Monarchie oder Republik seyn müßte, so ist es wahrl. besser, daß Einer umkomme, als daß das ganze Volk verderbe.« Und in einem weiteren Göttergespräch läßt er seinen Jupiter so sprechen: »Ich gönne den Sterblichen Gutes; aber ich vermag nichts gegen Nothwendigkeit und Natur«, und er sei unvermögend, »einen einzigen Kopf, welcher fallen muß, stehend zu erhalten. – Sonst sollte wahrlich der arme Luis Capet den seinigen nicht unter die Guillottine haben legen müssen!« Und als Juno ihn unterbricht: »Was sagst du? – Sie hätten ihre Verruchtheit bis zu einem so gräßlichen und zugleich so unpolitischen Frefel getrieben?«, sagt er nur kühl: »In diesem Augenblick!« und: »Du siehst also, daß nicht mehr zu helfen ist.« Das erinnert sehr an die Rede Robespierres, in der er betonte, es gehe nicht um ein Gerichtsverfahren, Louis Capet sei kein Angeklagter, sondern es sei eine Maßnahme des Staatswohls zu treffen. Zugestimmt hätte Wieland zumindest darin, daß es richtig sei, die Angelegenheit aus diesem Gesichtswinkel zu betrachten, und daß es in jedem Falle gefährlich sei, Revolutionen mit Gerichtsverfahren zu verwechseln.

Die Einsicht in die Dynamik der Entwicklung hielt Wieland auch davon ab, sich an der Diskussion um die »richtige Staatsverfassung« zu beteiligen, weil er einsah, daß jeder neue Verfassungsentwurf eine Situation auf einer bestimmten Stufe gewissermaßen einfrieren und eine nicht vorhandene Stabilität fixieren sollte. Und die Situation war nicht aufgrund einer vorherigen schlechten Staatsverfassung unstabil, sondern aufgrund der mit Staatsverfassungen nicht zu lösenden sozialen Probleme. Der Kampf war noch im Gange, und die Diskussion um neue Staatsverfassungen erschien Wieland zunehmend als Selbsttäuschung über das, was wirklich vorging. »Ich bitte Sie (...) sprechen Sie mir nichts mehr von neuen Konstituzionen!« Grundlegend sei der allenfalls auf kurze Zeit stillzustellende Konflikt zwischen den »zwey Hauptklassen, aus welchen jeder Staat nothwendig zusammen gesetzt ist«, und deren eine aus denen gebildet ist, »die sich im Besitz von Macht, Ansehen und Reichthum, Vorzügen, Privilegien und Vortheilen aller Art befinden, und nichts davon verlieren wollen: die andere, ungleich zahlreichere, aus allen, die wenig oder nichts zu verlieren, folglich viel oder alles zu gewinnen, und (vermöge der Natur der Sache) die meisten und erheblichsten Beschwerden zu führen haben«.

Hier berühren sich die Schriften über die Französische Revolution und der Roman »Aristipp und einige seiner Zeitgenossen« tatsächlich, aber eben nicht so, daß letzterer ein Fazit aus den ersteren zöge. Da ist keine Lehre, kein »Merke!«. Da ist nur der stete Fortgang der Analyse, verkörpert in einem »unpolitischen« Helden, den wir jetzt besser verstehen können, nämlich nach der Wielandischen Maxime: »Der Himmel verhüte, daß ich von irgend einem denkenden Wesen verlange, mit mir überein zu stimmen, wenn er von der Richtigkeit meiner Behauptungen oder Meynungen nicht überzeugt ist; oder daß ich jemahls fähig werde, jemanden meinen Beyfall deßwegen zu versagen, weil er nicht meyner Meynung ist!« Daß hierin die Voraussetzung für analytische Genauigkeit liegt, muß der Leser mitdenken, er versteht sonst weder Wieland noch dessen Aristipp.

Der politische Analytiker Aristipp zeigt sich nicht nur in der Analyse und ironischen Abfertigung von Verfassungen. Er notiert im Vorübergehen die Argumente, die einer in Olympia für den nationalen Sinn großer Sportveranstaltungen vorzubringen weiß, wir erfahren durch seine Briefe und durch die, die er empfängt, Einzelheiten der athenischen Politik nach dem Peloponnesischen Krieg, die wachsende Bedeutung Nordgriechenlands in Hellas, und wie aus einer genauen Lektüre von Xenophons »Anabasis« darauf geschlossen werden könnte, wie leicht es einem künftigen Eroberer fallen müßte, Persien zu besiegen; Aristipp argumentiert für die Kontextabhängigkeit moralischer Urteile und läßt sich, als er, wie sein Verfasser, von einer nur zu verständlichen Emotion vereinseitigen läßt, vom Sophisten Hippias belehren. Hier mag einem ein Einwand beikommen, und zwar ein ästhetischer. Ist ein schriftstellerisches Prinzip in eine literarische Figur überführbar? Fiele diese nicht notwendigerweise papieren aus? Und vor allem: stünde nicht gerade sie im Widerspruch zu so behaupteter Kontextabhängigkeit? Wäre sie nicht gerade in Umgebungen, unter Einflüssen in ihrer doch dann notwendigen Einseitigkeit darzustellen und zu verstehen? Man kann so argumentieren, aber zweierlei wäre zu erwidern. Erstens: es handelt sich um einen Briefroman. Die Figuren treten als Briefschreiber oder in Berichten in Briefen auf. Das heißt, daß wir keine der Figuren »unmittelbar« erleben. Daß es Briefromane gibt, die diese Unmittelbarkeit herzustellen versuchen – prominentestes Beispiel ist der »Werther«, aber man kann auch den »William Lovell« nennen –, ist kein Gegeneinwand, sondern wirft eher die Frage auf, ob hier mit der Form »Briefroman« die glücklichste Wahl getroffen wurde. Die Frage will ich vertagen; im sechsten Kapitel werde ich auf den Zusammenhang von gewählter Form und Charakter des Protagonisten zu sprechen kommen. Zweitens: auch als politischer Analytiker tritt Aristipp nicht nur distanziert auf. Er kann es da, wo er sich bereits den Ereignissen vorgreifend aus Neigung distanziert hat – etwa im Falle Kyrenes, wo er sich zeitig aus dem vaterländischen Staube macht, etwa im Falle Athens, wo er sich als Gast betrachtet. Genau im Falle Athens aber ereignet sich etwas, das ihm die Distanz nicht mehr erlaubt, die Hinrichtung des Sokrates nämlich.

Aber bevor ich zu diesem Ereignis komme, das für die Figur des Aristipp im politischen Roman »Aristipp und einige seiner Zeitgenossen« (und für den nichtgeschriebenen fünften Band) von so zentraler Bedeutung ist, muß ich noch ein wenig bei den Kommentaren bleiben, die Aristipp zuvor über die Athenischen Verhältnisse abgibt. – Daß Athen einer launigen Geliebten gleiche – in Arno Schmidts Worten: »Ideal für Tisch und Bett; aber natürlich nicht zum heiraten« –, steht zwar *so* nicht im Roman, man mag es aber doch so empfinden. Wie dem auch sei, Aristipp beginnt den Kommentar seines ersten Athen-Aufenthaltes nicht mit einer allgemeinen Schilderung von Stadt & Leuten, sondern mit der Bemerkung, daß ihm das jetzige Athen – d. h. das *nach* seiner Niederlage gegen Sparta und *nach* der Schleifung der strategisch wichtigen »langen Mauern«, die die Stadt und den Hafen Piräus verbunden hatte – wohl besser gefalle als das alte, mächtigere ihm gefallen hätte. »Auch ohne Mauern bleibt sie immer der erste Tempel der Musen, der Sitz des Geschmacks, und die Werkstatt aller das Leben unterstützenden und verschönernden Künste, mit Einem Wort, Alles wozu Perikles sie machte, dessen Andenken aber, wie ich sehe, bey diesen leichtsinnigen und undankbaren Republikanern schon lange vergessen ist.« Und damit spricht Aristipp das Thema an, sub specie dessen er die Verhältnisse in Athen stets betrachten wird, das des Einzelnen inmitten einer mächtigen Menge. Hier ist es nur der Tadel, daß das Volk diejenigen mißachte, die ihm Wohltaten erwiesen haben – und es ist ja wirklich ein altes Thema in der Politik von großen und kleinen Kulturrevolutionen bis zu den Anfängen, wie sie eben die Institution des Scherbengerichtes demonstriert, oder der Satz, der irgendeiner anderen Polis zugeschrieben wird: Bei uns soll keiner der Beste sein, und wenn er's ist, dann anderswo. Bereits Heraklit hat sich über derlei angewidert geäußert, wie sehr zu Recht, ist eine andere Frage. »Im Athenischen Stil zu reden hat das Volk alles gethan; ja sie sprechen nicht anders davon, als ob Alles so hätte seyn müssen, und mit ihnen zugleich aus dem Attischen Boden hervorgewachsen wäre. Selbst die Nahmen eines Miltiades, Themistokles, Aristides, Cimon, (der Männer, denen Griechenland zu danken hat, daß es nicht zu einer Persischen Satrapie zusammenschrumpfte) werden selten oder nie gehört: aber dafür sind die Männer von Marathon und Salamin immer auf ihren Lippen, und der erste Schuster oder Kleiderwalker, dem du begegnest, ist so stolz darauf, der Enkel eines Mannes von Marathon zu seyn, als ob er selbst dadurch zu einem Manne von Marathon würde, und schwatzt mit der unbeschreiblichsten Geläufigkeit der Zunge stundenlang von den Großthaten seiner Vorfahrer, ohne das mindeste Bewußtseyn, wie viele Ursache diese hätten, sich ihrer ausgearteten Nachkommenschaft zu schämen. In der That kannst du dir nichts komischeres vorstellen, als den nahmenlosen Schmerz, womit sie von dem Verlust ihrer Mauern sprechen, wenn du zugleich bedenkst, daß es bloß auf sie ankam, durch einen den Spartanern zu rechter Zeit entgegengesetzten kräftigen Widerstand, ihre so zärtlich geliebten Mauern zu erhalten.« – Im dritten Band allerdings nimmt Aristipp den Tadel zurück zugunsten einer auch hier die Bedingungen berücksichtigenden Betrachtungsweise. In einem anderen Volk, unter einer anderen Verfassung hätte ein Perikles niemals diese Rolle spielen können.

Sokrates und Platon sind beide »Produkte« der Athenischen Niederlage. Letzterer, indem er gewissermaßen vorwegnahm, was Stephen Toulmin für die rationalistische Wendung der Philosophie nach der Krise der ersten Hälfte des 17. Jahrhunderts diagnostizierte: der erlebten politischen und gesellschaftlichen Destabilisierung eine wenigstens intellektuelle Systematik entgegenzusetzen. In seiner politischen Philosophie transzendierte Platon die spartanischen Herrschaftsstrukturen und seinen Unterdrückungsapparat in Überzeitlichkeit und universale Geltung. Sokrates' Reaktion bestand in einer Abwendung von der Politik und allem, was sich damit verband wie Rhetorik etc., und einer, wenn man so will, individualpädagogischen Wendung der »vorsokratischen«, spekulativen Philosophie. In Aristipps Worten: »Ohne Zweifel trugen alle diese Verhältnisse vieles dazu bey, ihn auf den wahren Standpunkt in seinem künftigen Wirkungskreise zu stellen, und über den Plan seines Lebens in sich selbst gewiß zu machen. Vermuthlich faßte er schon damals den festen Entschluß, dem er bisher immer treu geblieben ist, der strengsten Erfüllung aller seiner Bürgerpflichten unbeschadet, sich jeder Einmischung in die Staatsverwaltung zu enthalten, so selten als möglich in den Volksversammlungen zu erscheinen, und nie als öffentlicher Redner aufzutreten.« Das sokratische Ziel, sich nicht um den Staat zu kümmern, sondern den Einzelnen »besser zu machen«, ist nun nicht mit der Politik-Abstinenz Aristipps zu verwechseln, der sich zwar auch nicht in die Staatsgeschäfte mischen will, statt dessen aber vor allem sich selber bilden, es sei denn, er kann einem Freunde zuliebe dessen Sohn erziehen, das aber ist eine private Dienstleistung, nicht ein vermittelter Dienst am Gemeinwesen. Xenophon überliefert uns in seinen »Erinnerungen an Sokrates« den entsprechenden Dissens der beiden. Gleichwohl teilt Wielands Aristipp zunächst die Bewunderung seines Verfassers für Sokrates, über die viel im besonderen und allgemeinen zu sagen wäre, aber nicht hier. Im Roman kühlt sie dann im Laufe der Zeit etwas ab, wie es so geht im Leben, aber zunächst dient sie dazu, ein Gespräch mit

Aristophanes in Gang zu bringen, und zwar über dessen Sokrates-Satire »Die Wolken«.

Gefragt, wie denn auf einen so tugendhaften, schlichten, frommen und weisen Mann wie Sokrates ein solch rüpelhafter Ausfall hätte verübt werden können von einem Mann, dem doch seinerseits nicht alle Urbanität abzusprechen sei, läßt Wieland Aristophanes antworten, Aristipp solle dies nicht aus der Perspektive des Kyreners – und wir können ergänzen: mit 2000jährigem Abstand – betrachten: »Vielleicht kann ich deinen Schmerz durch ein paar kleine Betrachtungen lindern, die auch wohl nebenher zu meiner Rechtfertigung dienen mögen. Ich finde es sehr natürlich, daß dir Sokrates, den du erst in seinem sechs oder sieben und sechzigsten Jahre kennen gelernt hast, so ehrwürdig vorkommt. Aber bedenke, daß er seit der Zeit, da ich mir die Freiheit nahm, ihn auf die komische Bühne zu stellen, um ganze zwei und zwanzig Jahre älter, weiser und respektabler geworden ist. Man hält einem alten Manne manches zu gut, was man ihm vor zwanzig Jahren noch nicht zu übersehen schuldig war.« Neben Erläuterungen über die ästhetischen Gepflogenheiten der attischen Komödie läßt Wieland Aristophanes dann über den politischen, oder, wenn man so will, sozialpsychologischen Sinn der Personalsatire sprechen. Die öffentliche Verspottung eines prominenten Politikers sei gewissermaßen das Bühnenäquivalent zur Verbannung durch das Scherbengericht – und damit oft auch sein Substitut, die mögliche »Abfuhr« von Häme, Neid und Mißgunst. »Die Cyrener schließen, wie ich sehe, von sich auf die Athener, und glauben, weil sie eine so hohe Meinung von Sokrates und seiner Weisheit hegen, so müßten wir, seine Mitbürger, die das Glück haben, von dieser Sonne täglich angestrahlt zu werden, nothwendig um so viel größer von ihm denken. Dies ist aber keineswegs der Fall, und würde es vermuthlich auch in Cyrene nicht seyn, wenn er euer Mitbürger wäre. Gesetzt aber, Sokrates gälte zu Athen wirklich für das, wofür ihn die von seinem Chärefon befragte Pythia erklärt haben soll, so kennst du die Athener noch wenig, wenn du nicht auf den ersten Blick siehst, daß ich ihm in diesem Falle keinen größern Dienst hätte erweisen können, als ihn dadurch, daß ich ihn dem öffentlichen Gelächter Preis gab, vom Ostracism oder einem vielleicht noch härtern Schicksal zu retten.« – »So wurde z. B. der berüchtigte Kleon, bald darauf, nachdem ihn meine Ritter auf eine wirklich grausame und nie erhörte Art mißhandelt hatten, zum Oberfeldherrn gegen die Spartaner erwählt: und bedarf es wohl eines stärkern Beweises, wie unschädlich das Salz ist, womit wir unsre Mitbürger zu ihrem eigenen und dem gemeinen Besten reiben, als daß Sokrates seit mehr als fünf Olympiaden ungestört sein Wesen unter uns treibt, und an Ansehen und Ruhm zu Athen, und allenthalben wo unsre Sprache gesprochen wird, von Jahr zu Jahr zugenommen hat? Was ihm auch in der Zukunft noch begegnen könnte, immer bleibt gewiß, daß die Wolken keine Schuld daran haben, da ihm in einer so langen Zeit nicht ein Haar um ihrentwillen gekrümmt wurde. / Ich. Und was könnte denn dem besten aller Menschen, die ich kenne, noch Übels begegnen?« – und die Antwort lautet: »Sokrates lebt, spricht, und beträgt sich in Allem wie ein freyer, aber nicht immer wie ein kluger Mann. Er hat sich durch seine Freymüthigkeit Feinde gemacht; er verachtet sie, und geht ruhig seinen Weg. Ich bin keiner von seinen Feinden; aber wenn ich einer von seinen Freunden wäre, so würde ich ihn bitten auf seiner Huth zu seyn.«

Auf den Prozeß gegen Sokrates, wie er Aristipp in verschiedenen Briefen mitgeteilt wird, und auf die Nachricht von den Umständen seiner Hinrichtung, brauche ich hier nicht einzugehen. Wieland setzt keine die Überlieferung korrigierenden Akzente. So aber läßt er seinen Aristipp auf die Nachrichten reagieren: »Das sind nun eure so hoch gepriesnen Freystaaten, Eurybates! So geht es in euern Demokratien zu! Bey allen Göttern der Rache! eine solche Abscheulichkeit war nur in einer Ochlokratie wie die eurige möglich! Ihr schimpft auf das, was ihr Tyrannei nennt? Wahrlich unter dem Tyrannen Dionysius hätte Sokrates so lange leben mögen als Nestor; alle Gerber, Rhetoren und

Versemacher von ganz Sicilien sollten ihm kein Haar gekrümmt haben!« Es folgt der Hinweis, schuldig seien die
Urheber der demokratischen Verfassung, die von der »Solonischen Aristodemokratie« abgewichen wären, und nur
bitter mahnt sich Wielands Aristipp zur Ataraxie: »Doch
wozu dieser Eifer? Und was berechtigt mich, meine Galle
über dich, der an diesem Gräuel unschuldig ist, auszu-
gießen? Verzeih, Eurybates! Ich fühle daß es mich noch
viel Arbeit an mir selbst kosten wird, bis ich es so weit gebracht habe, alles an den Menschen natürlich zu finden,
was sie zu thun fähig sind, und mich mit einer solchen Natur zu vertragen.« Er schließt: »Lebe wohl, Eurybates, und
stelle, wenn du kannst, die Zeiten wieder her, da die Mi-
nervenstadt noch von lebenslänglichen Archonten regiert
wurde. Euere Triobolenzünftler haben mich mit der Aristokratie auf immer ausgesöhnt. Es ist zwar, im Durch-
schnitt genommen, nicht viel gutes von euch zu rühmen,
ihr andern Eupatriden: aber das bleibt doch wahr, daß der
schlechteste von euch nicht fähig gewesen wäre, weder
Ankläger eines Sokrates zu seyn, noch ihm Schierlingssaft
zu trinken zu geben.« Das Todesurteil, das Athen über
Sokrates verhängt hat, ist ja in der Tat der klassische anti-
demokratische Topos geworden.

In der Stadt des erwähnten Dionys, Syrakus, hatte sich
Aristipp kurz zuvor aufgehalten, und wie wir aus den Quellen wissen und wie der vierte Band vorbereitet, hätte der
fünfte Band Aristipp am Hofe des Dionys II. gesehen, wie
das auch schon in der »Geschichte des Agathon« in Szene
gesetzt worden war. Dort ist der letzte Auftritt Aristipps ein
Besuch beim Titelhelden, der, in Ungnade gefallen, im Gefängnis sitzt. Man sieht, es spricht alles dafür, daß das
Thema, wie sicher es sich in einem so oder so verfaßten
Staate lebe, noch nicht abschließend geklärt ist. Der fünfte
Band hätte vermutlich kein Wiederaufleben der Figur des
Agathon gesehen, aber einen Vergleich der beiden Philo-
sophen am Hofe, Aristipp und Platon. Man weiß, wie es für
beide ausging: Platon scheiterte, den Aristipp schmäht die
Nachwelt als feilen Höfling. Anzunehmen ist, daß uns Wie-

land die von Diogenes Laertios in seiner so klatschträchtigen Philosophiegeschichte überlieferten Anekdoten neu berichtet hätte und demonstriert, wie sich Überlieferung, weil sie den ursprünglichen Kontext nicht mehr versteht, von ihrem Gegenstand entfernen kann – das große Thema des Romanes »Peregrinus Proteus«, auch des »Agathodämon«, vieler Szenen des »Sokrates mainomenos«, »Krates und Hipparchia« und so vieler »Ehrenrettungen«, die Wieland sein ganzes schriftstellerisches Leben hindurch unternommen hat, und die ja so oft das geheime Motiv historischer Biographik sind.

Es ist nicht nur die Reaktion auf Sokrates' Tod, die Aristipp dazu bringt, den ersten Dionys zu schätzen. Denn sein Regime bildet nicht nur den Kontrast zu den Athenischen Verhältnissen, sondern im Städtedreieck Syrakus/Athen/Kyrene auch zu dem Kyrenischen Putschisten Ariston, der, wie es lakonisch heißt, den Versuch mache, »den Dionysius nachzuahmen ohne ein Dionysius zu seyn«. Dabei ist die Vorgeschichte der erfolgreichen und der erfolglosen Diktatur so unähnlich nicht (und unter den Vorarbeiten zum »Aristipp« befindet sich ein Fragment, betitelt »Revoluzion in Syrakus«, aus dem hervorgeht, daß das Thema ursprünglich noch ausführlicher hätte behandelt werden sollen). Dionys ist wie Ariston ein bonapartistischer Diktator, wie wir heute sagen würden, wobei wir nicht nur an Napoleon, sondern auch an Louis Bonaparte denken. Was zu seinem Lobe zu sagen sei, läßt Wieland so hören: das Volk von Syrakus sei dem athenischen ähnlich, seine Geschichte ein »rastloses Hin- und Herschaukeln von Oligarchie zu Demokratie, und von Demokratie zur Herrschaft eines Einzigen«, und so sei es denn eigentlich gleichgültig, auf welcher Stufe des Pendelschlages die Bewegung auf ein Kurzes angehalten werde, wenn das Verharren dem gemeinen Wohl diene. Und das sei bei einem fähigen Alleinherrscher allemal besser aufgehoben als bei einer auch nur durchschnittlichen Demokratie. Eine politische Debatte um diesen Casus bestreitet Aristipp schließlich mit dem Argument, daß ein Volk, das die zu einer gut funktionierenden (direkten) Demokratie unbestreitbar nötigen Tugenden aufweise, gar keine Regierung brauche. »Laßt uns so ehrlich seyn, einander zu gestehen, daß die Unentbehrlichkeit aller bürgerlichen Verfassungen und Regierungen keinen andern Grund hat, als die Schwäche und Verkehrtheit des armen Menschengeschlechts. Sie sind ein nothwendiges Übel, das einem ungleich größern abhilft oder vorbeugt [...] Jede Regierungsart hat ihre eigenen Vorzüge und Gebrechen; wiegt man sie gehörig gegen einander, so gleichen sich, wechselweise, diese durch jene und jene durch diese aus, und was übrig bleibt, ist unendlich wenig, daß es die Mühe nicht verlohnt, darum zu hadern.« Nichts mehr von Konstituzionen! – da sind wir wieder beim Refrain.

Was Aristipp selbst angeht, so gilt für ihn das Ubi bene ibi patria, und im Zweifelsfalle geht man auf Reisen. Zu Syrakus läßt es sich eine Zeitlang leben. »Ärgere dich nicht, lieber Eurybates, mich so filotyrannisch reden zu hören;« heißt es wieder im vierten Band, »meine Vorliebe zur Monarchie dauert gewöhnlich nur so lange, als ich in einem demokratischen oder oligarchischen Staat lebe, und ich bin der Freyheit nie wärmer zugethan, als da wo ein Einziger alle Gewalt in den Händen hat. Ein weiser und edel gesinnter Monarch weiß jedoch beides sehr gut mit einander zu vereinigen; nur Schade, daß die weisen und guten Monarchen ein eben so seltnes Geschenk des Zufalls sind als die weisen und guten Demagogen.«

Aber dem Beispiel der Hinrichtung des Sokrates wird keines aus Syrakus zur Austarierung an die Seite gestellt – und wer weiß, wie der Vergleich ausgefallen wäre. Letztlich ist aber das aus diesem Beispiel gewonnene Argument Aristipps entscheidend: in einer nicht allzu irrationalen Alleinherrschaft kann sich ein kluger Einzelner leichter am Leben erhalten als in einer von Demagogen beherrschten Demokratie. Hippias schreibt von einem Ausspruche des Dionys, Sokrates hätte sich retten sollen und nach Syrakus ins Exil gehen. Hippias teilt Aristipps Hochschätzung des Dionys, wenn er auch kontextverweisend relativiert: den

Syrakusanern könne in gegenwärtiger Zeit nichts Besseres widerfahren, als von Dionys beherrscht zu werden, und Aristipps denn doch zu groß geratenes Lob, Dionys sei ein Tyrann, den er »ohne Bedenken zum Selbstherrscher aller euerer Demokratien und Oligarchien krönen würde, wenn König Jupiter [...] mir seine Machtvollkommenheit nur auf eine halbe Stunde überlassen wollte«, stutzt er aufs sichere Maß zurück: »Du siehst daß wir in der guten Meinung von Dionysius nahe zusammentreffen; und daß ich kein Bedenken tragen würde ihn, wenn es auf meine Stimme ankäme, zum Beherrscher des ganzen Siciliens zu machen. Wenn du ihn aber zum Autokrator aller Demokratien und Oligarchien in Griechenland zu erheben gedenkst, so möcht' ich dich wohl bitten, nur einen einzigen Freystaat von hinlänglicher Größe, um sich in der Unabhängigkeit erhalten zu können, übrig zu lassen; wär' es auch nur, damit wir und unsersgleichen nicht nöthig hätten unter den Garamanten oder Massageten Schutz zu suchen, wenn es unserm irdischen Jupiter etwa einfiele, den Tyrannen etwas derber mit uns zu spielen als unsrer persönlichen Freyheit zuträglich seyn möchte. Ich stehe dir nicht dafür, daß nicht auch einem Dionysius so etwas – tyrannisches begegnen könnte.«

Mit dieser Korrektur an Aristipps »Es kommt auf die Verfassungen zum wenigsten an« kommt Wieland zum Endpunkt seiner politischen Schriftstellerei: daß auch diese scheinbar alle Kontexte berücksichtigende Position einen – entscheidenden – nicht berücksichtigt. Welches sind die Verhältnisse, in denen man am sichersten vor Übergriffen ist? Wo kann der Intellektuelle am ehesten entkommen? Daß Sokrates aus dem Athener Gefängnis hätte entfliehen können, wissen wir – und ein Exil, in dem wenigstens Griechisch gesprochen worden wäre, hätte ihn erwartet. Wie sicher ist ein Gefängnis eines Dionys? Aristipps anfänglicher Affekt gegen die wankelmütigen, von Demagogen geführten Demokraten, wird – weil sein Anlaß, der Tod des Sokrates, ernstgenommen wird – überführt in ein allgemeiner gewendetes Vorsichtsprinzip. Und diese individuelle Vorsicht hätte Wieland am Hofe des Dionys II. Platons Versuch, als Ratgeber des Monarchen dem idealen Staat etwas näherzukommen, gegenübergestellt. Erst dort wäre das hier nur angesprochene Thema »Der Intellektuelle und die Politik« wirklich ausgeführt worden, wie sich in dem Kontakt zeigt, der sich zwischen Aristipp und dem – von Dionys exilierten – Syrakuser Historiker Philistos anbahnt. Und in dieser Ausführung wäre es denn auch a tale of three cities geworden, da sich das Geschehen am syrakusischen Hofe in den Reaktionen und Erfahrungen der Adressaten in Athen (Speusipp, Platons Neffe und sein Nachfolger in der Leitung der Akademie) und Kyrene (Arete, Aristipps Tochter und Nachfolgerin in der Leitung seiner Schule) gespiegelt hätte. Hier wäre auch das Stichwort vom »Opportunismus« zu prüfen gewesen, und zwar hinsichtlich der seltsamen Durchdringung die »the art of politics« mit der kreatürlichen Regung zu entkommen eingeht. Auch das ein Anwendungsfall für die Denkfigur vom »Marionettentheater«.

So bleibt denn zum Ende dieses Kapitels nur noch, noch einmal *aus* dem Roman zum politischen Schriftsteller Christoph Martin Wieland *vor* dem Roman hinüberzusehen und zu fragen, ob denn dieses Motiv des »Intellektuellen auf der Hut« auch vorher schon zu finden gewesen sei? Wir sehen es mit dem Sokrates-Motiv verbunden, etwa bei der Auswanderung des oben erwähnten Philosophen Stilpon, dem die Regierung eines ebenso boshaften wie dummen Stadtoberhauptes nicht wohl bekommt, aber auch anderswo und immer wieder: in den »Abderiten«, wo Demokrit von seinen Mitbürgern für geisteskrank erklärt werden soll; im »Agathon«, wo der Namensheld zunächst aus dem demokratischen Athen verbannt, bei Dionys II. aufgenommen und dann in Ungnade bei ihm fällt und sich im Kerker wiederfindet; im »Goldenen Spiegel«, wo dem Philosophen Danischmend bei Schach Gebal das nämliche widerfährt; in der »Geschichte des weisen Danischmend«, die von seinem Exil handelt und mit seiner Weigerung endet, sich wieder in Hofdienste zu begeben; im »Schach

Lolo«, wo der verleumdete Leibarzt nur darum mit dem Leben davonkommt, weil er den König vergiftet – könnte es sich um eine diesbezügliche Obsession handeln? Oder ist es nur die Pflege eines dankbaren literarischen Motivs? Oder läßt sich die Weimarer Sicherheit nur dann männlich ertragen, wenn man sich in Bedrohungen phantasiert? Wie dem auch sei, es ist interessanterweise dieses Motiv, das Wieland mehrfach entschieden gegen die patriotischen Projekte von einem vereinten Deutschland Stellung nehmen läßt, und es ist dieses Motiv, das ihn dazu bringt, hier sehr deutlich gegen Meinung Meinung zu setzen. Denn der Gedanke läßt sich nicht aus der Analyse des gesellschaftlichen Hintergrunds gewinnen und nicht aus der der Kräfteverhältnisse. Er ist an sich selbst schwach genug und muß sich laut aussprechen. »Alle [...] nachtheile unsrer stâtsverfassung werden (anderer minder wichtiger vortheile jezt nicht zu erwähnen) durch den einzigen unschäzbaren gewinn weit überwogen: daß, so lange wir sie erhalten, kein poliziertes volk in der welt einen höhern grad menschlicher und bürgerlicher FREYHEIT geniessen [...] wird. [...] Wir werden, so lange wir sie erhalten, nie eine einzige Religion, aber dafür gewissensfreyheit und das recht behalten, aus dem alten oder neuen kirchengesangbuche zu singen. Wir werden mit männlicher freyheit philosophieren, untersuchen, reden, lesen, und schreiben dürfen.« »Vaterlandsliebe? Nazionalgeist? – Lieber Wilibald, wozu dieser Eifer? Und wenn Sie ihn sogar in jedem einzelnen Teutschen entzünden könnten, *wozu*?«

Drittes Kapitel

PHILOSOPHIE

> *»Gut! Ich gehe mit diesem Schritte, um meine neue Lebensart gleich damit anzufangen, daß ich mein Äußerliches umgestalte. Du sollst diesen langen Zottelbart gar bald verschwunden, und die traurige Lebensart, die ich bisher geführt habe, mit einer behaglichern und freyern vertauscht sehen. [...] Und wenn ich künftig jemahls einem Filosofen von Profession auch nur auf öffentlicher Straße begegne, werd' ich ihm, schon von weitem, nicht anders als wie einem tollen Hunde, aus dem Wege gehen.«*

> Lukian, Hermotimus
> oder von den filosofischen Sekten

Ist das nicht ein Titel, der einem Karl May zum Pseudonym hätte dienen können: »Don Sylvio von Rosalva« – ? Aber man vergesse nicht, daß Wieland diesen einen Roman rein ums liebe Baare geschrieben hat (vgl. Kapitel 4), und den Titel auf den Publikumsgeschmack gezielt. Niemand zwingt einen ja, den Roman so zu schreiben, wie der Titel klingt. Beim »Aristipp« ist das anders. Der Titel spielt nicht einmal mehr mit den alten Formen (»Geschichte des/ der ...«), sucht auch keine Titelallegorie (»Der goldne Spiegel«), er tritt auf als bloße Information über Inhalt und Form und hat doch so viel Melodie, daß mir nur einfällt, ihn »absolutely dry« zu nennen: »*Aristipp und einige seiner Zeitgenossen*«. Wer sich in einen solchen Titel nicht verlieben kann, ist ein Trottel. Zurück aber zum »Don Sylvio von Rosalva«, denn der Titel geht ja weiter: »oder Sieg der Natur über die Schwärmerey«, und der Roman beginnt mit einem Kapitel, das überschrieben ist: »Karakter einer Art von Tanten« – da liest man weiter. Mehr hier aber nicht, sondern alles Weitere ist der Leserin ans Herz gelegt: klappen Sie dies Buch hier zu, machen Sie sich einen schönen Tag und lesen Sie den »Don Sylvio«.

Im »Don Sylvio« gibt es gegen Ende noch ein Märchen zu lesen, »Die Geschichte des Prinzen Biribinker« – auch dazu wäre viel zu sagen, aber nicht hier. Jedenfalls ist es recht ausladend, allemal parodistisch, aber auch mehr. In diesem Märchen nun wird der Titelgeber »Prinz Biribinker« irgendwann von einem Wal verschluckt, ertrinkt in dessen Bauche beinahe in einem See, kann sich gerade noch ans Ufer einer Insel retten, findet sich dort inmitten eines Albtraums von Rokoko-Garten (Fischlein hier, und Nymphen dort, und artige Pflanzen überall), stolpert schließlich in ein Gemüsebeet, in dem es ziemlich wuchert, und tritt dabei gegen einen Kürbis. Der aber beschwert sich lautstark über den Tritt und – ich überspringe wieder Einiges – es stellt sich heraus, daß der Kürbis deshalb ein Kürbis ist, weil ein Zauberer ihn aus Rache wegen eines Ehebruchs verwandelt hatte. Nur »den Gebrauch der Vernunft und der Sprache« ließ der Zauberer dem Nunmehr-Kürbis, »wovon die erste, wie er glaubte, mir zu nichts nuezen konnte, als mich durch die Erinnerungen meiner verlohrenen Glükseligkeit zu peinigen, und die andere zu nichts als manchem eiteln Ach! und O! oder Gespraechen, worinn ich die Muehe nehmen mueßte, mir die Antworten selbst zu geben. Allein in diesem Stuecke betrog sich der weise Mann ein wenig, denn so unguenstig auch immer die Figur und Organisation eines Kuerbis zu Beobachtungen seyn mag, so geschikt ist sie hingegen zu Betrachtungen à priori«.

Wann das geschrieben ist? 1764, also 17 Jahre vor Erscheinen der »Kritik der reinen Vernunft«. Wir können aufatmen; schließlich ist der Ausdruck »a priori«, zumal wenn mit Accent grave versehen, nicht etwa genuin kantisch. Überhaupt dürfte Wieland mit dem Kürbis nicht eine besondere mit dem Namen ihres Stifters benennbare philosophische Richtung gemeint haben, sondern eher eine bestimmte philosophische Haltung. Wieland war ein unermüdlicher Umarbeiter. Nicht nur die Verserzählungen, auch seine Romane nahm er sich immer wieder vor – zuletzt für die Ausgabe »letzter Hand«. Dort erscheint der »Don Sylvio« 1795, 14 Jahre nach Erscheinen der »Kritik der reinen Vernunft«. Blieb die Stelle unverändert? Durchaus nicht: »Denn so ungünstig auch immer die Figur und Organisazion eines Kürbisses zu Beobachtungen seyn mag, so geschickt ist sie hingegen zu transcendentalen Betrachtungen [...]« In einem in weiterem Sinne auch satirischen Roman wird man so eine Sottise hingehen lassen, gleichwohl muß es nicht als bloße Harthörigkeit der Interpreten ausgelegt werden, wenn (soweit ich weiß) niemand bisher auf diese Stelle hingewiesen hat. Es könnte bloße Geschmackssicherheit gewesen sein. Obwohl gerade das unwahrscheinlich ist.

Es mag sich damit verhalten, wie es wolle, jedenfalls wird der Leser des »Aristipp« bemerken, daß Wieland seinen Aristipp bei der Behandlung philosophischer Themen schlechte Scherze *nicht* meiden läßt. Wenn er einem Platoniker zu bedenken gibt, dessen Freundin wolle doch vielleicht etwas »reelleres in der Welt vorstellen« als »ein bloßes Schattenbild des Platonischen Urweibes«, und sich dann in eine Spekulation darüber verstrickt, womit sich wohl die Platonischen Urbilder von Mann und Weib die Zeit kürzen, da das bloße Schattenwerfen allein doch wohl zu langweilig wäre, schreibt er weiter: »Ich gestehe dir, lieber Speusipp, daß ich große Lust hätte, diesen platten Scherz, seines ächten Atticismus ungeachtet, wieder auszustreichen, wenn ich nicht eine geheime Hoffnung nährte [...]« Nun, dazu später.

Im Jahre 1799 erschien im zweiten Heft des »Neuen Teutschen Merkur« eine vom Herausgeber selbst verfaßte Rezension, überschrieben mit: »Ein Wort über Herder's

Metakritik zur Kritik der reinen Vernunft«. Wieland rezensierte Johann Gottfried Herders »Eine Metakritik zur Kritik der reinen Vernunft«, vorgelegt in zwei Teilen, »Verstand und Erfahrung« und »Vernunft und Sprache«, zur Buchmesse ausgeliefert vom Verlag Johann Friedrich Hartknoch, dem Verlag von Kants »Kritik der reinen Vernunft« übrigens. Die Rezension beginnt so: »Es sind nun ungefähr funfzehn Jahre, seit die sogenannte kritische Philosophie vom Pregelstrom her sich mit eben dem Erfolge, den vor 150 Jahren die Cartesianische hauptsächlich in Frankreich und in der ersten Hälfte des zu Ende gehenden Jahrhunderts die Wolffische in Deutschland gehabt hat, sich nach und nach über alle unsre Universitäten ausbreitete und ungeachtet der allgemeinen Klagen über ihre undurchdringliche Dunkelheit und unerfaßliche Subtilität sowol, als über ihre sprachwidrige und ein ganz neues Wörterbuch erfordernde Terminologie (...) durch die unermüdeten Bemühungen ihres Urhebers und seiner eifrigsten Lehrjünger und Nachfolger ein ascendant oder vielmehr eine Transcendenz über den Verstand einer nicht geringen Anzahl älterer und jüngerer deutscher Köpfe gewann, wovon die nachtheiligen Folgen endlich auffallend genug geworden sind und, um die Aufmerksamkeit Derjenigen zu verdienen, denen es obliegt, dahin zu sehen, ›ne quid res publica detrimenti capiat‹.«

Das ist starker Tobak. Videant consules, ne quid res publica detrimenti capiat – das ist die Mahnung an die Vorsteher des römischen Gemeinwesens, Schaden von ihm abzuwenden. Was soll das? Welcher Schaden sollte denn wohl einer Verbreiterung der universitären Basis der Kantischen Erkenntnistheorie entwachsen? Aber es ist ernstgemeint. Späteren Zeiten, fährt Wieland fort, könne als Stoff zu einer Preisaufgabe dienen, den Grund zu finden, »wie es möglich gewesen sei, daß (...) unter einer Nation, die (...) so viele Fortschritte zur wahren Aufklärung gethan« habe, die Kantische Philosophie sich einen »so großen Anhang« habe verschaffen können, »und sogar einige unserer besten Köpfe blenden und bezaubern konnte«.

An dieser Polemik Wielands ist einiges seltsam. Vor allem natürlich ist die Koalition erstaunlich: der »Aufklärer« Wieland geht ein Bündnis mit Herder gegen den »Aufklärer« Kant ein. Dann, auf Wielands Person bezogen, daß die Polemik in solchem Fortissimo vorgetragen wurde. Wieland war kein, um das Wort Walter Benjamins zu gebrauchen, »Stratege im Literaturkampf«. Er war bei aller Skepsis gegenüber der ihm zeitgenössischen Literatur und Philosophie kein Parteigänger – nicht einmal seiner selbst, denn er hat Talente, die ihm selbst durchaus contre coeur und Urteil gingen, gefördert. Ich erinnere noch einmal an die souveräne Behandlung der Angriffe des jungen Goethe; man denke an den Zuspruch, den er dem jungen Schopenhauer zuteil werden ließ; man denke an die Ermunterung und Förderung Kleists (und vergleiche sie mit dem traurig niedrigen Verhalten Goethes bei der Inszenierung des »Zerbrochenen Krugs«). Auch die Rezension als bloße Freundschaftsgeste dem Weimarer Mitbürger Herder gegenüber anzusehen, trifft nicht. Zwar hatte Wieland Herder schon einmal seine Zeitschrift für einen Angriff gegen Kant zur Verfügung gestellt, aber gerade der Unterschied ist lehrreich. Damals, 1785, ging es darum, Herder ein Forum zu verschaffen, auf dem er gegen einen nur mit dünnem Firnis demonstrativen Wohlwollens überstrichenen Verriß seiner »Ideen zu einer Philosophie der Geschichte« verteidigt werden sollte. Aber diese Verteidigung unternahm Wieland nicht selbst; er gewann dafür Karl Leonhard Reinhold, der damals noch kein Kantianer, wohl aber der Schwiegersohn Wielands und Mitarbeiter, später Redakteur des »Teutschen Merkur« war. Das führt zu der dritten Seltsamkeit. Wieland greift – ich habe es zitiert – nicht nur Kant an, sondern auch Kants Anhänger, und damit eben jenen Karl Leonhard Reinhold, zur Zeit der Herderschen »Metakritik« Professor für Philosophie in Kiel (seit 1794), zuvor in Jena (seit 1787) und führender Kant-Kommentator, Verfasser der Schrift »Versuch einer neuen Theorie des menschlichen Vorstellungsvermögens« (1789), gewidmet »seinen väterlichen Freunden Ignaz von Born in Wien, Immanuel Kant in Königsberg und Christoph Martin Wieland in Weimar«. Ohne dringende Veranlassung für eine solche Intervention hätte Wieland derartige Rücksichten nicht fahren lassen, und außerdem hatte Wieland Reinhold ab 1786 im »Teutschen Merkur« acht »Briefe über die Kantische Philosophie« publizieren lassen, die ausschlaggebend für dessen Ruf nach Jena werden sollten, wo er dann über Kant, aber auch über Wielands »Oberon« las. Schließlich weist der »Teutsche Merkur« auch Beiträge von Kant auf.

War etwas »vorgefallen« inzwischen? Es läßt sich nichts finden, im Gegenteil. 1787 hatte Reinhold Wieland einen Brief Kants gezeigt, in dem es heißt: »Ihrem verehrungswürdigen Hrn. Schwiegervater bitte ich, neben der größten Empfehlung, zugleich meinen innigsten Dank für das mannigfaltige Vergnügen zu sagen, daß mir seine unnachahmlichen Schriften gemacht haben.« Und Wieland schreibt Reinhold, eingehend auf die Anerkennung der Schriften Reinholds durch Kant: »Ich wünsche Ihnen zu dieser ehrenvollen Connexion Glück und freue mich der Freude, die Ihnen ein solches Schreiben von einem so großen Manne verursacht haben muß.«

Schließlich kann Herders Metakritik nicht nach Wielands Geschmack gewesen sein. Um so mehr wird man sagen können, daß Wieland zum Zeitpunkt seiner Rezension der Angriff auf Kant von ähnlicher Wichtigkeit gewesen zu sein scheint wie Herder. Denn dessen Versuch, hier in durchaus grundsätzlicher Manier einmal abzurechnen, kann nicht nur auf den alten Konflikt der »Ideen« wegen zurückgeführt werden. Herder machte ein Vermächtnis zum Hauptanliegen seiner letzten Jahre. Es ist das Vermächtnis des 1788 verstorbenen Johann Georg Hamann gewesen. Hamann hatte den Verlag der »Kritik der reinen Vernunft« an Hartknoch in Leipzig vermittelt und erhielt nun das Buch bereits am 6. April 1781 vor der Bindung in Aushängebögen. Hamann denkt zunächst an eine Rezension der »Kritik«, aber er weiß nicht recht, wie er's anpacken soll. Am 10. Mai schreibt er: »Ohne es zu wißen schwärmt er ärger als Plato in der Intellektualwelt, über Raum und Zeit. Hier ist wirklich Sprache und Technologie die Deipara der reinen scholastischen Vernunft, und ein neuer Sprung von Lockens tabula rasa auf formas und matrices innatas. Beyde irren, und beyde haben Recht: aber worinn? und wie weit? ist auch hier Rhodus et saltus.« Man sieht, daß Hamann in der Kantischen »Kritik« einen Rückfall hinter den englischen Empirismus vermutet, wobei man das Beiwort »scholastisch« nicht als genaue philosophiehistorische Bezeichnung verstehen darf, sondern als polemische Wortmünze für Begriffsklauberei und abgehobene Spekulation. Am 5. August hat er den Plan einer (kritischen) Rezension bereits aufgegeben: »Den 1. Juli entwarf ich eine Rezension en gros, habe selbige aber ad Acta reponirt, weil ich dem Autor als einem alten Freunde und ich muß fast sagen, Wohlthäter, weil ich ihm so gänzl. meinen ersten Posten zu danken habe, nicht gern vor den Kopf stoßen möchte.« Das ist sozusagen schon der Stafettenwechsel, obwohl Hamann das Projekt einer Kant-Kritik nicht ganz aufgibt, ja, sich auch noch an einer Schrift versucht, die er nennt: »Metakritik über den Purismum der Vernunft«. Sie geht auf eine Ermutigung Herders zurück: »Ihre Aufmunterung hat mir wieder Muth gemacht an meine Metakritik über den Purismum der Vernunft zu denken. Ob ich aber von der Stelle kommen werde, daran zweifle ich. Das proton pseudos zu finden und aufzudecken, wäre für mich genug. Aber hier liegt eben der Knoten. [...] Alles Geschwätze über Vernunft ist reiner Wind; Sprache ihr organon und criterion! wie Young sagt. Ueberlieferung, das zweite Element.« Aber bald: »Einem Wink in Ihrem letzten Briefe zufolge habe ich mich gequält mit einer Metakritik über den Purismum der Vernunft [...] Die gantze Idee ist mir verunglückt, und ich habe nur dem Ding ein Ende zu machen gesucht, daß ich mich des Gedankens daran entschlagen konnte. Meine Absicht war es, für Sie abzuschreiben und beyzulegen; und daher hab ich immer mit dem Schreiben gezaudert.« Und später: »Kurz, es geht mir im Lesen wie im Schreiben. Ich komme mit beyden nicht mehr fort.« Herder – »ich faße Sie an Ihrem Mantel u. thue eine harte Bitte« – verlangt die »Metakritik« als Abschrift oder Deposit, aber jedenfalls dringend: »laßen Sie mich keine Fehlbitte thun: denn ich thue sie nicht aus Buchstabengier sondern aus Durst u. Liebe zu Ihrem Geist.«

Er erhält die Abschrift. Gedruckt wurde Hamanns »Metakritik« in »Mancherley zur Geschichte der metacritischen Invasion« zu Königsberg, herausgegeben von einem F. T. Rink, wohl in der Absicht, Herders Originalität in Zweifel zu ziehen. Nun ist das Unsinn. Hamanns Schrift umfaßt in seinen »Sämtlichen Werken« sechseinhalb Seiten, Herders »Metakritik« dreihundertvierzig. Hamann beläßt es bei einer Kritik der stufenweisen »Reinigung« der Philosophie von »Ueberlieferung, Tradition und Glauben«, Erfahrung und schließlich von der Sprache. Unter »Reinigung von der Sprache« versteht Hamann im Grunde jedes Denken in Begriffen, soll heißen, jedes Denken, das sich nicht um den Wort*laut* kümmert: »Laute und Buchstaben sind [...] reine Formen a priori.« So interessant es wäre, sich eingehender um die Hamannsche Sprachmystik (denn anders könnte man diese und andere seiner Schriften erst nach eingehender Analyse bezeichnen) zu kümmern, hier muß es unterbleiben. Zwar teilt Herder den Logozentrismus Hamanns in einer gemäßigten Form: »Die menschliche Seele denkt mit Worten; sie äußert nicht nur, sondern sie bezeichnet sich selbst auch und ordnet ihre Gedanken mittels der Sprache [...] Glaube niemand, daß die Kritik der reinen Vernunft hiedurch erniedrigt, und die feinste Spekulation zur Grammatik werde. Es wäre gut, wenn sie in allem dies werden könnte.« Aber seine »Metakritik« ist eine eingehende Auseinandersetzung mit dem Text der »Kritik der reinen Vernunft«, seitenlang wird zitiert, ausführliche Detailkritik geübt, dann wieder versucht, grundsätzlich Position zu beziehen. Das alles liest sich, was den Stil des Vortrages angeht, oft leicht und schön, und wer den Gedanken mag, in Herders Schrift so etwas wie die Vorwegnahme jenes von Richard Rorty so genannten »linguistic turn« der Philosophie des zwanzigsten Jahrhunderts zu sehen, der mag ein eigenes Vergnügen am Text haben. Gleichwohl empfehle ich die Lektüre nicht unbedingt. Ich glaube, der Herder-Biograph Rudolf Haym hat recht, wenn er schreibt: »Bedeutenden Geisteswerken gegenüber war die Kritik Herders nur dann fruchtbar, wenn er sich dieselben ganz oder teilweise assimilieren konnte [...] Kant dagegen kritisierte er, wie er Klotz oder Schlözer, Spalding oder Nicolai kritisiert hatte. Abgestoßen durch das, was in dieser Philosophie seiner Natur feindlich war, begegnete er derselben mit eben der Respektlosigkeit, welche der Oberflächlichkeit und Trivialität untergeordneter Geister gegenüber berechtigt gewesen war. Statt sich in den Umkreis der Stärke des Gegners zu versetzen und ihn durch die Konsequenzen seiner eigenen Gedanken zu Falle zu bringen, nahm er seinen Standpunkt innerhalb eines ganz andern, entgegengesetzten Gedankenkreises und meinte den Gegner widerlegt zu haben, wenn er an ihm vorbei, ihm entgegen redete und seinen Haß gegen das Ganze, ja sein Mißverständnis des Ganzen in eine Reihe von Einzelausfällen, von mehr oder minder zutreffenden Ausstellungen, ja Spott- und Schimpfreden zerstückelte.« Wenn Haym aber sagt, die Widerlegung eines philosophischen Systems wäre erst dann vollständig, »wenn sie sich selbst zu einem System gestaltet«, so mag man ihm darin vielleicht folgen wollen (ich will's nicht), aber nicht dahin wird folgen können, bei Herder zu wenig System zu beklagen. Im Gegenteil: die große Schwäche der Herderschen »Metakritik« ist ihr Versuch, dem Kantischen ein eigenes System gegenüberstellen zu wollen. Recht hat Haym wieder, wenn er schreibt, Herder kleide »seine antikantische Lehre in Formen, die er dort vorgefunden, dergestalt, daß dieselbe unwillkürlich zu einem parodistischen Gegenbilde der Kantschen wird«. Und das Ganze ist wirklich – den Aspekt, den ich oben genannt habe, einmal beiseitegestellt – eine ziemlich ungenießbare Angelegenheit. Für einen Philosophen von Profession ein Dilettantismus, für denjenigen, der sich zur

Zunft der Philosophen Distanz bewahrt, ein Versuch, sich an sie unnötigerweise anzuschließen. Die Schrift hat nichts von dem, was das eigentlich Interessante an Herder, den Franz Mehring recht glücklich das böse Gewissen der bürgerlichen Aufklärung genannt hat, ausmacht. Sie ist kein spekulativer Entwurf aus einer radikalen Historisierung des vorgefundenen Materials, sondern der Versuch, anzugeben, was die der spekulativen Phantasie zugrundeliegenden Prinzipien seien. Da diese allenfalls in etwas bestehen, was man einen »Sinn für die Sache« nennen kann, und dann besser schweigt, ist das Unternehmen bis zur Unverständlichkeit hin verpfuscht. Es ist in der Tat kein Zufall, daß alle – von Haym über Gulyga bis zum Verfasser dieser Zeilen – sich davor drücken, genau darzulegen, was Herder eigentlich sagt in seinem Buche.

Übrigens tut auch Wieland das nicht. Nach seinem polemischen Eingang zitiert er fast nur noch aus Herders Vorrede mit dem Hinweis, besser könne er's auch nicht sagen. Die Rezension wirkt so, als begrüße jemand lebhaft etwas, für das er sich im Grunde nicht interessiert. Wieland hat »Philosophische Schriften«, wenn wir den heutigen Sprachgebrauch zugrunde legen, nie verfaßt. Sieht man in der von Hempel besorgten Ausgabe von Wielands Werken nach den »Kleineren philosophischen Schriften«, so finden sich zwei kurze Abhandlungen »Was ist Wahrheit?«, eine Antwort auf die Frage, was Aufklärung sei, etwas über »das Verhältnis des Angenehmen und Schönen zum Nützlichen«, schließlich »Philosophie als Kunst zu leben und Heilkunst der Seele betrachtet«. Die übrigen Schriften sind Fragen der religiösen Toleranz gewidmet oder Problemen der Psychologie und gehen etwa der Frage nach, ob man ein Heuchler sein könne, ohne es zu wissen, oder der nach dem Hange der Menschen, an Geistererscheinungen zu glauben. Zwar war Wieland von 1769 bis 1772 Professor für Philosophie in Erfurt, aber was er dort schrieb, waren, von der Verserzählung »Der neue Amadis« und den anthropologischen Gedankenspielen »Beyträge zur geheimen Geschichte der Menschheit« abgesehen, vor allem Romane. Romane, in denen Philosophen eine Rolle spielten, etwa den Diogenes-Roman »Sokrates mainomenos«, oder den Staatsroman »Der goldene Spiegel«. Wieland gehörte eben einer Generation an, die Philosophie noch nicht als Profession ansah. Für die Wandlung der Philosophie zur Profession – und das Selbstverständnis dieser Profession, eine den anderen wissenschaftlichen oder ästhetischen Zünften irgend vorgeordnete resp. sie fundierende Tätigkeit zu leisten – ist, jedenfalls für Deutschland, Kant die entscheidende Figur. Ist Wielands Motiv hier zu suchen? Hat er, Ende des 18. Jahrhunderts, etwas Ähnliches empfunden wie William James Ende des neunzehnten, als der mit dem Triumph des Neokantianismus und der Disziplin »Erkenntnistheorie« das »fade Grau in Grau unserer kahlköpfigen Ph. D.s« einhergehen sah, »die einander in den Seminaren langweilen, diese gräßlichen Literaturberichte in ›Philosophical Review‹ und anderswo schreiben, sich von ›Sekundärliteratur‹ ernähren und niemals ›Ästhetik‹ mit ›Erkenntnistheorie‹ verwechseln«? Möglich immerhin. Aber es steckt wohl doch noch mehr dahinter als der Abscheu vor einer langweilenden und dünkelhaften Mode. »Wäre die Rede«, schreibt er in seiner Rezension der »Metakritik«, »von einem jener metaphysischen Hypothesengebäude (Kartenhäuser) zu thun, deren wir nur in diesem Jahrhundert so manches, das auch wol stattlich genug in die Augen fiel, aufführen und nach einer kurzen Dauer in aller Stille wieder in sich selbst zusammenfallen sahen, so würde es eines solchen Arms nicht bedurft haben. Aber der philosophische Zauberpalast, den der große Magus aus Norden ›ek mê phainomenôn‹ hervorgehen ließ, ist seiner inneren Beschaffenheit und seinem Zwecke von ganz anderer Importanz. Es ist da nicht etwa nur darum zu thun, einer kleinen Zahl von müssigen Liebhabern metaphysischer Taschenspielereien einen am Ende unschuldigen Zeitvertreib zu verschaffen; es gilt Ernst. Das magische Schloß, das der neue mehr als Ariostische Atalante durch die Allgewalt seines synthetischen Zauberstabes aus pseudoplatonischen Noumenons in das überempirische Leere hingewebt hat, wird für nichts Geringeres als für das einzige, ewig unzerstörbare Pantheon der Wahrheit ausgegeben, außer welchem kein Heil ist, und in welches alle Adamskinder, die nicht in ihrer angebornen Radicalblindheit ewig hintappen und verloren gehen wollen, einzugehen genöthigt werden müssen.«

»Genöthigt werden müssen« – sapienti sat. Das ist das »compelle intrare« des intoleranten Christentums, und Wieland schreibt auch gleich von den »Apostel[n] dieses neuen Evangeliums«. Diese Assoziation ist bei Wieland zur Zeit der Abfassung der Rezension sozusagen überdeterminiert. Er hat gerade den Roman »Agathodämon« abgeschlossen, der in seinem letzten Teil eine Abrechnung mit der Geschichte des Christentums seit den Aposteln und Darstellung der zivilisationszerstörenden Folgen seines Aufstieges zur europäischen Einheitsreligion enthält. Was soll diese Parallele, ausgerechnet einem Philosophen gegenüber, der nach Heines Wort das »Schwert, womit der Deismus hingerichtet worden ist in Deutschland«, geschrieben hatte?

Es gibt keine »direkte« Antwort auf diese Frage, man muß sich hineinversetzen, genauer: herausversetzen. Wenn man in der Tradition der modernen Philosophie (sprich der seit Descartes) denkt und liest, erscheinen einem bestimmte Problemstellungen einfach deswegen evident, weil ohne sie die benannte Philosophiegeschichte keine wäre. Eine philosophiegeschichtlich immanente Ansicht ist, daß es die Philosophie gebe, weil es bestimmte Probleme, und eine Geschichte der Philosophie, weil es eine Aufeinanderfolge unterschiedlicher Versuche gebe, mit diesen Problemen zurechtzukommen. Von einem nicht-immanenten Standpunkt aus muß man nicht *unbedingt* der Ansicht sein, daß es philosophische Probleme nur deshalb gebe, weil es Philosophen gebe, aber diese Ansicht wird dann *möglich*. Ich möchte dem Leser hier nicht nahelegen, so über die Philosophie zu denken, aber doch einen Standpunkt einzunehmen, von dem aus ein solches Denken möglich wird. Jedenfalls sollte er sich einer deutschen Tradition entfremden, in der es ein Sakrileg ist, in Kant nicht die Kehre zu sehen, die die Vernunft zum Besseren gemacht hat. Ich empfehle versuchshalber einen angelsächsischen Blick: Bertrand Russel schreibt in seiner »History of Western Philosophy« (zu der ich sonst nicht unbedingt raten würde) über Kant: »Hume by his criticism of the concept of causality, awakened him from his dogmatic slumbers so at least he says, but the awakening was only temporary, and he soon invented a sopoforic which enabled him to sleep again.« Nun schrieb Russel aus einer Position, die letztlich den englischen Empirismus, vor allem Locke, fortschreiben wollte. Das war kein Anliegen Wielands, der sich auch für den gleichfalls Locke fortschreiben sollenden Erfahrungsbegriff Herders nicht interessiert haben dürfte – jedenfalls war er ihm in der Rezension keine Erwähnung wert. Wie immer man dazu im einzelnen stehen mag, ich empfehle für die Wieland-Lektüre, sich in eine Sichtweise einzugewöhnen, die – und sei es aus Respekt vor David Hume – in Evidenzen Gewohnheiten erblickt.

Am 3. März 1789 schickt Wieland an Reinhold ein Porträt Kants. Reinhold möge in Jena jemanden auftreiben, der urteilen könne, ob es ähnlich sei, denn Wieland will es im »Merkur« veröffentlichen. Außerdem habe er Reinholds Aufsatz »Ueber die bisherigen Schicksale der Kantischen Philosophie« gelesen: »Ich kann Ihnen die Größe meines Vergnügens darüber, und die Vollständigkeit meines Beyfalls nicht mit Worten ausdrücken. Außerdem, daß sie der guten Sache dadurch einen sehr wesentlichen Dienst gethan, genieße ich schon im Voraus Ihren neuen Triumf, den Ihnen diese in jeder Betrachtung vortreffliche Schrift verschaffen wird, mit unsäglicher Freude. Sie erscheinen darin in einem Lichte, das Sie in den Augen eines jeden Lesers, der nicht ein tribus anticyris insanabile caput ist, zum vollgültigsten Ausleger der Kantischen Mysterien weyhet, und Kant wird, unter denen die noch nicht selbst sehen können, eine Menge Proselyten, wenigstens Proselytos portae, bekommen, die durch den Glauben an Sie zum

Glauben an Ihn werden geführt werden.« Wenn ich eine deiktische Definition des Begriffes der Urbanität geben sollte, ich verwiese auf diese Stelle. Wieland wünscht Reinhold Glück und Erfolg zu einem Unternehmen, das ihm weiß Gott fern genug steht. Aber wenn es denn einmal Reinholds Wahl ist, so soll ihm Glück gewünscht werden. »Sie« werden Proselyten machen, »Ihnen« wird man vertrauen, weil »Sie« klar schreiben und schön und nicht (wie Heine später sagte) »in einem so grauen, trocknen Packpapierstil«. Heine übrigens teilt a posteriori Wielands Prognose: »Die ›Kritik der reinen Vernunft‹ [...] wurde anfangs ganz übersehen, nur zwei unbedeutende Anzeigen sind damals darüber erschienen, und erst spät wurde durch Artikel von Schütz, Schultz und Reinhold die Aufmerksamkeit des Publikums auf dieses große Buch geleitet. Die Ursache dieser verzögerten Anerkenntnis liegt wohl in der ungewöhnlichen Form und schlechten Schreibart. In Betreff der letzteren verdient Kant größeren Tadel, als irgend ein anderer Philosoph [...]« Gewiß ist einem Wieland der Stil der »Kritik der reinen Vernunft« keine Empfehlung gewesen, und die Vorstellung, sie werde in *dieser* Hinsicht Schule machen, zu Recht ein Greuel. Dennoch wirkt eine Maxime »Wenn schon Kant, dann lieber Reinhold« zugegebenermaßen heute befremdlich – jedenfalls von einem philosophiegeschichtlich immanenten Standpunkt aus.

»Nichts konnte in Rücksicht auf die Wirkung, die Sie dadurch auf das Publicum thun, glücklicher seyn als der Gedanke, – die Frage, ob Kant allgemein gültige Principien gefunden habe, noch unentschieden zu lassen, aber auf die einleuchtendste Art zu beweisen, *wofern* dies wäre, so hätte seine Philosophie per naturam rerum nothwendig alle die Schicksale erfahren müßen, die sie bisher gehabt hat. Sie werden in Kurzem sehen, wie diese Art zu argumentieren auf den größten Theil aller nur leidlich hellen Köpfe wirkt, mit wie vieler Bewunderung u. Freude dieser Aufsatz aufgenommen werden wird, und wie ungeduldig man dadurch nach der Belehrung werden wird, die das Publicum von Ihnen über die Kantische Philosophie selbst erwartet. Ganz besonders wird auch der gute Ton gefallen, der Ihnen eigen ist, und Sie so sehr zu Ihrem Vortheil von unsern übrigen Philosophen, selbst denen, die für die elegantiores passierten, auszeichnet. Kurz, Mein liebster R. Mit diesem hellen Kopf, diesem Scharfsinn, diesem richtigen Ueberblick über das ganze Gebiet der Philosophie, dieser Mäßigung und Bescheidenheit bey einer so wohlgegründeten Zuversicht zu Sich selbst und Ihrer Sache, dieser Kunst des Vortrags und ungezwungenen Eleganz des Styls – worin Sie unter allen Philosophen von Profession der einzige sind – werden Sie in Kurzem die ganze Leserwelt auf Ihrer Seite haben, die allgemeine Achtung unverlierbar gewinnen, und Ihren Nahmen u. Ruhm mit Kants unauflößlich und auf ewig verbinden.« Eine Mahnung. Reinhold solle vom Mittler nicht zum Parteigänger werden. Man kann davon ausgehen, daß Wieland durchaus der Meinung gewesen ist, das Geschäft des Erläuterns könne von jemandem am besten betrieben werden, der seinerseits eine gewisse Neutralität dem Stoff gegenüber wahre, oder sagen wir so: dem es bei seinen Erläuterungen nicht in erster Linie darauf ankomme, das Lesepublikum von etwas zu überzeugen. Das ist eine deutliche Parallele zu dem eigenen Selbstbild als politischer Schriftsteller. Dazu kommt aber ebenso deutlich die Skepsis Wielands dem Kantischen System gegenüber, die er Reinhold gegenüber nur nicht zu sehr in den Vordergrund stellen will – abgesehen davon, daß nichts dafür spricht, daß Wieland zu diesem Zeitpunkt sich intensiv mit der Lektüre der »Kritik der reinen Vernunft« beschäftigt hat, und insofern mit seinem Urteil zurückhaltend ist. Einen Monat später läßt Wieland sich von Reinhold ein einwöchiges Privatissimum über Kant halten, es ist nicht das letzte geblieben.

Zwei Jahre später, 1791, schreibt Wieland an Reinhold: »Ich habe inzwischen Ihre Rezension der neuen Ausgabe der Kritik der reinen Vernunft mit großem Interesse gelesen, und eine aus der Kantischen Vorrede angeführte

Stelle, worin die Kantische Procedur eine gänzliche Revolution der Philosophie zu bewirken mit derjenigen, wodurch Kopernik die Astronomie umschuf, verglichen wird, hat auf einmahl einen Lichtstrahl in meinen Kopf fallen lassen, der mir dadurch, daß er mir eine Art von faßlicher Vorstellung vom Ganzen der neuen Philosophie zu geben schien, einige Hoffnung gab, daß ich, mit Ihrer Hülfe, es wohl noch dahin bringen könnte, etwas klarer in der Sache zu sehen als bisher.« Die Stelle, die Wieland meint, lautet so: »Ich sollte meinen, die Beispiele der Mathematik und Naturwissenschaft, die durch eine auf einmal zu Stande gebrachte Revolution das geworden sind, was sie jetzt sind, wäre merkwürdig genug, um dem wesentlichen Stücke der Umänderung der Denkart, die ihnen so vorteilhaft geworden ist, nachzusinnen, und ihnen, so viel ihre Analogie, als Vernunfterkenntnisse, mit der Metaphysik verstattet, hierin wenigstens zum Versuche nachzuahmen. Bisher nahm man an, alle unsere Erkenntnis müsse sich nach den Gegenständen richten; aber alle Versuche, über sie a priori etwas durch Begriffe auszumachen, wodurch unsere Erkenntnis erweitert würde, gingen unter dieser Voraussetzung zu nichte. Man versuche es daher einmal, ob wir nicht in den Aufgaben der Metaphysik damit besser fortkommen, daß wir annehmen, die Gegenstände müssen sich nach unserer Erkenntnis richten, welches so schon besser mit der verlangten Möglichkeit einer Erkenntnis a priori zusammenstimmt, die über Gegenstände, ehe sie uns gegeben werden, etwas festsetzen soll. Es ist hiermit eben so, als mit den ersten Gedanken des Kopernikus bewandt, der, nachdem es mit der Erklärung der Himmelsbewegungen nicht gut fort wollte, wenn er annahm, das ganze Sternenheer drehe sich um den Zuschauer, versuchte, ob es nicht besser gelingen möchte, wenn er den Zuschauer sich drehen, und dagegen die Sterne in Ruhe ließ.« Was mag Wieland da eingeleuchtet haben? Vor allem ist ihm der *Anspruch* der Kantischen Philosophie auf ihre Stelle in der Geschichte des Denkens deutlich geworden, und man wird kaum daran zweifeln können, daß ein derartiger Anspruch *als solcher* ihn abgestoßen haben wird. Zweitens wird Wieland nicht entgangen sein, daß der Vergleich, den Kant zwischen seiner Begründung der Metaphysik als Wissenschaft und der kopernikanischen Revolution zieht, auf der Bildebene merkwürdig schief liegt. Da ist die kopernikanische Wende Folge der Einsicht, die Erkenntnis müsse sich nach den Gegenständen richten, die Kantische Wende in der Metaphysik die Etablierung des Menschen »in der Mitte«. Traditionsgeschichtlich wäre Kant Vertreter eines entschiedenen »Zurück zu Platon!«, nachdem die Naturwissenschaften mit einigermaßen konsequentem Aristotelismus sich überhaupt aus der Philosophie emanzipiert hatten. Die Rezension der »Metakritik« Herders zeigt deutlich, daß Wieland in Kant einen Rückschritt hinter das, was im europäischen Denken erreicht worden war, erblickte. Der Kantianismus ist für Wieland ein Stück Gegenaufklärung. Das erklärt die Heftigkeit seiner Rezension acht Jahre später. Ob die zitierte Stelle wirklich Wielands Skepsis in Gegnerschaft umschlagen ließ, kann man natürlich nicht sagen, genausowenig wie man über die Intensität seiner Kant-Lektüre Verbindliches sagen kann. Sicher ist nur, daß Wieland nach 1791 immer weniger geneigt ist, ein Blatt vor den Mund zu nehmen, was Kant angeht.

Den Jargon der Kantianer, »the cant of Mr. Kant«, wünscht er im »Merkur« nicht zu finden; 1794 schreibt er an Reinhold, ihm spuke »Kants ›Religion innerhalb der Grenzen der bloßen Vernunft‹ gewaltig im Kopf herum [...] machen Sie Sich nur immer auf große Klagen und Piken gefaßt, die ich bey Ihnen gegen diesen Archi-Philosophen anhängig machen werde, mit dem ich mich fast alle Augenblicke entzweye und am Ende doch immer wieder aussöhnen muß. Mit *Ihm* – laß ich gelten – aber mit seinem philosophischen Rothwälsch, das weder teutsch ist, noch sich in irgend eine Sprache, ohne sie zu destruiren übersetzen läßt, *Niemahls!*« Im selben Jahre notiert Böttiger: »Wieland erklärte sich aufs neue sehr stark gegen die Epidemie der Kantischen Philosophie. Alle guten Köpfe müßten en masse gegen ein Unwesen aufstehen, das alle Humanität und Philologie umzustürzen drohe.« 1795 überliefert das Tagebuch eines Gerning folgende bemerkenswerte Worte Wielands: »Goethe sey ein ungelehrter, wenig belesener Sterblicher u. in die Polyhistorey gekommen etc. Sein Geist sey nicht mehr der Alte, sonst schillere er nicht mit im Kantischen Unwesen u. suche das nemliche auf Umwegen mit andern Worten.« Zwar gibt es immer wieder Ausdrücke der Achtung für die Person Kants – »aber wahr ist's, Kant schreibt einen schlechten Stil«. Daß Reinhold sich im Laufe der Jahre von Kant entfernt, begrüßt Wieland natürlich, aber dessen Hinwendung zu Fichte erfüllt ihn nahezu mit Entsetzen. Öffentlich will er sich allerdings nicht zu Kant äußern. Böttigers Abdruck eines englischen Angriffs auf Kant im »Merkur« behagt ihm nicht. Er selbst wolle nicht gegen etwas Lärm schlagen, das er nicht gut genug kenne: »Darum enthalte auch er sich von der Kantischen Philosophie zu sprechen, ob er gleich lueurs davon habe. Auch gegen Fichte werde er nie öffentlich etwas sagen«. Das sagt er noch im Februar 1799, im Mai schreibt er die Rezension der »Metakritik«. Er wollte Herder in seinem Kampfe nicht allein dastehen lassen. Reinhold nimmt die Rezension »sehr übel« und ganz renkt sich das Verhältnis nicht mehr ein. Wieland bittet Reinhold, ein Mittel zu finden, um »die fatale Kluft auszufüllen, die Kant und Fichte zwischen uns entstehen gemacht haben«.

Im Mai 1799 hatte Wieland die Herder-Rezension geschrieben, im Februar noch den Plan, in Nachfolge von Ciceros Tusculum-Gesprächen eine Folge »Osmantinischer Unterhaltungen« zu schreiben. In ihnen sollte auch der Philosoph Aristippos von Kyrene seinen Platz haben. »Dessen Philosophie«, berichtet Böttiger eine Äußerung Wielands, »sei die einzig wahre.« Im Juni aber, teilt Lütkemüller (in seinen »Stunden mit Goethe«) mit, hat Wieland begonnen, Aristipp einen Roman zu widmen. »Aristipp und einige seiner Zeitgenossen« löst die voraufgegangenen Pläne ab und ein. Neben den »Osmantinischen Unterhaltungen« plante Wieland nämlich auch eine

Übersetzung von Xenophons »Erinnerungen an Sokrates«. Solche Pläne sind nicht die Lebensabendbeschäftigungen eines älteren Mannes, der sich »ausgeschrieben« zu haben meint, wieder Kräfte spürt und doch noch einen Roman schreibt, auch die Cicero-Übersetzungen sind das nicht gewesen, wiewohl er nach ihnen kein selbständiges Werk mehr verfaßt. Wielands Übersetzungen sind nie aus Verlegenheiten entstanden, auch sind sie keine Brotarbeiten gewesen. Sie waren stets die Fortsetzung der eigensten literarischen Anliegen mit anderen Mitteln, und die Romane waren ihm die Fortsetzung der Tradition mit eigenen. »Künftigen Winter«, schreibt Böttiger an Macdonald, »wird er Xenophons Memorabilia Socratis übersetzen und auf eine ganz neue Art bearbeiten. Diese Übersetzung soll zugleich das Vermächtnis seiner philosophischen Überzeugungen und ein Gegengift gegen die kantisierende Scholastik werden.« Geschrieben hat Wieland den »Aristipp«, und was er ihm *auch* gewesen ist, kann man daran sehen, daß er den Mißerfolg dieses Buches mit Anspielung auf eine Passage in der Einleitung von Herders »Metakritik«, die er in seiner Rezension zitiert hatte, mit der Ausbreitung des Kantianismus in Verbindung bringt: »[...] verdrießt es mich oft, daß die leidige Politik und der naturphilosophische Hägsa der jetzigen Lesewelt alle Empfänglichkeit für ein Werk geraubt hat, das mit griechischer Mischung und Reinheit gedichtet, auch so empfangen werden müsste«. »Hägsa« war der Name, den Herder in seiner allegorischen Vorrede zu seiner »Metakritik« der Transzendentalphilosophie gegeben hatte.

Das klingt wie die paranoisch überhauchte Verdrossenheit eines alten Mannes, der sagt, die Zeiten seien zu schlecht für ihn. Und ist es nicht zudem fast ein wenig lächerlich, gegen eine philosophische Richtung mit einem historischen Roman antreten zu wollen? Den Gesichtspunkt, unter dem es das *nicht* ist, möchte ich im folgenden herausarbeiten, aber zuvor muß ich gewissermaßen darauf bestehen, daß man sich um eine Erkenntnis nicht herumdrückt: der »Aristipp« ist – als philosophischer Roman gelesen – eine Verteidigungsschrift der Aufklärung gegen im Gefolge Kants erhobene Ansprüche der Philosophie auf eine Grundlagendisziplin. Der Kantianismus ist für Wieland die Aufrichtung des Anspruches einer neuen Unfehlbarkeit. Der Ausdruck »kritische Philosophie« signalisiert ihm den Anspruch auf ein Monopol der Kritik; den Wunsch, etwas über Gegenstände herausbringen zu wollen, bevor sie uns gegeben sind, eine sonderbare Grille; »Transzendentalphilosophie« den so lächerlichen wie gefährlichen Versuch, menschliches Denken auf unwiderlegliche Gewißheiten gründen zu wollen, anstatt von Fehlbarkeit und Ungewißheit auszugehen, und nur eines zu wissen: daß diese nie ausgeschlossen werden können. Wieland befürchtet nichts weniger als einen Rückschritt in der Entwicklung toleranter Humanität. Die philosophischen Details, in die sich Herder versucht hatte zu verbeißen, sind Wieland im Grunde völlig gleichgültig. Kants erfolgreicher Versuch, die Philosophie als Grundlagendisziplin zu begründen, war für Wieland ein Zeitsymptom, das es als solches zu bekämpfen galt. Als erfolgreicher Propagandist einer »Transzendentalphilosophie« war Kant für Wieland, der den Menschen Kant geschätzt hat, die Verkörperung der Gegenaufklärung. Auch das ist nicht die gewohnte Sicht der Dinge, und im Folgenden wird es auch um die Perspektive gehen, die man einnehmen muß, um solche Sicht einmal auszuprobieren.

Die Rezension der »Politeia« im vierten Band hat uns die Kritik am »Typus Platon« als der Verkörperung eines maßlosen Anspruches gezeigt, aber in einer Hinsicht ratlos gelassen: von welcher philosophischen Position aus sie vorgetragen sei, konnte aus ihr selbst nicht recht beantwortet werden, und wahrscheinlich erwartet die Leserin im dritten Kapitel Aufschluß. Die Tradition sagt wenig über des historischen Aristippos Philosophie; auch Wieland zieht in seinen Kommentaren zu den Briefen und Satiren des Horaz nichts zu einem System zusammen. Der treffliche »Vorländer« des Altertums, die »Leben und Meinungen berühmter Philosophen« des Diogenes Laertios, liefert vor allem Anekdoten, und dieser Anekdoten wegen wünschte man, Aristipp gekannt zu haben, jedenfalls doch wegen der Platon zugeschriebenen Äußerung, Aristipp sei der einzige, der in Lumpen und im Staatsgewand zu gehen wüßte. So heißt das bei Horaz: »Omnis Aristippum decuit color et status et res, / temptantem maiora fere, praesentibus aequum«, was Wieland in seiner stupenden Manier, lateinische Sätze um den Preis vielfacher Vergrößerung ins Deutsche zu bringen, ohne daß sie hydriert oder aufgeblasen wirkten so übersetzt: »Was mir am Aristipp gefällt, ist, daß / ihm jede Farbe, jedes Glück wohl anstand. Arm oder reich, im netten Hofkleid oder / im schlechten Überrocke, blieb er immer / sich selber ähnlich, immer wie er war.« Es sei in diesem Zusammenhang an das Aristipp zugeschriebene Lebensmotto, das Wieland auch zum Motto für den Roman gewählt hat, erinnert: »echô ouk echomai«, das sich nun einmal nicht ins Deutsche übersetzen läßt, allenfalls von der 1. Person Singular ins Maximenhafte transponiert: »Laß dich nicht, von dem, was du besitzt, besitzen« – aber das gleitet bereits ins Onkelhafte ab. Wie dem auch sei, all das ist Lebenskunst und keine Erkenntnistheorie.

»Es ist mit der Filosofie, denke ich«, läßt Wieland seinen Aristipp schreiben, »wie mit den Nasen; das, was eine Nase zur Nase macht, ist bey allen dasselbe, und doch hat jedermann seine eigene.« Auch das klingt eher nach der Beschreibung eines Lebensstils als nach dem Umgang mit einer bestimmten Art von Problemen, die durch das Beiwort »philosophisch« vor anderen ausgezeichnet wären. Läge darin das spezifisch »Aristippische«? Das wäre zu schnell geurteilt, zumal wir nicht vergessen sollten, daß der »Aristipp« die Einlösung eines recht alten Planes Wielands ist, eine Geschichte der Sokratischen Schulen zu schreiben. Klaus Manger hat darauf hingewiesen. Die Sokratischen Schulen also – es sind ja deren drei, die akademische Platons, die kynische des Antisthenes und später Diogenes und schließlich die kyrenaische des Aristipp. »Wie ich höre so hat mein alter Freund Antisthenes schon seit geraumer Zeit in der Cynosarge, und Plato, seitdem er von seinen Reisen in Ägypten und Italien zurück gekommen ist, in seinem an der Akademie gelegenen Gärtchen, eine Art von Sokratischer Schule eröffnet.« Wie er sich zu diesen beiden Schulen in Respekt des Umstandes, daß sie sokratische seien, verhalte, verschweigt er nicht: »Übrigens bestätigt mich jeder Besuch, den ich in der Akademie und dem Cynosarge abstatte, in der schmeichelhaften Meinung, daß, wofern ich mich je entschließen sollte, mein Bißchen Weisheit der Welt ebenfalls auf öffentlichen Straßen, Marktplätzen und Hallen, oder in Gärten, Gymnasien und Hainen aufzudringen, es sich am Ende leicht finden dürfte, daß der üppige, von seinen ehmahligen Kameraden ausgeschlossene und bey jeder Gelegenheit hämisch angestochene Aristipp von Cyrene, alles gehörig zurechte gelegt, noch immer der ächteste unter allen Sokratikern ist.«

In der Tat kommt Aristipp bei Platon und bei Xenophon schlecht weg – bereits Diogenes Laertios hält es für nötig, darauf zu verweisen. Aristipp erscheint als Bruder Leichtfuß, der es nicht für nötig hält, beim sterbenden Sokrates zu wachen und schon früher Sokrates als Beispiel für Pflichtferne und Unzuverlässigkeit diente. Berühmt ist die (auch in den Roman aufgenommene) Anekdote vom Rebhuhn, das er sich einst für fünfzig Drachmen gekauft hatte, was ihm von Seiten des Antisthenes Tadel eintrug. Als dieser die Frage, ob er denn das Rebhuhn gekauft hätte, wenn es weniger gekostet hätte, bejahte, erwiderte Aristipp, man könne aus der Geschichte nichts weiter sehen, als daß Antisthenes das Geld mehr bedeute als ihm. »Eine reizende Philosophie, eine Philosophie für Erben«, hat Ludwig Marcuse einmal über Aristipp geschrieben, aber das trifft's nicht. Es geht nicht um eine Haltung, die vom Gelde deshalb nicht viel her macht, weil man's hat, sondern konsequent im Geld – gleichviel, wie viel man davon hat – nur das sieht, was man davon kaufen kann, nur Mittel, nie Zweck. Unbestreitbar ist allerdings, daß man sich eine solche Haltung leichter angewöhnen kann, wenn man keine finanziellen Probleme hat, und unbestreitbar auch, daß eine solche Haltung einer Reihe von Leuten ziemlich auf die Nerven gehen muß: »[...] der Grieche Aristipp, / der, mitten in der Wüste Libyens, seine Sklaven / den Goldstaub, unter dessen Last sie ihm / zu langsam gingen, von sich werfen hieß«.

Man kommt um Fragen der Lebensart nicht herum, wenn man über antike Philosophie etwas sagen will, vor allem, wenn es um die Sokratischen Schulen geht. Die kynische war, wenn man so will, überhaupt nichts anderes als die Propagierung einer bestimmten Lebensweise, die Gewöhnung an sie in täglicher Praxis. Mit »Philosophie« in einem modernen, d. h. professionellen Sinne hat zweifellos die akademische Philosophie mehr zu tun als die kynische oder kyrenaische. Dennoch wird sie im »Aristipp« zu einer Zeit aufgesucht, als sie, zur Lebenszeit ihres Stifters nämlich, neben einer sich ausbildenden Lehre auch vor allem eine neue Lebensform war, genauer: in deren Schilderung man verdeutlichen kann, daß die Beschäftigung mit »Philosophie« eine bestimmte Art ist, sich in der Welt zu verhalten, und damit eine Entscheidung für eine bestimmte Lebensform voraussetzt.

So blickt Wielands Aristipp auf sich und seine Mit-Sokratiker: »[...] wie die Erfahrung lehrt, daß Knaben sich, ohne es zu wollen oder zu merken, immer nach ihrem Erzieher bilden, und mehr oder weniger seine Weise sich zu geberden, zu reden, zu gehen, den Kopf zu tragen, u. s. w. annehmen: so findet sich auch, daß keiner von den Zöglingen des Sokrates ist, an dem man nicht diese oder jene Züge von ihm gewahr würde, so daß – wie man von Zeuxis sagt, er habe aus fünf der schönsten Agrigentischen Mädchen seine berühmte Helena zusammen gesetzt – aus fünf oder sechs von uns ein ganz leidlicher Sokrates zusammen gesetzt werden könnte. So hat z. B. Plato sich seiner Ironie und eigenen feinen Manier zu scherzen, Xenofon seiner Grundbegriffe, Maximen und Ideale in Sittenlehre und Staatskunst, und seines Glaubens an Orakel, Träume und Opferlebern, Antisthenes seiner Geringschätzung aller Gemächlichkeiten und künstlichen Wollüste der Reichen, Cebes von Theben seines Talents die Filosofie in Fabeln und Allegorien einzukleiden, bemächtigt. Mir ist also kaum etwas andres übrig geblieben als seine Anspruchlosigkeit, sein Widerwille gegen alles Geschminkte und Unnatürliche, gegen Aufgeblasenheit, Eigendünkel und ungebührliche Anmaßungen, seine Geringschätzung aller spitzfündigen, im Leben unbrauchbaren und bloß zum Gepräng und zum Disputieren dienlichen Spekulazionen, seine Manier bey Erörterung problematischer Fragen immer zuerst auf das, was uns die Erfahrung sagt, Acht zu geben, nach der Entstehungsweise der Begriffe, in welche das Problem zerfällt, zu forschen, und überhaupt beym Suchen der Wahrheit immer vorauszusetzen, daß sie uns ganz nahe liege, und meistens nur durch den Wahn, daß man sie weit und mühsam suchen müsse, verfehlt werde, – und was sonst in dieses Fach gehört. In allem diesem, und (wenn ich mir nicht zu viel schmeichle) noch in manchen andern Stücken, finde ich mich Ihm so ähnlich, daß ich mir zuweilen einbilde, ich würde, wofern ich in der sieben und siebzigsten Olympiade in seinen Umständen auf die Welt gekommen wäre, Sokrates, oder Er, vierzig Jahre später in den meinigen geboren, Aristipp gewesen seyn.« Das ist die freundliche Version eines früheren Urteils, dem gemäß Antisthenes die Philosophie des Sokrates übertreibe, Platon verfälsche. Letzteres war, wie man sich erinnern wird, das große Leitmotiv der Rezension der »Politeia«.

Man sieht, daß das Motiv Wielands, dem historischen Sokrates »gerecht« zu werden und das Anliegen, seinen Aristipp vorzustellen, sehr eng benachbart sind. Wichtig ist dabei, daß Wieland die Übereinstimmung in der *Methode* hervorhebt. Als Quelle für den historischen Sokrates möge man sich auf Xenophon, sprich: die »Erinnerungen an Sokrates« und das »Symposion« verlassen, mit dem einen Abstrich, daß der wirkliche Sokrates zuweilen witziger gewesen sei als der Berufsoffizier Xenophon. Das Talent, zuweilen witzig zu sein, sei das Einzige, was Platon wirklich mit Sokrates verbinde. Ein uns nicht mehr interessierender Kebes teilt mit Sokrates die Lust zum Fabulieren. Antisthenes ahmt die Statur nach. Das ist alles. So besehen, sollte man vielleicht sagen, Wieland beschreibe den Zerfall der Schule des Sokrates.

Daß Wieland mit seinem Urteil über die Quelle, die den »historischen Sokrates« am klarsten spiegele, Unrecht habe, lernen wir auf der Schule. »Früher herrschte die Auffassung vor, daß die Darstellung Xenophons [...] bei aller Nüchternheit und Plattheit die ›objektivere‹, weil historisch treuere, und deshalb der künstlerischen, aber ›subjektiven‹, idealisierenden Platons in fast allen seinen Dialogen vorzuziehen sei. Nachdem zuerst Dissen (1812) und Schleiermacher (1815) an dieser Auffassung gerüttelt, nachdem dann gezeigt worden war, daß Xenophon, selbst kein Philosoph, gar nicht die Fähigkeit besaß, das philosophische Ziel des Sokrates in seiner vollen Tiefe zu erfassen [...]«, so schreibt Vorländer, und der Leser hat es vielleicht auch im Griechischunterricht so gehört und dann die »sokratischen« Dialoge Platons gelesen, »Kriton«, »Laches« und »Protagoras«, und natürlich die »Apologie«, und auf das »Symposion« komme ich noch. Es ist ein bezaubernd zirkuläres Argument: Xenophon hätte das Philosophische in Sokrates nicht erfassen können, weil er kein Philosoph gewesen sei. Woher wissen wir aber um das Philosophische in Sokrates? Wir wissen es vom Platon. Xenophon war zu wenig platonisch, um Sokrates so darzustellen wie es Platon getan hat. Aber wer will einen Philosophiehistoriker lehren, Schlüsse machen? Etwas weniger knapp ausgedrückt: um Philosophie*historiker* zu sein, braucht man eine bestimmte Auffassung von dem Fach, dessen Geschichte man schreibt. Vor allem muß man der Überzeugung sein, daß es sich um ein Fach handelt, in dem Probleme verhandelt werden, die es anderswo nicht gibt. *Und* man muß sich gegen die Auffassung immunisieren, daß man damit – vielleicht, nicht notwendigerweise – einen Einwand gegen das Fach formuliert hat.

Daß Sokrates physiognomisch authentisch erscheint, wird nur den wundern, der glaubte, der Titelkupfer zum ersten Band des »Aristipp« habe mit dem Buche etwas zu tun (daß der etwas mit dem Philosophenbild des 19. Jahrhunderts zu tun hat, vielleicht gar mit dem Sokrates-Bild Vorländers et al., soll hier nicht behauptet, sondern nur en passant suggeriert werden). Das Liebens- und Ehrenswerte an Sokrates wird in I,6 aber ganz ohne zu lavatern aus seiner Physiognomie herausgelesen, und man sollte das nachlesen, es ist schön. Wieland liefert uns zudem eine Kurzbiographie, die Sokrates' Scheitern im erlernten Beruf, der Bildhauerei, nicht verschweigt, vor allem aber beschreibt, was und vor allem wer zusammenwirken muß, damit eine Gestalt wie Sokrates auf die Bühne der Geschichte treten kann. Wieland läßt seinen Aristipp dabei weniger die Protektion betonen, die der junge Sokrates genoß, als vielmehr eine Enttäuschung, die seine Ausbildung begleitete, die nämlich über »die sogenannte Fysische Filosofie«, also der Lattenzaun AnaximanderAnaximenes-Anaxagoras: »Er suchte Wahrheit, und man fertigte ihn mit Hypothesen ab, die man zwar mit vielem Scharfsinn zu möglich scheinenden Auflösungen der Räthsel, die uns die Natur aufzurathen giebt, anzuwenden wußte, die aber keinen festen Halt hatten, und, wenn sie scharf geprüft wurden, weder den Verstand noch die Einbildungskraft befriedigten. Er suchte nützliche Wahrheit, und man wollte, daß er einen großen Werth auf Spekulazionen legen sollte, von welchen nicht der mindeste Gebrauch im menschlichen Leben zu machen war.« Auf der anderen Seite stand der Verkehr im Hause des Perikles und der Aspasia, d.h. Kontakt mit Politik und Personalpolitik. Aus Enttäuschung über das, was ihm als Philosophie geboten wurde, und aus Einsicht in die Risiken der Politik sei Sokrates, so läßt Wieland seinen Aristipp schreiben, auf den Vorsatz geraten, seine Mitbürger durch persönlichen Umgang zu bilden – »dies war unläugbar der größte Dienst, den ein Mann dem Vaterlande leisten konnte; und der einzige Mann, der es wollte und konnte – war Sokrates«.

Über die Methode des Sokrates läßt sich Aristipp so vernehmen: »Daß Sokrates, wenn er mit andern filosofiert, sich nur zweyer Methoden, der Indukzion und der Ironie zu bedienen pflege, hat seine Richtigkeit; wenigstens habe ich nie gesehen, daß er in seinen Gesprächen, es sey nun, daß sie auf Belehrung oder auf Widerlegung abzielen, einen andern als einen dieser beiden Wege eingeschlagen hätte. Diese sonderbare Art zu filosofieren scheint mir deine hohe Meinung von ihm nicht wenig herabgestimmt zu haben. ›Die Indukzion kann mich, sagst du, nichts lehren als was ich entweder bereits wußte, oder mir vermittelst eines kleinen Grades von Besinnung selbst sagen konnte; und wie ein so weiser Mann die Ironie für eine taugliche Methode die Wahrheit ausfündig zu machen halten könne, ist mir vollends unbegreiflich.‹ Über beides, lieber Kleonidas, hoffe ich dich ins Klare zu setzen, wenn ich dir sage, bey welchen Personen und zu welcher Absicht Sokrates von der einen und der andern Gebrauch zu machen pflegt.« Die einen nämlich erkennen ihre Unwissenheit an und Sokrates belehrt sie (Induktion), die andern geben sich als Wissende aus und Sokrates verspottet sie (Ironie). Auf den Zusammenhang der Sokratischen Ironie mit den Athenischen Umgangs- und Redeformen kann ich hier nicht eingehen, obwohl gerade solche Exkurse des Philologen und Übersetzers Wieland den Philosophen einiges lehren können. Aber Wieland weist noch auf eine andere Eigenart der Sokratischen Weise zu philosophieren hin, die gewisse, gelinde gesprochen: Umständlichkeit seiner Argumentation (die wir bei Xenophon nicht weniger finden als bei Platon) – »Ich sehe dich zu dieser Manier, den Seelen zur Geburt zu helfen, die Achseln ein wenig zucken, Kleonidas; – unter uns gesagt, auch ich habe schon oft große Noth gehabt, die meynigen bei solchen Gelegenheiten im Respekt zu erhalten. Aber es ist nun nicht anders. Dies ist einmahl seine Manier [...] [ich weiß] mir die Sache selbst nicht anders zu erklären, als daß er sie nöthig gefunden haben muß, um die unsägliche Flatterhaftigkeit der jungen Leute in Athen, wenigstens einige Minuten lang, bey dem nähmlichen Gegenstande fest zu halten. Hätte er zu Cyrene oder Korinth oder Theben gelebt, so würde er vermuthlich gefunden haben, daß er auf einem kürzern Wege zum Ziele kommen könne. Aber nun ist ihm diese Methode so sehr zur Gewohnheit geworden, daß er sie auch bey solchen Personen gebraucht, bey denen sie keine gute Wirkung thut.« Die Methode des Sokrates ist (man sollte der Versuchung widerstehen zu sagen: nichts weiter als) eine bestimmte Gewohnheit, zu sprechen, die sich im Umgang mit einem bestimmten Publikum ausgebildet hat, weil sie zu einem bestimmten Zweck tauglich gewesen ist. Wie alle Gewohnheiten wird man sie nur schwer los, und liegt ihr auch dann ob, wenn sie die angestrebten Zwecke nicht befördert (das politische Risiko solcher unkorrigierbaren Gewohnheiten zeigte sich bekanntlich). Man sieht, daß im Falle des Sokrates – jedenfalls in dieser Darstellung – der Unterschied von »philosophischer Methode« und »Lebensstil« nicht besonders groß ist. Wem hier das Wort »Lebensstil« mißfällt, mag sich mit der Vorstellung behelfen, daß »Lebensstil« und »philosophische Methode« als Ausprägungen einer bestimmten Haltung zu Problemen verstanden werden können, und daß »Probleme« im Sokratischen Verständnis sowieso nur solche des Umgangs der Menschen miteinander sind. Wer so zu denken vorzieht, sollte sich aber gesagt sein lassen, daß damit nichts gewonnen ist, da ich die »zugrundeliegende Haltung« ja nicht anders als durch Erläuterung des Lebensstils verdeutlichen könnte. Dasselbe gilt für die »philosophische Methode«. Der einzige Einwand, der gegen die Redeweise vom »Lebensstil« vorgebracht werden kann, ist der, daß sie unphilosophisch sei. Der Einwand ist zweifellos richtig, aber es ist nicht klar, auf welche Weise Einigkeit darüber hergestellt werden könnte, ob es sich wirklich um einen Einwand handelt. Sieht man etwa in Capelles berühmtes Buch »Die griechische Philosophie«, so nimmt er nicht nur das Motiv von Xenophon als »gänzlich unphilosophischem Kopf« auf, sondern versucht recht angestrengt, »Lebensstil« und »philosophische Methode« auseinanderzuhalten, und versichert uns anschließend, Sokrates habe natürlich beides verbunden: »Denn in

Wahrheit ist Sokrates durchaus beides, der praktische Begründer der Dialektik und ein schlechthin unvergleichlicher ethischer Protreptiker.« Ein Aufwand, in den Capelle sich nicht hätte stürzen müssen, hätte er nicht zuvor beides ängstlich auseinanderhalten wollen.

Bei aller leicht distanzierten Bewunderung für Sokrates – verbürgt ist des jungen Wieland Bereitschaft, sich mit Sokrates schwärmerisch zu identifizieren (und, daß anderen die Neigung gehörig auf die Nerven fiel) – läßt Wieland seinen Aristipp doch nicht zu einem Jünger werden. Er wünsche fast, Sokrates zu sein, wenn er nicht Aristipp wäre, läßt er ihn sagen, und dann Rhetorik-Unterricht bei dem Sophisten Hippias nehmen. »Was wir in unserm Zirkel zu Athen filosofieren nennen, ist eine sehr gute Sache; nur zu viel ist nicht gut.« – »Der Ruf des weisen Sokrates zog mich zuerst nach Athen; aber wahrlich nicht in der Meinung, mich einer Schule oder Sekte zu verpflichten, oder einem einzelnen Menschen mehr Recht und Macht über mich einzuräumen, als ich ihm entweder freiwillig zu überlassen geneigt, oder jedem andern zuzugestehen schuldig bin.« Das ist die Kurzbeschreibung von Aristipps »Lebensstil« sive »Haltung«, das »echô ouk echomai« – was wäre die »philosophische Methode«? Vielleicht dies: »[...] ging ich aus Cyrene in die weite Welt, um vor allen Dingen die Menschen kennen zu lernen, unter denen ich leben will, und mir so viele Kenntnisse und Geschicklichkeiten zu meinem und ihrem Nutzen und Vergnügen zu erwerben, als Fähigkeit, Zeit und Umstände nur immer gestatten werden.« Darin liegt der große Unterschied zum sokratischen Lebensstil. Sokrates war Athener, athenischer Patriot, und als solcher ein wenig provinziell. Solange Athen die erste Stadt des Erdkreises war, konnte das allenfalls denen auffallen, die an diesen Status der Stadt (sagen wir: aus der Sicht von Persepolis) nicht glauben konnten, aber die interessierten sich auch weniger für Sokrates. Nach dem Peloponnesischen Krieg fiel das nurmehr den Athenern nicht auf. »Nach einem zweyjährigen ununterbrochnen Aufenthalt in dieser ehmahligen Hauptstadt der gesitteten Welt, lockt mich das Bedürfnis einer kleinen Veränderung nach Ägina.« Aristipp nennt sich einen »Weltbürger«, Sokrates blieb Athener. Der Unterschied ist nicht prinzipieller Natur, sondern zunächst Zufall: »Ich bin weder ein Athener, noch Thebaner, noch Megarer, weder eines Steinmetzen, noch Gerbers, noch Wurstmachers Sohn; sondern ein Cyrener aus einer Familie, die unter ihren Mitbürgern in Ansehen steht und sehr begütert ist. [...] Da mir der Zufall Vermögen genug für meine Bedürfnisse zugeworfen hat, warum sollt' ich dieß nicht als eine Erlaubniß ansehen, in Erwählung einer Lebensart und Beschäftigung bloß meinem innern Naturtriebe zu folgen? In meinen Augen ist es noch mehr als Erlaubniß; es ist ein Wink, ein Gebot des Schicksals, mich zu der edelsten Lebensart zu bestimmen, und die edelste für mich wenigstens, (denn von mir ist jetzt bloß die Rede) ist nach meiner Überzeugung, als Weltbürger zu leben, das heißt, ohne Einschränkung auf irgend eine besondere Gesellschaft, mich den Menschen bloß als Mensch so gefällig und nützlich zu machen als mir möglich ist.« Hierbei vergesse man nicht, daß der Brief an Antisthenes gerichtet, und, Mahnungen, nach Athen in den Kreis der Schüler des Sokrates zurückzukehren, abzuweisen, geschrieben ist. Wieland läßt seinen Aristipp im Tone variieren; nicht jedem gegenüber wären die Momente von Neigung und Pflicht so eng beieinander gestellt worden.

Bestünde der »Aristipp« neben allem, woraus er sonst noch besteht, nur aus solchen Skizzen für konkurrierende Lebensentwürfe, man könnte wenigstens darüber streiten, ob man ihn zu Recht auch einen philosophischen Roman nennen solle oder – dürfe, und die Rezension der »Politeia« wäre ein Fremdkörper. Aber sie bereitet sich vor. Der Roman ist nicht nur im vierten Band eine Auseinandersetzung mit Platon. Die mit dem kynischen Zweig des sokratischen Erbes findet kaum statt, was nicht verwunderlich ist. Die Zurückweisung des Anspruches, ein Lebensstil möge für unter anderen Umständen Lebende verbindlich sein, beendet die Kontroverse. Später, auch im vierten

Band, wird Diogenes die Verwandtschaft eines, sagen wir: nichtideologischen Kynismus mit der Philosophie Aristipps deutlich machen.

Zunächst aber zu Platon. Der »Aristipp« läßt der Kritik an der »Politeia« kritische Digressionen zu Themen des »Parmenides«, des »Kriton«, des »Phaidon« und »Phaidros«, schließlich des »Symposion« voraufgehen. Die Frage nach der Authentizität in Hinsicht auf die biographische Treue vor allem der am Sterbelager des Sokrates arrangierten philosophischen Gespräche, findet sich natürlich auch, und wird mit einem Kompliment für Platons schriftstellerische Künste beantwortet: »[...] aber Plato hätte so viel von dem seinigen eingemengt, und die Zusätze so künstlich mit dem, was Sokrates wirklich gesagt habe, zu verweben gewußt, daß es ihnen selbst, wofern sie eine Scheidung vornehmen müßten, schwer sein würde jedem das seinige zu geben. Ebendasselbe sagt mir auch der wackere Kriton [...]«. Zuvor aber hieß es schon: »Der junge Plato will, wie ich höre, alle diese Gespräche – vermuthlich in seiner eignen Manier, wovon er bereits Proben gegeben hat, mit welchen Sokrates nicht sonderlich zufrieden seyn soll – aufschreiben und bekannt machen. Ich wünsche daß er so wenig von dem seinigen hinzuthun möge, als einem jungen Manne von seinem seltenen Genie nur immer zuzumuthen ist; aber er hat eine zu warme Einbildungskraft und zu viel Neigung zur dialektischen Spinneweberey, um den schlichten Sokrates unverschönert, und, wenn ich so sagen darf, in seiner ganzen Silenenhaftigkeit, darzustellen, die wir alle an ihm gekannt haben, und die mit seiner Weisheit so sonderbar zusammengewachsen war.« Man sieht, wie sich die Frage nach der Authentizität wandelt. Die Verfälschung tritt dort ein, wo die »Weisheit« von der Art zu leben getrennt wird. Das Proton pseudos Platons ist, die Einheit von Lebensart und philosophischer Methode nicht erkannt und bewahrt zu haben. Das »Eigene«, was er zum Sokratischen »hinzutut«, ist zunächst, diese Trennung durchzuführen. Der Rest ergibt sich dann zwar nicht von selbst, wird aber so erst möglich.

Den »Kriton« läßt Wieland zunächst einer Kritik durch Hippias unterziehen. Genaugenommen geht es dabei nicht um den Platonischen Dialog, sondern um die in ihm aufbewahrte Weigerung des Sokrates, aus dem Gefängnis zu fliehen. Hippias nimmt in seiner Kritik einen naturrechtlichen Standpunkt ein, der sich auf den »Widerspruch, der zwischen dem notwendigen Gesetz der Natur und den verabredeten Gesetzen der bürgerlichen Gesellschaft vorwaltet« bezieht, und den Vorrang des natürlichen vor dem positiven Recht behauptet. Er geht sogar noch einen Schritt weiter. Aus dem Naturrecht leitet er eine natürliche Pflicht ab, die eigene Haut zu retten. »Die Natur hat uns die Selbsterhaltung zur ersten aller Pflichten gemacht. Alle andern stehen unter dieser, und müssen ihr im Fall eines Zusammenstoßes weichen; denn um irgend eine Pflicht erfüllen zu können, muß ich da seyn. Da also dieses Naturgesetz allen bürgerlichen vorgeht, so konnte Sokrates den Satz, daß er sich keines Richteramtes über seine Richter anmaßen dürfe, nicht gegen die Pflicht der Selbsterhaltung geltend machen. Du wirst mir vielleicht einwenden: ›wenn dieser Schluß gelte, so sey auch ein rechtmäßig Verurtheilter befugt, sich der verdienten Strafe zu entziehen, wenn er könne‹ – und ich habe keine andere Antwort hierauf als – Ja!«

Wieland hat Argumenten, die sich auf »natürliche Rechte« bezogen, immer widersprochen. Nicht, weil er darüber, worum es im jeweiligen Einzelfall in der Sache ging, dissentierte, sondern weil er die Zulässigkeit des Argumentes bestritt. Am bekanntesten ist sein Aufsatz »Über das göttliche Recht der Obrigkeit« und die Verserzählung »Schach Lolo« – ich habe im vorigen Kapitel darüber berichtet. Die Argumentation des Hippias ist besonders lehrreich, und zwar wegen der Scheinradikalität der Schlußfolgerung. Darf ein zu Recht schuldig Gesprochener fliehen? Hippias' »Ja« ist nichts weiter als der Versuch »épater le bourgeois«. Nach positivem Recht darf er nicht, und wenn man ihn zu fassen kriegt, wird er wieder eingefangen. Wenn man ihn nicht erwischt, bleibt er frei. Im einen wie im anderen Falle tut die Versicherung, der Entflohene habe für seine Flucht eine gute naturrechtliche Begründung gehabt, nichts dazu, denn ob man der Meinung beipflichtet oder nicht, ändert an der sozialen Praxis, entfliehende Häftlinge nach Möglichkeit wieder einzufangen, gar nichts. Hippias' Räsonnement ist nichts weiter als ein Beispiel für die Bereitschaft, Probleme zu lösen, wo gar keine vorhanden sind, und zu diesem Zwecke Begriffe zu reklamieren, die niemand braucht. Damit ist natürlich der kritisierten Position des Sokrates/Platon keineswegs Recht gegeben. Wieland läßt seinen Aristipp darum auch in folgender Weise antworten. Erstens habe Sokrates keineswegs das Recht gehabt zu fliehen – das positive, versteht sich. Die Richter haben geurteilt und ihn verurteilt. Einen anderen Sinn hat »Schuldspruch« nicht. Ein »Schuldspruch« kann nur durch ein anderes Gericht wieder aufgehoben werden, eine individuelle Revision eines Gerichtsurteils ist im Verfahren nicht vorgesehen. »Aber (wendet man ein) warum empört sich gegen unleugbaren Ausspruch der Vernunft ein gebieterisches Gefühl in uns, welches wir nicht zum Schweigen bringen können?‹ Mich dünkt, Hippias, du hast hierauf die wahre Antwort gefunden. Dies Gefühl hängt an einer anderen Ordnung der Dinge; es ist weder mehr noch weniger als der mächtige Erhaltungstrieb, den die Natur in alle lebende Wesen gelegt hat. Nur darin kann ich dir nicht beistimmen, wenn du diesen Trieb zum höchsten Naturgesetz und den Gehorsam gegen dieses Gesetz zu einer Pflicht machst, welcher alle andern weichen müssen; denn, nach meinem Begriff, vernichtest du dadurch sogar die bloße Möglichkeit dessen was ich mit Sokrates Tugend nenne. Ich werde zur Selbsterhaltung von der Natur aufgefordert, und bin berechtigt, meiner Erhaltung alle andern Pflichten, im Fall des Zusammenstoßes, nachzusetzen; aber ich bin nicht dazu verbunden.« Anders gesagt: der Begriff »Pflicht« hat nur im Rahmen positiven Rechtes oder im Sinne selbstauferlegter sozialer Verhaltensrichtlinien einen Sinn. Die Betonung natürlicher Rechte ist nur dazu gut, den Begriff der Pflichten in jener Sphäre zu belassen. Die Frage, ob Sokrates recht gehandelt habe, erübrigt sich. Wäre er geflohen, hätte er gegen bestehende Gesetze verstoßen, aber wir hätten kaum eine Berechtigung, ihm eine Flucht übelzunehmen. Besteht noch die Frage, ob Sokrates hätte fliehen *sollen*, anders gesagt: welche moralische Lektion übrig bleibe. Aristipps Antwort ist: keine. Sokrates' Entschluß, nicht zu fliehen, entsprach seiner bisherigen Lebensart. Wollte er sich treu bleiben, mußte er sich so entscheiden, wie er es tat. Aber wir haben keinen Anspruch darauf, daß ein Sokrates sich treu zu bleiben habe, noch folgt aus dem Umstand, daß Sokrates sich treu geblieben ist, irgend etwas für jemanden, der nicht Sokrates ist – vorausgesetzt, er beschlösse nicht, sein zu wollen wie Sokrates. Im letzteren Falle kann man ihm das Beispiel vorhalten. Sollte er aber beschließen, hier anders zu handeln, gibt es *für uns* keinen Grund, Beckmesserei zu betreiben. »Tugend ist, nach meinem Begriff, moralisches Heldenthum; niemand ist verbunden ein Held zu seyn.« Ende der Debatte.

Die Diskussion über Platons »Phaidon« ist anderer Art. Sie versucht vor allem zu bestimmen, welche Sorte Text mit ihm (mit Texten seiner Art) in die Welt kommt. Die Authentizitätsfrage, der man auch überdrüssig werden kann, wird nonchalant mit einem »sowohl als auch« behandelt: »[...]wenn man nicht sehen sollte, daß Plato sich große Freiheiten mit ihm herausnimmt [...] daß er die Eigenheiten seines Meisters mit vieler Gewandtheit nachzuahmen weiß...« – allerdings von Lais. Zudem zeigt sie sich von der Schreibart entzückt: »So viel Rühmens von dem Werk eines Menschen den du nicht liebst [...]« Doch Wieland läßt seinen Aristipp beistimmen: »[...] unterschreibe ich, ohne daß es mir die mindeste Gefälligkeit kostet, alles, was du Rühmliches von diesem sonderbaren prosaischen Gedichte gesagt hast.« Gerade die poetische Seite an der Philosophie Platons mache sie als Philosophie erträglich. Platons Gedanken, fährt er fort, hätten eigentlich keinen Zusammenhang jenseits des Zusammenklangs, den er ihnen zu geben wüßte. »Unbefriedigt schwärmte er von einem Systeme zum andern, baute bald auf diese, bald auf jene Hypothese, riß dann, wenn er wieder einige Zeit um Sokrates gewesen war, wieder ein was er gebauet hatte, und würde vermuthlich zuletzt unter lauter Ruinen gelebt und nie etwas Haltbares zu Stande gebracht haben, wenn ihm die Muse, die ihm als sein guter Dämon zugegeben ist, nicht immer antriebe, aus den Bruchstücken, die in seiner Fantasie über und durch einander liegen, bald diesen, bald jenen luftigen und schimmernden Zauberpalast zusammenzusetzen.« Ich möchte die Leserin nur ganz vorsichtig auf die Ähnlichkeit der Bilder hinweisen, die Wieland in seiner Rezension der Herderschen »Metakritik« für die Philosophie Kants gebraucht, und die er seinen Aristipp gebrauchen läßt, um Platons philosophischen Stil zu charakterisieren. Das möge aber jetzt weiter keine Rolle spielen. Platons »Phaidon« wird als eine eigene Textart vorgestellt: Gedankenpoesie. Wieland führt in seinem Aristipp einen Menschen vor, der keinen sonderlichen Sinn für diese Art von Literatur hat, in Lais einen, der Talent hat, daran Gefallen zu finden.

›Es ist doch ein ziemlicher Unsinn. Aber ist es nicht schön? Naja, wenn man's mag.‹ Mit Sorge stelle ich mir grade einen Leser dieser Zeilen vor, der so was nicht mag, und auch das Referat solcher Statements abgeschmackt findet. Dabei ist die Wahrscheinlichkeit nicht gering. Die Wieland-Rezeption ist im 19. und 20. Jahrhundert durch solche geprägt worden, die »sowas« nicht mögen. Das muß nicht einmal auf eine übertriebene Verehrung solcherart cavalièrement traktierter Texte zurückzuführen sein, sondern auf ein nicht unbedingt klares Gefühl, hier sei etwas nicht ernstgenommen, das es ernstzunehmen gelte. Ich kenne dieses Unbehagen, und bin bei dem Versuch, das Gefühl zu analysieren, zu dem Schluß gelangt, daß ich nicht genau weiß, was »ernstnehmen« heißt – vorausgesetzt, es handelt sich um Fragen der Art, wie sie in philosophischen Büchern vorzukommen pflegen. »Denn warum sollte er nicht Bücher schreiben, da er das Talent, seinen

Gedanken jede beliebige Gestalt zu geben, und eine Fülle Attischer Redseligkeit in seiner Gewalt hat, und, sobald er nur will, den Verstand, die Einbildungskraft und das Gemüth seiner Leser zugleich in Bewegung zu setzen und zu unterhalten weiß?« Das ist ein Geltenlassen von Lebensstilen. Was wäre ein Ernstnehmen über solches Geltenlassen hinaus? Wäre es nicht, daß ich mir einen Sprachstil angewöhnen müßte, in dem erst das »Problem« Gestalt annimmt? Natürlich kann ich das tun, und ich *werde* es tun, wenn ich mich für Platon interessiere – aber wie kann ich ein solches wecken bzw. warum sollte ich das tun? Ist die Behauptung »Hier wird ein wichtiges intellektuelles Problem verhandelt« von anderer Art als die Behauptung »Platon schreibt schön«? Und sind beide Behauptungen unterscheidbar von der Aufforderung eines Kochs: »Die Morchelrahmsauce ist gut gelungen. Kosten Sie mal!«?

Hierauf gibt es natürlich eine ziemlich klare Antwort: wenn man sich entschließt, damit *so* umzugehen, besteht kein besonders großer Bedarf, hier Unterschiede festzustellen, ich meine Unterschiede »in der Sache«, die die unterschiedliche (Sprach-)Praxis, in der die jeweiligen Fragen ihren Sinn haben, fundierten. Wenn man *anders* damit umgehen will, wird man schon seine Gründe haben und sie äußern müssen. Vorab läßt sich nichts sagen. Lais übrigens ist nicht zufrieden mit der eher achselzuckenden Nicht-Kritik Aristipps. Wieland läßt sie Hippias um ein Urteil bitten, und den es nicht hinterm Berg halten. Hippias beschäftigt sich mit der Frage, ob das Hauptthema des »Phaidon«, die Frage nach der Unsterblichkeit der Seele, zufriedenstellend behandelt worden sei oder nicht. Sein Urteil, in eine anzügliche Frage gefaßt, ist: Glaubst du, nachdem du den »Phaidon« gelesen hast, jetzt mehr oder weniger an die Unsterblichkeit der Seele? »Ich für meine Person erinnere mich nicht, in meinem ganzen Leben etwas frostigeres und weniger befriedigendes über diesen Gegenstand gehört oder gelesen zu haben. Wahrlich es steht schlecht mit der Hoffnung derer, die sich ewig zu leben wünschen […] wenn sie auf keinem festern Grunde ruht, als auf der Behauptung: ›es müsse auf den Tod ein neues Leben folgen, weil das Erwachen aus dem Schlaf entstehe, und beides eine notwendige Folge davon sei, daß jedes Ding, dem etwas entgegengesetzt ist, aus diesem Entgegengesetzten entspringe‹.«

Nicht besser kommt die Anamnesis-Lehre weg. Sie wird ausgelassen und nicht immer ganz unangestrengt verspottet, ganz so wie es von einem hageren Lebemann (so passiert Hippias in der »Geschichte des Agathon«) zu erwarten ist. Nun ist das leicht zu machen, wenn man es will, doch sollte man es wollen? Aristipp spielt in diesem Brief den Postillion, aber er reicht den Verriß des Hippias nicht weiter, ohne ihn seinerseits zu kommentieren. Seine Kritik am »Phaidon« ist zunächst ästhetischer Natur (ähnlich wie später in der »Politeia«-Rezension ausgeführt): langweilig und umständlich sei das Ganze. Abgesehen davon sei die Frage nach der Unsterblichkeit der Seele anders anzugehen, jedenfalls nicht ohne eine Verständigung darüber, was die »Seele« sei. Wieland nun läßt seinen Aristipp monistische Skepsis in die dualistische Argumentation des Platon tragen. Wie wäre eine *Verbindung* von Leib und Seele zu denken, die es erlaubte, die postmortale *Trennung* mit entsprechender Leichtigkeit anzunehmen? Aristipps Fazit ist, daß wir keine besonders guten Gründe haben, anzunehmen, etwas wie eine »unsterbliche Seele« zu besitzen, da wir weder in der Lage sind, über das Leib-Seele-Verhältnis etwas a priori zu wissen, noch a posteriori. Gleichwohl nähmen doch viele von uns eine Fortdauer über den Tod als Gewißheit an. Ja, aber aus dem einzigen Grunde, weil wir psychische Probleme damit haben, unser eigenes Ende zu denken. Wir können uns nicht als potentiell nichtexistent denken, das ist alles. Wenn das aber so ist, ist es unnötig, die »Unsterblichkeit der Seele« beweisen zu wollen. Überzeugender als unser Gefühl, nicht sterben zu *wollen,* kann sowieso kein intellektueller Beweis sein, daß wir oder Teile von uns nicht sterben *können.* Andererseits schade es natürlich auch nichts, Gedankenspiele anzustellen. Im Gegenteil: wer sich dem eigenen

Tode gegenübersehe, habe vielleicht Tröstung nötig (ob Aufklärung, ob Täuschung, können wir, da wir von der Sache nichts *wissen* können, sowieso nicht ent- und unterscheiden). Es mag also Leute geben, die mit Schriften wie dem »Phaidon« besser leben können, weil sie ihre Angst vor dem Tode mindern. Wollen wir ihnen diese Panazee nehmen? Welche anderen Assoziationen durch das »Leib-Seele-Problem« ausgelöst werden, kann man zum Ende des nächsten Kapitels nachlesen.

Es ist selten, daß Wieland im »Aristipp« der Platonischen Philosophie mögliche positive Wirkungen auf ihre Anhänger zuschreibt. Ein anderer Fall gerät ihm zur Satire. Wieland läßt seinen Aristipp einen verwirrten Zuhörer der Akademie folgendermaßen belehren: »[...] indessen hättest du doch in dieser einzigen Stunde, die du für verloren hältst, viel gewonnen, wenn du dir merktest, was sie dich gelehrt hat. – ›Und was wäre das?‹ Daß es Dinge giebt, von denen ein vernünftiger Mensch nicht mehr wissen wollen muß, als jedermann davon weiß. Daß z.B. Etwas nicht – Nichts, und Eins nicht – zwei ist, sind Wahrheiten, woran niemand zweifelt: aber Plato wollte auch begreiflich machen, wie und warum es so sei, und verwickelte darüber sich selbst und seine Zuhörer in so undenkbaren Sofistereien und Widersprüchen, daß du am Ende ungewiß wurdest, ob du selbst Etwas oder Nichts seyest. ›Das ist es eben, was mich toll machte. Höre nun an. – Viele können nicht seyn, wenn nicht Eins ist; denn viele sind weiter nichts als Eins vielmal genommen. Nun kann aber Eins nicht Eins seyn; denn ein anders ist seyn, ein anders, Eins. Sobald also Eins existierte, so wär' es nothwendig mehr als Eins, nehmlich das Eins an sich selbst, und das existierende Eins; Eins wäre also Zwey; da aber zwey nicht Eins seyn kann, weil es dann nicht zwey wäre, so giebt es weder Eins noch zwey; folglich auch nicht viele, folglich gar Nichts. – Ist es erlaubt, solch unsinniges Zeug für Filosofie zu geben, wenn man's auch umsonst giebt?‹ Nimm es, wie gesagt, beym rechten Ende, so wird es dich klug machen. Wer weiß ob Plato mit seinem Parmenides etwas anders wollte?

›Wenn das sein Zweck war, so danke ich für das Mittel! Was würde man von einem Menschen sagen, der ein paar Dutzend arme Kinder stundenlang mit Versuchen auf dem Kopfe zu gehen quälte, bloß um sie zu überzeugen, daß sie nicht auf dem Kopfe gehen müßten?‹ – Was konnt' ich dem jungen Manne antworten, Kleonidas?« Als Spekulationssache, schreibt Aristipp im selben Brief, gäbe er selbst für die Philosophie des Sokrates (wie für jede andere) keine taube Nuß – »in Ausübung gebracht, ist sie mehr als alles Gold des großen Königs werth«. Auf Platon angewandt: wenn man von oder bei ihm etwas lernen will, so kann man allenfalls lernen, daß man mit einer bestimmten Art zu denken und zu reden nicht weiterkommt. Es sind keine Einwände in der Sache, die Aristipp erhebt, sondern Einwände gegen eine bestimmte Art, Probleme zu generieren. Das Rezept: meide eine Sprechweise, die es dir ermöglicht, solche Probleme zu erfinden. Das unterscheidet sich kaum mehr von der Haltung des späten Wittgenstein, zusammengefaßt in dem berühmten Diktum, philosophische Fragen seien Beulen, die sich der Verstand beim Versuch, gegen die Grenzen der Sprache anzurennen, zugezogen habe. Was Wieland seinen Aristipp kritisieren läßt, ist im Grunde nicht eine bestimmte Philosophie, die Platons, sondern »Philosophie« selbst. *Als Philosoph* ist ihm auch Sokrates allenfalls gleichgültig, nicht als Mensch bzw. Staatsbürger. Und die Ähnlichkeit, die Aristipp mit Sokrates behauptet, bezieht sich auf diesen Umstand. Es besteht nicht die Frage, worin sich die Aristippische und die Sokratische Philosophie ähneln, sondern Aristipp und Sokrates ähneln sich, insofern sie beide keine Philosophen sind. Kein Wunder, daß Wieland den »unphilosophischen« Xenophon für die authentischere Quelle über die Ansichten des Sokrates ansah. Und kein Wunder ebenfalls, daß Wieland seinen Aristipp so ausdauernd darauf insistieren läßt, der authentische Sokrates habe sich nie mit den Fragen befaßt und befassen wollen, die ihn Platon in seinen Dialogen behandeln lasse. Sokrates' historische Rolle ist somit im Denken Wielands eine ganz andere als bei jemandem, der als Philosoph eine Geschichte der Philosophie schreibt. Für diesen ist Sokrates der Kritiker der Sophisten und derjenige, der zum ersten Male die Philosophie als Lebensform erfand. Und er ist vor allem der Lehrer Platons. Für Wieland ist Sokrates der Bekämpfer des Spekulativen in der Philosophie und derjenige, der philosophische Fragen auf solche der Lebensform *zurückgeführt* hat. Platons Philosophie ist eine Revision des Sokratischen Programmes, ein Rückfall in die vorsokratische Spekulation und die Erfindung eines schulenspezifischen Jargons. Platon erfindet die Lebensform »Philosoph«. Aristipps Leben und Schreiben ist die Kritik dieser Lebensform.

Die Eigenart, sich nicht konkurrierend um die Lösung der von Platon aufgeworfenen Fragen zu bemühen, sondern nur nachzuweisen, daß man hier vernünftigerweise nichts zu fragen habe, mag man als ein nur destruktives Unterfangen bezeichnen. Aber es ist destruktiv in dem Sinne, in dem der Umgang eines Therapeuten mit einer Neurose destruktiv ist. In der Tat kann man das Argumentieren Aristipps als ein therapeutisches bezeichnen. Und zwar therapeutisch zunächst im Wittgensteinschen Sinne, der jenseits dessen angesiedelt ist, was traditionellerweise noch »Philosophie« heißt, wenn auch, was in ihm unternommen wird, natürlich an Universitäten und Schulen betrieben werden kann: »Wittgenstein und seine Jünger, vor allem in Oxford, fanden eine philosophische Restbeschäftigung in der Therapie: nämlich Philosophen von der Verblendung zu kurieren, es gebe erkenntnistheoretische Probleme.« Nicht nur erkenntnistheoretische, sondern überhaupt »philosophische«. Der Roman »Aristipp« – noch einmal: neben allem, was er sonst noch ist – ist der Versuch zu zeigen, daß es keine Probleme gibt, die die besondere Eigenschaft hätten, »philosophisch« zu sein. Entsprechend gibt es auch keine »philosophischen Antworten«. Zwar gibt es »Philosophie«, aber das ist nur eine Art und Weise, ungenau zu denken, und darum Probleme aufzuwerfen, die nur dazu da sind, den Betrieb »Philosophie« aufrechtzuerhalten. Wieland, oder sagen wir: Wielands Aristipp hätte sicherlich auch der folgenden Formulierung Richard Rortys zugestimmt: Philosophische Probleme sind nichts weiter »als unser Vermögen, ein gewisses technisches Vokabular zu beherrschen, das außerhalb des Wirkungskreises von Philosophiebüchern keinerlei Verwendung findet und mit keinen Problemen des täglichen Lebens, der empirischen Wissenschaften oder der Religion in Kontakt steht«.

Bevor ich das therapeutische Vorgehen Aristipps anhand einiger Beispiele aus dem Roman weiter erläutere, möchte ich auf den Anfang dieses Kapitels zurückkommen. Ich meine, daß Wieland in der Karriere, die die Philosophie Kants an deutschen Universitäten machte, eine Parallele zum Aufstieg Platons sah. Interessant ist, daß in einer Warnung vor dem sich verallgemeinernden Platonismus eine Formulierung aus der Rezension der »Metakritik« beinahe wörtlich wiederkehrt: »[...] so würde meine Filosofie noch immer den Vorzug haben, daß sie nur durch Mißverstand und Mißbrauch schädlich werden kann; da hingegen die seinige geraden Weges zu einer Art von Schwärmerey führt, deren natürliche Folgen, außer seiner Wolkenkukkuksheimischen Republik, allenthalben verderblich seyn würden«. In beiden Fällen hat es sich für Wieland um den Rückfall hinter einen bereits erreichten Stand des Denkens gehandelt. In beiden Fällen sind für Wieland die in Frage stehenden philosophischen Systeme dadurch gekennzeichnet, daß sie intellektuelle Sicherheiten versprechen, wo keine zu haben sind (»Plato wollte auch begreiflich machen, wie und warum es so sei«) und kein Mensch welche braucht. Die Attraktivität solchen Philosophierens besteht in diesem Sicherheitsversprechen, das im Grunde ein religiöses ist. Rorty hat das etwas gemäßigter formuliert: »die modernen Philosophen [haben] ein natürliches Trachten nach Verstehen mit einem unnatürlichen Trachten nach Gewißheit durcheinandergebracht«. Der Eifer, den Wieland in seiner Rezension der Herderschen »Metakritik« an den Tag legt, zeigt, daß diese abgekühlte Formulierung seiner Sicht der Dinge nicht entsprochen hätte. Es geht ihm nicht um eine Mode, die sich eine Zunft zulegt, sondern um die Bekämpfung einer Geisteshaltung, für die die Popularität einer neuen Philosophie nur ein Symptom – wenn auch ein markantes – ist. Wieland geht es um die geistigen Grundlagen der Aufklärung, um nichts weniger. Darum fühlt er sich bemüßigt, Herder beizuspringen, trotz all dessen, was diese Koalition merkwürdig macht. Gleichwohl sah Wieland natürlich die entscheidende Schwäche des Herderschen Angriffs: er war einer auf dem Terrain, das von Kant beherrscht wurde. Es war ein philosophischer Angriff, der eigentlich gar nicht hätte gelingen *können,* auch wenn er besser vorgetragen worden wäre. Darum nahm ihn Wieland, auf seine Weise, neu auf und schrieb den Roman »Aristipp und einige seiner Zeitgenossen«, als – neben anderem – *Kritik der Lebens- und Denkform »Philosophie«.*

Daß Wieland sich hierin in einer Tradition sah (und durchaus nicht als bloßer Wiederbeleber einer sagen wir mal: Lukianischen Haltung), kann man an einem Detail sehen, das an sich gar nicht so unscheinbar ist, aber meines Wissens noch niemandem aufgefallen ist, jedenfalls ausgerechnet denen nicht, die sich um den »philosophischen Wieland« gekümmert haben. Ich meine die Stelle, an der Wieland in der »Geschichte des weisen Danischmend« den Namen David Hume ins Spiel bringt: »Danischmend saß eines Abends unter der äußersten Linde eines langen Spazierganges, der zu seinem Hause führte, an der Landstraße. Er hatte seinen Knaben, einen Jungen von drey bis vier Jahren, auf seinen Knieen stehen, und ließ sich nicht verdrießen, während daß der Junge mit seinen Haaren spielte, auf alle seine kindischen Fragen – in denen (nach seiner Filosofie) große Weisheit der Natur verborgen steckte – zu antworten, so gut ein weiser Mann auf die Fragen eines Kindes, die oft vor lauter Einfalt spitzfündig sind, antworten kann. Aber, Papa, sagte der Junge, warum wird es denn itzt dunkel? Weil die Sonne untergegangen ist, mein Sohn, antwortete der Papa. So? sagte der Bube: wohin geht sie denn? Danischmend war im Begriffe dem Kinde begreiflich zu machen, daß dort hinter dem

Berge auch Leute wären, als sie plötzlich [...]« und so weiter. Der »Danischmend« nun ist das Buch, in dem Wieland am meisten shandysiert. Teile des Textes sind eine große Menge von Anmerkungen diverser fiktiver Kommentatoren, und Kommentaren zu den Kommentaren, also ganz klassisch: cum notis variorum. So findet sich der Frage des Jungen, warum es denn jetzt dunkel werde, eine Anmerkung eines gewissen »Mag. Duns« angehängt, den man nicht mit Duns Scotus in eins setzen sollte, obwohl der genannte Scholastiker natürlich seinen Namen hat borgen müssen, nicht nur für diesen Magister Duns, sondern für viele andere Dunse, die in der polemischen Literatur der Aufklärung normalerweise für Verstiegenheit und Dunkelheit stehen. Dieser »Mag. Duns« also fußnotet so: »Wenn Herr Danischmend diese Frage seines kleinen Buben für eine von den spitzfündigen hält, so muß ihn die väterliche Liebe gewaltig verblenden. Es ist, mit seiner Erlaubniß, eine sehr dumme Frage. Denn hätte der Junge Acht gegeben warum es bey Tage hell ist, nehmlich, daß es hell wird so bald die Sonne aufgeht, und so lange hell bleibt als die Sonne am Himmel ist, so hätte er sogleich schließen können, daß es dunkel werden muß wenn die Sonne weg ist. Der Bube sollte mein gewesen seyn; ich wollt' ihn gelehrt haben Schlüsse machen!«

Das ist weder verstiegen, noch dunkel, sondern von vernageltem Biedersinn, einverstanden. Aber nun der Kontrast. Der Anmerkung ist eine zweite angehängt, der zweiten eine dritte. Zunächst die zweite: »Wenn Herr Duns sich bemühen wollte meinen siebenten Versuch mit Bedacht zu lesen, so würde er finden, daß der Junge, ohne die Logik gelernt zu haben, mehr Logik in seinem Hirnkasten hatte, als er meint.« Unterzeichnet: »David Hume«. Der »siebente Versuch«? Nun, gemeint ist die »Untersuchung über den menschlichen Verstand« (»Enquiry Concerning Human Understanding«), die in der ersten Auflage von 1748 »Philosophical Essays concerning Human Understanding« hieß. Der siebte Versuch resp. das siebte Kapitel ist der oder das »Über den Begriff der notwendigen Verknüpfung«, und es ist ein exquisit destruktives. Hume weist in ihm nach (wenn man Hume folgen will, heißt das), daß sowohl der Begriff der »notwendigen Verknüpfung« als auch der einer »wirkenden Kraft« (göttlicher oder natürlicher Art) leer sind. Wir können über die Natur nichts aussagen, sondern nur über unsere sozialen Gewohnheiten, uns gleichartig erscheinende Phänomene gedanklich miteinander zu verknüpfen. Modern ausgedrückt: die Vorstellung von »Naturgesetzen« verweist weder auf natürliche Eigenschaften (die wir, so würde Locke sagen, induktiv erschließen müssen) noch auf (das wäre die Kantische Position) jene Anschauungsformen, die Wahrnehmung überhaupt erst konstituieren, sondern auf eine soziale Praxis, die »Naturwissenschaften« heißt. Und eben das bedeutet die Frage des Jungen in Wielands Roman: das »Verstehen von Naturvorgängen« bedeutet, in den Regeln eines bestimmten Sprachspiels unterwiesen zu werden.

Schließlich gibt es eine dritte Anmerkung: »Und wenn ein Kind von vier Jahren mit einem hoch illuminierten Doktor von vierzig über solche Dinge in Wortwechsel kommt, so ist immer eine Schellenkappe gegen einen Doktorhut zu wetten, daß das Kind recht hat.« Unterzeichnet: »Tristram Shandy«. Tristram Shandy also, der das formale Prinzip der ironischen Anmerkungen und Digressionen verbürgt. Es ist eine nicht zu unterschätzende Gruppierung von Namen. »Duns« auf der einen, die Aufklärung auf der anderen Seite, repräsentiert durch Hume und Tristram Shandy, Skepsis und Witz, die Ersetzung von Philosophie – und das heißt in diesem Zusammenhang immer: angemaßter Sicherheit – durch Psychologie und Literatur – das heißt vor allem: Selbstverstehen des Menschen. *Diese* Aufklärung, die nichts mit jenem Flachsinn zu tun hatte, den einige Romantiker in ihrer Philisterschelte meinten, sah Wieland in Gefahr durch die neuerwachte Liebe zu philosophischen Systemen und das Streben nach gesicherten Fundamenten der Erkenntnis. Wenn Bertrand Russel schreibt: Hume »represents in a certain sense a dead end: in his direction, it is impossible to go further«, so kann man in dieser »Sackgasse« das erkennen, was Wieland an Hume attraktiv fand: im berühmten Worte Wittgensteins den »Ausweg aus dem Fliegenglas«.

Der Fliege den Ausweg aus dem Fliegenglas zeigen – dieses freundliche Vorhaben ist auch eine sehr passende Beschreibung für jenes Aristippische Bemühen, das ich vorhin »therapeutisch« genannt habe. Ein Beispiel: Aristipp wird die Aufzeichnung eines philosophischen Gespräches über den Begriff bzw. die Idee des Schönen übersandt, und er wird um seine Meinung gebeten. Er läßt daraufhin die einzelnen Bestimmungen, die die Teilnehmer am Gespräch dem geben, »was das Schöne« sei, Revue passieren und zeigt bei jeder, daß sie entweder nichts besagt oder dort, wo sie eine Antwort zu geben scheint, in Wahrheit nur eine Umformulierung der Ausgangsfrage ist. Am Ende reduziert Aristipp das Problem auf die Formulierung, daß schön sei, was die Menschen so nennten. Diese Antwort führt auf die Frage, wie man denn zu einem Konsens darüber gelangen könne. Aristipps Kommentar: es sei ganz unnötig, ja zuweilen unerwünscht, hierüber einen Konsens herstellen zu wollen: »Mir genügt [...], daß etwas mir schön ist; erscheint es auch andern so, desto besser; zuweilen auch nicht desto besser: denn man ist öfters in dem Falle, etwas Schönes gern allein besitzen zu wollen. Wie dem aber auch sey, genug daß es nun einmahl nicht anders ist noch seyn kann, und daß wir von sehr vielen Dingen keinen andern Grund, warum wir sie für schön halten, anzugeben haben, als weil sie uns schön vorkommen, oder, genauer zu reden, weil sie uns gefallen. [...] Was ich schön finde, kann allerdings andern, aus mancherley Ursachen, mit Recht oder Unrecht, gleichgültig oder gar mißfällig seyn; denn Vorurtheil oder Leidenschaft kann mich oder sie verblenden. Die Liebe verschönert und hat für jeden Fehler des Geliebten ein milderndes Wörtchen, das ihn bedeckt oder gar in einen Reitz verwandelt; der Haß thut das Gegentheil. Mangel an Bildung, und klimatische oder andere lokale Angewohnheiten haben vielen Einfluß auf die Urtheile der Menschen über Schönheit und Häßlichkeit. Kurz, das Wort schön, welchem Gegenstand es beygelegt werden mag, bezeichnet bloß ein gewisses angenehmes Verhältniß desselben, besonders des Sichtbaren, Hörbaren und Tastbaren, zu einem in Beziehung mit demselben stehenden äußern oder innern Sinn; weiter hinaus reicht unsre Erkenntnis nicht, oder verliert sich in dunkle Vorstellungen und leere Worte.« Man würde die Vorgehensweise Aristipps nicht verstehen, wenn man den Bezug auf die menschlichen Sinne als den Kern seiner Philosophie nehmen würde, wenn auch Wieland so viel historische Treue walten läßt, daß er Aristipp sich zuweilen sensualistischer Argumente bedienen läßt. Wir finden aber keine ausgearbeitete sensualistische oder empiristische Theorie, wie sie dem historischen Aristipp zugeschrieben wird: »later writers ascribe to him the foundation of the Cyrenaic school, whose chief tenet was that pleasure was the sole good, a doctrine which they seem to have combined not unnaturally with some form of sensationist philosophy«. Wieland läßt seinen Aristipp sich einiger Argumente aus verschiedenen Zusammenhängen bedienen, aber das Ziel ihrer Verwendung ist (fast – ich werde diese Einschränkung weiter unten erläutern) stets destruktiv. Aristipp zeigt eine mögliche Weise zu denken, in der das vorher in Frage stehende Problem nicht mehr vorkommt, und bietet diese Denkweise an. Nicht, weil an sich so furchtbar viel für sie spräche, sondern einfach, weil sie uns die Mühe abnimmt, uns mit diesem Problem herumzuschlagen.

Deutlich kann man das noch einmal an der in II,26 niedergeschriebenen Besprechung eines weiteren im Hause der Lais veranstalteten philosophischen Gespräches machen, in dem es um die große Frage nach dem Summum bonum, dem höchsten Gute geht. Wäre es Wieland um eine bloße Rekonstruktion des »historisch echten« Aristipp gegangen – soweit dieser »echte« derjenige ist, den uns Diogenes Laertios überliefert, und den wir so ähnlich in allen Darstellungen der nachsokratischen Philosophie finden, dann wäre es ein Leichtes gewesen, an dieser Stelle eine vorepikuräische Ansicht über die Lust als höchstem Gut einzuführen und praktisch zu wenden in der Lehre von der »Lust-Unlust-Bilanz«, als Mittel, Lust quantitativ zu steigern und Unlust zu vermeiden. Aber Wieland läßt seinen Aristipp so beginnen: »Du hast wohl getan, schöne Lais, daß du mich ausdrücklich angewiesen hast, mich über das seltsame Problem, womit dich deine gelehrte Tischgesellschaft neulich unterhalten hat, ernsthaft vernehmen zu lassen; denn ich gestehe, daß die Frage: ›was das höchste Gut des Menschen sei‹ in meiner Vorstellungsart etwas lächerliches hat, und daß mir nie eingefallen wäre, sie könnte von so weisen Männern, wie die bärtigen Genossen deiner sofistischen Symposien sind, in wirklichem Ernst aufgeworfen und beantwortet werden. Meine erste Frage bei jeder Aufgabe dieser oder ähnlicher Art, ist: wozu soll's?«

Im Gespräch war für die Weisheit, die Tugend, die sokratische Sophrosyne, die Gesundheit (der Seele und des Leibes), schließlich für die Liebe (mit der Einschränkung: nur die glückliche könne doch wohl gemeint sein) gestritten worden. Da sich Aristipp verpflichtet, ernsthaft über die Sache zu reden, antwortet er auf die Vorschläge: je nachdem. Alle diese Güter könnten, unter Umständen, das sein, wonach es einen am meisten verlangte, unter anderen Umständen nicht. Einen anderen Sinn für »Gut« als »das, was einer gerne haben will« einzuführen, weigert Aristipp sich, und wir werden uns mittlerweile darüber nicht mehr wundern. Damit ist die Frage eigentlich schon keine mehr. Aristipp macht aber einen weiteren Versuch, mit ihr umzugehen. Könnte die Frage einen Sinn machen, wenn wir uns verständigen könnten, daß man in irgendeinem Sinne nicht nur von Einzelmenschen, sondern von »dem Menschen« sprechen könne, und wäre dann diesem Singular ein »höchstes Gut« in einem anderen Sinne zuzuordnen? Jetzt mag man wieder erstaunt sein, sieht man Aristipp sich nun ausgerechnet jene andere »große« Frage aufhucken, was der Mensch sei. Nicht verwunderlich ist wieder, daß Aristipp keine universalistische Antwort akzeptiert: »einen idealischen Koloß, der aus dem, was alle Menschen gemein haben, gebildet ist, und wovon, nach Plato der bloße Schatten durch die Ritzen unseres Kerkers in unsre Seele fällt« – den anzunehmen, gibt es keine Veranlassung. Wenn man der Rede von »dem Menschen« einen anderen Sinn geben will, als die Rede von »alle« oder »die meisten Menschen« abzukürzen und gleichwohl eine nominalistische Position nicht aufzugeben (»bloß ein kollektives Wort für die sämtlichen einzelnen Menschen«), dann kann man »der Mensch« als Synonym für die »Menschengattung« verstehen. Was der nun zuträglich sei und was nicht, sei anders nicht herauszubringen, als einzelne Menschen zu fragen. Und wenn man dann mit den Urmenschen begönne, würde man zu hören kriegen: »eine gute Bärenjagd« oder ein »reiche Ernte« und was dergleichen mehr sei. Ob der gesellschaftliche Fortschritt die Mehrheit der Gegenwartsbevölkerung glücklicher gemacht habe als es ihre Vorfahren seien, könne mit Fug bezweifelt werden, »denn bei weitem die größere Zahl lebt in Armut und Mangel an allen Bequemlichkeiten [...] muß, um einer kleinen Anzahl üppiger Müßiggänger ein prachtvolles und wollüstiges Leben zu verschaffen, über Vermögen arbeiten«. Wenn man nun, dieses eingedenk, fragte, was wohl die Menschen mehrheitlich wollten – »was dünkt dich daß für die neunzig hundert Teile der policierten Menschheit nach ihrer eigenen Schätzung, das höchste Gut sein werde? Wir wollen sie nicht fragen; denn sie sind nicht unverdorben genug, uns, wie ihre Brüder in den Wäldern des Atlas, Kaukasus und Imaus, die wahre Antwort zu geben.« Aber wir können uns vorstellen, was sie sagten, sagten sie die Wahrheit: »rechne darauf, daß sie sich von keiner höhern Glückseligkeit träumen lassen, als täglich zu leben wie die Freier der Penelope [...] Grobe sinnliche Befriedigungen bei nie abnehmender Gesundheit und Stärke, und ein müßiges sorgenfreies Leben, dies ists was sie sich als das höchste Gut denken [...] Und warum nicht?«

Wir haben kein Recht, uns zu überheben, schon gar

nicht, wenn wir ehrlich genug sind zuzugeben, daß wir von jenen Wünschen nicht so grundverschiedene selber hegen. Aber das heißt nicht, daß »der Mensch« nur solche Wünsche haben müsse. So zeige ein Blick auf den Zivilisationsprozeß, daß der Mensch die Möglichkeit zur größeren Differenzierung seiner Bedürfnisse, zur Selbstbeherrschung seiner Triebe und Verfeinerung seiner Genüsse, Erweiterung seiner Kenntnisse habe. In dieser Weise entwickle sich »der Mensch«, d. h. die Gattung, und wenn man wolle, könne man das den »Zweck der Natur mit dem Menschen« nennen, denn »was könnte dieser anders sein, als die immer steigende Vervollkommnung der Gattung [...] denn nur dem einzelnen Menschen, nicht der Menschheit, sind Grenzen gesetzt«. Dieser Umstand mache es aber wieder unmöglich, von einem »höchsten Gut« zu sprechen: »wo über jeder Stufe noch eine höhere ist, gibt es kein Höchstes – als täuschungsweise«. Bezeichnend, daß Aristipp nicht den naheliegenden Abschluß macht, jene Vervollkommnung der Gattung sei eben jenes »höchste Gut«. Eine solche Redeweise würde einen ganzen Rattenschwanz an Geschichts- und Moralphilosophie nach sich schleppen. Aristipp vermeidet das ausdrücklich. Auch aus dem »Zweck der Natur« folgt nichts, denn der Satz, jeder solle das »werden, was er nach dem Zweck der Natur seyn soll« ist gleichbedeutend mit: jeder soll das tun und werden, was er kann und will.

Wieland läßt die Besprechung seiner »Politeia« durch Aristipp in Platons Hände gelangen. »Er durchblätterte das Buch, und sagte, indem er es zurück gab: ›es ist wie ich mirs gedacht hatte.‹ – Wie so? fragte einer von den Anwesenden. – Er lobt, (versetzte Plato) wovon er meint er könnt' es allenfalls selbst gemacht haben, und tadelt was er nicht versteht.« Solche Art Abfertigung ist, was man von einer mit der Aristippischen konfrontierten »philosophischen« Position erwarten muß, und es ist angenehm, daß Wieland der möglichen Versuchung widerstanden hat, seinen Aristipp besser reüssieren zu lassen. Mitgeteilt wird der Satz Platons von dessen Neffen Speusipp, gleichfalls eine historische Figur als Nachfolger Platons in der Leitung der Akademie. In der Figur des Speusipp führt Wieland einen vor, der noch nicht entschieden auf der einen oder anderen Seite steht. An der Auseinandersetzung mit ihm möchte ich vorführen, in welchem weiteren Sinne – d.h. über die Technik hinaus, Probleme verschwinden zu lassen – das Argumentieren Aristipps therapeutisch genannt werden kann.

»Ehrlich zu reden«, schreibt Speusipp über das philosophische System seines Oheims, »Ich kenne kein Anderes, woran ich mich fester halten könnte, wenn mich die närrischen Zweifel über Seyn und Nichtseyn anwandeln, die bey meines gleichen sich nicht immer mit dem Sokratischen was weiß ich? oder dem Aristippischen was kümmerts mich? abfertigen lassen wollen. Verzeih, Lieber, wenn ich deine Gleichgültigkeit über diese Dinge auf der unrechten Seite angesehen haben sollte [...]«. Ja, er tut es, denn Aristipps Haltung geht in dem, was Speusipp so etwas wie metaphysische Wurschtigkeit zu sein scheint, nicht auf. Der Fliege, um das Bild Wittgensteins noch einmal anzuführen, den Ausweg aus dem Fliegenglas zu zeigen, ist ja nur die eine Seite des wirklichen Problems. Wie ist sie reingekommen, und was hindert sie, den Ausweg selbst zu sehen? – die andere. »Die Filosofie Platons«, fährt Speusipp fort, »kommt mir nie fantastischer vor, als wenn ich mich in den Wogen des alltäglichen Lebens herumtreibe, oder beym fröhlichen Lärm eines großen Gastmahls, im Theater, oder bey den Spielen reitzender Sängerinnen und Tänzerinnen, kurz überall, wo entweder Verwicklung in bürgerliche Geschäfte und Verhältnisse, oder befriedigte Sinnlichkeit, den Geist zur Erde herabziehen und einschläfern. Wie hingegen in mir selbst und um mich her alles still ist, und meine Seele, aller Arten irdischer Fesseln ledig, sich in ihrem eigenen Element leicht und ungehindert bewegen kann, erfolgt gerade das Gegentheil; ich erfahre alles, von Wort zu Wort, was Plato von seinen unterirdischen Troglodyten erzählt, wenn sie ans Tageslicht hervor gekommen und aus demselben in ihre

Höhle zurück zu kehren genöthigt sind. Alles was mir im gewöhnlichen Zustand reel, wichtig und anziehend scheint, dünkt mich dann unbedeutend, schal, wesenlos, Tändeley, Traum und Schatten. Unvermerkt öffnen sich neue geistige Sinne in mir; ich finde mich in Platons Ideenwelt versetzt; kurz, ich bedarf in diesen Augenblicken eben so wenig eines andern Beweises der Wahrheit seiner Filosofie, als einer der etwas vor seinen Augen sieht, einen Beweis verlangt daß es da sey.« Wieland läßt seinen Speusipp hier zwar einerseits platonisierende Vokabeln verwenden (die herabgezogene Seele, ihre Fesseln, der ihr wesensverwandte Stoff, die reine Schau der Ideen usw.), andererseits aber deutlich genug ein außerphilosophisches Problem formulieren, die Frage nämlich nach der für ihn angemessenen Lebensweise. Nur mit *diesem* Problem läßt sich vom Aristippischen Standpunkt aus ernsthaft umgehen, und so antwortet er folgendermaßen: »Die Stimmung, in welcher die Platonischen Mysterien so viel Reitz für dich haben, und worin das, was sie uns offenbaren, dir wirklich das Innerste der Natur aufzuschließen scheint, ist (mit deiner Erlaubniß) nur dem Grade nach von derjenigen verschieden, worin der tragische Pentheus zwey Sonnen und zwey Theben, oder seine Mutter Agave das abgerißne Haupt ihres Sohnes für den Kopf eines jungen Löwen ansieht. Die Fantasie ist immer eine unsichre Führerin, aber nie gefährlicher, als wenn sie sich die Larve der Vernunft umbindet und aus Principien irre redet. Doch was sage ich von Gefahr? Für dich, lieber Speusipp, können diese sublimen Träume nichts gefährliches haben, wenigstens so lang' es nur ein lustiges Gastmahl oder einen Kuß der schönen Lasthenia bedarf, um dich aus den überhimmlischen Räumen in deine angeborne Höhle herabzuzaubern.«

Das ist wieder nicht wenig gesagt: philosophische Schwärmerei – soll heißen: Philosophie, sofern sie nicht nur als Beruf betrieben wird und nicht nur aus der Angewohnheit besteht, einen bestimmten Jargon zu sprechen – kann Ausdruck eines ernstzunehmenden psychischen Problems sein. Der Rat an Speusipp ist, Umgebung und Umgang so zu wählen, daß das Realitätskorrektiv stets präsent und stark genug bleibt. Aristipp fährt fort: er wolle den Freund gar nicht »widerlegen«: »wer wollte einem Freund ein harmloses Spielzeug mit Gewalt aus den Händen drehen? Alles was ich mir erlauben kann, ist, dir meine Weise über diese Dinge zu denken darzulegen, und es dann deinem eigenen Urtheil zu überlassen, ob du Ursache finden wirst, mich von der Beschuldigung einer allzugemächlichen Gleichgültigkeit im Forschen nach Wahrheit loszusprechen.« Was nun folgt, ist durchaus erstaunlich. Im Wissen, daß er dem Freund die Flausen deshalb nicht einfach ausreden kann, weil sie Ausdruck eines wirklichen Problems sind, bietet er Speusipp so etwas wie ein »philosophisches Übergangsobjekt« an. Das heißt: er stellt nicht nur eine Denkweise vor, in der die philosophischen Probleme verschwinden (um Raum zu schaffen, die wirklichen zu bearbeiten), sondern eine, die zugleich ein psychisches Bedürfnis befriedigt. Speusipp hatte von den Zweifeln über Sein und Nichtsein geschrieben, und hier knüpft Aristipp an. Zunächst folgt die sprachkritische Auflösung: »Ist es nicht sonderbar, daß wir vom Nichts entweder gar nicht reden müssen, oder uns so auszudrücken genöthigt sind als ob es Etwas wäre? Freylich sollten wir, da dem Worte Nichts weder eine Sache noch eine Vorstellung entsprechen kann, gar kein solches Wort in der Sprache haben.« Doch so geht es fort: »Mit der dilemmatischen Formel, ›Seyn oder Nicht-Seyn‹ ist gar Nichts gesagt; hier findet kein oder Statt; Seyn ist das Erste und Letzte alles Fühlbaren und Denkbaren. Indem ich Seyn sage, spreche ich eben dadurch ein Unendliches aus, das Alles was ist, war, seyn wird und seyn kann, in sich begreift. Indem ich also mich selbst und die meinem Bewußtseyn sich aufdringenden Dinge um mich her, denke, ist die Frage nicht: Woher sind wir? oder warum sind wir? – sondern das Einzige was sich fragen läßt und was uns kümmern soll, ist was sind wir? Und ich antworte: wir sind zwar einzelne aber keine isolierte Dinge; zwar selbstständig genug, um weder Schatten noch Widerscheine, aber nicht genug, um etwas anders als Gliedmaßen (wenn ich so sagen kann) oder Ausstrahlungen (wenn du es lieber so nennen willst) des unendlichen Eins zu seyn, welches ist, und Alles, was da ist, war, und seyn wird, in sich trägt.« Das geht noch eine ganze Weile so weiter, und ich weiß nicht, ob es der Leserin geht wie mir, wenn ich mich an den Speisewagen im Zug nach Lissabon und die »sechste, nein wohl meine achte Demi-tasse gezuckerten Mokkas« zu erinnern gezwungen sehe, bei der Felix Krull den Hymnus des Professor Kuckuck vom »Sein und vom Leben« anhört: »Sein sei nicht Wohlsein; es sei Lust und Last, und alles raumzeitliche Sein, alle Materie habe Teil, sei es auch im tiefsten Schlummer nur, an dieser Lust, dieser Last, an der Empfindung welche den Menschen, den Träger der wachsten Empfindung zur Allsympathie lade. – ›Zur Allsympathie wiederholte Kuckuck, indem er sich mit den Händen auf die Tischplatte stützte, um aufzustehen, wobei er mich ansah mit seinen Sternenaugen und mir zunickte.« Das Gefühl, das diese Worte bei Krull auslösen, nennt dieser »die große Freude«, und wer (vorausgesetzt, er wäre kein wirklich verschworner Feind Thomas Manns, was es ja geben soll) die Gelegenheit hatte, Mann das Kapitel vorlesen zu hören, wird sich diesem Gefühl, oder doch wenigstens einem Anflug desselben, nicht ganz verschlossen haben.

Aber was für ein Gefühl ist das? Man wird sich an einen andern Text erinnern, Sigmund Freuds »Das Unbehagen in der Kultur«. Freud beginnt damit, einen Einwand zu referieren, den Romain Rolland Freuds Schrift »Die Zukunft einer Illusion« entgegengesetzt hatte: »[...] er antwortete, er wäre mit meinem Urteil über die Religion ganz einverstanden, bedauerte aber, daß ich die eigentliche Quelle der Religiosität nicht gewürdigt hätte. Diese sei ein besonderes Gefühl, das ihn selbst nie zu verlassen pflege, das er von vielen anderen bestätigt gefunden und bei Millionen Menschen voraussetzen dürfe. Ein Gefühl, das er die Empfindung der ›Ewigkeit‹ nennen möchte, ein Gefühl von etwas Unbegrenztem, Schrankenlosem, gleichsam ›Ozeanischem‹. [...] Diese Äußerung meines verehrten Freundes, der selbst einmal den Zauber der Illusion poetisch gewürdigt hat, brachte mir nicht geringe Schwierigkeiten. Ich selbst kann dieses ›ozeanische Gefühl‹ in mir nicht entdecken. [...] Habe ich meinen Freund richtig verstanden, so meint er dasselbe, was ein origineller und ziemlich absonderlicher Dichter seinen Helden als Trost vor dem freigewählten Tod mitgibt: ›Aus dieser Welt können wir nicht fallen.‹« Freud versteht dieses Gefühl als eine Art »Erinnerung« an einen Gefühlszustand, in dem die Ich-Leistung zwischen dem eigenen Selbst und der Außenwelt zu unterscheiden, noch nicht (vollständig) vollbracht worden war. »Wenn wir annehmen dürfen, daß dieses primäre Ichgefühl sich im Seelenleben vieler Menschen – im größeren oder geringeren Ausmaße – erhalten hat, so würde es sich dem enger und schärfer umgrenzten Ichgefühl der Reifezeit wie eine Art Gegenstück an die Seite stellen, und die zu ihm passenden Vorstellungsinhalte wären gerade die der Unbegrenztheit und der Verbundenheit mit dem All, dieselben, mit denen mein Freund das ›ozeanische‹ Gefühl erläutert.« Speusipp nun benutzt die Philosophie Platons, um in diesem Gefühl schwelgen zu können. Das philosophische Wundern darüber, »daß etwas ist und nicht vielmehr nichts«, ist für ihn Ausdruck einer Verstörung, über die er sich nicht hinwegsetzen kann: »Doch ich will zugeben, daß dies dialektische Spitzfindigkeiten sind, die uns das zweyfache Gefühl, daß wir selbst sind und daß etwas außer uns ist, nicht abvernünfteln können« – das Gegenteil ist der Fall: Speusipp sucht Gründe, die ihn der Gefühle versichern können. Will man ein wenig Philosophie bewahren, so könnte man sagen, Speusipp habe mit der Erkenntnis, daß wir kontingente Wesen sind, Schwierigkeiten; der Psychologe würde hier von »schwachen Ich-Grenzen« sprechen, und wenn Speusipp in der platonischen Anamnesis-Lehre (daß unser Wissen eine Wiedererinnerung an die einmal vor unserem irdischen Leben geschauten reinen Ideen sei) schwärmt, so klingt das wie eine Mythologisierung der Gefühlserinnerungen, von denen Freud geschrieben hat: Die »Ideen, die in Platons Filosofie eine so große Rolle spielen [...] sind [...] unmittelbar von der ersten ewigen Grundursache alles Denkbaren und Wahrhaftexistierenden erzeugt, und waren die Gegenstände, an deren Anschauen unsre Seelen sich weideten, bevor die strenge Anangke sie in diese Sinnenwelt und in sterbliche Leiber zu wandern nöthigte. [...] Die Meisten wähnen, daß die Gegenstände, die ein dunkles Nachgefühl ihres ehmahligen Zustandes in ihnen erwecken, das, was sie scheinen, wirklich seyen [...] Nur sehr wenige (nehmlich, nach Plato, die Filosofen im ächten Sinn des Wortes) sind weise genug, den Schein von der Wahrheit zu unterscheiden [...]« und so weiter. Man versteht, daß Aristipp sich Sorgen macht. Mit anderen, gesetzteren Worten: Wieland übersetzt die Philosophie Platons in die Tirade eines jungen Schwärmers, die die psychischen Gehalte dieser Philosophie deutlich macht. Der mythologische Vergleich, den Wieland Aristipp anstellen läßt (s. o.) ist darum sehr genau gewählt: es handelt sich um einen psychotischen Zerfall, den Euripides in seinen »Bacchen« schildert, nachdem die persönlichen Dispositionen durch eine soziale (Sekten-)Praxis verstärkt worden waren. Aristipps Warnung und seine Mahnung zum Korrektiv durch den Alltag sind deutlich. Speusipp sucht in der Philosophie Platons die Lösung von psychischen Problemen, die dort aber nur verstärkt werden können.

Das »Übergangsangebot«, das Aristipp Speusipp macht, besteht im Angebot einer Weltsicht, die psychisch ähnlich »aufgeladen« ist, wie der Platonismus, aber den Kontakt zur Realität nicht suspendiert. Du kannst beides haben: die Anerkenntnis deines kontingenten Zustandes und einer von dir getrennten Außenwelt *und* das ozeanische Gefühl. Ferner: laß es nicht zu, daß sich das Bedürfnis nach diesen Gefühlszuständen zu irgendwann nicht mehr kontrollierbaren Phantasien über die Unwirklichkeit der Welt auswächst, verstärke darum den Kontakt zu Menschen, die von anderer psychischer Disposition sind als du, und verringere den Umgang mit Menschen, die sich angewöhnt haben, vergleichbare Borderline-Existenzen zu Philosophenschulen zusammenzufassen und ihnen einzureden, sie seien im Besitze irgendeines nur sie auszeichnenden Wissens. Das ist die Quintessenz der Aristippischen therapeutischen Intervention, die in der Tat das letzte Wort seiner »Philosophie« ist. Seiner Rede vom unendlichen Sein folgt drum auch rasch: »Aber unter welchem Bilde ich mir auch in gewissen Augenblicken das große Geheimnis der Natur zu symbolisieren suchen mag, der einzige Gebrauch, den ich davon mache, ist: die ewige Grundmaxime der ächten Lebensweisheit daraus abzuleiten, die zugleich die Regel unsrer Pflicht und die Bedingung unsrer Glückseligkeit ist. Denn natürlicher Weise trägt die Überzeugung, ›daß ich nur als Gliedmaß des unendlichen Eins da seyn, aber auch nie gänzlich von ihm abgetrennt werden kann,‹ eine zwiefache Frucht: erstens, die feste Gesinnung, daß ich nur durch Erfüllung meiner Pflicht gegen das allgemeine sowohl, als gegen jedes besondere Ganze, dessen Glied ich bin, in der gehörigen Unterordnung des Kleinern unter das Größere, glücklich seyn kann; und zweytens die eben so feste Gewißheit, daß ich, wie beschränkt auch meine gegenwärtige Art zu existieren scheinen mag, dennoch als unzerstörbares Glied des Unendlichen Eins, für Raum und Zeit meines Daseyns und meiner Thätigkeit kein geringeres Maß habe, als den hermetischen Zirkel – die Unendlichkeit selbst. Ich weiß es nicht gewiß, aber ich vermuthe, daß sich Plato bei seinem Auto-Agathon eben dasselbe denkt [...]« Das zweite, die »Gewißheit« ist der Köder, in dem der Haken – die Mahnung, sich um seine Mitmenschen zu kümmern – steckt.

Der therapeutische Erfolg blieb übrigens aus. Wir wissen es nicht aus Wielands Roman, wir wissen aber, worauf der anspielt. Speusipp ist im Buche wie in der Überlieferung, wie schon mehrfach erwähnt, der Nachfolger Platons als Leiter der Akademie (»Er hat sich daran gewöhnt, den künftigen Erben seiner Verlassenschaft auch als den Erben seiner Filosofie zu betrachten, und ich kann es nicht über mein Herz gewinnen, ihm einen Wahn zu rauben, an welchem das seinige Wohlgefallen und Beruhigung zu finden scheint.«) Diogenes Laertios berichtet, daß Speusipp, nachdem er die Leitung der Akademie übernommen hatte, an einer Gliederlähmung erkrankte und sich dorthin fahren lassen mußte. Er endete vermutlich durch Selbstmord.

Es ist nicht der einzige Fall von Platonismus mit letalem Ausgang. Wem befremdlich erscheint, daß hier das Denken Freuds und das Wielands so nahe zusammengebracht sind, möge sich vor allem mit dem im ersten und zweiten Band geschilderten Fall des Kleombrotos von Ambrakien befassen. An anderer Stelle habe ich diese Episode eingehend besprochen, weshalb ich mich hier kurzfassen kann. Der Sokrates-Schüler Kleombrotos gehört zu denen, die zu Beginn des »Phaidon« erwähnt werden: sie sind am Sterbelager des Sokrates nicht anwesend. Kleombrotos erträgt den Vorwurf nicht und bringt sich um. Die Schilderung der wachsenden Verzweiflung des Kleombrotos ist geschrieben, als hätte Wieland auf die Lektüre von Sigmund Freuds »Trauer und Melancholie« anspielen wollen. Wieland schildert einen mißlingenden Trauerprozeß, eine Melancholie, die sich vom geliebten Objekt nicht lösen kann – Ursache sind, ganz »nach Lehrbuch« die Ambivalenzen des vorherigen Verhältnisses. Auch hier gelingt die Therapie nicht – sie wird aber auch nicht ernsthaft versucht. Aristipp und Lais haben keinen Einblick in die Psychodynamik, sie interpretieren die Melancholie als Trauer und versuchen vergeblich, den Trauerprozeß zu beschleunigen. Das (wiewohl ebenfalls vergebliche) tiefere Verständnis für Speusipp kann man als Wissenszuwachs verstehen, den Wieland vorführt. Was im fünften Band geschrieben worden wäre, wissen wir nicht, können aber voraussetzen, daß Wieland die hier geschilderte Erweiterung der ersten therapeutischen Einsicht in die Notwendigkeit der Auflösung intellektueller Scheinprobleme um die zweite des Verständnisses für die psychischen Probleme als deren Ausdruck erstere sich verstehen lassen, nicht zurückgenommen hätte.

Diesen erstaunlich engen Bezug zum Denken Freuds möchte ich zum Anlaß für eine letzte Überlegung vor Schluß des Kapitels nehmen, und an einige Gedanken aus der Einleitung anknüpfen. Wer die Frage nicht mag, wie es denn komme, daß ein Autor wie Christoph Martin Wieland einem andern wie Sigmund Freud »Erkenntnisse vorweggenommen« habe, sei es, weil es die Originalität des letzteren schmälere, sei es, weil die methodischen Probleme, die solche Behauptungen traditionellerweise implizieren, nicht gering sind, wird vielleicht die andere akzeptieren, wie es zu erklären sei, daß ein Sigmund Freud, der so was nicht leicht tat, sich entgehen ließ, über einen »Fall« wie den des Kleombrotos von Ambrakien zu schreiben. Nun ist die Antwort simpel: er kannte das Buch nicht. Wieland und viele andere Autoren des 18. Jahrhunderts kommen bei ihm nicht vor. Man denke, ein diesbezüglich Gebildeter hätte ihn auf Karl Philipp Moritz, den »Anton Reiser« oder gar das »Magazin zur Erfahrungsseelenkunde« aufmerksam gemacht (es muß für die Fragestellung nicht immer Wieland sein).

Niemand wird Freud mangelnde Bildung vorwerfen können, noch wollen. Aber seine Bildung war an einen bestimmten Kanon gebunden, den des 19. Jahrhunderts. Man kann sogar sagen, daß »zu Freuds Zeiten« gebildet zu sein hieß, sich in diesem Kanon auszukennen. Freud tat das vorzüglich und besser als seine in der Regel nicht so gebildeten Kollegen. Ein solcher Kanon ist um zentrale Autorenfiguren und Texte aufgebaut und hat einen zeitlichen Rahmen. Was »danach« kommt ist »modern« und noch nicht bewährt, und es ist ins Belieben des Einzelnen gestellt, wieviel er davon zur Kenntnis nehmen mag – jedenfalls nicht so viel, daß es auf Kosten der Kenntnis der kanonischen Literatur geht. Was »davor« liegt, ist Vorgeschichte, und für sie gilt dasselbe: der »historisch Interessierte« wird Einiges davon zur Kenntnis nehmen, aber nicht zu viel. Beides, das »Davor« und »Danach« gilt als eher schwer verständlich und/oder banal. Die Ideale des Allgemeinverständlichen und des Bedeutsamen werden anhand von Kernbeispielen des Kanons definiert. Hat sich ein Kanon erstmal etabliert, so gleicht über ihn zu sprechen, dem was Thomas Kuhn »normal science« nennt – es ist den Beteiligten ziemlich klar, welche Art von Argumenten als zulässig gelten und welche nicht. Anders ist es, wenn sich ein »Paradigmenwechsel« abzeichnet, bzw. der Kanon seine Akzeptanz verliert. Man streitet über die Etablierung eines neuen (oder erstmal nur über die Abschaffung des alten), und es ist nicht klar, was dabei zulässig ist und was nicht. Jedenfalls wird von Vertretern des Kanons seine Infragestellung in der Regel als »unseriös« aufgefaßt werden. Das ist nicht verwunderlich, da Seriosität in bezug auf den Kanon definiert wird. Der Vorwurf der Unseriosität ist eine der klassischen Strategien, Vertreter eines anderen (»neuen«) Paradigmas von den Institutionen, in denen die Vertreter des alten sitzen, fernzuhalten. Und an diesem Ziel ist ja auch gar nicht so viel auszusetzen, denn daß die Vertreter eines neuen Paradigmas nur aus jungen, intelligenten, aufgeschlossenen und vorurteilsfreien Leuten bestünden, ist ein Selbstbild der Prätendenten, entworfen mit dem Ziel, Hilfstruppen für die Einnahme der Institutionen zu werben.

In den 50er und 60er Jahren galten die literaturgeschichtlichen Arbeiten Arno Schmidts als nicht ernstzunehmende Ausfälle eines Querulanten, in den 80ern setzt die Bayerische Schulbehörde sie auf die Empfehlungsliste für den Deutschunterricht. Dabei wüßte ich nicht zu sagen, ob hier sich ein wirklicher Kanon*wechsel* abzeichnet oder bloß ein alter Kanon verschwunden ist, ohne einen Nachfolger zu hinterlassen. Das ist eine Frage, die wir an die Zukunft unserer literarischen Kultur insgesamt zu stellen haben, und die hier nicht beantwortet werden muß. Denn auch wenn ein alter Kanon an Verbindlichkeit einbüßt, bedeutet das ja eben nicht nur das Unverbindlichwerden der Kenntnis des Kernbestandes des Kanons, sondern auch ein Unverbindlichwerden der Grenzen, und zwar (in zeitlicher Hinsicht) nach vorn wie nach hinten. Im Fernsehen kann sich der Germanist Otto Conradi den Satz erlauben, zu einem Germanistikstudium gehöre nicht mehr selbstverständlicherweise die Kenntnis des »Faust«. Seinen Gesprächspartner, den Kritiker Marcel Reich-Ranicki empört die Bemerkung, und die Empörung hat meine Sympathie. Aber Conradi hat zunächst nur eine Abnahme an gewissen Verbindlichkeiten beschrieben, ob die nun von ihm gebilligt wird oder nicht. Dieses Unverbindlichwerden des Kanons erlaubt einerseits einen unverkrampfteren Umgang mit Neuem, das nicht *in erster Linie* daran gemessen werden muß, wie es sich zur Wertegemeinschaft des Kanonisierten verhält, als auch mit Altem. Wem Goethe ferne rückt, dem sind interessanterweise Lessing, Wieland, Moritz, Hippel, Heinse nicht »um so ferner«, sondern erst einmal »gleich fern«, und damit um das Maß des Fernerwerdens des Einen nähergekommen. Das erstaunte Wahrnehmen einer »verblüffenden Modernität« ist zunächst nichts weiter als die Verschiebung in der Wahrnehmung von Nähe und Ferne. So besehen, ist das Ganze nicht mehr so unbedingt rätselhaft. Weil wir uns nicht mehr auf einen Kanon verpflichtet fühlen, der für Freud und die meisten seiner gebildeten Zeitgenossen noch Verpflichtung war, können wir Autoren, die der Kanon ausgeschlossen hatte, heute mit Freud in Verbindung bringen wie er selbst Autoren, die der Kanon eingeschlossen hatte, mit seinen Gedanken in Verbindung brachte.

Das ist aber nur eine mögliche Darstellungsform der Parallele Wieland–Freud, und zwar die anspruchslosere. Die interessantere bestünde in dem Versuch, zu verstehen, warum Wieland »schon« ähnlich wie Freud denkt, bzw. Freud nicht »noch«, sondern »wieder« wie Wieland. In ihrer Theorie einer Psychogenese der modernen Vernunft haben Hartmut Böhme und Gernot Böhme das Denken Fichtes als hemmungslose narzißtische Phantasie gedeutet, und gleichfalls Freuds Anmerkungen zum »ozeanischen Gefühl« zitiert. Sie merken dazu an: »Der Vergleich der dynamischen Konstruktion des Subjekts bei Fichte mit bestimmten Konzepten der Psychoanalyse hat [...] nicht etwa einen geistesgeschichtlichen Sinn derart, daß *schon*

Fichte Momente der psychoanalytischen Theorie vorausgedacht hat oder Freud *noch* in Bahnen des Idealismus denkt. Fichte mit Freud zu lesen, meint vielmehr den Anspruch, ans Licht treten zu lassen, was geltungslogischem Argumentieren entgeht: und das sind die energetischen Besetzungen, die an kognitive Konstrukte geknüpft sind und in der formalen Allgemeinheit des begriffslogischen Vernunftdiskurses verborgen sind.« Die Stelle bleibt ein wenig in der Schwebe. Sie tritt als Auskunft zur Methode auf (»Fichte mit Freud zu lesen, mag unstatthaft erscheinen dem, der in der Philosophie allein die von jedweden historischen Antrieben befreite, geltungstheoretisch ausgewiesene Bewegung von Begriffen sehen will.«), sie ist aber doch eine ad personam. Der Befund verbietet die Zuschreibung des Vorgängerstatus, und zwar aus demselben Grund, aus dem man Schreber nicht als einen Vorläufer Freuds bezeichnen würde. Die methodische Frage ist bereits vorentschieden durch den Entschluß, das Unternehmen überhaupt zu starten, es besteht im Bestreiten des besonderen Geltungsanspruches des Faches Philosophie. Wird dieser einmal bestritten, ergibt sich die Möglichkeit, Philosophie so zu »kontextualisieren«, wie man immer will – über die Triftigkeit des unternommenen Versuches muß man im Einzelfall sich auseinandersetzen. Die psychologische und psychohistorische Kontextualisierung der Fichteschen Philosophie aber hat in diesem Fall ein ganz bestimmtes Ergebnis, es lautet so: »Es ist die Imagination des Ich als einzig und absolut: wäre es nicht Fichte, wäre es Wahnsinn. Die Irrenärzte der Zeit wie Reil oder Pinel erzählen fortlaufend von Kranken, die sich für Gott, Jesus, Ludwig XIV. oder das Universum halten. Hier aber: Wahnsinn als Philosophie, Einbildung eines hybriden Größen-Selbst, das seine Ohnmacht – nämlich die Abhängigkeit von mächtigen Objekten (und seien dies die Eltern oder die beengenden deutschen Sozialverhältnisse) – nicht anders abwehren kann als durch ein narzißtisches Manöver: das Ich ist ›aller Realität Quelle‹, und selbst das Nicht-Ich wird im Zurücklaufen der Tathandlung zum Moment des Ich. Absolut, einzig und mächtig ist nur das Ich: Wiederauflage archaischer Größenphantasien.«

Daß es Wahnsinn wäre, wäre es nicht Fichte – der Schluß geht uns leicht über die Lippen. Und darum erscheinen uns Sätze wie die folgenden als spießiges, antiintellektuelles Ressentiment: »Wieland erklärte sich aufs neue sehr stark gegen die Epidemie der Kantischen Philosophie. Alle guten Köpfe müßten en masse gegen ein Unwesen aufstehen, das alle Humanität und Philologie umzustürzen drohe. Ein Fürst solle die Barmherzigkeit haben, für die transcendentalen Herren ein Tollhaus anzulegen. Kant's eigene Schriften würden als Denkmäler des subtilsten menschlichen Scharfsinnes bestehen, aber seiner Jünger Schriften würden wie Spreu zerstieben.« Wären sie wie Spreu zerstoben, wäre der Satz, daß es Wahnsinn wäre, wäre es nicht von Fichte, heute weniger plausibel. Zugegeben: es sind eine Menge »wäre« in dem Satz, aber dennoch bleibt festzuhalten, daß die Geltung rein »geltungslogischen« Argumentierens an historischen, d. h. kontingenten Bedingungen haftet. Den, der meint, diese historischen Kontingenzen hätten das eigentlich vernunftgemäße Denken hervorgebracht, mutet Wielands Versuch, mit einem Roman dawider streiten zu wollen, so quijotesk wie reaktionär an. Wer in der modernen Philosophie einen Ausdruck des modernen bürgerlichen zwangsneurotischen Charakters sieht, wird in dem letzten großen Versuch, zu bestimmen, was Aufklärung sei, etwas ganz anderes sehen. Und er wird in ihm einen Teil einer Traditionslinie erkennen, die zwar oft Abbrüche erfahren hat, aber, jedenfalls bis heute, nicht untergegangen ist.

Der Kanon des 19. Jahrhunderts hat sich – ohne irgendwelche allzu einfachen Fundierungsverhältnisse zu behaupten oder auch nur heimlich andeuten zu wollen – herausgebildet, nachdem das kurze halbe Jahrhundert der deutschen Aufklärung zu Ende war. Damit reißt eine Tradition erneut ab, die sich durch ununterbrochene Generationenfolgen sowieso nie hat auszeichnen können. Wenn

der im vorigen Kapitel bereits erwähnte Stephen Toulmin
einen Bogen von der modernen Wissenschaftsphilosophie
(d.h. den eigenen Arbeiten, denen von Kuhn, Lakatos,
Feyerabend) zu Montaigne schlägt, dann benennt er einen
weiteren Namen dieser Traditionslinie. Toulmin sieht das
»moderne«, nachmittelalterliche und säkulare Denken mit
den Denkern der Renaissance, mit Erasmus von Rotter-
dam, Shakespeare und eben vor allem Montaigne einsetzen. Die »antiskeptische« Wendung unter Descartes ist für
ihn eine Reaktion auf Montaigne, verständlich aus den
Umständen der politischen Krise des 17. Jahrhunderts.
Toulmin versteht die Wendung gegen die mit Descartes
einsetzende Tradition der Suche nach »Gewißheit« anstatt
Verständnis gegen Ende des 20. Jahrhunderts aus einer
spezifischen Konstellation von Wissenschaftsentwicklung
und politischer (Generationen-) Erfahrung und als eine
Rückwendung zum freieren Denken der Renaissance. Was
Toulmin hier im europäischen Maßstab sieht, hat seine
Parallele in Wielands Versuch, gegen eine neue Ge-
wißheitsphilosophie aufzutreten. Wenn wir die Überlegungen Toulmins mit den Überlegungen dieses Kapitels
zum Verhältnis Wieland/Kant und zu Wielands Versuch,
antike Traditionen und englische Skepsis in Beziehung
zu setzen, zusammennehmen und verbinden mit der
grundsätzlichen Kritik der erkenntnistheoretischen Tradition von Descartes über Locke und Kant bis zum modernen
Empirismus durch Richard Rorty, einem gegenwärtigen
Destrukteur und gleichzeitig therapeutisch Schreibenden
(so auch seine Selbstkennzeichnung), dann können wir
die Grundlinien einer langen, wiewohl immer wieder un-
terbrochenen Traditionslinie sehen, die (so würde Wieland sagen und auf Xenophon deuten) von Sokrates über
Aristipp von Kyrene zu Horaz und Lukian reicht, aber
gegenüber dem eigentlich »philosophischen« Mainstream
am Rande bleibt – andere würden vielleicht nur die antiken Skeptiker, Pyrrhon etwa, Sextus Empiricus einrech-
nen –, unterbrochen wird durch den Einbruch des Christentums in die antike Zivilisation, und die wieder-

aufgenommen wird in der Renaissance durch Erasmus, Shakespeare, Montaigne, unterbrochen wird durch Descartes-und-die-Folgen, wiederauflebt in der Aufklärung, wo sie durch Namen wie Diderot, Bayle, Lessing, Wieland, Sterne, Hume repräsentiert wird, in Deutschland durch Kant-und-die-Folgen und allgemein durch das Fortexistieren des durch Descartes begründeten erkenntnistheoretischen Paradigmas beendet wird, und im 20. Jahrhundert durch Namen wie Wittgenstein, Dewey (auf Seiten »der Philosophie«) wenigstens umrißhaft Gestalt behält, wie stets in anderen Sparten des öffentlichen Nachdenkens präsenter ist, für die Namen wie Freud, Kraus oder Mauthner stehen, und erst gegen Ende des Jahrhunderts erneut das Selbstbewußtsein einer Tradition durch das noch einmal erfolgende theoretische Durcharbeiten der Entbehrlichkeit der anderen erhält durch Denker wie Stephen Toulmin und Richard Rorty: »Das einzige, worauf ich bestehen möchte, ist das folgende: Das moralische Interesse der Philosophen sollte sich auf die Fortsetzung des abendländischen Gespräches richten, nicht darauf, daß den traditionellen Problemen der modernen Philosophie ein Platz in diesem Gespräch reserviert bleibt.«

Viertes Kapitel

LAIS

*»Jedes andere Weib von Ihrer Feder ge-
schildert ist mir begreiflicher.«*

Sophie Brentano

Ich glaube, es war Hans Mayer, der einmal gemeint hat,
ein Jeder sei einmal in Tony Buddenbrook verliebt gewesen. Ich muß hier gestehen, daß ich die immer für eine
Gans gehalten habe, Morten hin oder her. Was geht das
uns an? fragt der Leser mit einem gewissen Recht, aber
doch nur mit einem gewissen. Die Zuneigung, die man zu
einem Buche hegt, wird, wenn sie lange dauert, gewiß bestimmt durch das, was eine die Welt in Hierarchien zerle-
gende Anschauung »Tiefenstrukturen« nennen würde, was
aber doch auch immer nur Gestaltungsform der Oberfläche ist. Gewiß tritt irgendwann »der Inhalt«, die »Story«
im Aufmerksamkeitsfeld zurück und macht anderem
Platz, doch ist die Literatur keine Musik. Was musikalisch
an ihr ist, ist die Form der Mitteilung, und wenn auch irgendwann diese nicht mehr der ausschließliche Inhalt jener ist, so bleibt sie doch erhalten und läßt sich nicht weg-
denken. Anders gesagt: wer ein Buch liebt, ist nicht ohne
Anteilnahme für die Figuren, die seine »Story« tragen, er
wird immer mal wieder auch der Suggestion sich überlassen, hier wäre das zuhanden, was er sich angewöhnt hat,
die Wirklichkeit zu nennen, und es ist ja gerade die Kunst
der Form, mit diesen sehr wohl auch auf nicht unwichtige
Bedürfnisse der Lebenssimulation beruhenden Lese-Erle-
ben zu spielen. Ich also liebte einst die Lais, und wiewohl
ich den Teufel tun werde, mein Herz auf literaturwissen-
schaftlichen Tischen auszubreiten bzw. zuzubereiten, so

gehört doch wenigstens ein Gränlein Subjekt zu jedweder Objektivität. Interessant ist solche Mitteilung an die Leserin nicht als Exhibitionismus des Verfassers, an dem ihr wenig genug gelegen sein wird, als vielmehr wegen seiner Unfähigkeit, über seine frühere Verliebtheit Auskunft zu geben, jedenfalls in plain words. Fast alles, was zu sagen wäre, hier vorwegnehmend, möchte ich diese Unfähigkeit auf eine Eigenschaft der Figur »Lais« zurückführen, die man »Zweideutigkeit« nennen könnte. Diese Zweideutigkeit zeigt sich an ihr, von welcher Seite man sich ihr auch nähert: von Seiten der Quellen und der Frage nach ihrem Vorbild, aus der Perspektive des Klatsches wie der Frage, was an ihr Vorbildlichkeit wäre, ihr Aussehen ist so zweideutig wie ihr Ideal, ihre Gunst und die Frage, worin sie bestehe, so wenig eindeutig wie ihr Tod am Ende des dritten Bandes. Wiewohl sie als Figur dem Aristipp so ebenbürtig, daß ich keinen andern Roman zu nennen wüßte, der die Gewichtigkeit männlicher und weiblicher Hauptfigur so sorgsam tariert hätte, daß man wahrlich von einer Gleichberechtigung der Geschlechter sprechen kann, so dauert doch dieses Gleichgewicht nur bis zum Ende des dritten Bandes, dem anzunehmenden Tod der Lais, und fünf Bände wenigstens sollte der »Aristipp« haben. Andererseits *hat* er eben keine fünf gehabt, und der vierte Band besteht zu zwei Dritteln aus philosophischem Rezensentenwerk, als habe der Verfasser den Raum, den die Lais hätte einnehmen sollen, der Philosophie geschenkt, die ja auch durchaus explizit von Aristipp als Anästhesierung des Schmerzes um Lais getrieben wird. Schließlich aber ist Lais so sehr Pendant des Aristipp, so sehr seine »andere Seite«, daß man daran irre wird, Gleichberechtigung das zu nennen, was doch nur ideale Abhängigkeit wäre, und man gerät in Versuchung, den Lebensweg der Lais als Demonstration zu lesen, daß ein aristippischer Lebensweg weibliche Sache nicht sein könne, gar dürfe. Was aber die Psychologie (nicht der Figuren, sondern des Romanes insgesamt) angeht, so verkörpert in einem wörtlichen Sinne Lais die Zweideutigkeit der Erotik, ganz anders als Aristipp; (und das wäre wiederum eine ziemlich gute Begründung für das o. a. private Gefühl). Das Fehlen der Lais im vierten Band hat darum auch eine fast unheimlich wirkende erotische Öde zur Folge. Künstlerisch betrachtet – für den Fall, daß man der Ausgewogenheit ein gewisses Gewicht geben will – kommt der Roman ohne eine vergleichbare Frauengestalt nicht aus, und wieder richtet sich alle Phantasie auf den ungeschriebenen fünften Band. – Zunächst aber zum ersten Auftritt der Lais im Buche.

Einige der Zweideutigkeiten zeigen sich – oder vielmehr: die Zweideutigkeit der Figur »Lais« zeigt sich bereits in der ersten Begegnung, die man bzw. Aristipp mit ihr hat. Sie ist im 2. Brief des ersten Buches geschildert; Aristipp schreibt an seinen Freund Kleonidas aus Korinth. Der Anlaß der Begegnung ist so trivial wie frivol, Aristipp verwechselt in einem Badehause die Hinweisüberschriften »Herren« und »Damen«: »Ich gehe hinein, und da sich nicht gleich ein Aufwärter zeigt, öffne ich aufs Geratewohl eine der Badekammern und treffe gerade den Augenblick, da eine junge Frauensperson, die sich ganz allein darin befand, im Begriff war aus dem Bade zu steigen. Dies war das erste Mal in meinem Leben, daß ich vor einem schönen Anblick zusammenfuhr; gleichwohl weiß ich nicht wie es kam, daß ich, anstatt zurück zu treten, und die Tür, die ich noch in der Hand hatte, vor mir wieder zuzuziehen, sie hinter mir zumachte, und meine Verlegenheit dadurch vermehrte. Die Dame, die bei meiner Erblickung plötzlich wieder untertauchte, schien sich an meiner Bestürzung zu ergetzen. ›Wie? (sagte sie lachend, mit einer Stimme, deren Silberton meine Bezauberung vollendete) fürchtest du das Schicksal Aktäons, daß du vor Schrecken sogar zu fliehen vergissest? Da ich weder so schön wie Artemis noch eine Göttin bin, darf ich auch weder so stolz noch so unbarmherzig sein wie sie. Du bist ein Fremder, wie ich sehe, und hast vermutlich die Überschrift über der Pforte dieser Thermen nicht gelesen.‹«

Auf die Mythologica in diesem und den folgenden Absätzen des Briefes komme ich noch zu sprechen – zunächst

weiter in der Handlung. Aristipp erholt sich von seiner
Überraschung schnell und kontert schlagfertig, er habe ja
nicht (wie Aktaion) zuviel, sondern zuwenig gesehen, aber
da erscheinen auch schon zwei Dienerinnen, die um einen
Rat nicht verlegen sind: »Was für eine Strafe, sagte die
Dame, hat dieser junge Mensch verdient, für die Verwe-
genheit sich in ein fräuliches Bad einzudringen, das gewiß
noch von keinem männlichen Fuße betreten worden ist? –
Die gelindeste wäre wohl, ihn anzuspritzen und in einen –
Hasen zu verwandeln, sagte die jüngere. Das wäre eine zu
milde Strafe für ein so schweres Vergehen, versetzte die
ältere; ich weiß eine andere, die dem Verbrechen ange-
meßner ist. Ich würde ihn dazu verdammen, so lange bis
wir unsern Dienst verrichtet haben, hier zu bleiben, und
dann die Thür hinter uns zuzuschließen. Meinst du? sagte
die Dame, indem sie sich erhob, und, ihre in einen dicken
Wulst über der Scheitel zusammengebundene Locken auf-
lösend, von einer Fülle bis unter die Kniee herab fallender
gelber Haare, wie von einem goldenen Mantel, umflossen,
aus dem Wasser stieg, und sich, eben so unbefangen als ob
sie mit ihren Mägden allein wäre, abtrocknen und mit
wohlriechenden Öhlen einreiben ließ.« – Als Aristipp die
Strafe in eine Belohnung zu verwandeln versucht und
seine eigenen Dienste anbietet, wirft sie ihn »mit einem
zürnenden Blick auf einmal wieder in die Schranken der
Ehrfurcht zurück, die der Schönheit und dem Stande, von
dem sie zu seyn schien, gebühren.« Er bleibt also stehen
und erhält »dafür die zweydeutige Belohnung, daß man die
Mysterien des Bades mit der größten Gelassenheit vollendete, ohne sich um meine Gegenwart, oder wie mir dabei
zu Muthe seyn möchte, im geringsten zu bekümmern.«
  Als zweideutige Strafe war es ersonnen, als zweideutige
Belohnung wird es erlebt. In naturalibus die schöne Frau,
doch durchaus nicht nackt; zwar nicht sittsam wie Lady Go-
diva, denn selbstersonnen ist das Ganze, aber doch auch
nicht so derb erotisch wie deren Pferderitt; von äußerster
Intimität der zur Schau gestellte Vorgang, doch durch eine
Zone verordneter Ehrfurcht vor jeder Schamlosigkeit ge-

schützt. »Als sie wieder angekleidet war, heftete die Dame im Weggehen einen ernsten Blick auf mich und sagte: Vergiß nicht, daß es dem Ixion übel bekam, sich kleiner Gunstbezeugungen der Götterkönigin zu rühmen! – und ohne meine Antwort zu erwarten, stieg sie in eine prächtige Sänfte, die von vier Sklaven schnell davon getragen wurde. Mir war, als ob ich aus einem Traum erwachte.« Wiedergesehen hat er sie zu Korinth nicht, auch ihren Namen nicht herausgebracht, wiewohl sie den seinen, und eine der Dienerinnen ihm ein Körbchen mit einer perlenverzierten Haarlocke überreichen läßt – aber nichts weiter.

Der Hinweis auf die Sage von Ixion hat es übrigens »in sich«. Denn die »kleinen Gunstbezeugungen« der Hera, denen Ixion sich rühmte, bestanden immerhin in einem Beischlaf. Daß das Sich-Rühmen und nicht der Vollzug unter Strafe gestellt wurde, lag daran, daß Ixion ein Wolkengebilde, Nephele, umarmte: »auf sonnbeglänzten Pfühlen herrlich hingestreckt, / zwar riesenhaft, ein göttergleiches Fraungebild, / Ich seh's! Junonen ähnlich«, das Zeus als Substitut geformt hatte. Die Warnung lautet also: sage nicht, du hättest, wo du nicht hast – und gleichzeitig auch: wofern du hättest, wär' es nichts weiter als eine »kleine Gunstbezeugung«, deren sich zu rühmen nicht ansteht? Nun, wie auch immer, es ist jedenfalls eine intrikate Art, »Das bleibt unter uns!« zu sagen. Zumal die Form der Mahnung »Vergiß nicht, daß nichts zwischen uns gewesen ist«, gerade jene Intimität des gemeinsamen Geheimnisses stiftet, in der der Wunsch nach allerlei Mehr über das gewesene Nichts hinaus wohl bewahrt und gehegt werden kann – kurz: das Spiel, das die Lais hier treibt, wäre bestens geeignet, im Hin und Her von Lockung und Verweigerung äußerste Verliebtheit im Betrachter hervorzurufen, ganz gleich ob sie nun von mehr romantischer oder direkterer Art ist. Bei Aristipp jedoch ist das nicht der Fall: »Was dünkt dich von dieser närrischen Begebenheit, Kleonidas? – Für mich ist sie denn doch nicht ganz so unbedeutend als sie scheint; und da ein weiser Mann alles in seinen Nutzen zu verwandeln wissen soll, so denke ich einen zweyfachen

Vortheil aus ihr zu ziehen. Der erste ist, daß ich mich vor der Hand ziemlich sicher halten kann, daß die Erinnerung an meine reitzende Unbekannte nur sehr wenigen Schönen gestatten wird, einigen Eindruck auf mich zu machen; der zweyte, daß ich, vorausgesetzt ich könne das, was ich bey dieser Gelegenheit erfahren habe, als einen Maßstab meiner Empfänglichkeit für leidenschaftliche Liebe annehmen, – große Ursache habe zu hoffen, daß ich weder meinen Verstand noch meine Freyheit jemahls durch ein schönes Weib verlieren werde.« Ein wenig gram ist man ihm fast ob seiner Kühle, und mag es auch nur deshalb sein, weil er in seiner Wirklichkeit kühler blieb als wir, die wir seinen Brief lasen. Wofern wir nicht, sei es von Natur, sei es durch Identifikation, so kühl sind wie Aristipp, versteht sich.

Wer die Mythologica Revue passieren läßt, wird sehen, daß in der Ixion-Anspielung Hera, die Göttermutter und Schutzherrin der Ehe, in der Nennung Aktaions die jungfräuliche Artemis zitiert wurde. Man muß sich hüten, in so etwas zu viel hineinlesen zu wollen. Es gehört zu Wielands Stil, solche Anspielungen häufig in den Text einzustreuen. Der Bezug zur Antike war bei ihm, dem Übersetzer des Aristophanes, Xenophon, Euripides, Cicero, Horaz, Lukian ein durchaus unmittelbarer, keiner zu irgendeinem »Bildungsgut«. Wieland schrieb weder (wie seine späteren Nicht-mehr-Leser meinten) »Professorenromane« in der Nachfolge des Barock, noch war er ein Erbe des »Humanismus« wie er unter die Schulmänner fallen sollte. Es handelt sich um keine »gelehrten Anspielungen«, ist kein »Zitatenreichtum« eines, der seine Kuxe im Büchmann hat. Die Mythologica sind Sprachmittel, die es erlauben, komplexe Zusammenhänge in ein kurzes Sprachbild zu fassen. Wieland ist wahrscheinlich der letzte (deutschsprachige) Dichter, der diese Dimension der Sprache wirklich virtuos beherrschte. Im »Aristipp« stellt er sie als antikes Kommunikationsmittel dar, aber nicht historisierend, was ja fast stets in Peinlichkeit erstarrt. Er läßt seinen Aristipp so selbstverständlich von Aktaion sprechen wie von einer »Dame«, was bekanntlich nicht griechisch ist, und es gelingt das wahrscheinlich nur deshalb, weil dem Verfasser des Romans die Mythologie eben nicht »antik« und »Bildung« war. Zudem war sie – wie den aufgeklärten Griechen, die er schildert – kein Gegenstand tieferer Bedeutung – nicht mehr und noch nicht. Sie ist Konversationselement, aber man sage nicht: dazu herabgekommen. Nicht die Unterhaltung zieht hinab, sondern das Niveau der Unterhaltung.

Noch einmal: Sprachmittel sind die Mythologica und sie stehen neben Metapher und Gleichnis. Während zum Gleichnis gehört, daß genannt wird, was verglichen werden soll, und das Gleichnisbild ihm gegenübergestellt, ist es Wesen der Metapher, für gar nichts zu stehen, was man an die Stelle der Metapher setzen könnte. Das Mythologicum als Sprachmittel setzt an die Stelle eines nicht oder nicht vollständig Bezeichneten die mythologische Anspielung, die aber ihrerseits auf eine allen bekannte Geschichte verweist. Sie ist also nicht so »vieldeutig« wie die Metapher, andererseits auch nicht so genügsam wie das Gleichnisbild, da natürlich (siehe oben: Ixion) offen für die Interpretation. Da das Mythologicum auf eine ganze Geschichte anspielt, kann es auch rhetorisch weit tragen, was die Metapher nur in der Lyrik oder in besonders verdichteter Prosa kann, und das Gleichnis kaum je, ohne öde zu werden. Ein Beispiel gibt Aristipp, indem er die Zitierung der Aktaion-Geschichte aufnimmt und ihr eine Wendung gibt, die mit einem anderen Sprachmittel schwerlich ebenso elegant zu erreichen gewesen wäre. – Jedenfalls geht der in die Irre, der meint, Romane wie der »Aristipp« seien dazu da, Altertumskunde zu vermitteln, genauso wie der, der meint, es komme darauf an, hinter dem Text eine zweite mythologische oder allegorische Schicht zu entdecken. Es kommt darauf an, ein Stilmittel als das zu erkennen, was es ist: Dimension sprachlicher Kompetenz.

Was also wäre die rhetorische Funktion der beiden mythologischen Anspielungen? Nun, in Rede und Gegenrede der dramatis personarum brauchen sie nicht erläutert zu werden, aber vielleicht doch im Brief als solchem, der ja über Kleonidas auch Konversation mit denen macht, die das Buch lesen. Artemis also, die jungfräuliche, und Hera, die Gattin und Mutter – wäre da noch etwas zu erwarten oder wünschen? Nimmt man die normale Karriere nicht nur einer griechischen Frau, so wohl kaum. Uns, die wir nur I,2 kennen und den Namen der Dame noch nicht wissen, kann bei »Lais« auch noch nicht die Nun-ja-Standesbezeichnung »Hetaire« beifallen. Einfallen kann uns aber neben Artemis und Hera noch ein anderer Göttername – Göttinnenname: da es Athene kaum sein wird, mag es Aphrodite sein, und so heißt es denn auch bald: »aber ich sah mich vergebens [...] nach meiner Anadyomene um«. Anadyomene, die »Aufgetauchte« eben, ein Beiname der Aphrodite, auf ihren Geburtsmythos anspielend. Und hat diesen nicht die schöne Dame im Bade zu Korinth aufs Reizendste nachgestellt? Wäre die ganze Szene nicht als eine »Geburt der Aphrodite« in lukianischer Manier zu lesen? »Aphrodite, die Göttin der Liebe, erhob sich nackt aus dem Schaume des Meeres und ritt auf einer Muschelschale zum Ufer der Insel Kythera«, schreibt Ranke-Graves wohl abgemessen, und daß wir die Muschel missen müssen, stimmt auch nicht, wir können sie hinzudenken, da wir sie schon oft gesehen haben, als Seifenschale nämlich in diversen Bädern, unendlich verklingendes Echo des einen großen Bildes.

Aber Aphrodite ist ein weiteres Mal präsent im Text, dort nämlich, wo Wieland seinen Aristipp überlegen läßt, wes Standes die schöne Unbekannte sei: »War sie eine Hetäre von der ersten Klasse, die zu Korinth unter Afroditens Schutz einer Freyheit und Achtung genießen, welche ihnen in keiner andern Griechischen Stadt zugestanden werden? Oder war es eine junge Frau von Stande [...] ?« Es ist die Zweideutigkeit, die dem Erotischen bzw. (auf die Gefahr des Pleonasmus hin) Aphrodisischen selbst eignet: das Höchste und das Niedrigste zu sein in der Achtung der Menschen, Urania und Pandemos, Herrscherin über die

Unsterblichen und Allerweltsliebchen, und Platon hat eben unrecht, wenn er die beiden auseinandernimmt: ein zersägter Kentaur macht noch keine Schönheit. Aber auch der irrt, der hier Allharmonie mutmaßt. Es bleibt beim Kentaurischen, Disharmonischen – nicht in der zur Ergänzung strebenden Einheit, nur in der untrennbaren Zweiheit, im Widerspruch von Anmut und Zumutung besteht das Aphrodisische bzw. die Erotik, und das ist keineswegs eine Deduktion aus manichäischem oder sonstwie auf die Dynamik von Widersprüchen setzendem Weltanschauen – im Gegenteil: solches dürfte aus der Projektion von Erfahrungen mit der Sexualität auf den Kosmos abzuleiten sein, ein übrigens gar nicht so unübliches Verfahren der Verallgemeinerung, wie bekannt. Ohnehin war auch in den genannten Geschichten um Artemis und Hera, sie, Aphrodite, die lachende Andere in der Wollust des Schauens wie der Umarmung, und ohne sie wären beide, die Jungfrau und das vertraute Weib, um einen andern Theogonie-Mythos zu zitieren, nichts. Was wäre Lais dieser Mythenrhetorik entsprechend? Man wird, wenn ich auf ihren Lebensplan und ihre auf die Soziologie des Geschlechterverhältnisses gegründete Philosophie zu sprechen komme, sehen, daß sie Aphrodite sein muß, weil sie Hera nicht sein will, und darum Artemis nicht sein kann. »The tragedy of Lais« hat Max Dufner die Geschichte der Lais im »Aristipp« genannt, nicht zu Unrecht, aber daß das eigentliche tragische Motiv in diesem Ineins von Wahl und Zwang liegt – wie ja alles nur mit Abstrichen »Tragödie« genannt wird, das dieses Motiv *nicht* hat – erwähnt er nicht.

Eine Hetaire erwartet Aristipp anzutreffen, als sein Freund Eurybates ihn während eines Ferienaufenthaltes auf Aigina fragt, ob er »nicht Lust hätte, den Abend in Gesellschaft der schönen Lais zuzubringen? [...] Da mir die Landessitte bekannt ist, so konnt' ich natürlicher Weise nichts anderes denken, als die Rede sey von einer Hetäre, mit deren Gesellschaft Eurybates seine Freunde diesen Abend zu bewirthen gedenke; und wiewohl ich bisher den Umgang mit Frauenzimmern aus dieser Klasse immer zu vermeiden suchte, so kamen doch hier mehrere Umstände zusammen, die eine Ausnahme schicklich zu machen schienen. Kurz, ich sagte meinem Wirthe, es werde mir um so angenehmer seyn, ihm eine so interessante Bekanntschaft zu danken zu haben, da ich gestehen müßte, daß ich eine Art von Ideal in meinem Kopfe hätte, dem die schöne Lais den Vorzug abzugewinnen einige Mühe haben würde.« Wir wissen, welches.

Bevor wir aber zur zweiten Begegnung kommen, etwas zum Worte »Hetaire«. »Hetäros«, schreibt Wieland, rechtfertigend, daß er das Wort nicht übersetze oder durch ein anderes Fremdwort, »Courtisane« etwa, ersetze, »hieß bey den Griechen, was bey uns ein guter Freund oder Kamerad heißt, und Hetära ist das Fämininum davon. Dieses jovialische Volk, das in allem die Euphemie liebte, fand keine anständigere Benennung, als diese, für die Mädchen, die vom Ertrag ihrer Reitzungen lebten, die Kunst zu gefallen und Vergnügen zu machen, entweder als eine mechanische Hantierung oder als eigentliche Künstlerinnen trieben, und überhaupt dazu bestimmt waren, die Mannspersonen (denen, nach griechischer Sitte, beynahe aller gesellschaftliche Umgang mit dem ehrbaren Theile des schönen Geschlechts versagt war) für diese Entbehrung einer der größten Annehmlichkeiten des Lebens, die einem geselligen und polierten Volke in die Länge unerträglich fallen mußte, einiger Maßen, zu entschädigen.« Wir wollen das so stehenlassen und nicht unsererseits noch weiter kommentieren.

Die historische Lais war eine Hetaire – inwiefern die des »Aristipp« eine ist, werden wir noch sehen. Die historische Lais kennen wir aus vielen Anekdoten, Pierre Bayle faßt sie in seinem »Dictionnaire« zusammen. Da sind nun allerlei Widersprüche, was den Charakter und überhaupt das Wesen der Lais angeht, was Lebensführung, Geburts- und Todesort und -art betrifft, und vor allem zeitliche Widersprüche. So rechnet Bayle eifrig, wie alt Lais gewesen sein muß, als Demosthenes sie besucht habe, und kommt auf 67. Da die Geschichte so weitergeht, daß Demosthenes allein wegen des hohen Preises, den sie gefordert habe, von der Erfüllung seines Wunsches Abstand genommen habe, kommt Bayle zu der Frage: sollte es zwei Laiden gegeben haben? Wobei ich allerdings zu bedenken gebe, daß man auch der Ninon de Lenclos nachgesagt hat, noch mit beinahe 70 Geliebte eines durchaus jüngeren Kardinals gewesen zu sein – es mag die Verkoppelung der beiden Anekdoten gewesen sein, die einige dazu verführt hat, anzunehmen, die Lais des »Aristipp« spiele auf die Lenclos an. Wieland hat das zu Recht als Unsinn zurückgewiesen. Bayle schreibt: »Was mich anbelangt, so wollte ich lieber, anstatt, daß ich zwo Huren Lais zulassen sollte, sagen, daß die griechischen Schriftsteller, welche die Zeitrechnung schlecht beobachten, der Hure dieses Namens ein Abenteuer des Demosthenes zugeeignet, welches eine andre Buhlschwester betrifft.« In Wielands »Attischem Museum« rückt ein Friedrich Jacobs im Jahre 1800, also dem Erscheinungsjahr der ersten beiden Bände des »Aristipp«, die Anekdotenlage zurecht: es häbe zwei Laiden gegeben, eine ältere und eine jüngere. Die ältere war zu Korinth geboren, hatte u. a. den historischen Aristipp und den Diogenes zu Liebhabern, und starb zu Korinth entweder während eines Beischlafes oder weil sie sich an etwas (einem Weinbeeren- oder Olivenkern) verschluckt hatte. Die jüngere ward zu Hykkara auf Sizilien geboren, kam als Sklavin nach Korinth, lebte dort als Freie, folgte in Liebe entbrannt einem Thessalier in dessen Heimat und wurde von erbosten Thessalierinnen in den Tempel der Aphrodite gejagt, dort gesteinigt und verstümmelt.

Wenn ich nun sage, daß die Lais des »Aristipp« weder die eine noch die andere ist, sondern wieder eine Vermischung aus beiden – was den Umgang angeht, die ältere, was Geburts- und vermutlichen Todesort betrifft, die jüngere –, so kann man mich fragen, was die o. a. Gelehrsamkeit demjenigen verschlägt, der den Roman liest. Ich beeile mich hinzuzufügen: wenig. Oder sagen wir so: es ist *nicht* interessant, was der griechische Anekdotenschatz über »die Lais« bzw. die beiden Laiden zu sagen weiß, auch nicht, wer was in welcher Form überliefert. Nicht aber, weil so etwas bei Wieland auch sonst gleichgültig wäre. In seinen Romanen, sofern sie ein historisches Thema behandeln, ist Wieland fast stets auch Quellenkritiker; in Fußnoten, Anmerkungen und begleitenden Aufsätzen wägt er die wahrscheinliche Wahrheit gegen den Wortlaut der Überlieferung ab, versucht seinen Gegenstand psychologisch, anthropologisch und soziologisch so zu beschreiben, daß ein Maximum an Kontur die Folge ist, die erst erlaubt, die unausgeleuchteten Stellen mit schriftstellerischer Phantasie zu ergänzen. So jedenfalls hätte Wieland sein Vorgehen charakterisiert sehen wollen, für das man natürlich auch ganz andere Worte finden kann. Beispiel für solches Vorgehen ist etwa die Unterredung zwischen Aristipp und Aristophanes über dessen Sokratessatire »Die Wolken«, die durch den Aufsatz »Versuch über die Frage: ob und wie fern Aristofanes gegen den Vorwurf, den Sokrates in den Wolken persönlich mißhandelt zu haben, gerechtfertigt, oder entschuldigt werden könnte«, der sowohl Nachwort zu seiner Übersetzung der »Wolken« als auch, wie diese, direkte Vorstudie zum »Aristipp« ist, vorbereitet wird (vgl. Kapitel 2). Beispiele sind auch die »Ehrenrettungen« berühmter doch übel beleumundeter antiker Frauen, die im Titel das Motiv deutlich zeigen: Wieland wollte subjektive wie objektive Gerechtigkeit widerfahren lassen. Man kann durchaus annehmen, daß er es als unschicklich angesehen hätte, sich einer Person, die einmal gelebt hat, beliebig zu Romanzwecken zu bedienen, ebenso wie er seinen Aristipp die Manier Platons tadeln läßt, durch die Larve des Sokrates ganz Unsokratisches sprechen zu lassen.

Und Lais gegenüber hätte Wieland sich dieser Ungerechtigkeit schuldig gemacht? Ich denke, daß er als Herausgeber des »Attischen Museum« die Stoppelkompilation des traurigen Friedrich Jacobs nur darum abgedruckt hat, um diesem Vorwurf zu begegnen. Wielands Lais ist keine Wiedergängerin einer der historischen Laiden. Wielands Lais ist eine dritte Lais. Sie versammelt allerdings Motive, die den Vorgängerinnen zu eigen sind, aber sie versammelt sie nicht der Übereinstimmung wegen, sondern um des Kontrastes willen – sie sind nicht eigentlich zur Figur gehörig, sondern dienen nur dazu, mit den Assoziationen, die denjenigen, dem der Artikel Pierre Bayles geläufig ist, notwendigerweise ankommen, das Bild, das Wieland entwirft, zu kontrastieren. Sie gehören, wie der Name Lais auch, zum Porträt, doch sind sie nicht Teil der Figur – sie bilden den Hintergrund vor dem sie steht. Durch diesen Kunstgriff versetzt Wieland den Leser seines Romanes in dieselbe klischeegeprägte Erwartung, die die Männer (und Frauen) des Romans der Lais (nicht immer, aber zuweilen) entgegenbringen, und erst in der Spannung mit dieser Erwartung gewinnen Lebensplan und -führung der Lais ihre eigene Logik. – »Indessen kam der Abend heran, und wie ich eben mit Verwunderung zu bemerken anfing, daß sich nirgends eine Anstalt zu einem Gastmahl im Hause zeigte, kam Eurybates, mir zu sagen, es wäre nun Zeit ihm zu seiner schönen Nachbarin zu folgen. – Zu welcher Nachbarin? – ›Zu welcher andern als der schönen Lais, die vor einigen Tagen hierher gekommen ist, um von einem kleinen Gute Besitz zu nehmen, das ihr durch den Tod eines Freundes zugefallen ist, und das glücklicher Weise unmittelbar an das meinige stößt.‹ – Die Rede ist also nicht von einer Hetäre? sagte ich. – ›Nun ja, Hetäre oder auch nicht Hetäre, wie du willst; im Grunde läßt sie sich nicht wohl in eine andere Klasse stellen, wenn sie ja klassifiziert seyn muß: aber dann ist sie eine Hetäre, wie es, zwey oder drey ausgenommen, noch keine gegeben hat. Sie kommt nicht zu uns, mein guter Aristipp; man muß zu ihr kommen, und auch dies ist eine Gunst, die nicht jedem zu Theil wird, der sie allenfalls bezahlen könnte.«

»Dieser Vorbericht spannte meine Neugier und Erwartung so stark, daß mir der Weg, der uns nach dem Hause der schönen Korintherin führte, dreymahl länger vorkam als er in der That war. Wir fanden sie in einem geräumigen, auf Ionischen Marmorsäulen ruhenden Gartensahle, von einem kleinen Kreise dem Ansehen nach feiner junger Männer umgeben, und, wie es schien, in einem lebhaften Gespräche begriffen. Schon von ferne, bevor es möglich war, ihre Gesichtszüge genau zu unterscheiden, däuchte mir ihre Gestalt die edelste, die ich je gesehen hätte. Ihr Anzug war mehr einfach als gekünstelt, und eher kostbar als schimmernd; leicht genug, um einen Bildner, der keine schöne Form unangedeutet lassen will, zu befriedigen, aber zugleich so anständig, daß selbst die Grazie der Scham nicht untadeliger bekleidet werden könnte. – Die hat einen feinen Takt für ihre Kunst, dachte ich [...]« – und ist von einer reizenden Zweideutigkeit, wie man mir zugeben wird, und auf den »feinen Takt für ihre Kunst« werden wir noch zurückkommen, wenn uns die Frage zwickt, welchem ihrer Verehrer Wieland seine Lais was wird gewähren lassen – »[...] Aber stelle dir vor, mein Freund, wie gewaltig ich überrascht wurde, da ich ein paar Schritte näher die nehmliche Dame in ihr zu erkennen glaubte, mit welcher ich vor drey Jahren zu Korinth auf eine so seltsame Art in Bekanntschaft gekommen war [...] In der That hatte sie sich in den drey Jahren, die seit der ersten [Zusammenkunft] verflossen waren, dermaßen verschönert, daß, ungeachtet das Bild meiner Korinthischen Anadyomene noch wenig in meiner Erinnerung verloren hatte, oder vielmehr eben deswegen, ein kleines Mißtrauen in meine Augen oder in mein Gedächtniß ganz natürlich war. Sie war indessen merklich größer geworden, und die Blüthe ihrer prächtigen Gestalt schien so eben den Augenblick der höchsten Vollkommenheit erreicht zu haben; den Augenblick, wo die Fülle der hundertblättrigen Rose sich nicht länger in der schwellenden Knospe verschließen läßt, sondern mit Gewalt aufbricht, um ihre glühenden Reitze der Morgensonne zu entfalten.« Was uns fast zwanglos zu der Frage führt, wie sie denn eigentlich aussieht, diese Lais. Von Aristipp erfahren wir immerhin, daß er »schwarzgelockt« und jedenfalls nicht mager sei. Von Lais lesen wir, daß sie blond sei und sehr langes und üppiges Haar habe, das sie zu einem Knoten gebunden trage.

Und sonst? Daß sie schön sei. Die schönste. Wenn sie nach Athen kommt, wenn sie Milet besucht, ist sie Gegenstand höchsten Staunens. Doch recht beschrieben wird sie nie. – Aber ist das erstaunlich? Ist nicht vielmehr Voraussetzung der Möglichkeit, Lais als »die Schönste« passieren zu lassen, daß sie *nicht* beschrieben wird? Wie sollte denn zu vermeiden sein, daß wenn Wieland ihre schlanke Gestalt rühmte, ein Teil der Leser und Leserinnen argwöhnten, sie sei dürr, und ein Wort über die Üppigkeit ihrer Figur nicht den Verdacht nährte, sie neige zur Fettleibigkeit? Unter Schönheit mag sich jede und jeder denken, was sie und ihn vollkommen dünkt, und neidvoll wird man und frau allenthalben sein.

Auch ein Bildhauer ist zu Aigina vorhanden, Skopas mit Namen. Auch er hat ein historisches Vorbild, doch seine Gestalt sei für uns »nicht viel mehr als ein schwarzer, zitternder Schatten«, wie Egon Friedell sagt, obwohl ein wenig unklar ist, was er meint, außer, daß wir nicht viel von Skopas wissen und seine Arbeiten einen Heutigen expressionistisch anmuten möchten, wenn er sie kennte. Aber wir kennen sie ja nicht, nur Plinius führt einige Werke an, auch Wieland – aber was nützen uns die Namen? Genug, der Skopas-im-Buche hat eine »Venus von Parischem Marmor« nach dem Bilde der Lais geschlagen; »Es versteht sich, daß diese Venus – zwar nur hier und da von einem nebelartigen Gewand umflossen, aber doch nicht gewandlos ist; denn zu einer noch größern Gefälligkeit hatte sich die junge Dame schlechterdings nicht bequemen wollen«, womit der Bildhauer aber unzufrieden ist. Er möchte den Nebel weghauen: »Skopas. [...] Kann das verwünschte Gewand, wie leicht es auch geworfen ist, etwas anders thun als die Schönheit umwölken, die, vermöge ihrer Natur, nichts, was nicht wesentlich zu ihr gehört, an sich dulden kann? – Lais. Kommst du wieder auf deine alte Grille? – Skopas. Verzeih, schöne Lais! daß die Göttin der Schönheit auch durch die zierlichste Bekleidung verliert, ist Natur der Sache; das Grillenhafte [...] ist die falsche Scham, die eines edeln und freydenkenden Wesens unwürdig ist.«

Ich kann nicht hersetzen, wie sich das Gespräch entwickelt – etwas mehr davon im fünften Kapitel. Lais löst
den Dissens auf eine Weise, der wir wiederbegegnen werden. Sie stellt Ersatz für den Körper halsabwärts. Eine
Sklavin, deren Körper (so versichert sie) dem ihren an
Schönheit nicht nachstehe, wird Skopas zum Modell angeboten. Er nimmt sie zum Modell an und darüber hinaus.
Am Ende gibt es zwei Statuen mit dem Antlitz der Lais, die
leichtverhüllte und eine ohne Gewand.

Eine Aphrodite des Skopas ist uns nicht erhalten, direkt
kann ich die Neugier des Lesers nicht befriedigen. Aber
vielleicht indirekt. Wenn man an die berühmteste Anadyo-
menen-Darstellung der nicht-antiken Kunst denkt, wird
sich der Name Botticelli einstellen. Da haben wir eine
blonde, langhaarige Schöne, und auch die vordem vermißte
Muschel fehlt nicht. Nach der ersten Begegnung in Korinth
hatte Lais Aristipp als Andenken eine Haarlocke »mit einer
Schnur von kleinen Perlen umwunden« geschenkt. Klaus
Manger weist darauf hin, daß Simonetta Vespucci, das
»Vorbild der Göttin in Botticellis ›Geburt der Venus‹« gern
Perlen im Haar trägt. Wenn nun der Leserin Gedanken zu
Botticellis »Venus« gelenkt werden sollen, dann könnten
sie auch noch etwas weiter gehen, nämlich zu einer der
berühmtesten Venusstatuen der Antike, der kapitoli-
schen nämlich. Die Leserin vergleiche Gestalt und Haltung und denke daran, daß die kapitolinische Venus eine
römische Kopie eines griechischen Originals ist, das, wie
die Legende will, vom historischen Skopas stammt. In Rom
kann man überall Postkarten dieser Venus kaufen, und
wenn mich eine fragte, wie Lais aussähe, so antwortete ich
ihr: so! Jedenfalls die unbekleidete Lais, die ja nur zu
einem kleineren, wenn auch nicht geringeren, Teile Lais
ist. Die bekleidete ist uns nicht erhalten. Solche Überlegungen spielen natürlich für den Roman überhaupt keine
Rolle, und ich habe sie auch nur deshalb angestellt, um
den Leser zu ärgern, der jetzt von der Postkarte aufblickt
und enttäuscht sagt: ich hätte sie mir schöner gedacht.

Wieland nimmt das Klatschbedürfnis und die Disponiertheit zur Schlüssellochguckerei, die er bei der Mehrzahl seiner Leser mit Recht voraussetzen kann, in den Dienst der Zweideutigkeit seiner Figur »Lais« und demonstriert damit gleichzeitig, daß eine solche Eigenschaft nicht ohne die Reflexe des Betrachters zu gestalten ist. Die Unmittelbarkeit, der ein Lesender gegenüber einer gelesenen Figur immer ein wenig verhaftet bleibt, ist nur dann eine *schlechte*, wenn sie die *einzige* Dimension bleibt, in der er mit ihr verkehrt. Jede andere, vermitteltere Haltung bis zu der, sie zur Abwechslung nur als Stein in einem ästhetischen Spiel zu betrachten, wobei getrost offenbleiben kann, ob das Gleichnis ein Mosaik oder Brettspiel meint, muß ja nicht nur von der Unmittelbarkeit ausgehen, um »hinter« sie zu kommen, sondern sie wird sich auch zu der Erkenntnis bequemen müssen, daß jede »Tiefendimension« nichts weiter ist als eine Gestaltungsform der Oberfläche. Ein Kunstwerk ist nicht die Tiefsee, es gibt nichts, was man nicht auf den ersten Blick sehen *könnte*, aber die Blicke sind unterschiedlich geübt. Doch hat sich die Bildlichkeit von Oberfläche und Tiefe(nstruktur) so stark eingebürgert, daß es schwerfiele, auf diese Kürzel zu verzichten, auch wenn ihr Gebrauch zuweilen die Mühe zur Folge hat, die falschen Assoziationen, die das Bild von den untereinander gestaffelten Sinnebenen aufnötigt, wieder wegzuräumen.

Was nun ist die Grundfrage des Klatsches, die die Gemüter bewegt, seit es Gemüter gibt? Wer-mit-wem? und: was? »Beneide mich nicht zu sehr, guter Kleonidas!«, schreibt Aristipp, »Lais ist eine große Zauberin; sie läßt immer noch viel zu wünschen übrig, und indem wir uns trennen müssen, wundre ich mich hinten nach, wie wenig das war, wodurch sie mich so glücklich wie einen Gott gemacht hatte.« Doch wie viel ist so wenig? Wem solche Fragen abgeschmackt vorkommen, der hat einerseits zweifellos recht. Andererseits kann auch das Spiel mit dem Abgeschmackten ästhetische Meriten haben, und wer anders zu dem Eingeständnis nicht zu bewegen ist, daß auch er (oder sie) zuweilen abgeschmackte Gedanken habe, der (oder die) läßt sich vielleicht dazu verführen, sie nur für diesmal, zu Ehren des literarischen Geschmackes in sich wachzurufen. Besser gesagt: Ich würde auf dieser Art zu fragen nicht insistieren, wenn Wieland nicht aus Stellen wie der zitierten ein Leitmotiv gemacht hätte, das sich durch den gesamten Roman, insoweit er die Biographie der Lais darstellt und kommentiert, zieht. Das erste Stück ihrer Biographie, ihre Kindheit, Jugend und Adoleszenz berichtet sie Aristipp, und der gibt den Bericht an den Freund Kleonidas weiter, und diese Weitergabe wird durch die nie ausgesprochene, immer neu nur scheinbar beantwortete Frage rhythmisiert und kann somit als Ouvertüre gelten. Darauf, daß die Schlüssellochfrage »Haben sie oder haben sie nicht?« in dem hier mitgeteilten Zusammenhang jenseits (oder diesseits) aller spielerischen Frivolität, zu der sie aus der bloß vulgären Neugier allenfalls zu veredeln wäre, ihren bösen Ernst hat, brauche ich im vorweg nicht hinzuweisen, man wird es dem Text anlesen:

»Lais wurde zu Hykkara in Sicilien geboren. Sie erinnerte sich, daß sie in einem großen Hause auferzogen wurde, und daß ihr zwey Sklavinnen zu ihrer Besorgung zugegeben waren. Sie war ungefähr sieben Jahr alt, als sie das Unglück hatte, (ich nenn' es Glück, und du wirst mirs nicht verdenken) bey Eroberung und Zerstörung ihrer Vaterstadt durch den bekannten athenischen Feldherrn Nikias, vermöge des barbarischen Rechts des Sieges, das unter unsern Völkern zu ihrer Schande noch immer gilt, in die Sklaverey zu gerathen, und mit andern Kindern ihres Alters an den Meistbietenden verkauft zu werden. Leontides, ein reicher Korinthischer Eupatride, kaufte sie, und bezahlte sie beynahe so theuer, als ein marmornes Mädchen von einem Polyklet oder Alkamenes.« Beinahe so teuer. Das Motiv »Lais & die Statuen« ist uns beim Stichwort »Skopas« schon begegnet und es wird darauf zurückzukommen sein. »Dieser Leontides war immer ein großer Liebhaber« – nein, es wird das Thema »Statuen« fortgesetzt: »aller schönen Dinge gewesen; und wiewohl er im Dienste der Pafischen Göttin bereits grau zu werden begann«, – zeigte er, was Weiber anging noch einige Rüstigkeit? nicht unbedingt: »oder vielmehr eben deßwegen, kam er auf den Gedanken, sich an der kleinen Laidion« – ? : »Trost und Zeitvertreib für seine alten Tage« – zu suchen? nein: »zu erziehen. Er ließ ihr also Unterricht in allen Musenkünsten und überhaupt eine so liberale Erziehung geben, als ob sie« – eine Hetäre hätte werden sollen?: »seine Tochter gewesen wäre, ergetzte sich in der Stille« – : »an ihren schnellen Fortschritten, und belohnte sich selbst zu rechter Zeit für alles, was er auf sie gewandt hatte«, – ? : »so gut als Gicht, Podagra und Hüftweh es erlauben wollten.« – Was erlauben? – »Dagegen betrug auch sie sich so gefällig und dankbar gegen ihn, und leistete ihm die Dienste einer« – ? : »Krankenwärterin etliche Jahre lang mit so viel Sorgfalt, Geschicklichkeit und gutem Willen, daß er ihr seine Erkenntlichkeit nicht stark genug beweisen zu können glaubte.« Sie verwaltet ihm Haushalt und Vermögen, die Badeszene, deren Zeuge wir in I,2 werden durften, scheint die einzige Unterbrechung solchen Einerleis, doch »Bald nach dieser Begebenheit starb der alte Leontides, und hinterließ seiner schönen Wärterin die Freyheit zu leben wie und wo sie wollte, nebst einer beträchtlichen Summe an barem Gelde und dem zierlichen Landsitz zu Ägina, der zwar von keinem großen Ertrag, aber durch seine reitzende Lage und die Schönheit der Gebäude und Gärten beynahe so einzig in seiner Art ist, als seine Besitzerin in der ihrigen.«

Es folgt der Lebensplan der Lais. Sie ist gesonnen, die Vorteile zu nutzen, die ihr zur Verfügung stehen, und sie tut das, ohne die Konsequenzen zu vergessen, die das haben wird, wenn sie diese auch nicht für gravierend hält. »SIE. [...] Es ist also fest beschlossen, Aristipp, ich werde meine Freyheit behalten, und mein Haus wird allen offen stehen, die durch persönliche Eigenschaften oder Talente berechtigt sind eine gute Aufnahme zu erwarten. ICH. Gegen diesen heroischen Entschluß kann niemand weniger einzuwenden haben als ich. Aber – freylich wirst du – wie du selbst sagtest – in der Welt – SIE. Nur heraus mit dem Worte! – Für eine Hetäre passieren? Vermuthlich. Aber warum sollt' ich mich über das Vorurtheil, das auf diesem Namen liegt, nicht hinwegsetzen? Jeder Stand in der Gesellschaft hat gewisse Vorurtheile gegen sich.«

Allerdings geht es weniger um das Vorurteil, bei dem ja generell zu fragen wäre, worin es bestünde, und inwieweit es Urteil genannt zu werden berechtigt sei, als vielmehr darum, daß Wieland seine Lais etwas leichtfertig über die Konzeption ihres Lebensplanes hinwegspotten läßt. Soll ihr Leben auch zweifellos *nicht* das einer Hetaire sein, so bleibt das ihm zugrundeliegende Konzept doch diesem Stande verbunden, und wenn auch in der Form eines gelebten Widerspruches oder Paradoxes. So ist Lais zweifellos und eindeutig *keine* Hetaire, andererseits aber auch eindeutig nicht das, was die Gesellschaft, in die sie ihr Autor stellt, an anderen Rollen zur Verfügung hätte, und schließlich wird sie auch nicht nur deshalb »Hetaire« genannt (werden), weil etwa das Wort fehlte für das, was sie darstellte, sondern weil ihr singulärer Stand das Hetairentum braucht wie Wieland den Artikel aus Bayles »Dictionnaire« und den Namen »Lais« für die Darstellung dieser besonderen Individualität.

Eine der erfolgreichsten deutschen TV-Produktionen war das sogenannte »Heitere Beruferaten«, eine Sendung, in der, wie der Titel bereits verrät, Berufe geraten werden mußten. Wenn nun der Beruf nicht die Herstellung eines Produktes war (»Stellen Sie etwas her?«), sondern irgendeine Dienstleistung, gab es oft die stets stoisch gemeisterte Phase der Zweideutigkeit: »Die Leute kommen also zu Ihnen? (Oder: Sie kommen also zu den Leuten?) Ja. Und dann machen Sie was mit den Leuten. Ja. Und die haben das gerne? (Lachen) Ja. Und die bezahlen Sie dann hinterher dafür? (Nicken) – Hm.« Abgefragt wurde hier »die« Dienstleistung schlechthin, gleichsam die Idee der Dienstleistung, wenn wir platonisieren wollten, und der Schimmer des Zweideutigen kam natürlich nur davon, daß man von jener Dienstleistung, die wir Prostitution nennen, dann, wenn sie nicht beim Namen genannt werden soll, ähnlich »allgemein« spricht, d.h. durch ein Höchstmaß von Unbestimmtheit Bestimmtestes sagen will. Das aber ist nur möglich, weil wir über Ökonomie reden. Anzüglich kann die Abstraktion nur deshalb sein, weil das, was der Stammtisch das »älteste Gewerbe der Welt« nennt, eben *Gewerbe* ist.

Und es ist ein *ökonomisches* Problem, das sich aus der Situation ergibt, aus der heraus Lais ihren Lebensplan entwickelt, und die Aristipp in das klassische Bild des Herakles am Scheidewege (es wird uns nicht zum letzten Male begegnet sein) faßt: »Zwey Lebenswege liegen vor ihr, zwischen welchen sie, wie sie selbst glaubt, wählen muß. Soll sie, kann sie, bey diesem lebhaften Bewußtseyn einer Schönheit und einer Zaubermacht, die ihr, so bald sie will, alle Herzen und alle Begierden unterwirft, bey solchen Talenten und einem Triebe zur Unabhängigkeit, dessen ganze Stärke sie in ihrer vorigen Lage kennen zu lernen Gelegenheit hatte, sich entschließen, mit Aufopferung ihrer Freyheit und ihres ganzen Selbst an einen Einzigen, das ist, mit Gefahr einer ewigen Reue, sich in die venerable Gilde der Matronen einzukaufen? – oder soll sie, mit Verzicht auf diesen ehrenvollen Titel, sich auf immer der reitzenden Freyheit versichern, nach ihrem eignen Gefallen glücklich zu seyn, und glücklich zu machen wen sie will.« Kein Fragezeichen. »Ich habe«, läßt Wieland seine Lais sagen, »zu wohl erfahren, was es ist, mit einem einzigen Manne und mit lauter Weibern zu leben, um das Experiment zum zweyten Mahle zu machen!« – »Was bleibt also einer jungen Person meines Geschlechts, wenn sie mit der Gabe zu gefallen und einem Geist, der sich nicht in den engen Raum eines Frauengemachs einzwängen lassen will, von Mutter Natur ausgestattet worden ist, was bleibt ihr anders übrig, als entweder sich selbst und das ganze Glück ihres Lebens der leidigen Landessitte aufzuopfern; oder die Freiheit, mit allen Arten gebildeter und liebenswürdiger Männer Umgang zu haben (als das einzige Mittel, wie sie selbst entwickelt und gebildet werden kann*) dadurch zu erkaufen, daß sie sich gefallen läßt – zu einer Klasse gerechnet zu werden, die [...]« usw. Gerechnet zu werden, aber doch nicht zu gehören – das gibt die moralische Seite eines nicht unwesentlichen ökonomischen Problems wieder: wie soll die Freiheit finanziert werden? Die Revenuen aus ihrem Erbe – das ihr einerseits als einer Art Adoptivtochter zufiel, andererseits aber auch als Dank für geleistete Dienste – werden nicht ausreichen, zumal Lais, wie Aristipp nicht anzumerken verfehlt, zur Verschwendung neigt. Die »großherzige Freygebigkeit, und, um dem Kinde seinen rechten Nahmen zu geben, eine ungezügelte Neigung zum Verschwenden überhaupt, ist ein so starker Zug im Karakter meiner schönen Freundin, daß ich sehr besorge, er werde in der Folge,

---

* Die Begründung sollte, wenn auch in der Fußnote, zitiert werden: »Du weißt vermuthlich, wie wenig bey der Erziehung der Griechischen Töchter in Betrachtung kommt, daß sie auch eine Seele haben, und daß die Seele kein Geschlecht hat. Sie werden erzogen um so bald als möglich Ehfrauen zu werden; und der Grieche verlangt von seiner ehlichen Bettgenossin nicht mehr Geist, Talente und Kenntnisse, als sie nöthig hat, um (wo möglich) schöne Kinder zu gebären, ihre Mägde in der Zucht zu halten, und die Geschäfte des Spinnrockens und Webstuhls zu besorgen. Ist sie überdies sanft, keusch und eingezogen, trägt sie wie die Schnecke ihr Gynäceon immer auf dem Rücken, und verlangt von keinem andern Manne gesehen zu werden als von ihm, läßt sich an und von ihm alles gefallen, und glaubt in Demuth, daß es keinen schönern, klügern und bravern Mann in der Welt gebe als den ihrigen: so dankt er den Göttern, die ihn mit einem so frommen tugendsamen Weibe beschenkt haben, ist höchlich zufrieden, und hat wahrlich Ursache es zu seyn. Vor der langen Weile, die ihm eine so fromme und tugendreiche Hausfrau machen könnte, weiß er sich schon zu verwahren. Er sieht sie so wenig als möglich: und verlangt er einen angenehmern weiblichen Umgang, so hält er sich irgend eine liebenswürdige Gesellschafterin auf seinen eigenen Leib, oder bringt von Zeit zu Zeit einen Abend mit seinen Freunden in Gesellschaft von Hetären zu. Und wie könn' es anders sein, da unsre ehrbaren Frauen, von aller männlichen Gesellschaft zeitlebens ausgeschlossen und auf den Umgang mit ihren Mägden, Schwestern, Basen und Nachbarinnen eingeschränkt, aller Gelegenheit sich zu entwickeln, und die Eigenschaften, wodurch man gefällt und interessant wird, zu erwerben schlechterdings beraubt sind?« I,14 – Vgl. auch: David M. Schaps, Economic Rights of Women in Ancient Greece, Edinburgh 1979.

und nur zu bald, eine Änderung in dem Plane, dessen ich bereits erwähnt habe, nöthig machen. Ich hielt es für eine Pflicht der Freundschaft, ihr, da wir einsmahls allein waren, mit einigem Ernst davon zu sprechen [...] Ich. Noch nie fühlte ich so lebhaft als in diesem Augenblick, beste Laiska, daß meine Liebe zu dir Freundschaft ist. Ich würde mich selbst hassen, wenn ich der selbstsüchtigen Anmaßung fähig wäre, die Glückseligkeit, die du zu geben fähig bist, zu meinem ausschließlichen Eigenthum machen zu wollen. Aber daß das, was nur die edelsten oder ganz besonders von den Göttern und dir begünstigten Sterblichen zu genießen würdig sind, jemahls wenn auch einen noch so hohen Marktpreis haben sollte, dieß nur zu denken, ist mir, in bloßer Rücksicht auf dich selbst, unerträglich. – Sie. So weit, lieber Aristipp, soll und wird es niemahls kommen.«

Die Ökonomie von Lais Lebensplan besteht in einer paradoxen Wendung der gewöhnlichen Hetären-Ökonomie: sie läßt sich für das bezahlen, was sie *nicht* gibt, oder sagen wir besser: sie läßt Männer für eine Erwartung bezahlen, die, jedenfalls aufgrund der Bezahlung, nicht erfüllt wird. »Ich liebe den Umgang mit Mannspersonen, aber als Männer sind sie mir gleichgültig. Ich kenne sie, denke ich, bereits genug, um die Stärke und den Umfang der Macht zu berechnen, die ich mir ohne Unbescheidenheit über sie zutrauen darf. Ich weiß was sie bey mir suchen; und da es bloß von mir abhängt, sie durch so viele Umwege als mir beliebt im Labyrinth der Hoffnung herumzuführen, so verlaß dich darauf, daß keiner mehr finden soll, als ich ihn finden lassen will; und das wird für die meisten wenig genug seyn. Kurz, du sollst sehen, Aristipp, wie bald die allgemeine Sage unter den Griechen gehen wird, es sey leichter die Tugend der züchtigsten aller Matronen in Athen zu Falle zu bringen, als einer von denen zu seyn, zu deren Gunsten die Hetäre Lais (weil sie doch Hetäre heißen soll) sich das Recht Ausnahmen zu machen vorbehält.«

An dieser Stelle vermag Aristipp noch gewissermaßen zu kontern, indem er ein Lehr-Gespräch berichtet, das zwischen einer Hetaire zu Athen und Sokrates stattgefunden hat; – »Du scherzest, Aristipp; wie käm' ein Mann wie Sokrates dazu, sich mit dem Unterricht einer Hetäre abzugeben?« Nun, das mitgeteilte Gespräch ist mehr oder weniger aus Xenophons »Erinnerungen an Sokrates« übernommen – »wenigstens ist der Unterschied nicht größer als er gewöhnlich zu sein pflegt, wenn eben dieselbe Begebenheit von zwei verschiedenen Augenzeugen erzählt wird«, schreibt Wieland in einer Anmerkung. Man lese es dort nach oder in I,14 des »Aristipp«. Dieser Sokratische Dialog verdient meiner Ansicht nach schwerlich die Hochschätzung, die er bei Wieland, Aristippen und Lais erhält, seine Verschmitztheit ist doch recht nach Hausmacherart. Genug, daß es im hier thematisierten Zusammenhang nur um den Rat geht, in Liebesdingen nicht zu knauserig, vor allem aber nicht zu freigebig zu sein: »Das, wovor du dich hüten mußt, ist also bloß, vor lauter Gefälligkeit, dem Guten nicht zu viel zu thun [...] sey lebhaft, reitzend, sogar muthwillig; aber entschlüpfe ihnen immer wieder, wenn sie dich zu haben meinen, und ergieb dich nicht eher, bis du gewiß bist, daß sie den höchsten Werth auf deine Gefälligkeit legen.« Zweifellos geht diese Digression am Thema vorbei, ist doch hier ein Ratschlag für ein Verhältnis gegeben, dem der Anschein des Gewerbes genommen werden soll, um es für die Gewerbetreibende möglichst lange auszudehnen, und gleichzeitig für den Zahlenden als Liebesverhältnis erscheinen zu lassen. Das Tertium ist einzig, daß in solchem Liebesspiel, das doch nichts weiter ist als die Ausführung des Gewerbes mit Sachverstand, von denselben psychischen Mechanismen Gebrauch gemacht wird, die auch für die paradoxe Ökonomie der Lais benötigt werden.

Dieser Umstand ist aber nicht gleichgültig. Gehört es – darum die Belehrung des Sokrates – für die gewöhnliche Hetaire zur Berufsausübung, die Psyche der Kunden zu kennen, um sie benutzen zu können, so macht doch dieses Kennen wieder (jedenfalls wenn es sich um längerdauernde Verhältnisse handelt) ein gewisses Maß an Empathie nötig, die wiederum zum Kranz jener Dienstleistungen gehört, die der Freier fordert. Und solche Empathie gehört ihrerseits zu den wechselseitigen Erwartungen in nicht auf Ökonomie gegründeten Sexualverhältnissen – man sieht, wie schwierig die Sache wird, wenn man versucht, Prostitution rein aus der gewöhnlichen Lebenshaltungsökonomie zu definieren. So ist denn auch Aristipps Frage, wie Lais denn ihren Lebensstandard halten wolle, ohne zu den Mitteln der gewöhnlichen Prostitution zu greifen, auch mehr Anlaß für sie, den eigentlichen Hintergrund ihres paradoxen Hetairentums offenzulegen: »Es wird dich [...] wenig befremden, wenn ich dir sage, daß, meiner Meinung nach, eine Frau, die ihre Unabhängigkeit behaupten will, euer Geschlecht überhaupt als eine feindliche Macht betrachten muß, mit welcher sie, ohne ihre eigene Wohlfahrt aufzuopfern, nie einen aufrichtigen Frieden eingehen kann. Dieß ist, däucht mich, eine nothwendige Folge der unläugbaren Thatsache, daß der weibliche Theil der Menschheit sich beynahe auf dem ganzen Erdboden in einem Zustande von Abwürdigung und Unterdrückung befindet, der sich auf nichts in der Welt als Überlegenheit der Männer an körperlicher Stärke gründen kann; da die Vorzüge des Geistes, in deren ausschließlichen Besitz sie sich zu setzen suchen, nicht ein natürliches Vorrecht ihres Geschlechts, sondern eine der Usurpazionen ist, deren sie sich kraft ihrer stärkeren Knochen über uns angemaßt haben. Bey allen Völkern ist der Zustand der Weiber desto unglücklicher, je roher die Männer sind: aber auch unter den polizierten Nazionen, und bey der gebildetsten unter allen, werden wir von den Männern überhaupt genommen entweder als Sklavinnen ihrer Bedürfnisse oder als Werkzeuge ihres Vergnügens behandelt [...] Der gesellschaftliche Zustand hat zwar einen anscheinenden Frieden zwischen beiden Geschlechtern gestiftet; aber im Grund ist dieser Friede auf Seiten der Männer bloß eine andere Art den Krieg fortzusetzen; und da ihnen von der Stärke ihrer Knochen und Muskeln gewaltsamen Gebrauch gegen uns zu machen untersagt ist, so lassen sie sichs desto angelegener seyn, die treuherzigen Vögelchen durch Schmeicheley und Liebkosungen in ihre Schlingen zu locken. Und uns sollte nicht eben dasselbe gegen sie erlaubt seyn? [...] Da sie uns keine andere Wahl gelassen haben, als entweder ihre Sklaven zu seyn oder sie zu den unsrigen zu machen, was hätt' ein Weib, das seine Freyheit liebt, hier lange zu bedenken?« Diese Haltung, die man heute (mit Abzug der daraus für Lais resultierenden lebenspraktischen Konsequenzen, versteht sich) eine »radikalfeministische« nennen würde, ist der Hintergrund, vor dem die »paradoxe Hetairenökonomie« konzipiert ist, und gibt denen recht, die in ökonomischen Gegebenheiten eher geronnene Machtverhältnisse sehen wollen, als diese aus jenen abzuleiten. »Ich opfre meiner Liebe zur Unabhängligkeit und dem Verlangen nach meiner eigenen Weise glücklich zu seyn, einen Nahmen auf, und unterziehe mich dadurch den Folgen des nicht ganz ungerechten Vorurtheils, das alle Arten von Personen drückt, die sich dem Vergnügen des Publikums widmen und dafür belohnt werden: aber meine Meinung ist nicht, diesen Nahmen anders als auf meine eignen Bedingungen zu tragen. [...] Ich setze einen ziemlich hohen, wiewohl unbestimmten Preis auf das Vorrecht, freyen Zutritt in meinem Hause zu haben, mache aber kein Geheimniß daraus, daß ich mich durch die Geschenke, die ich von meinen Liebhabern [...] annehme, zu keinen besondern, geschweige ihnen selbst beliebigen Gefälligkeiten verbunden halte. Es steht einem jeden frey, seine Eitelkeit, oder seinen Wetteifer mit reichen und freygebigen Nebenbuhlern, so weit zu treiben als er will [...]« Aristipps Kommentar ist knapp: wenn ihr dieser Plan nicht gelänge, er würde keiner andern raten, seine Ausführung auch nur zu versuchen. Und ähnlich mag der Leser fühlen.

Der Plan hat drei Schwachpunkte, die ihn alle drei, einzeln oder kombiniert, zum Scheitern bringen können. Der erste ist mit einem Funktionselement des Herrschaftssystems verbunden, gegen das Wielands Lais ihren Lebensplan setzt. Genauer müßte man ja sagen: in dem und das ausnutzend sie ihren Plan umsetzen will. Weil sie, fügte sie sich seinem Anspruch, kurzzeitig eine, wenn auch nicht nach eigenem Fürguthalten, Privilegierte wäre, kann sie auch auf diese Privilegien verzichten und höhere, mit höherm Grad an Freiheit verbundene erreichen. Simpler gesagt: weil sie schön ist – die Schönste – kann sie auf das verzichten, was sonst ihr Ziel sein müßte: eine gute Partie. Und sie kann das, *solange* sie schön ist, bzw. solange die Barschaft reicht. Sie kann nur so lange im System über das System triumphieren, solange sie im System und im Frieden mit ihm auch erfolgreich wäre, und damit ist sie an die Wertmaßstäbe des Systems gebunden. Anders könnte sie es nicht ausnutzen. Da das System aber mit seinem Preis, den es auf den Zufall der Schönheit setzt, auch den zeitlich begrenzten auf Jugend verbindet, hat die Strategie der Lais – nehmen wir realistischerweise das Beispiel der Ninon de Lenclos als Ausnahme an – ein sozusagen »eingebautes Risiko«, das mit der verstreichenden Zeit wächst.

Der zweite Schwachpunkt ist, daß das von ihr geplante Spiel mit der Psychologie ihrer potentiellen Freier ein großes Maß an Empathie voraussetzt, die verbunden sein muß mit einem wenigstens gleich großen Maß an Ungerührtheit. Weder darf die ihr dargebrachte Verehrung ihre Eitelkeit rühren, noch darf sich ihrerseits unversehens mehr als verstandeskontrollierte Zuneigung einmischen. Wieland läßt sie selbst es sagen: »die schönste unter uns müßte sehr blödsinnig sein, wenn sie sich auf den Glanz oder die Zahl ihrer vorgeblichen Anbeter und Sklaven das geringste einbildete«, und: »Ich habe noch wenig Gelegenheit gehabt die Stärke oder Schwäche meines Herzens aus Erfahrung kennen zu lernen, daß es Vermessenheit wäre, wenn ich, wie der Sohn der Amazone beim Euripides, Amorn und seiner Mutter Trotz bieten wollte. So weit ich mich indessen kenne, scheint es nicht als ob die Leidenschaft, die der besagte Dichter an seiner Fädra so unübertrefflich schildert, jemals mehr Gewalt über mich erhalten werde, als ich ihr freiwillig einzuräumen für gut finde« – also keine, wenn man die literarische Anspielung ernst nimmt, denn die Leidenschaft einer Phaidra war ja durchaus nicht von einer Art, mit der nach Belieben hätte umgegangen werden können. Wenn Lais sich ausdrücklich nicht mit Hippolyt vergleicht, so tut sie das nicht, weil sie einen solchen Vergleich für immer ausschlösse, sondern nur, weil sie noch keine entsprechenden Proben bestanden hat, und der zweite Satz dementiert schon die Bescheidenheit des ersten.

Der dritte Schwachpunkt ist die Verbindung von Ökonomie und Gefühl. Was wäre mit dem, der gleichzeitig liebenswert wäre und spendabel? Und wann wird die Haltung der Göttin, die Weihegeschenke annimmt, »aber sich durch die Annahme derselben keineswegs« verpflichtet, »alle Wünsche der Opfernden zu erfüllen« einfach darum problematisch, weil sie eben keine Göttin ist, sondern ein Mensch, für den aus der Annahme von Geschenken, er mag wollen oder nicht, Verpflichtung entsteht? – So hat denn Lais, wie es scheint, zwei Gottheiten auf einmal herausgefordert: Aphrodite (in zweifacher Weise) und jenen unbenannten Gott des Tausches, der da spricht: do ut des.

Ich habe die Reden der Lais darum so ausführlich zitiert, da es Gleichartiges in der deutschen Literatur wohl nicht gibt – *fast* nicht gibt, denn entworfen sind die schon in Wielands zweiter Fassung der »Geschichte des Agathon« von 1773. Dort ist es eine Rede der Aspasia an die junge Danae, aber meines Dafürhaltens mit einem entscheidenden Unterschied, auf den ich nachher eingehen werde. Genug, daß die »Geheime Geschichte der Danae« und der Rat der älteren Hetäre darin den jungen Johann Wolfgang Goethe erbosten, der in seiner Satire »Götter, Helden und Wieland« Herkules gegen Wieland rufen läßt: »Was soll ich von eines Menschen Verstand denken, der in seinem vierzigsten Jahr ein gros Wercks und Wesens draus machen kann, und fünf, sechs Bücher voll schreiben, davon, dass ein Maidel mit kaltem Blut kann bey drey vier Kerls liegen, und sie eben der Reihe herum liebhaben. Und dass die Kerls sich drüber beleidigt finden, und doch wieder anbissen.« Man liest's doch immer wieder mit Vergnügen.

Die wohl durchaus und ganz ohne Anführungsstriche so zu nennende feministische Rede der Lais wirft ein »Ursprungsproblem« auf: welche Gedanken hat Wieland hier verarbeitet? Denn in dieser Schärfe und *theoretischen* Zuspitzung waren sie weder gedankliches Allgemeingut der Zeit, noch ist es wahrscheinlich, daß es sich hier um eine Privattheorie Wielands gehandelt hat. Aber woher dieser Feminismus *vor* den ersten wirklichen Theoretikerinnen mehr als individueller weiblicher Emanzipation? – Es verbindet sich diese Frage, die von der feministischen Literaturwissenschaft meines Wissens bisher nicht gestellt worden ist – mit einer anderen, die von der Literaturwissenschaft, wie sie sich aus dem neunzehnten Jahrhundert herübergeschrieben hat, nur allzuoft gestellt worden ist: der nach dem Vorbild der Lais. Ich erlaube mir die letztere Frage in einer ganz besonders naiven Formulierung zu zitieren: »Wer war die Frau, die Wieland [...] als seine Lais verherrlichte? War es Sophie Brentano, das junge Mädchen, das nur zwei Male und jeweils nur wenige Wochen bei ihm gelebt hatte? War es die Erinnerung an jene andere Sophie, die den Beinamen ›die Verschwebendste‹ führte, wie er Lais in ihrer verschwebenden Art charakterisierte?«, schreibt ein Werner Milch.

Der »literarische Positivismus« ist oft genug kritisiert, glossiert, methodisch »hinterfragt« worden – ich muß es hier nicht wiederholen und auf den begrenzten Sinn der Frage, auf welches Datum die Beschreibung der Mondnacht in »Füllest wieder Busch und Tal« falle, hinweisen. Auch die Frage, ob nun Werthers Lotte mehr von der aus Wetzlar oder von Maxe LaRoche habe, ist eine, die eigentlich höchstens ein frankensteiniges Gemüt lange umtreiben kann. Auch wenn sich etwa Arno Schmidts »Nachweis« des Vorbildes zu Fouqués Undine deshalb wohl nicht von der Hand weisen läßt, weil Fouqué selbst zum Allegorisieren neigte und einem potentiellen Dechiffrierer den Boden bereitete, bleibt der Triumph, mit dem Schmidt ihn führt, doch befremdlich, und die Frage, was ich denn wisse, wenn ich das weiß, naheliegend. Die Frage nach der Datierung obiger Mondnacht stammt übrigens auch von Arno Schmidt, und hier ist der Kontext interessant (in einer Biographie wie »Fouqué und einige seiner Zeitgenossen« erwartet man ja so was eher), nämlich das Juvenilium »Dichtergespräche im Elysium«, in dem diese Frage gestellt wird. Sie wirkt in diesem Reigen abgeschiedener und in jenseitigen Gefilden plaudernder Dichter derartig deplaciert, daß man sich so lange wundert, bis einem einfällt, daß sie demselben Ziele dienen mag wie der ganze idealisierte Maskenzug: phantasierte Verschmelzung mit dem geliebten Dichter. So sehr der »literarische Positivismus« auch ein Phänomen des Klatsches gewesen ist, oder sagen wir, um den nicht gänzlich (s. o.) verächtlich zu machen: miserabelster Kammerdienerperspektive, die es zwar eben einfach »gibt«, die aber nicht auf den Markt gehört, so sehr ist er auch ein Stück hilfloseste Beschwörungsformel, zutiefst magiegläubiger Gemüter gewesen und ist es noch. Wenn ich »das Datum« weiß, »das Vorbild«, wenn ich angeblich weiß, was/ wann/wo/wie/mit wem und wie lange gewesen ist, vermeine ich dann nicht mit den Augen des Dichters zu sehen? Ist mir dann nicht das Gedicht, der Roman auf einmal wie das Dichterauge, durch das ich blicke, wie er es getan hat? Ich denke, daß der »literarische Positivismus« nur eine nicht ganz so archaische Form der versuchten Einverleibung des als größer erkannten Einzelnen ist, wie das Auffressen seiner Leber oder seiner Hoden. Es ist nur in der Konsequenz, nicht in der zugrundeliegenden Phantasie einmalig, wenn sich der Schopenhauer-Herausgeber Hübscher in Schopenhauers Grab beisetzen läßt, und wenn sich mikroskopierende Wissenschaftler rudelweise über das in Scheiben geschnittene Hirn Einsteins beugen.

So verstehe ich auch die Frage nach dem »Vorbild« der Lais: sie ist der Versuch magischer Intimität mit dem verehrten Dichter, und wir wollen das Moment der Verehrung nicht denunzieren, wenn wir über das unaufgeklärte Mittel schmunzeln. Solange wir uns selbst zu einer Art intellektuellen Heroendienstes (man *muß* es so nicht nennen, gewiß) verpflichten – und es ist eines der Mittel, die liebe Menschheit ein wenig von der vollständigen Selbstbarbarisierung abzuhalten –, so wollen wir nicht jene verachten, die ihn etwas ungefüge und nicht so urbanisiert durchführen wie wir. Gleichwohl wollen wir auf die guten Sitten achten und den Zuwachs an Polizei nicht leichtfertig aufgeben. So sehr unser Motiv das nämliche ist, nennen wir doch, was er Verehrung nennt, genauso Fledderei, wie wir auf unseren Friedhöfen bestimmte Kulte nicht mehr zulassen.

Die Frage nach dem »Vorbild« der Lais rührt natürlich auch von der Irritation her, die diese Figur auslöst. Diese selbstbewußte Unabhängigkeitserklärung, ganz ohne alles Medusische, Mänadische oder Medeische, im Gegenteil verbunden mit unaufgeregter Eleganz, Bildung, Geschmack, Urbanität und doch ein Fundament wenigstens abendländischer Sozialverfassung im Wortsinne radikal kritisierend – ? Aber gerade das Außerordentliche der Figur sollte doch davon abhalten, ihr Bild für von der sogenannten Wirklichkeit abgekupfert zu halten. Sicher, es muß sich um keine 1:1-Übertragung handeln, sogar der zitierte Milch spricht von »verherrlichen«. Gleichwohl: gewinnt eine literarische Figur genügende Eigenständigkeit, verliert die Frage nach ihrem Bilde in der Wirklichkeit sogar ihr angemaßtes Recht: wer ist das Vorbild für Don Quijote, Faust, Kapitän Ahab, Onkel Toby, Hamlet? Ist es Zufall, daß wir nur Männer nennen? Ist die Frage nach dem Vorbild Wilhelm Meisters weniger absurd als die nach Mignon? Und wenn ja, so nur deshalb, weil Meister sowieso mit seinem Verfasser gleichgesetzt wird und Kluge von Mignon sagen, sie wäre auch ein Stück von ihm? Aber wie ist's mit Werther und Lotte? Aber auf diesem Fragewege landen wir wieder beim Klatsch, und wir täten es auch, wenn wir fragten, wer Heathcliff »eigentlich« gewesen sei oder Lord Derby. Glücklicher Shakespeare!

Umgekehrt kann man überlegen, ob die hartnäckige Fragerei, wer denn das – idealisierte, veredelte, gesteigerte (what ever you want) – Vorbild der Lais gewesen sei, nicht eine Abwehr des Anspruches sei, den eine literarische Figur eben auch darstellt. Ich meine natürlich keinen moralischen oder ideologischen Anspruch. Ich meine etwas, das man unbeholfen »Wirklichkeitsmächtigkeit« nennen könnte. Daß eine literarische Figur so viel Aufmerksamkeit auf sich zieht wie ganze Heerden von Menschenwesen nicht. Lichtenbergs so wunderbar humanes Diktum, die interessanteste Oberfläche der Welt sei das menschliche Antlitz, stimmt entweder in einem wiederum stilisierten Sinne, oder leider nicht. Es gibt solche Gesichter gewiß, aber sie sind selten, und sie sind es auch nur durch das, was wir von ihnen wissen oder zu erfahren suchen. Interessant ist nicht das Gesicht, sondern die Geschichte, die wir von ihm erzählen (wollen). Daß der meisten Menschen Leben ein Lustspiel ohne Plan sei, ist manchem schon so vorgekommen, und da ist es schließlich kein Wunder, wenn wir ein künstliches Lustspiel, eben eines, das aufgrund seiner Komposition ästhetische Überlegenheit aufweist, vorziehen. Das ist keine Misanthropie, sondern eine Vorliebe, die ihrerseits zu den menschlichen Anlagen gehört, die wir nicht grundlos schmähen bzw. en bloc verleumden wollen. Daß das Leben des Orpheus und nicht seine Lieder auf uns gekommen ist, liegt nur daran, daß es besungen wurde. Anders gesagt: die »Biographie der Lais« hat in ihrer ästhetischen Kombination von großem mythischem »Zug« und realistischem, soll heißen: psychologisch stimmigem Detail durchaus die Qualität neben andere weltliterarische »Leben« gestellt zu werden. Daß das nicht geschehen ist, liegt nicht *nur* an der historischen Relativierung seines Autors auf den Literaturkanon des neunzehnten Jahrhunderts mit seiner Zentralgestalt Goethe, sondern auch an den beunruhigenden Zügen der Figur »Lais«, die wegen ihrer anderen ästhetischen Anlage nicht in die das psychologische Abenteuer erträglich machende Archaik des Halbreliefs gebannt bleibt, wie etwa Phaidra oder Medea (wobei aber die besondere Vorliebe Wielands für Euripides nicht vergessen werden sollte) oder (ganz anders, aber doch) Helena aus dem griechischen Teil des zweiten »Faust«. So wie die Illustrationen Fügers Lais auf einen bis aufs Heiligenbildchenhafte heruntergekupferten Klassizismus bringen (und was sie verliert, kann man genau an seiner Sokrates-Darstellung sehen: eben so viel), bringt die Frage nach dem »Vorbild« der Figur der Lais auf das Niveau der Biographien, die zur Auswahl stehen. Es sind drei: Sophie Brentano, Sophie LaRoche und Julie Bondeli.

Das Warum ist schnell hererzählt. Sophie Brentano, Enkelin Sophie LaRoches und Tochter Maximiliane Brentanos, hat Wieland zur Zeit der Abfassung des »Aristipp« in Osmannstädt besucht. Daß Wieland zu ihr eine, wie auch immer geartete Liebe faßte, ist dadurch verbürgt, daß sie zusammen mit seiner Frau und ihm unter dem berühmten dreiseitigen Obelisk am Ilmufer begraben liegt, deren Inschrift lautet: »Liebe und Freundschaft umschlang die verwandten Seelen im Leben, / Und ihr Sterbliches deckt dieser gemeinsame Stein.« Wie immer im Leben sich diese Liebe auch geäußert haben mag, sie kann nicht der Art gewesen sein, daß eine Transposition in einen Zug der Biographie der Lais irgend plausibel erschiene. Doch hat die zu Osmannstädt so jung Verstorbene ihre Spur im Buche hinterlassen. Wäre der Illustrator Füger nicht so ein ungefüger Wenigkönner und so gänzlich illiterat gewesen, auch diejenigen, die heute das Buch mit der gewohnten Leichtfertigkeit lesen, könnten sie erahnen.

Sophie LaRoche nennt man deshalb, weil sie als Base und angeschwärmte Jugendliebe Wielands einem natürlich dann einfällt, wenn man händeringend »die Frau in seinem Leben« sucht. Zweifellos hat sie später durchaus auch Talente einer souverän über Menschen verfügenden Welt- oder sagen wir lieber Hofdame entwickelt, und das eine oder andere Schicksal eingerichtet, wie es ihr gut dünkte, etwa das ihrer Tochter Maximiliane und das Christine Hogels. Man kann das für Emanzipation halten. Man kann das auch in Parallele setzen zu den Dienerinnen, die Lais mal freiläßt, mal allzu zudringlichen Verehrern schenkt. Aber wären das die Gründe, könnte man Lais auch für eine Apotheose Maria Theresias halten. Doch hat Sophie LaRoche nicht auch so etwas wie einen Salon unterhalten? Aber wenn »Salon« (so via »Symposion«) das Kriterium wäre, hätte man sicherlich Johanna-Schopenhauer für das Urbild der Lais halten müssen, auch hinsichtlich ihres Grades an Unabhängigkeit gegenüber Gatten, Witwentum und Sohn. Wäre sie vor 1800 schon in Weimar gewesen, ich wette, die Zunft der Literaturkenner hätte sie dazu gemacht.

Sophie LaRoche war Schriftstellerin, Barbara Becker-Cantarino sieht mit ihr die »Frauenliteratur« beginnen – wäre das nicht genug als Motiv, eine »gebildete« Lais aus ihr zu machen? Obwohl mit Fug zu zweifeln wäre, ob eine Lais jemals etwas wie »Frauenliteratur« geschrieben hätte. Wieland jedenfalls hat Lais nicht zur Schriftstellerin gemacht, und das ist eine bewußte Entscheidung, da Bayle durchaus erörtert, ob sie eine gewesen sei. *Wenn* aber Wieland der ehemaligen Angeschwärmten ein literarisches Denkmal hätte setzen wollen, so hätte sich gerade dieses Lebensmotiv mehr als »angeboten«. Aber abgesehen davon hat, wofür der Name Sophie LaRoche in erster Linie steht, der Roman »Das Fräulein von Sternheim« nämlich, nichts von dem, wofür man »Lais« einsetzen kann. Empfindsamkeit und Sentimentalität, keusche Schwärmerei, Veredelung durch Leiden, die Frau als passives Opfer finsterer Intrigen böser britischer Lords, nichtsdestoweniger aber ein Stehaufweibchen mit einem Bleigewicht aus Tugend und Güte und Edelmut. »Mein ganzes Ideal von einem Frauenzimmer!« schrieb Caroline Flachsland, allerdings an ihren Verlobten, Herder: »sanft, zärtlich, wohltätig, stolz und tugendhaft und betrogen.« – hundertmal ist es zitiert worden. Und Lenz schrieb in seinem »Pandämonium germanicum« eine Szene, in der ein Porträt der LaRoche als eine Art Fetisch verwendet wird, um Wieland als bösen Geist auszutreiben, Goethe schwenkt ihn: »Sieh Plato's Tugend in menschlicher Gestalt! Sternheim!« Und vorher bezeichnend: »Du glaubtest, sie würde deiner Danae Schaden thun. Wie, daß Du nicht Deine Leier in den

Winkel warfst, demüthig vor ihr hinknietest und gestand'st, Du seist ein Pfuscher?« Danae, ebenjene, die den jungen Goethe sich zum Herkules aufschwellen machte und deren Belehrung durch die Hetäre Aspasia zur Vorformulierung der Philosophie der Lais gerät. Nein, da müssen wir Lenzen doch wohl recht geben: Sophie LaRoche als Urbild der Lais hätte sich nicht geschickt.

Bleibt Julie Bondeli. Wieland hat sie in seiner Berner Zeit geliebt, ihr wohl auch die Ehe zugesagt, ist dann aber ohne Abschiedsgruß verschwunden, was nicht schön von ihm gewesen ist – wenn man ihre Briefe liest, aber verständlich wird. Berühmt wurde Julie Bondeli als intellektuelle Freundin Rousseaus, sie sollte Lavaters physiognomische Schriften ins Französische übertragen, Winckelmann soll ihr seinen »Apoll« überreicht haben, mit Sophie LaRoche korrespondierte sie eifrig (und nicht nur über Wieland). Sie kann wohl als berühmteste Schweizer Philosophin gelten. Daß man ihr übertriebene Schönheit nicht nachsagt, muß für unseren Zusammenhang allein nichts heißen. Nachdem Wieland sie verlassen hatte, nahm sie keinen übermäßig großen Anteil an seiner weiteren literarischen Entwicklung, aber wie aus einigen ihrer Briefe ersichtlich ist, konnte sie zwar Wielands Fortschritt als Stilist würdigen, fand aber seine Frivolität mehr oder weniger degoutant. Auch bei ihr kann man, wie bei Sophie LaRoche, sagen, daß weder ihre Ideale noch Lebensumstände und -führung, noch ihr Aussehen und ihre Ansichten etwas mit der Figur »Lais« zu tun haben, oder vorsichtiger: *mehr* zu tun haben als die irgendeiner anderen Frau, die einem sonst noch einfallen könnte, etwa der Herzogin Anna Amalia. Aber wer wollte wohl sagen, Wieland habe die in Lais porträtieren wollen?

Wenn sich nun – und wahrlich schon zu viel davon – das Vorbild in der Wirklichkeit nicht zeigen will, sondern immer dem Lichtenbergschen Messer ohne Klinge ähnelt, dem der Griff fehlt, dann bleibt doch die Frage übrig, woher denn eigentlich jene feministische Philosophie stammt, die Wieland Lais in den Mund legt, und die so weit über das hinausgeht, was reale Frauenrechtlerinnen erst Jahrzehnte später zur Richtschnur ihres Denkens gemacht haben. Wenn mir hier jemand *diese* Quelle nennen könnte, es wäre, wie gesagt, eine verdienstvolle Entdeckung, die die weitere Frage aufwürfe, warum sie nur bei Wieland so deutliche Spuren hinterließ. – Ich habe nach ihr gesucht, vielleicht am falschen Orte, und Atlantis liegt nicht bei Helgoland. Bis zum Vorweis des wahren Atlantis aber möchte ich bei folgender Ansicht bleiben, für die ich allerdings jeden »Beweis« schuldig bleiben muß.

Wielands Schwärmereien und Liebeleien von (nach seinen eigenen Angaben) seiner Kinderfrau angefangen, über Sophie Gutermann (spätere LaRoche), die Schweizerinnen (allen voran Julie Bondeli), Cateau Hillern, die Schwester Sophies und Frau des Biberacher Bürgermeisters, der ihn aus dem Haus warf – alldas ist weidlich bekannt und kann überall nachgelesen werden, weshalb ich es hier übergehen werde. An solchen Liebeleien kann sich der o. a. Sinn für Spekulationen üben: wie weit sie wohl gegangen sein mögen. Ich halte dafür: nicht sehr weit, und wir müssen gar nicht jene Maßstäbe anlegen, die inzwischen auch der englische Hof übernommen hat, der anläßlich der Ehe des zweitältesten Sohnes der Königin verlauten ließ, eine in den späten 6oern adoleszent gewordene Engländerin, die nur zwei oder drei Liebhaber gehabt hätte, sei als Jungfrau zu betrachten. Wenn man heute dem brieflichen Niederschlag dieser Affären sich zuwendet, machen sie einen ziemlich enervierenden Eindruck. Vor allem das ewige Nachstellen irgendwelcher literarischen Vorbilder als Tugenddemonstration oder Inszenierung irgendeiner Schwärmerei ist eine Übung, in der gerade Wieland aufs Unangenehmste exzellierte. Zugute halten kann man ihm allenfalls, daß die Mischung, die er, mangels eigener Erfahrungen und selbständig gewonnener Gedanken zu leben hatte, besonders widrig war: schwäbischer Pietismus plus Rokoko. Da mach einer was draus. Julie Bondeli hat ihn hart und witzig so charakterisiert: »Was mir den stärksten Eindruck machte in seinem letzten Brief, ist meine Vermutung, er schmeichle sich damit, sein Benehmen sei auf irgend eine Weise der Einfachheit eines Sokrates ähnlich. Bei dieser Stelle allerdings überlief mich ein Schauder, denn Sokrates war bei ihm immer das Stichwort für irgendein neues zu begehendes Unrecht. Jedem Unrecht, das er mir zufügte, ging regelmäßig der Wunsch voraus, der Jünger Sokrates zu sein, oder aber die stille Überzeugung, sein Vorbild bereits erreicht zu haben.«

Das alles betrifft Fragen des Geschmacks, und wer wird leugnen wollen, daß man wenigstens in denen keinem unter 30 trauen könne. In den Jahren 1761–64 ereignet sich aber eine kleine, gemeine, böse Geschichte. Wieland verliebt sich in ein junges Mädchen, Christine Hogel. Sie ist ihm weder was Stand noch was Bildung anlangt zukommend, drum sehen zunächst die meisten über die Mesalliance hinweg (wie Goethes Mutter bei Christiane Vulpius: »Bettschatz«), weniger die Biberacher Gegenüberwohner. Wieland sucht sein Schlafzimmerfenster mit Pappe gegen Blicke zu dichten. – Sie liebt ihn wahrscheinlich, und wäre es nur des sozialen Gefälles wegen, wo durch die perspektivische Verkürzung das Oben zuweilen liebenswert aussieht. Er will sie heiraten, und die Aufrichtigkeit des Wunsches steht außer Frage. Allein, ihre Eltern wollen das katholische Mädchen dem evangelischen Beamten nicht geben, es widerspricht dem Glauben und Biberacher Sitte. Ach ja, ihr Kosename ist: Bibi. Wieland weiß nicht aus noch ein, holt Rat bei der ehemaligen Angeschwärmten, der Base Sophie, die jetzt Sophie LaRoche ist und Frau des Sekretärs des alten Grafen Stadion auf dem Schloß Warthausen bei Biberach, wo er oft zu Gaste ist. Sophie LaRoches Plan konveniert den Eltern Hogel: Christine kommt ins Kloster nach Augsburg. Sie hat sich zu fügen; Wieland fügt sich. Es entschuldigt ihn nicht, aber bedacht werden muß dabei, daß außer den beiden – die wiederum nicht wirklich Zwei gewesen sind, sondern nur zwei Einzelne – niemand eine Verbindung für denkbar gehalten hat. Nach kurzem wird Christine Hogel aus dem Kloster entlassen, sie bringt ein Schreiben der heiligen Schwestern mit, das Befremden ausdrückt: sie ist schwanger. »Bibi« wird bei einem Handwerker untergebracht, Wieland will sie immer noch heiraten, jedenfalls wenn er schwärmt. Sophie LaRoche rückt ihm Gegengründe vor, die er akzeptiert. Ein Mädchen wird geboren, Cäcilie Sophie Christine, die Mutter wieder expediert, das Kind stirbt, die Mutter heiratet später einen Regimentsmedikus, und ihre Spur, wie man so sagt, verliert sich.

»Wie oft seh ich mit einem traurigen Blick in diese seligen Tage der Unschuld zurück! Nichts, nichts kan uns diese wundersame Lauterkeit der Empfindungen, diese reine Wonne, diese nahmenlose Entzückungen wiedergeben, die uns die erste Liebe in noch unverdorbner, kaum entfalteter Jugend erfahren macht.« Es gibt Menschen, die durch eigene Schuld klüger werden. Sie sind nicht in der Mehrzahl. Auch steht immer in Frage, was klüger jeweils heißen könne und solle. Wielands Lebensveränderung sieht so aus: Die Idee, irgendwelche erotischen Ideale oder Spleens zu leben, gibt er auf, Exaltationen sind ab jetzt nur noch auf den Schreibtisch beschränkt. Die Erotik wird Thema – wenn auch nicht so ausschließliches, wie manche Literaturgeschichte meint – seines Werkes bleiben, die *leidenschaftliche* Liebe nur als Problem. »Es giebt keine ewige Liebe;« läßt er Lais sagen, »aber Freundschaft ist ewig, oder verdiente diesen Nahmen nie. – Der Altar hier ist dieser Unsterblichen geheiligt. Hier, Aristipp, laß uns schwören, Freunde zu bleiben so lange wir leben, und dieser erste Kuß sey das Siegel unsers schönen Bundes. – « Man lese dieses Bekenntnis zur Freundschaft als Antidot gegen die Leidenschaft nicht nur stets als zeitbedingt und dem allgemeinen Thema der »Schwärmerei« untergeordnet. Man denke *auch* hinzu, was die sich ihre zweifelhafte Hilfsbereitschaft mit dem angemaßten Recht zur Indiskretion stets reichlich vergütende Sophie LaRoche an Julie Bondeli schreibt: »In ihr (Christine Hogel) glaubt er den wahren Unterschied zwischen Liebe und Freundschaft gefunden zu haben, ›das Vergessen seiner selbst, sich glücklich schätzend für den Geliebten sich zu opfern.‹ Und das alles ist gesagt mit jenem Feuer und Wortschwalle, welchen sie bei ihm kennen.«

Er heiratet die Kaufmannstochter Anna Dorothea Hillenbrand (oder läßt er sich verheiraten? Sophie LaRoche ist jedenfalls wieder einmal nicht unbeteiligt). »Das, warum es mir zu thun war, ist ihre Person; sie hat wenig oder nichts von den schimmernden Eigenschaften, auf welche ich (vermuthlich weil ich Anlässe gehabt habe, ihrer satt zu werden) bey der Wahl einer Ehegattin nicht gesehen habe. [...] Nun, dächte ich, wissen Sie genug; denn von seinem Weibe reden, ist ohngefähr eben so viel als von sich selbst sprechen.« Man vergleiche, was Wieland über die Verbindung Aristipps mit Kleone schreiben läßt (vgl. auch Kapitel 6). Anna Dorothea und Kleone – beide sterben zu Ende des »Aristipp«, die eine in der sogenannten Wirklichkeit, die andere im nicht geschriebenen fünften Band.

Der Roman »Don Sylvio« ist zur Versorgung Christines und darum in aller Eile geschrieben und zum Druck befördert; »ich wolte ein Buch machen, das für die Meisten wäre«, für den Markt und um die Taler geschrieben und doch nicht nur deshalb ein Virtuosenstück, sogar die ihm durchaus ungünstige Bondeli muß zugeben, daß kein anderer solche Prosa schreibt. »Die Geschichte des Agathon« schleppt sich hin, wird schließlich 1776 als Fragment gedruckt. Mit ihm beginnt die Anerkennung des Romans, den man später als *die* eigentliche bürgerliche Kunstform erkennen sollte, als anderer Sprachkunst gleichwertig. Auch die zweite Fassung, nicht ganz zehn Jahre nach der »Bibi«-Affaire, bleibt Fragment, aber sie enthält die Rede der Aspasia, die Belehrung der Danae: »Die Männer, sagte Aspasia zu ihr, haben aus einer angemaßten Machtvollkommenheit, für welche sie nicht den mindesten Titel aufweisen können, die ungerechteste Teilung mit uns gemacht, die sich denken läßt.« Q. e. d.

Woher die Worte? Nehmen wir an, das Gefühl, das Wieland aus dieser Sache kam, war so, wie ich es suggerieren will. Es hätte andere Worte finden können. Sternheimische zum Beispiel. Woher diese? Sie scheinen, stellt man die Rede der Aspasia neben die der Lais, fast wörtlich wiederholt zu werden, ja dem oberflächlichen Lesen erscheinen die Reden nahezu gleich, daß man sich zunächst verwundert, daß fast dreißig Jahre zwischen ihnen liegen. In Wirklichkeit aber wird in der Rede der Lais ein soziales Verhältnis beschrieben und in der der Aspasia einer Kränkung zum Ausdruck verholfen. Wo diese an die potentiell Gleichsinnige appelliert (»Nachdem sie alles getan was nur immer zu tun war, um uns des bloßen Gedankens einer Empörung gegen ihre unrechtmäßige Herrschaft unfähig zu machen, sind sie unedelmütig genug, unsrer Schwäche, die ihr Werk ist, auch noch zu spotten; nennen uns das schwächere Geschlecht; behandeln uns als ein solches; fordern zum Preis alles Unrechts, das wir von ihnen leiden, unsre Liebe [...]«), analysiert jene, wie oben zitiert. Wo Lais ihren Lebensplan als das Resultat eines Befundes präsentiert, will Aspasia Gemeinschaft stiften (»Wir sollten das schwächere Geschlecht sein? Sie das stärkere? Die lächerlichen Geschöpfe!«). Auch wenn man die jeweils andere Situation in Abzug bringt – Lais berichtet dem männlichen Gegenüber, Aspasia versucht einer Novizin das Seelengerüst zu verschaffen, das sie nötig haben wird –, bleibt genug zu unterscheiden. Die Rede der Lais ist aufs genaueste geformt, die Aufeinanderfolge der Argumente berechnet, die Stellung in der Briefabfolge des Romans alles andere als zufällig. Rückbetrachtet wirkt die der Aspasia wie der emotionale Rohstoff, aus dem die der Lais gestaltet wurde. Was bei Aspasia bloße Klage bleibt und möglicherweise guter Ratschlag, je nachdem, was man ist oder sein will (Mädchen, laß dich von den Männern nicht einfangen, dann fängst *du* sie!), wird bei Lais ein Befund, der unabhängig davon ist, was man selbst mit so beschaffener Einsicht anfangen will.

Die Formung wird man wohl Wieland zuschreiben müssen, gerade wegen der oberflächlichen Ähnlichkeit der beiden Reden, denn »inhaltlich« ist in den fast dreißig Jahren nichts dazugekommen. Woher also der Stoff? Es bleibt

eine Spekulation, aber doch vielleicht keine ganz unge-
gründete, und sie kommt auf den Namen Marianne Fels.
Julie Bondeli hatte eine vertraute Freundin, die sie in Liebesdingen zu Rate zog, auch ihr gern die Briefe zur Durch-
sicht gab, die sie an Männer abzuschicken gedachte, um
den Ton zu kontrollieren (auch: »Erlauben Sie mir, den
Brief von ** [Wieland] zusammen mit Ihrer Antwort solange zu behalten, bis ich sie beide Mademoiselle Fels mitteilen kann?«). Mademoiselle Fels und sie gehörten zusammen wie Orest und Pylades, schreibt Julie Bondeli.
Wenn man ihrem Berichte glauben kann, war Marianne
Fels von einem äußerst häßlichen Ehescheidungsverfah-
ren ihrer Eltern betroffen, nach Bondelis Urteil wollte Marianne Fels' Vater sie nach gewonnenem Prozeß »vor die
Tür setzen« und ließ »im Publikum ein verleumderisches
Memoire zirkulieren, das so gehalten war, daß man es jungen Mädchen nicht in die Hand geben durfte«.
An diese Marianne Fels, die einige sehr konkrete und
über das Maß des Üblichen hinausgehende Erfahrungen
mit dem Geschlechterverhältnis als Machtverhältnis gemacht haben dürfte, erinnert sich Wieland so: »Julie hatte
ein Freundin, Mariane Felß, eine geschworene Männer-
feindin, die lange Zeit bei Julien Alles aufbot, um ihre Neigung gegen mich zu bekämpfen, sich aber endlich doch
auch mit unsrer Liebe aussöhnte, da sie blos geistiger Art
und von jeder Sinnlichkeit völlig entkörpert war.« Das
sind nun recht grobe Indizien, aber wenn man die Le-
bensstationen Wielands passieren läßt, so ist Bern, so sind
Gespräche zwischen Julie Bondeli und Marianne Fels, die
die explizite Aufgabe hatte, Julie davon abzuhalten, intellektuellen Freunden zu »zärtlich« zu schreiben, die diese
Aufgabe nach Urteil eines dieser Freunde durchaus ernst
nahm, – so sind die Gespräche zwischen Julie Bondeli, die
übrigens, wie sie Wieland erzählt hat, als Sechzehnjährige
Opfer eines Vergewaltigungsversuches gewesen war, und
Marianne Fels, ob Wieland nun die Einlassungen der letzteren gehört hat oder ob Julie sie ihm berichtete, doch
wohl die Quelle jener Zurückweisung einer mannsbe-

herrschten Welt, die Wieland seiner Aspasia in den Mund legt, vermehrt um allerlei, was in den Salon der Aspasia, nicht aber in die Unterhaltungen von Julie und Marianne paßt. In der »Geschichte des Agathon«, vermehrt in der zweiten Auflage um die »Geheime Geschichte der Danae«, wirkt solch eine Verwertung, gerade wenn die Rede der Marianne Fels sich nicht unbestätigt zeigt durch das, was Wieland selbst tut oder sanktioniert gegenüber Christine Hogel, frivol, um Gelindes zu sagen. Das aber macht ihre Wiederaufnahme als Rede der Lais, fast dreißig Jahre später, und in die Form gebracht, die tauglich ist, die Konjunkturen der Meinungen zu überdauern, vielleicht nicht gut, aber es stellt jene Achtung her, die in der Wirklichkeit nicht vorhanden oder zu haben war.

So ist jedenfalls *meine Meinung* von der Sache, von der jede und jeder behaupten kann, daß sie sich ganz anders verhalte. Wie immer ein möglicher Streit darin auch ausgehen mag, er wird doch nur bestätigen, was wir schon vorher hätten wissen können: »Mir däucht, man hat Unrecht, bey Wirkungen von so sehr zusammen gesetzten Ursachen, als die Werke der Götter und der Menschen sind, alles immer auf Ein vermeintes Princip reducieren, und aus Einer Ursache erklären zu wollen, was immer das Resultat von vielen ist. Es ist freylich die kürzeste Art sich aus der Sache zu ziehen. Aber man verfehlt auch die Wahrheit fast immer auf diesem Wege. Mehrere Ursachen, mehrere Umstände kamen zusammen, diesen Idealen das Daseyn zu geben, und zu machen, daß sie gerade so und nicht anders wurden. Die Natur thats nicht allein – die Gelegenheit sie zu studieren thats nicht allein – das Genie des Künstlers – die Liebe womit er arbeitete – das Aufstreben nach mehr als menschlicher Schönheit und Größe – der stolze Gedanke, etwas der öffentlichen Anbetung würdiges hervorzubringen – thats nicht allein: aber alle diese Ursachen zusammen thatens. So werden Menschen; und so werden auch Statuen!«

Die Liebe jedenfalls, genauer: die schwärmerische Liebe, die verstandestrübende Leidenschaft steht im »Aristipp« wie in anderen Büchern Wielands unter Verdacht. Ein einziges Mal läßt Aristipp sich hinreißen: »Ist es wahr, meine Laiska, daß ich dich gesehen, drei Göttertage mit dir gelebt [...]« und so geht es weiter bis zu: »Lais, Lais! Was hast du aus mir gemacht? aus mir, der sich auf die Kälte seines Kopfes so viel zu gute that? O du [...]« und so weiter. Lais Antwort: »Welcher ungnädigen Nymfe bist du zur Unzeit in den Weg gekommen, Aristipp? Wüßte ich nicht, wie wenig das war, das dich in so wunderbare Seelenzuckungen zu setzen scheint, und daß ein Löffel voll Wein, sei es auch vom besten Cyprier, niemanden berauschen kann, du hättest mich beynahe glauben gemacht, es sey dein Ernst.« Und wieder fragt der Leser sich, wieviel so wenig gewesen sei, wenn's Wirklichkeit gewesen wäre. Aristipp besinnt sich: »Ich glaube wirklich, daß ich dir jüngst in einer Art von Fieber geschrieben habe, Laiska. Was ich schrieb, mögen die Götter wissen!« – Ein anderes Mal gehen die Wellen nicht so hoch. Aristipp beantwortet eine Neckerei der Lais (es sei doch sicher nicht, wie behauptet, das Studium der Mathematik allein, was ihn an einem Besuche hindere) mit einem Besuche stante pede sozusagen, läßt sich durch ein Billett anmelden – und wird vor der Tür stehengelassen und mit einem Zettel abgefertigt: »Dießmal, mein Lieber, hat dir deine Filosofie einen losen Streich gespielt; denn, unter allen möglichen Antworten auf mein letztes, bist du gerade auf die einzige gefallen, die du *nicht* hättest geben sollen. Oder woher konntest du wissen, mein voreiliger Herr, daß du mir nicht ungelegen kommest?« Allerdings bleibt der Ausgang, wie es sich gehört, offen oder sagen wir: zweideutig. – Aber all das ist, was den Lebenslauf der Lais angeht, ein Vorgriff.

Von Aigina aus, das Aristipp inzwischen verlassen hat, um zu einer längeren Reise aufzubrechen, macht Lais sich nach Athen auf, um dort Sokrates aufzusuchen. Vor der Stadtgrenze läßt sie halten, den Wagen ein Stück fortfahren, um ein wenig zu Fuß zu gehen. »Kaum sind wir auf dem weichsten Rasen ein paar hundert Schritte vorwärts gegangen, als ein prächtiger Ahorn von ungewöhnlicher

Größe und Schönheit unsere Augen auf sich zieht, neben welchem, in kleiner Entfernung, eine kristallhelle Quelle, zwischen Rosen und Lorbeerbüschen rieselnd, unvermerkt zu einem Bach wird, der den durchgehenden kaum die Knöchel benetzt. Ein rüstiger, wiewohl glatzköpfiger Alter, an Gestalt und Gesichtsbildung, wie man die Silenen abzubilden pflegt, und ein schöner zum Manne heranreifender Jüngling [...] sitzen auf einer Rasenbank am Fuße des Ahorn, und scheinen, in einem lebhaften Gespräch begriffen, uns nicht eher gewahr zu werden, bis wir, völlig aus dem Gebüsche hervortretend, kaum noch zwanzig Schritte von ihnen entfernt sind.« Wer seinen Platon schlecht parat hat, dem hilft Wieland mit einer Anmerkung ein: Lais platzt gewissermaßen in den Abschluß jenes Sokratischen Gespräches, das auf uns mit dem Namen seines Dialogpartners als Titel versehen gekommen ist: »Phaidros«. Das ist passend, denn der Dialog geht um Schönheit und Liebe. So kann es denn nicht fehlen, daß ein paar Apropos gesprochen werden, aber durchaus auch Ernsthaftes zur Sache, und als Lais sagt: »Sollte nicht jede wahre Liebe eine Art von Wahnsinn sein?«, so ist sie so sehr »beim Thema«, daß man sich fragt, ob Platon uns im »Phaidros« etwas vorenthalten habe. »Der Alte betrachtete mich, statt der Antwort, mit einem forschenden Blick; aber der Jüngling platzte heraus: Wenn dies ist, schöne Fremde, so brauchst du nur zu reisen, um alle unsre Städte, vom Tänaros bis zum Athos in lauter Irrenhäuser zu verwandeln. Ich. Wenn es wahr wäre, daß die Wahnsinnigen die glücklichsten unter den Menschen sind, so hättest du mir etwas sehr verbindliches gesagt. Wer wollte nicht wünschen, alle Menschen glücklich machen zu können? Der Alte. Das wären sie schon lange, wenn Wahnsinn glücklich machte. Aber noch hab' ich keinen Menschen gesehen, der sich gewünscht hätte, wahnsinnig zu seyn. Ich. Vermuthlich auch keinen Liebhaber, der es zu seyn geglaubt hätte, wiewohl sie es alle sind. Der Alte. Ich hätte große Lust, dir zu beweisen, daß du dich sehr an der Liebe versündigest; aber der Tag neigt sich, und es ist noch eine ziemliche Strecke von hier bis zur Stadt.«

Ich lasse die Stelle stehn wie sie ist, ein Kommentar vor dem Hintergrund des »Phaidros« wäre verlockend, würde aber zu weit führen, und ich kann der Leserin nur nahelegen, das selbst zu machen, unter Einbezug des Folgenden, versteht sich. Genug, daß Lais in Athen das ihr gebührende Aufsehen macht und daß sie täglich um Sokrates ist, und Sokrates die Hauptperson der von ihr veranstalteten Symposien. Sie berichtet darüber Aristipp mit verständlichem Stolze. Es kann dann auch nicht fehlen, daß Sokrates sich wie Sokrates benimmt, und so greift er denn endlich den unterm Ahorn liegengelassenen Faden wieder auf und spinnt ihn auf der Akropolis, vor dem Parthenon weiter: »Und nun, Freund Aristipp, setzte er sich mit mir unter den großen Ölbaum vor dem Tempel der Athene Polias, und begann, mit einer ihm nicht gewöhnlichen Begeisterung, eine lange Rede über – Schönheit und Liebe. Er setzte als etwas, woran ich nicht zweifeln könne, voraus, daß beide ohne Tugend weder zu ihrer Vollkommenheit gelangen, noch von Dauer seyn könnten. Er bewies, indem er die Begriffe in seiner etwas spitzfindigen Manier sonderte und entwickelte, daß das Schöne und Gute im Grund eben dasselbe, und Tugend nichts anders als reine Liebe zu allem Schönen und Guten sey; eine Liebe, die vermöge ihrer Natur, gleich der Flamme, immer emporstrebe, durch nichts unvollkommnes befriediget werde, und nur im Genuß des höchsten Schönen, zu welchem sie stufenweis emporsteige, Ruhe finde. – Und was meinst du, daß er mit dem allen wollte? Nichts geringeres als mich überzeugen, ›daß die Natur mich ganz eigentlich zu einer Lehrerin und Priesterin, ja noch mehr, zu einer unmittelbaren Darstellerin des Ideals der Tugend, mit Einem Wort, zur personificierten Tugend selbst bestimmt und ausgerüstet habe; und daß es also die erste meiner Pflichten sey, die Erreichung dieses hohen Ziels zum großen Geschäfte meines Lebens zu machen.« Das ist, das Ideal einer Kalokagathie einmal vorausgesetzt, so abwegig nicht, und daß Sokrates, wenn er denn wirklich so platonisch gedacht haben sollte wie im »Phaidros«, einer Lais ähnlich enthusiastisch begegnet sein dürfte wie Georges Simenon Rupert Davies, läßt sich denken bzw. nachfühlen. Ob Wieland hierbei, von der Wiederaufnahme des Motivs abgesehen, an die Umarbeitung einer Stelle aus der »Geschichte des Agathon« gedacht hat, ist nicht ausgemacht, aber immerhin möglich; es heißt dort: »Agathon mußte in den Fall gesetzt werden, sich selbst zu hintergehen, ohne das geringste davon zu merken; und wenn er für subalterne Reizungen empfindlich gemacht werden sollte, so mußte es durch Vermittlung der Einbildungskraft und auf eine solche Art geschehen, daß die geistigen und die körperlichen Schönheiten sich in seinen Augen vermengten, oder daß er in den letztern nichts als den Wiederschein der ersten zu sehen glaubte.« In der ersten Ausgabe folgt darauf, was Wieland auf Anraten Jacobis strich: »Danae wußte sehr wohl, daß die intelligible Schönheit keine Leidenschaft erweckt, und daß die Tugend selbst, wenn sie (wie Plato sagt) in sichtbarer Gestalt unaussprechliche Liebe einflößen würde, die Wirkung mehr der blendenden Weiße und dem reizenden Contour eines schönen Busens, als der Unschuld, die aus demselben hervorschimmerte, zuzuschreiben haben würde.«

Es bleibt dies eine Episode. Wäre das Motiv »Lais als personifizierte Tugend« nicht Spielmaterial der Ästhetik der Gestalt der Lais (worauf ich weiter unten zu sprechen komme), man könnte meinen, Wieland sei der Versuchung erlegen, eine »bedeutende Gruppe« zu gestalten, und also falle nicht aller Spott, was die kupferstecherische Umsetzung dieser Versuchung angeht, auf des Fügers Haupt, zumal er ja gar nicht, wie Wieland ihn beauftragt hatte, die Szene auf der Akropolis gestaltet hat, sondern den Abschied von Lais und Sokrates, wo dieser sein »Lebe wohl, und erinnere dich zuweilen an den Öhlbaum der Polias!« spricht und Lais ihm die Hand küßt und eine Träne auf sie fallen läßt. »Er drückte die meinige und entfernte sich.« Das ist eine Stelle, die nach meinem Geschmacke noch einen aristophantischen Nachsatz vertragen hätte. Oder jenen Satz, den Wieland seine Lais Sokrates auf dessen Rede beim Ölbaum hin antworten läßt: »Ich bin nur eine schwache

Sterbliche; und doch schwebt auch mir ein hohes Ideal vor, das ich vielleicht nie erreichen werde.« Es mag der Sinn dieser ganzen Sokrates-Episode sein, einzig durch diesen Satz die so ausführlich dargestellte »Philosophie der Lais« von möglichen Mißverständnissen freizuhalten und zu zeigen, wie sehr der Autor gesonnen ist, das Ideal, das er mit dieser Figur nicht darstellt, sondern das ein Mittel ist, diese Figur darzustellen, ernstzunehmen.

Etliche Seiten später – Kyrene hat seinen Bürgerkrieg erlebt; Dionys rüstet gegen Karthago; Sokrates ist hingerichtet; ein Liebeshandel war auszutragen zwischen Lais und Aristipp; Kleombrotos hat sich umgebracht und Kleonidas sich in Musarion, die kleine Freundin der Lais, verliebt (trotz eines [oder mehrerer] Küsse, die er mit Lais, darf man sagen: getauscht? hat); der Liebeshandel zwischen Aristipp und Lais erfährt eine merkwürdige Reprise; ein Briefwechsel über Platons »Phaidon« und das Thema der Unsterblichkeit der Seelen ist zu lesen – kurz: etliche Seiten später hält Lais sich zu Milet auf, und Kleonidas schreibt an Aristipp: »Seit einiger Zeit befindet sich ein junger Perser, Nahmens Arasambes hier, der großes Aufsehen macht. Er ist (um bey dem anzufangen, was zuerst in die Augen fällt) der schönste Mann, den ich noch gesehen habe, von hoher Geburt (seine Mutter war eine Schwester des letzten Königs) und, wie es scheint, Herr eines unermeßlichen Vermögens.«

Zusammen mit diesem Arasambes bekommt Lais etwas Ungriechisch-Alexanderhaftes. Dahin scheint, was an polisbeschränkter Sophrosyne ihr noch nahe war, es geht jetzt ins Große, und Namen wie »Sardes« fallen, fast hört man Wortschälle wie »Susa« und »Ekbatana«. Aber eben nur fast. Anfänglich macht es doch Spaß, kommt der Neigung Taler und Pfennig gleichzuachten entgegen, und ist vor allem die erste wirkliche Herausforderung an das eigene Lebensprogramm, der sich Lais gegenübersieht: »Arasambes liegt, mit adamantenen Ketten gebunden, zu den Füßen der schönen Lais, und erwartet von ihren Lippen die Entscheidung, ›ob er der glücklichste oder der elendeste aller Sterblichen seyn soll.‹ Sie scheint noch unentschlossen, wiewohl ich es für unmöglich halte, daß sie von so vielen Vorzügen und Versuchungen nicht endlich überwältiget werden sollte. Aber das wunderbare Weib behält immer so viel Herrschaft über sich selbst, daß es noch keinem gelungen ist, ihre schwache Seite ausfindig zu machen; und wenn sie seiner Leidenschaft endlich nachgiebt, so geschieht es gewiß nicht anders, als mit Vorbehalt ihrer Freyheit, die ihr, wie sie sagt, um den Thron des großen Königs selbst nicht feil wäre. Auch kennt Arasambes sie schon zu gut, um sich von den reichen Geschenken, womit er sie überhäuft, viele Wirkung zu versprechen [...]« –: und hier ist die Stelle, wo sich in das »paradoxe Hetairentum« der Lais selbst ein Paradox einschleicht. Was wird aus ihm, wenn es erkannt wird? Was wird, wenn der Andere es akzeptiert? –: »[...] und damit man sehe, daß er selbst keinen Werth darauf lege, schenkt er einen Perlenschmuck, der zwanzig Attische Talente werth ist, mit einer Miene weg, als ob es eine vergoldete Haarnadel wäre, und bloß dadurch zu etwas werde, wenn sie es anzunehmen würdige [...]« –: das Konzept der Lais war darauf gegründet, daß die Anderen Ökonomie im Sinne haben und Devotion heucheln, wobei sie einen ökonomischen Vorteil daraus zieht, daß sie die Heuchelei ernstzunehmen vorgibt und die Devotion annimmt; Arasambes nimmt die Geste der Devotion ernst und dispensiert die Ökonomie; Lais erhält auf einmal nicht Anzahlungen auf nie Angebotenes, sondern Geschenke ohne Anspruch, aber die gibt es nicht, denn im Geschenk setzt sich auf archaischem Wege das Gesetz durch, das auch die Ökonomie bestimmt, nur eben »privater«, unbestimmter, nicht aufs meßbare Äquivalent aus, sondern auf die gleichgewichtige Großzügigkeit: do ut des –: »[...] aber er treibt es in dieser großen Manier so weit, daß unsre Freundin für nöthig hielt, ihm zu erklären, daß sie unter keiner Bedingung weder kleine noch große Geschenke mehr von ihm annehmen würde.«

Aristipp: wünscht ihr alles Gute. »Du urtheilst sehr richtig von mir, Freund Kleonidas, wenn du mich der Narrheit, die Sonne für mich allein behalten zu wollen, unfähig glaubst.« Das ist schön gesagt; das weniger: »Eben so wenig soll es, wie ich hoffe, jemahls in die Macht einer Person oder einer Sache, die ich liebe, kommen, sich mir in einem so hohen Grade wichtig zu machen, daß ich ihrer nicht ohne Verlust meiner Gemüthsruhe entbehren könnte.« Erst der Vergleich macht vergessen, daß die »Gemüthsruhe« ein Element in die Übersetzung des aristippischen Refrains »echô ouk echomai« bringt, das dieser gern entbehren kann: »was ich vor meinem unbekannten Freund Arasambes und vielen andern voraus habe, ist: daß die schöne Lais selbst mit allen ihren Vollkommenheiten für mich kein unentbehrliches, geschweige mein höchstes Gut ist.« Das wäre jenseits der Ökonomien und Paradoxien in der Tat der einzige humane Konterpart zum Laisleben, und das Tertium ist die Freiheit. Und doch: it doesn't fit.

Aber hier geht es nicht um Aristipp, sondern Arasambes: »welch ein [...] Liebhaber! schön wie ein Medier, liebenswürdig wie ein Grieche, und beynahe so reich wie Midas und Krösus! Denn was wir armen Griechen tausend Drachmen nennen, ist ihm eine Hand voll Obolen; und wie ich nöthig fand, seiner übermäßigen Freygebigkeit mit aller Strenge einer Gebieterin Einhalt zu thun, verwunderte sich der hoffärtige Mensch, daß ich solche Kleinigkeiten meiner Aufmerksamkeit würdigen möge. Wirklich scheint er eines so großen Maßstabs gewohnt zu seyn, daß er Geschenke, die einer Königin dargebracht werden dürften, für Kleinigkeiten ansieht, und sich daher ihrentwegen weder zu der mindesten Freyheit, noch zu Erwartung einer größern Gefälligkeit von meiner Seite, berechtigt glaubt. Das sticht nun freylich von der ökonomischen Manier der Söhne Deukalions, mit ihren Geliebten bey Drachmen und Obolen abzurechnen, gewaltig ab, und thut dem edeln Achämeniden, wie du leicht errathen kannst, keinen Schaden bey mir – Kurz, lieber Aristipp, dieser Arasambes ist ein sehr gutherziger und umgänglicher Barbar, und es ahnet mir zuweilen, ich werde noch in starke Versuchungen kommen, zu vergessen, daß ich eine Griechin bin, und die Entführung der schönen Helena an allen Asiaten zu rächen habe.« Das, wenn man so will: Spiel zwischen Lais und Arasambes ist sozusagen eine Runde weitergegangen. Lais hat sich die Geschenke verbeten, und Arasambes hat gekontert, es wären gar keine gewesen. In der Tat bedarf es für die Ökonomie des Schenkens einer gewissen Größenordnung, und Arasambes scheint seine Gaben so anzusehen, als hätte man ihn um die Butter gebeten. Damit ist Lais überspielt: entweder bleibt sie bei ihren eigenen Maßstäben, dann entsteht bei ihr eine Verpflichtung, auch wenn Arasambes selbst meinte, keinen Anspruch darauf zu haben; oder Lais übernimmt die Maßstäbe des Arasambes, dann aber findet sie sich in einer Gleichheit mit Arasambes wieder, die allerdings zu seinen Bedingungen stattfindet, und natürlich nur eine vorgebliche ist: *er* ist reich, nicht sie, und sie wird unversehens eine ganz normale ausgehaltene Geliebte sein, und was im ursprünglichen Modell Größe und Unnahbarkeit war, wird in diesem schnell die alltäglichste Sprödig-, gar Zickigkeit. Daß Lais geneigt ist, sich auf Arasambes' Maßstäbe einzustellen, wird deutlich, zuletzt durch den gewissermaßen patriotischen Ordnungsruf, den sie sich erteilt. Es geht ihr wie den Offizieren des Alexander. War man ausgezogen, den Erbfeind ein für alle Mal aufs Haupt zu schlagen, fand man sich auf einmal als Untergebener eines persischen Großkönigs namens Alexander wieder, der den Palast von Persepolis, den er in betrunkenem Zustande als Vergeltung für die Zerstörung der athenischen Akropolis hatte anzünden lassen, nüchtern geworden, flugs wieder löschen ließ, weil es keinen Sinn macht, die eigene Residenz einzuäschern.

Was Lais an Arasambes mißfällt, ist allein eine »morgenländische Unart«, seine Eifersucht. Kann er schon nicht erreichen, was er will, so soll es auch keinem andern zufallen, so könnte man nachempfinden, aber faktisch ist es wohl so, daß er Lais bereits besitzt oder doch wenigstens

zu besitzen meint. Er hat das Gold schon zum Käfig umge-
schmiedet, und Lais Versicherung, ihm treu zu sein, hat
bereits etwas unangenehm Ehehaftes: »Wenn er nicht so
viel Zutrauen zu mir fassen kann, sich auf mein Wort ohne
Riegel und Hüter sicher zu glauben, so brech' ich ab, lass'
ihm alle seine Geschenke wieder zustellen, und fahre mit
dem ersten guten Winde nach Korinth zurück.« Allenfalls
aus der Affaire hätte sie sich damit gezogen; der Lebensplan wäre, jedenfalls in seinen Grundzügen, demoliert gewesen. Ist's nicht besser, sich über die ganze Angelegenheit einfach zu betrügen? »[…] der fürstliche Arasambes ist
dem Ziel seiner feurigsten Wünsche nah. Lais scheint immer mehr Neigung zu ihm, Er immer mehr von dem Zutrauen, das man für ein höheres aber wohlthätiges Wesen
fühlt, zu ihr zu fassen. Er will sie bloß ihr selbst, nicht seinem Ungestüm noch seinen Schätzen, zu danken haben;
und dies ist, wenn ich sie recht beurtheile, gerade das Geheimnis sie zu gewinnen.«

Lais als Geliebte eines persischen Millionärs? Doch das
höhere Wesen, das sie uns rettet, ist kein Gott, wohl aber
ein Dämon eigener Art: der Ennui. Immer Fortissimo auf
Dauer ist eben bloß laut. »Sie lebt«, schreibt Hippias an Aristipp, »[…] zu Sardes auf Kosten des bezauberten Arasambes wie eine zweite Semiramis«, und er möchte wissen,
»was das Spiel für einen Ausgang nehmen wird«. – »Du
erinnerst dich vielleicht noch«, schreibt Lais an Aristipp,
»daß mir Anfangs ein wenig bange war, er möchte wohl einige Anlage zur Eifersucht haben; aber von der Art Eifersucht, womit der arme Mensch geplagt ist, ließ ich mir wenig träumen. Er ist nicht etwa darüber eifersüchtig, daß ich
nicht zärtlich genug gegen ihn bin, oder vielleicht einen andern lieber haben könnte als ihn: er ist es über sich selbst,
weil er immer zu wenig zu thun glaubt, und immer einen
Arasambes im Kopfe stecken hat, der noch viel mehr thun
möchte und könnte.« Sie traut sich nicht mehr, irgend etwas schön oder interessant zu finden, weil Arasambes sogleich alles unternimmt, um es ihr herbeizuschaffen. »Und
nun vollends den Zwang, den ich mir anthun muß, wenn

ich nicht in meinen eignen Augen die undankbarste Person von der Welt scheinen will, ihm über dergleichen ausschweifende Beweise seiner sublimen Leidenschaft eine Freude zu zeigen, die ich nicht fühle! [...] daß ich nicht gleich auf der Stelle davon laufe, hängt bloß an einer einzigen Schwierigkeit. Du weißt, ich mag alles gern mit guter Art thun. Arasambes hat nichts als Gutes um mich verdient. Er selbst muß unsre Trennung wünschen, muß mir noch Dank dafür wissen, wenn ich meiner Wege gehe. Dies auf eine feine und ungezwungene Art herbeizuführen, ist, so wie die Sachen jetzt stehen, keine leichte Aufgabe.«

Das ist auf der einen Seite natürlich freundlich gedacht; auf der anderen Seite wäre sie die erste nicht, die versuchte, nach einer stattgehabten Trennung zu sagen: »*Du* hast es doch so gewollt!« Vor allem aber muß sie die Ökonomie des Schenkens in ihrem Recht erhalten. Gibt er ihr den Laufpaß, braucht sie sich weder ein Gewissen zu machen, was den vergangenen Aufwand angeht, noch, was wichtiger ist, muß sie sich eines machen all der Dinge wegen, die den Weg von Sardes nach Korinth machen werden. Würde Arasambes in diesem Falle seine Geschenke zurückfordern, begäbe er sich wieder auf das Terrain des Tausches, und Lais wäre wieder dort, von wo sie ausgegangen war.

Aristipp übrigens empfiehlt ihr, *ihm* langweilig zu werden. Alles ihm zu gewähren bis auf das »Eine«, sonst aber die Liebenswürdigkeit in Person zu sein, »Du tanzest so oft und so lang' er will; [...] kleidest und putzest dich immer nach seinem Geschmack, und bedankst dich für einen Fönix, den er mit schweren Kosten aus Panchaia für dich kommen läßt, eben so artig als für einen Blumenstrauß aus seinen Gärten; kurz, du thust alles, was ein Mann nach einer zwanzigjährigen Ehe von der gutartigsten Hausfrau nur immer erwarten kann.« Sie solle also die Situation durch eine vorgebliche Stabilität aus dem Gleichgewicht bringen: alle Wünsche sind erfüllt, das war's, und so soll's weitergehen. In der Tat eine böse Kur, in der Lais sich auch – aber vergeblich versucht: »könnt' ich es nur über mein Herz bringen damit fortzufahren, so glaube ich beynahe selbst, es würde Alles wirken, was du dir davon versprichst. Aber, ich gestehe dir meine Schwachheit, wenn es Ihm (was ich jetzt selten begegnen lasse) endlich einmahl gelungen ist, mich auf meinem Sofa allein zu finden, und ich ihm, in Antwort auf die zärtlichsten Dinge, die er mir mit allem Feuer der ersten unbefriedigten Leidenschaft sagt, deiner Vorschrift zu Folge, mit der matronenhaftesten Kälte so holdselig als möglich ins Gesicht gegähnt habe, und der arme Mensch, vor Erstaunen über die Schönheit meiner zwey und dreyßig Perlenzähne, mitten in einer zärtlichen Frase stecken bleibt und den trostlosesten Blick auf meine ruhigen spiegelhellen Augen heftet, – da kommt mich ein solches Mitleiden mit ihm an, daß es mir unmöglich ist meine Hausfrauenrolle fortzuspielen; und ich schäme mich dir zu sagen, schon mehr als einmahl hat sich eine solche Scene so geendigt, daß ich vorher sehe, dein Mittel würde mich, wenn ich es fortbrauchen wollte, mehr zurück als vorwärts bringen.« Es läßt eben nicht nur der Gott der Ökonomie nicht mit sich spaßen, auch Aphrodite nicht, die sich eben nicht einfach zur Hera herabbilden läßt, oder wenigstens dieser rasch ihren Gürtel zuwirft. Lais macht es anders, sie löst auf sehr laidische Weise den Knoten, und die Göttin hilft dort, wo man ihrer nicht spottet: »Glücklicher Weise hat sich eine Göttin meiner angenommen, deren besondere Gunst ich in meinem Leben schon oft genug erfahren habe, um es meine erste Sorge seyn zu lassen, wenn ich nach Ägina zurück komme, ihr einen kleinen Tempel vom schönsten Lakonischen Marmor zu erbauen. Dieser Tage läßt sich ein Cilicischer Sklavenhändler bei mir melden, und bietet mir eine junge Sklavin aus Kolchis an [...]« Sie ist, versteht sich, ausnehmend schön, sie wird, versteht sich, von Lais gebührend in Szene gesetzt, Arasambes verliebt sich bald in die so viel weniger Spröde, Lais tut, als merke sie nichts, schlägt dann eine vorübergehende Trennung vor, in die Arasambes einwilligt, weil sie ihm sozusagen freie Bahn verschafft: »Nicht wahr, Aristipp, das nennt man doch eine Sache mit guter Art machen?«

Alle haben ihr Recht, wie es scheint. Arasambes hat, was er meint haben zu wollen; Lais hat ihre Unabhängigkeit zurück und kehrt, mit seinen Geschenken wohlversehen, aus diesem Abenteuer als Millionärin zurück; die Sklavin hat ungeachtet ihres Standes Karriere gemacht; der Gott der Ökonomien ist nicht beleidigt worden; Aphrodite allein verlangt einen weiteren Tribut: »Bevor ich schließe, muß ich dir doch noch ein Bekenntniß thun, wiewohl ich vielleicht dadurch Gefahr laufe, etwas von deiner guten Meinung zu verlieren. Aber ich will nicht, daß du mich für etwas anderes haltest als ich bin. So höre denn an und denke davon was du kannst. Ob ich gleich die Schlinge, worin der gute Arasambes sich verfing, selbst gestrickt und gelegt hatte, so konnte sich doch mein Stolz mit dem Gedanken nicht vertragen, daß es ihm so leicht werden sollte sich von mir zu trennen. Ich beschloß also mich selbst dem Vergnügen einer kleinen Rache aufzuopfern, und den letzten Tag vor meiner Abreise zum glücklichsten unter allen zu machen, die er mit mir gelebt hatte. Es ist unnöthig dir mehr davon zu sagen, als daß Arasambes vor diesem Tage keinen Begriff davon gehabt hatte, wie liebenswürdig deine Freundin seyn könne, wenn sie Afroditen ihren Gürtel abgeborgt hat. Was er in diesen letzten vier und zwanzig Stunden davon erfuhr, war es eben gewesen, wornach der arme Tantalus schon so lange gehungert und gedürstet hatte. Die kleine Perisäne schwand dahin, wie eine Nebelgestalt in der Sonne zerfließt. Lais war ihm Cythere selbst [...] Der arme Mensch! was sagte und that er nicht, um mich zum Bleiben zu bewegen! Aber er hatte nun einmahl sein Wort gegeben [...]«

Die Arasambes-Affaire insgesamt hat Lais bei ihren griechischen Freunden nicht genützt – ist's Moral, ist's Eifersucht? Den Kleonidas läßt Wieland jedenfalls tadelnd schreiben, sie sei zu Sardes gleichsam verzogen und ein wenig hoffärtig geworden, und Musarion scheint ihm zuzustimmen, wenn auch nicht gern. Man kann sich die Philister vorstellen. – Lais selbst jedenfalls – und man schwärmt, sie sei noch schöner geworden! – kehrt nach

Korinth zurück und lebt dort auf sardischem oder doch wenigstens milesischem Fuße. Was Aufwand und Aufsehen angeht, führt sie das erste Haus in der Stadt, man umlagert sie, ihre Symposien sind begehrt. Wer sich an ihrem Anblick lüstern gemacht hat, geht anschließend in den Puff. Sie selbst bildet junge Hetären aus und bekommt Züge wie Aspasia in der »Geschichte des Agathon«. Aber was Wieland hier schreiben läßt, geht nicht in dem auf, was frivol daran ist. »Könnte ich ihnen mit meinen Grundsätzen auch zugleich meine Sinnesart einflößen, so würde meine Absicht vollkommen erreicht. Da sich aber darauf nicht rechnen läßt, so bin ich zufrieden, ihnen so viel Achtung gegen sich selbst und so viel Mißtrauen gegen euer übermüthiges Geschlecht beizubringen, als einem Mädchen nöthig ist« – ein anderes Programm könnte auch keine großstädtische »Beratungsstelle« anbieten, und kann recht oft nicht einmal das. Wir wollen nicht vergessen, daß Wieland, dem ja oft von Moralistenseite Leichtfertigkeit vorgehalten worden ist, die sich von aufgeklärterer Seite, die auch um die fatalen Seiten der Verklärung des Hetairentums weiß, mit einem gewissen Recht tadeln ließe, an dieser Stelle weiter gesehen hat als ein oberflächlicher Leser, der nur die Anakreontik der schönen Bildchen schätzt, meinen mag.

Aristipp rät zur Mäßigung. Klug; taktvoll: betrachte deinen gegenwärtigen Lebensstil als Übergang, schreibt er, und bringe ihn schnell hinter dich. Mach dir über meine Finanzen keine Sorgen, erwidert sie: das Kapital ist angelegt und trägt Zinsen. Auch zu Korinth vermag sie das Kuppeln nicht ganz zu lassen, doch diesmal dient es allenfalls ihrem Ideal. Eine Lasthenia bildet sie darin aus, sich als jungen Mann zu geben, um Einlaß in die Platonische Akademie zu gewinnen. Lasthenia liebt nämlich Platons Neffen, Speusippos. Aber das sind Zerstreuungen. »Ich gestehe dir, die Eintönigkeit meiner Lebensweise zu Korinth fängt mir an lange Weile zu machen.« Ein Aufenthalt zu Aigina schließt sich an, Aristipp ist zugegen, der Bund der Freundschaft wird erneuert, das Symposion anläßlich der Lektüre des Platonischen »Symposion« findet dort statt (vgl. Kapitel 6).

Ihr aiginetisches Beisammensein (III,11) liest sich wie eine Wiederholung des ersten, weniger mutwillig nur, gereifter, wie man sagt. Doch berichtet dieser Brief auch von der ersten eindeutigen Niederlage der Lais. Aristipp ist auf Aigina in Begleitung eines jungen Mannes, Antipater, der ihm von Kyrene zur Betreuung geschickt worden war. »Bis jetzt habe ich noch keine merkliche Veränderung an ihm wahrnehmen können. Er spricht von dieser Frau, die noch alles, was in ihren Gesichtskreis gerieth, bezaubert hat, mit der ruhigen Bewunderung, womit er von einer schönen Bildsäule reden könnte, und scheint auch nicht mehr als für eine Bildsäule für sie zu fühlen.« In III,13 finden wir Antipaters eigene Schilderung seines Verhaltens: »Ihre Schönheit ist so weit über alles, was man zu sehen gewohnt ist, erhoben, daß mir eine geraume Zeitlang bey ihrem Anblick nicht anders zu Muthe war, als mir (wie ich glaube) seyn müßte, wenn ich eine elfenbeinerne Liebesgöttin von Fidias oder Alkamenes wie lebendig vor meinen Augen herum wandeln sähe. Ich betrachtete sie mit immer neuer Bewunderung, ich hätte sie anbeten mögen; aber wie ein Mensch sich unterfangen könne sie zu lieben, oder hoffen könne von ihr geliebt zu werden, war mir unbegreiflich.« Lais Reaktion darauf ist fatal. Sie beginnt, sich in Szene zu setzen. Ihre Kleidung wird immer raffinierter, die Schminktöpfe werden zu Rate gezogen und was dergleichen mehr ist. Wie zu erwarten, verfängt das alles nicht. »Ich unterließ nichts, was sie in der Meinung bestärken mußte, daß der junge Antipater von Cyrene der einzige Sterbliche sey, an welchem ihre Reitze die gewohnte Macht verlören. Ich glaubte zu meiner eignen Sicherheit um so mehr dazu genöthiget zu seyn, weil ich in ihrem immer gefälligern und einnehmendern Betragen gegen mich nicht die mindeste Spur von Mißvergnügen oder Unwillen bemerken konnte: denn ich legte ihr dies als einen planmäßigen Anschlag aus, der mit dem Vorsatz verbunden sey, wenn sie ihre Absicht erreicht haben würde, mich desto empfindlicher für meine Vermessenheit zu züchtigen.« Da ist zwar zu viel unterstellt, doch wenig kommt ja ganz von ungefähr. Die Verliebtheit der andern, oder eben ihre Fähigkeit, die nach Belieben bewirken zu können, gehört zu Lais paradoxem Hetairentum, und der Verdacht, die Waffen könnten diesbezüglich schartig werden, wäre kein kleiner. Und kaum von diesem Kalkül zu unterscheiden ist die Eitelkeit, die schon beim Abschied von Arasambes kurz aufblitzte. Aber dort war sie erfolgreich und Meisterin des Geschehens, hier, zu Aigina, ist ihr Benehmen peinlich. Peinlich wird auch der Aufwand, den Wieland sie nach wie vor treiben läßt. Aristipp verabschiedet sich und bekennt, daß sein Vorhaben, Lais einen andern Lebensplan aufzureden, in dem er selbst eine nicht geringe Rolle gespielt hätte, albern gewesen sei. Er verwirft alle Pläne für eine langfristige Verbindung beider für immer: »Nach allem, was du bisher gelesen hast, lieber Kleonidas, ist es wohl überflüssig, dir zu sagen was aus meinem Anschlag auf die schöne Lais geworden ist. Ich komme mir jetzt selbst mit meiner leichtgläubigen Treuherzigkeit gewaltig lächerlich vor, und gelobe der weitherrschenden Afrodite Pandemos und allen ihren Grazien, mich in meinem Leben nie wieder so schwer an ihnen zu versündigen, um aus einer Lais, und wenn sie noch liebenswürdiger wäre als diese, eine – gute ehrliche Hausfrau machen zu wollen. Alles ist nun wieder zwischen uns wie es seyn soll, und wie es auf ihrer Seite immer war. Aber, wiewohl ich die Hoffnung, sie jemahls nach meiner Idee glücklich zu sehen, auf ewig aufgebe, so erneuere ich doch zugleich den Schwur, so lange ich athmen werde ihr Freund zu bleiben. Da ihr mit dem Mehr, was ich für sie zu thun fähig gewesen wäre, nicht gedient ist, so ist dieß das Wenigste was ich ihr schuldig bin.«

»Lebe indessen wohl, Aristipp«, heißt es bald, »und sei versichert, wie unveränderlich auch meine Liebe zur Veränderung sein mag, daß meine Freundschaft für dich noch unveränderlicher ist, und Lais dich nicht eher vergessen wird, als bis sie sich auf sich selbst nicht mehr besinnen kann.« Es ist ein Abreise- und klingt doch nach einem ganz anderen Abschiedsbrief: »Mein Hauswesen zu Korinth und

Ägina ist bestellt.« Die Reise geht in Begleitung eines gewissen Dioxippus nach Thessalien, also durchaus wieder ins Barbarische, dorthin, wo man die Hexen glaubte (»und wenn ich von thessalischen Hexen rede, / so denk' ich hab' ich was gesagt«, sagt Homunculus zu Mephistopheles, der die Reise nicht machen will). Learchus, der Gastfreund in Korinth, bringt den ganzen Überdruß, den die Männerwelt an der prächtigen Lais zu haben beginnt, zum Ausdruck: »Man wird es gewohnt, sich unter ihren eigenen Bedingungen bey ihr wohl zu befinden; aber man wird auch endlich ihrer Reitzungen gewohnt, und da sie selbst keinen Werth auf sie zu setzen scheint als in so fern sie ihr zu Befriedigung ihrer Eitelkeit dienlich sind, so läuft sie Gefahr, endlich auch den zu verlieren, welchen andere darauf zu setzen bereit waren. So sprechen wenigstens diejenigen von ihren Liebhabern, die mit dem, was sie unentgeltlich giebt, nicht zufrieden sind; und das mögen leicht so viel als alle seyn, die, seitdem sie zu Ägina lebt, einen ziemlich glänzenden Hof um sie hergemacht haben.«

Aristipp heiratet Kleonidas' Schwester Kleone, wie Lais aus einem Brief der Musarion erfährt. Aus Thessalien zurückgekehrt, lebt sie zurückgezogen in Korinth, man meint, sie habe kein Geld mehr. Ihr Ruf in Korinth hat sich nicht gebessert, ein Abgewiesener hat eine Schmähschrift auf sie verfaßt. Ein anderes Motiv liegt in einem Traum, den sie Aristipp berichtet, und dem sie böse Vorbedeutung gibt. Einer Einladung Aristipps nach Kyrene leistet sie keine Folge; »es ist mehr als wahrscheinlich, daß mein edler Wirth« – Learchus – »bey der schönen Lais dermahlen den Platz einnimmt, den er durch die geduldigste Beharrlichkeit mehr als zu wohl verdient hat. Er bringt beynahe alle Abende bey ihr zu.«

Learch ist es denn auch, der Aristipp vom letzten Abenteuer der Lais berichtet. Ein Sklavenhändler bietet einen jungen und überaus schönen Sklaven an, den Lais ansieht, errötet und kauft. Bald stellt sich heraus, daß der junge Mann sich selbst dem Sklavenhändler angedient hat, um an Lais verkauft zu werden. Auch er stammt aus dem Norden, und erweist sich bald als Taugenichts. Lais schämt sich ihrer Liebe zu dem jungen Mann, der sich Pausanias nennt, weiß wohl, daß er von niederm Stande, lügt aber vor ihren Freunden, er sei aus gutem Hause, die Familie ihr seit langem bekannt. Er ist ein guter Tänzer, Sportler, Rennreiter und »Lustigmacher«. »Inzwischen erfuhr ich von ihrer Vertrauten: [...] Lais scheine von der Gewandtheit und Artigkeit, die er bey allen diesen Übungen zeige, und überhaupt von seiner ganzen Person so bezaubert zu seyn, daß sie sich zusehends erheitere und verjünge.«

Lais versucht, ihrer Liebe die Form der Verehrung zu geben – jene also, die sie zuvor als einzige ihren Männern gestattet hatte. Aber das geht nicht gut, da sie gleichzeitig jene Lais bleiben will, die die Spielregeln bestimmt. Das »Eine« gewährt sie ihm nicht, aber da er nicht zufrieden ist mit dem, was sie ihm gibt, gibt sie ihm alles andere und er verpraßt, was von Arasambes Geschenken noch übrig ist. Ansonsten hält er sich bei einer käuflichen Hetaire schadlos. Der Zorn der Lais macht ihn zunächst frech, dann heuchelt er Zerknirschung und die dabei »zu ihren Füßen geweinte [...] Thräne« war hinreichend, »ihren Zorn zu löschen und eine Aussöhnung zu bewirken, deren erste Bedingung seinen Triumf über ihre Schwäche vollständig machte«.

Sie beschließt, mit Pausanias nach Thessalien zu gehen, und ein Brief Aristipps mit einer erneuten Einladung nach Kyrene, dem die Mühe anzulesen ist, einen ungezwungenen Ton anzuschlagen, wird von ihr so beantwortet: »Nein, gute Musarion, nein, liebenswürdige Kleone! – Lais kann nie die *dritte* unter euch sein! Überlaßt sie ihrem Schicksal, und bittet die Götter, daß es erträglich ausfalle. [...] Wenn ich an den Ufern des Peneus die Ruhe wieder finde, so werdet ihr mehr von mir hören; – wo nicht, so laßt mich in eurer Erinnerung leben, und seid glücklich!« Mit diesen Worten endet der dritte Band des »Aristipp«.

Letzte Nachrichten zu Beginn des vierten Buches sind undeutlich. Pausanias soll sie, nachdem ihre Barschaft aufgebraucht gewesen, sitzen gelassen haben, »wie Theseus die arme Ariadne auf Naxos«. Ariadne soll sich erhängt haben. Was aus Lais geworden, läßt der Roman offen, doch Wieland läßt seinen Aristipp sicher sein: »O mein Freund, der Stolz dieses so hochbegabten außerordentlichen Weibes hatte keine Grenzen; er mußte ihr in einer solchen Lage das Herz brechen, und – es brach! Das meinige sagt es mir – Sie hat gelebt!« Und damit spricht Aristipp die klassische Formel für: sie ist tot.

Da nun auch der Tod, dies einzige Eindeutige im menschlichen Leben, im Falle der Lais zumindest letzte Eindeutigkeit nicht gewinnt, kann man vielleicht versuchen, diesem Zug der Romangestalt Lais noch etwas mehr abzugewinnen als den bloßen Reiz, der, ich sagte es schon, nicht gering ist, liegt er doch im Wesen aller Erotik begründet, und ist darüber hinaus im Bereich des Ästhetischen einfach ein gutes Mittel, die Aufmerksamkeit zu fesseln. Sie ist auch ein Mittel der Realistik nebenbei. Aber bleibt sie das letzte Wort? Hier wäre anzumerken, daß Wieland die Biographie der Lais als eine Aufeinanderfolge von Entscheidungssituationen dargestellt hat, wie deutlich geworden sein dürfte. Er hat sie mit dem Mythologicum »Herakles am Scheideweg« versehen, das eigentlich weniger zum Mythos als zu dessen didaktischer Verwertung gehört. Auf uns gekommen ist es unter anderem durch Xenophon in dem Gespräch, das er in seinen »Erinnerungen an Sokrates« diesen mit Aristipp tun läßt. – Vom ersten Aigina-Aufenthalt schreibt Aristipp: »Die schöne Wittwe des Korinthischen Eupatriden befindet sich nun, wie du siehest, in einer Lage, die derjenigen ziemlich ähnlich ist, in welche Prodikus seinen jungen Herkules auf dem Scheidewege setzt. Zwey Lebenswege liegen vor ihr, zwischen welchen sie, wie sie selbst glaubt, wählen muß.« Er soll raten; und sagt: tu, »was dir dein Herz und deine Klugheit eingeben.« Hier ist eine soziale Wahl vorgegeben: Lebenslauf einer geachteten Ehefrau oder ein Leben in Freiheit und Intellekt, jedoch mit dem Makelwort »Hetäre« bedacht (und allen andern Problemen, wie erörtert). In die zweite Wahl-Situation wird sie von Sokrates gestellt, der ihr sein (platonisches) Ideal der Verkörperung der Tugend in Schönheit vorhält und ihre Antwort erhält: »Auch mir schwebt ein hohes Ideal vor.«

Auch vor jedem neuen Lebensabschnitt – persisches Abenteuer mit Arasambes; die Beendigung; große Oper zu Korinth; erste thessalische Reise; Zurückgezogenheit in Korinth; zweite thessalische Reise – verhält der Bericht, entweder lesen wir Lais' Gedanken über den einzuschlagenden Weg oder die ihrer Freunde darüber. Auch ihr Tod ist eine Wahl: Leben in Demütigung oder Selbstmord. Schließlich ist der Lebensweg der Beiden, Lais und Aristipp, stets die – übrigens nie gemeinsam, sondern stets einzeln – aufgeworfene Frage, ob er ein gemeinsamer werden könne. Bekanntlich lautet die Antwort stets: Nein, denn wenn Lais einmal schreibt, Aristipp sei der einzige gewesen, den sie hätte lieben können, fügt sie hinzu: wenn sie hätte wie Kleone lieben können. Man kann, was zuvor als Zweideutigkeit beschrieben wurde, auch verstehen als das Zerlegen eines Lebensweges in eine Reihe fast unendlich kleiner einzelner Situationen, die aber alle fast unendlich großes Gewicht haben, da in jeder von ihnen der Lebensweg eine andere Richtung einschlagen kann. Um bei dem Bild vom Lebensweg zu bleiben: er ist eben keine Straße, sondern eine Aufeinanderfolge von Kreuzungen. Was dem Blick, der Ruhe und Bestimmtheit sucht, als Zweideutigkeit erschiene, wäre demgemäß nichts als die Erscheinungsform der – Freiheit.

Solche Interpretation geht allerdings zunächst nicht mit den Gedanken zusammen, die Wieland seinen Aristipp über das Schicksal der Lais anstellen läßt. »Ob wir gleich wohl thun, uns unaufhörlich zu sagen, es hange immer von unserm Willen ab, recht zu handeln oder nicht: so scheint doch – wenn wir den Menschen betrachten, so wie er, in unzähligen, ihm selbst größten Theils unsichtbaren Ketten und Fäden an Platons großer Spindel der Anangke hangend, von eben so unsichtbaren Händen in das unermeßliche und unauflösliche Gewebe der Natur eingewoben wird – so scheint, sage ich, nichts gewisser zu sein, als

›daß ein Jedes ist was es seyn kann, und daß es unter allen den Bedingungen, unter welchen es ist, nicht anders hätte seyn können.‹ Lais selbst hielt sich nur zu gut hiervon überzeugt. ›Da ich nun einmahl Lais bin (schrieb sie in ihrem letzten Brief an Musarion) so ergebe ich mich mit guter Art darein, und kann nicht wünschen, daß ich eine Andere seyn möchte.‹« Wieland zitiert sich hier gewissermaßen selbst, nämlich den 1800 verfaßten Epilog zur »Geschichte des Agathon«, genannt »Agathon und Hippias, ein Gespräch im Elysium«. Dort läßt Wieland den Hippias des »Agathon« (er ist ja nur historisch »derselbe« wie im »Aristipp«) dem Titelhelden den nämlichen Gedanken nahebringen: »Die Natur macht nichts, sie ist; und alles was ist, ist nicht was es sein soll, sondern nur was es sein kann. [...] Immerhin nenne das, wohin alles Einzelne, jedes nach seiner Weise, strebt, das, was sein soll: das Einzelne ist und bleibt doch immer in jedem Punkte seines Daseins nicht mehr als es sein kann, und selbst das bloße anders sein wollen ist nur dem möglich, der anders sein kann sobald er will.« Das ist der alte Gedanke der Entelechie, den Mephistopheles ad usum Delphini so faßt: »ein Jeder lernt nur, was er lernen kann«. Diesen Gedanken mit dem Problem der Freiheit zu verbinden, ist, was Wieland seinen Aristipp im voraufgegangenen Zitat unternehmen läßt, und seine Lösung läuft in etwa auf die von Kant getroffene Unterscheidung zwischen empirischem und intelligiblem Charakter hinaus, die Schopenhauer so emphatisch aufgegriffen hat. Bei Kant bleibt trotz dieses gedanklichen Ausweges das Paradox der Freiheit und nicht nur als scheinbares bestehen, nämlich als der Perspektivenwechsel, den der elysische Hippias so beschreibt: »[...] wenn ich Dir das, was ich die eigentliche Naturanlage des Dionysius nenne, Zug vor Zug mit eben so scharfer Genauigkeit vorzeichnen könnte, wie ein Apelles den Umriß seiner Figur und das eigene seiner Gesichtszüge; und wenn ich dir zugleich anschaulich machen könnte, wie jemand, ungeachtet er unter dem unaufhörlichen Einfluß der Natur, des Schicksals und des Zufalls steht, dennoch in jedem Punkte seines Da-

seins unbeschränkter Herr über sich selbst, und also freier
Schöpfer seines ewigen Glücks oder Unglücks, Werts oder
Unwerts sein könne. Vermagst du den Schleier von diesem
Geheimnis zu ziehen? Ich vermag es nicht.«

Dies ist nun kein neues Problem, es ist – ich habe weiter
oben schon davon gesprochen als »Ineins von Wahl und
Zwang« – das alte Thema der Tragödie eben. Was die gedankliche Lösung dieses Problems durch Kant (und Schopenhauer in seiner Nachfolge und Radikalisierung durch
die Anwendung auf die Ethik) so unbefriedigend macht, ist
die mit ihr versuchte Stillstellung des Problems – daß hier
das Bedürfnis, aus ihm zu entkommen, zugrundeliege, läßt
Wieland seinen Aristipp klug andeuten: »Du siehest, guter
Eurybates, wie ich bey diesem traurigen Ereigniß mein
Gefühl zu beschwichtigen suche.«

Daß aber die Kant/Schopenhauerische Lösung nicht befriedigen kann, zeigt sich daran, daß in ihr das Problem,
wenn auch zunächst unscheinbar gemacht, gewissermaßen sediert, fortlebt, dabei aber nicht, wie die Tiere im
Winterschlaf abmagert, sondern essentiell ungeheuer zulegt. Zwar ist nach diesem Modell das Handeln des Menschen notwendig bestimmt durch die äußerlichen Umstände zusammenwirkend mit seinem Charakter. Doch
findet Freiheit, damit, laut Schopenhauer, moralische Kritik überhaupt sein kann, anderwo statt: »operari sequitur
esse. Die Freiheit gehört nicht dem empirischen, sondern
allein dem intelligiblen Charakter an. Das operari eines
gegebenen Menschen ist von außen durch die Motive, von
innen durch seinen Charakter nothwendig bestimmt: daher Alles, was er thut, nothwendig eintritt. Aber in seinem
Esse, da liegt die Freiheit. Er hätte ein anderer seyn können: und in dem, was er ist, liegt Schuld und Verdienst. (...)
Da wir uns Freiheit nur mittelst der Verantwortlichkeit bewußt sind; so muß, wo diese liegt, auch jene liegen: also im
Esse.«

Auf die gedanklichen Schwierigkeiten, die diese Lösung
macht (von denen, sie in Vorstellungen zu übersetzen,
ganz zu schweigen), will ich nur insofern eingehen, als sie

zu akzeptieren vermutlich die Übernahme der gesamten Schopenhauerschen Philosophie oder wenigstens des größten Teiles von ihr nötig machte. Ich will nur so viel sagen: in der Schopenhauerschen Lösung des Freiheitsproblems verschwindet eine seiner Dimensionen, nämlich seine ästhetische. Man kann das Freiheitsproblem, wie es in der Philosophie aufzutauchen pflegt, auch als gedankliche Übersetzung folgender Schwierigkeit begreifen: wie integriere ich in die Darstellung eines Charakters die Dimension der Zeitlichkeit, ohne die ich ihn nicht in seinen einzelnen Facetten vorführen kann? In einer Reihe von Situationen muß ich ihn frei entscheiden lassen, so verfertigen sich die Züge seines Charakters. Wären die Entscheidungen nicht frei, die Notwendigkeiten des Charakterzusammenhanges träten nicht in Erscheinung, sondern es handelte sich um bloße Wiederholung. Denn man kann über Charakterzüge nur hinsichtlich des menschlichen Verhaltens reden, und ich kann nur so viel Charakter behaupten, wie sich zeigt. Der Charakter ist ja nicht das Reservoir unzähliger hypothetischer a priori entschiedener Wahl-Situationen, aus denen das Leben die eine oder andere herausgreift. Soviel sich Charakter offenbart, so viel ist da. Werde, der du bist? – sehr wohl, aber was ich bin, muß ich erst werden. So ist jede neue Situation (und jede Situation ist neu) die einer freien Entscheidung, in der sich ein notwendiger Charakterzusammenhang darstellt. Eine gedankliche Lösung, die darum Freiheit und Notwendigkeit auf zwei Personen verteilt, ist ästhetisch allenfalls als unbeholfene Allegorie zu brauchen, und so tritt sie bei Aristipp ästhetisch auch auf, indem er das Bild von der Spindel der Anangke zitiert, das er in der Kritik der »Politeia« verspottet. Ich leugne dabei natürlich nicht die gedanklichen Schwierigkeiten, die dem Freiheitsproblem innewohnen, möchte aber nur zu bedenken geben, ob sein philosophischer Ausdruck nicht eben immer schon ein defizitärer, weil nur nachgebildeter gewesen ist, weil es sich hier um ein originär ästhetisches Problem handelt, genaugenommen um das zentrale Problem aller Ästhetik, nämlich das der Form, das, etwa in der Frage der Darstellung von Charakteren, seine inhaltliche Entsprechung sucht, und was in der Frage, welcher Regel man folge, wenn man Neues schaffe, d. h. alle Regeln verletze, als – ja, vielleicht: Geheimnis der Kreativität, oder, anders ausgedrückt: Fähigkeit, Metaphern zu bilden, auftaucht.

In Aristipps mehrfach ansetzender Analyse der Frage, was am Schicksal der Lais denn notwendig gewesen sei, verbindet er sie einmal direkt mit der zitierten frühen Szene auf Aigina: »Ich besinne mich noch sehr lebhaft der ersten traulichen Unterredung, die ich mit ihr zu Ägina hatte, da sie, wie der junge Herkules des Prodikus, auf dem Scheideweg zu stehen schien, und von mir verlangte, daß ich ihr rathen sollte. Ich konnte deutlich genug sehen daß sie schon entschieden war, und rieth ihr also, zu thun was sie nicht lassen könne. Das Ideal eines Weibes, wie noch keines gewesen war, und vielleicht in tausend Jahren keines wieder kommt, schwebte ihr so reitzend vor der Stirne, daß sie dem Verlangen nicht widerstehen konnte, es in ihrer Person darzustellen.« Das ist nun doch um mehr als eine Nuance verschieden von der Idee, daß einer werden soll, was er sein kann, es sei denn, Ideal und Potential fielen hier zusammen. Aber gemeint ist, daß zu ihrem Wesen und den Lebensumständen, die es nötigten, sich in bestimmter Form auszubilden, angefangen bei der Kindheit und Adoleszenz bei ihrem zweideutigen Ziehvater Leontides, wohl gehören mußte, die Idee zu fassen, ein Ideal darstellen zu wollen. »Wie schmeichelhaft mußte ihr der Gedanke seyn, alle Vortheile der vollständigsten Freyheit mit der gehörigen Achtung gegen sich selbst, und jede Befriedigung der weiblichen Eitelkeit mit der entschiedensten Gleichgültigkeit gegen alle Arten von männlicher Versuchung zu verbinden; die ganze Welt in Flammen zu setzen, während sie selbst, gleich den Feuergeistern der Persischen Mythologie, unverletzt in diesen Flammen, als in ihrem Elemente, lebte; kurz, mit dem unvermeidlichen Nahmen und den unbestrittenen Vorrechten einer Hetäre, dem großen Haufen durch die Pracht ihrer Lebensart Ehrfurcht zu gebieten, und in den Augen derer, die ihres nähern Umgangs genossen, eine Achtung zu verdienen, die der Weise selbst der Schönheit nicht versagen kann, wenn sie sich nie anders, als von allen sittlichen Grazien geschmückt und umgeben, sehen läßt! – Daß dieses hohe und wahrscheinlich jeder andern unerreichbare Ideal auch für sie zu hoch stand, wer könnte ihr dies zum Vorwurf machen?«

Was wäre das für ein Ideal, so beschrieben? Ein Künstler, Kleonidas, hat versucht, die Zweideutigkeit dieses Ideals in ein Bild zu fassen, das für Lais' persischen Verehrer Arasambes zu Gefallen und sittlicher Erbauung verfertigt ward: »Bald nach meiner Zurückkunft nach Milet gerieth ich auf den Einfall, das berühmte allegorische Mährchen vom Prodikus, den Herkules auf dem Scheidewege, in zwey Seitenstücken zu mahlen; so daß Lais in dem einen die Tugend, in dem andern die Wollust vorstellt, und (wie du bereits errathen hast) der junge Göttersohn im einen der Erstern, im andern ihrer reitzenden Gegnerin die Hand reicht.«: »Es war ein herrlicher Gedanke, Lieber, den du hattest, die schöne Lais unter zwey so entgegengesetzten und beide doch so gut passenden Karakteren darzustellen. [...] Vermuthlich setzt dein Persischer Freund seine Hoffnung auf die gefälligere Gestalt, wiewohl er seine Göttin unter beiden anbetet. Gewiß ist schwerlich jemahls ein schönes Weib so gleich geschickt gewesen, beide Personen zu spielen [...]«

Die Zweideutigkeit als Ideal? Nun, man sollte der Zweideutigkeit den angemessenen Namen geben, den, der jener Situation angemessen ist, die nach Zweideutigkeit aussieht, weil noch keine Eindeutigkeit geworden ist, die noch offen ist, weil man noch nicht gewählt hat: Freiheit. Das Ideal, das Lais ›vor Augen steht‹, dem sie folgen und das sie nicht aufgeben will, das sie darin selbst verkörpert, ist die Freiheit. »Sie mußte fallen«, läßt Wieland seinen Aristipp resümieren, und recht ist ihm zu geben. Die Freiheit ist *kein* Ideal. Die Freiheit ist Möglichkeit. Wo immer sie sich realisiert in der Entscheidung, ist sie nicht mehr. Das ist die eigentliche Tragödie der Lais. Wo sie ihre Freiheit bewiese, in der Entscheidung, verlöre sie sie – und sich damit. Dort aber, wo sie sie bewahrt, sich, wie man heute zu sagen pflegt: alle Optionen offenhält, bleibt sie unfrei, in ihre Verharrung gebannt. Man lese die »Fallgeschichte« Lais & Arasambes daraufhin noch einmal genau.

Was als Zweideutigkeit erschien, ist der Augenschein der Freiheit; ihr Wesen als Ideal aber ist das Verharren. Wieland wird auch dieser anderen Seite gerecht: Lais existiert im Buche nicht nur als Mensch, sondern auch als Petrefakt. Wir erinnern uns, daß Skopas eine Lais-Statue schuf, mit der er unzufrieden war, weil sie für das Ideal, worum es ihm ging, zu sehr bekleidet war. Um ihn ein wenig zufriedenzustellen, übergab Lais ihm eine schöne Dienerin zum Modell und mehr. Dieses Motiv taucht in der Biographie der Lais immer wieder auf, so findet sie z. B. Arasambes ab. Dort, wo sie aus dem Ideal heraustreten müßte, sich so-oder-so entscheiden, wird ein anderer Mensch an ihre Stelle gesetzt. Sie verharrt. Im Ideal; aber sie erstarrt. – Der Brief III,9 schildert eine etwas possenhafte Episode. Ein junger Mann hat sich in eine Kopie der Statue des Skopas verliebt und meint nun, eine böse Zauberin habe die ihm bestimmte Geliebte in Stein verwandelt. Seine Familie nebst Leibarzt wissen nichts besseres, als das Urbild aufzusuchen und ihr einen Plan zu unterbreiten, der von Lais akzeptiert wird. Ein Sieg der Natur über die Schwärmerei wird inszeniert, Lais drapiert sich als Statue ihrer selbst und als der junge Schwärmer ihr zu Füßen fällt, vollzieht sie das Pygmalion-Wunder für ihn ganz privat. Aristipp kommentiert (indem er das eben erwähnte Mittel, sich im Ideal zu halten, anspricht): Die Kur »wäre, aller Wahrscheinlichkeit nach, einer deiner Mägde eben so gut gelungen«. Aber was sich auf der einen Textebene schon bei Arasambes als gekränkte Eitelkeit zeigte, als das Substitut so leicht fürs Original wegging, kam hier nicht mehr in Frage. Lais mußte es selbst tun, zumal sie ungestört sich wieder in jene Statue verwandelte, als die der junge Antipater sie dann tatsächlich wahrnahm: »Er spricht von dieser Frau, die noch alles, was in ihren Gesichtskreis gerieth, bezaubert hat, mit der ruhigen Bewunderung, womit er von einer schönen Bildsäule reden könnte«; »elfenbeinern« nennt Antipater in seinem Brief die Erscheinung der Lais. Obgleich ja gerade ihm gegenüber sie das erste Mal aus eigener Veranlassung das Piedestal verläßt und um ihn, erfolglos, wirbt. Es ist, als sei sie nur (noch) in dieser Statuenhaftigkeit begehrens- oder doch wenigstens achtenswert, denn ihr Werben um Antipater wird eben allgemein als peinlich empfunden. Nur mit Aristipp ging eine kleine Zeit »kunstlosen« Umgangs voraus. Als sie zu ihrer ersten thessalischen Reise aufbricht, schreibt sie an Aristipp: »Mein Führer nennt sich Dioxippus, und könnte, seiner Jugend und Schönheit wegen, vielleicht sogar einer trotzigern Tugend, als die meinige ist, gefährlich scheinen, wenn mich nicht der Umstand beruhigte, daß er sein Geschlecht bis in die Zeiten von Deukalion und Pyrrha zurück führt, und da er also ohne Zweifel einen der menschgewordenen Steine, durch welche Thessalien nach der großen Fluth wieder bevölkert wurde, zum Stammvater hat, wahrscheinlich noch genug von der ursprünglichen Härte und Unempfindlichkeit desselben geerbt haben wird, um mir mit keiner übermäßigen Zärtlichkeit beschwerlich zu fallen.« Projektion nennt man das.

Erst wenn man das alles bedenkt, kann man die seltsame Polarität der Figuren Lais & Aristipp recht verstehen, und wiewohl ich auf dieses Thema auch in den folgenden Kapiteln zurückkommen werde, will ich hier doch festhalten, daß beide für sich und beide in ihrem Wechselspiel von Anziehung und Abstoßung als das Ineins von Freiheit und Notwendigkeit, das eben nicht zuletzt ein ins Philosophische versetzter Ausdruck für ästhetische Spannung ist, erscheinen. Lais im Offenhalten der Möglichkeiten die Unabhängigkeit fast repräsentierend, Aristipp in seiner, man ist versucht zu sagen: Kultivierung des sich Dreingebens: »[...] komme es nur darauf an, daß man sich nach den Umständen zu richten wisse, anstatt [...] zu verlangen, daß sich die Umstände nach uns richten«; Lais in der Freiheit erstarrend, Aristipp ein Höchstmaß an Möglichkeiten ergreifend: »das was wir suchen ist immer in unsrer Gewalt, es ist hier oder nirgends« – echô ouk echomai. Doch die Leserin täusche sich nicht. Das ist keine moralische Lektion zum Schluß, kein »Merke!«. Es ist *eine Seite* der Polarität der beiden Figuren; zu einer andern, nicht weniger wichtigen, komme ich im sechsten Kapitel.

Wieland läßt in der Liebe der Lais zu dem unwürdigen Pausanias am Ende des dritten Buches ein Motiv ausklingen, das er in der ersten Hälfte des zweiten eingeführt hatte. Die ästhetische Funktion des Motivs ist, zwei Textebenen miteinander zu verbinden: einmal die der konkret handelnden und räsonnierenden Lais, der zweideutigen, lebendigen – andererseits die der idealen, statuenhaften »Freiheitsgöttin«. Die Textebenen sind natürlich andererseits psychologisch vermittelt durch das Problem der Lais, Freiheit als Möglichkeit zur Entscheidung (und damit Selbstaufgabe) und Freiheit als Bewahrung dieser Möglichkeit (und damit Erstarrung) – zu leben. So ist auch dieses hinzukommende Motiv ein psychologisches, und als solches integriert es einen bisher zu kurz gekommenen »Innenaspekt« der Figur Lais, nämlich das Problem der einerseits stets inszenierten, andererseits kaum, oder doch nur wie als Ergebnis kompliziertester praktischer Syllogismen gelebten Erotik.

Eingeführt wird das Motiv im Kontext eines Briefwechsels über Platons »Phaidon«, dem Dialog am Sterbebette des Sokrates, handelnd von Tod und Unsterblichkeit. Lais greift das in Aristipps Brief angesprochene Leib-Seele-Problem auf, das dort in Form der Frage auftritt, ob eine Seele ohne Körper überhaupt denkbar sei. Seine Antwort ist ein zögerliches, mit Fragezeichen versehenes Ja. Lais: »Es ist sehr artig von dir, Lieber, daß du es in meine Wahl stellst, ob ich mit oder ohne Körper fortzuleben hoffen will. Als ich deinen Brief erhielt, saß ich eben einem großen Spiegel gegenüber, und (ich gestehe dir mein Thorheit) ich konnte mich nicht entschließen, bey meiner künftigen Reise in die

Geisterwelt, nicht wenigstens die Gestalt, die mir entgegen sah, mitzunehmen,« – es kommt eine gewichtige Einschränkung: »wenn ich auch allenfalls großmüthig genug seyn könnte, dem palpabeln Theil meines dermahligen Doppelwesens zu`entsagen.« Es folgt eine Anspielung auf die Skopas-Episode: »ich kann mich mit der Vorstellung einer so ganz ausgezogenen splitternackten Seele nicht befreunden; ein wenig Drapperie muß um mich herfließen; darauf habe ich, wie du weißt, nun einmahl meinen Kopf gesetzt«. Es folgen spielerische Gedanken, wie solche Drapperie aussehen könnte, und die landen bei der Frage: »wie du es z. B. mit der Geschlechtsverschiedenheit zu halten gedenkst? [...] Wie viel fällt bloß deswegen weg, weil wir (denke ich) nicht mehr essen und trinken, oder wenigstens, um uns von Nektar und Ambrosia zu nähren, keine so animalischen Verdauungs- und Absonderungswerkzeuge nötig haben werden, wie dermahlen? Und was wollten wir mit Armen und Beinen machen, da vermuthlich alle Bedürfnisse und Verrichtungen, wozu sie in diesem Leben nöthig sind, dort aufhören werden? Kurz, ich sehe nicht, was von unsrer jetzigen Organisazion übrig bleiben könnte, als der Kopf, an welchen etwa noch ein paar Flügel gesetzt werden könnten, die ihm zugleich zur Bewegung und zur Einhüllung dienen würden. Wirklich gefällt mir diese Idee immer besser je mehr ich ihr nachdenke, und mir ist ich würde mich an eine so leichte geistige Existenz in Gesellschaft guter und schöner Köpfe sehr bald gewöhnen können.« – Welch eine Transformation von der Weigerung, den eigenen Körper zu lassen, bis zu der freudig begrüßten Gestalt eines Nur-Kopfes mit Flügeln aus ätherischem Gefieder. Wie sehr aber gleichzeitig ein Zitat des frühen Lebensplanes: »Ich liebe den Umgang mit Mannspersonen, aber als Männer sind sie mir gleichgültig« – und »ich sagte dir auch die wahre Ursache, warum ein solcher Umgang Bedürfniß für mich ist«: sie liebt, wie man ganz alltäglich sagt, den Umgang mit klugen und gebildeten Köpfen. »[...] daß die gewöhnliche Triebfeder der wechselseitigen Anmuthung beider Geschlechter gegen einander sehr wenig Antheil an diesem Zug meines Karakters habe« – erweist nicht zuletzt die Flügelkopfphantasie, die eine radikale Entsexualisierung als Wunschbild bedeutet. Zunächst wird dem Körper überhaupt das »Palpable« genommen, d. h. er wird auf Zweidimensionalität reduziert, dann wird der Unterleib entfernt, zusammen mit den Extremitäten, und schließlich lebt vom Ganzen nur noch der Kopf. Um es deutlich zu machen, referiert Lais den Einspruch ihrer Freundin Musarion, sie könne sich Glückseligkeit ohne Liebe nicht denken, und eine Liebe, die nur im Kopfe säße, sei doch gar zu kalt und langweilig. Lais widerspricht: sie sei drum desto sublimer.

Die Flügelkopf-Phantasie ist aber natürlich nicht nur eine bildliche Umsetzung des Wunsches, es nur mit »guten Köpfen« zu tun zu haben, sondern auch eine Reaktion darauf, daß dieser Wunsch nicht erfüllt wird. Lais wird von einigen ihrer Zeitgenossen wegen aller ihrer Vorzüge geliebt und bewundert, von mehreren aber nur wegen der sichtbaren und aufgrund des Gesehenen oder des Rufes »Hetaire« vermuteten. Und nicht zuletzt ist ihr Lebensplan, was die Seite seiner praktischen Durchführbarkeit anlangt, auf eben diesen Umstand gegründet. Es steht Lais nicht frei, anders denn als ein Bild zu erscheinen, das den ganzen Körper vorweist, Erfolg hat sie nur in der Gestalt, die Skopas modellierte. Als Körper, nicht als Seele. Und der Flügelkopf (oder auch der Sommervogel) ist ja nichts weiter als das klassische Bild der körperlosen Seele.

Im Brief III,28 nimmt Wieland das Flügelkopfmotiv wieder auf. Lais berichtet Aristipp darin über einen Traum, der sie ängstigt. Der Traumbericht ist zu lang, um ganz zitiert zu werden, und so kann ich den Interessierten nur bitten, ihn selbst nachzulesen, und, obwohl er insgesamt sehr rokokohaft geraten ist, zumindest was die Deutung der Staffage angeht, doch mit jener Frage im Kopfe zu lesen, mit der Sigmund Freud sein »Der Traum und der Wahn in W. Jensens ›Gradiva‹« beginnt. – Lais träumt sich als geflügelter Kopf in die Gesellschaft anderer Flügelköpfe, die jedoch bald denselben lächerlichen und unerträglichen

Eindruck auf sie machen wie die Gesellschaft ungeflügelter Ganzleiber sonst. Sie vermißt Aristipp und meint, ihn gefunden zu haben, da ist es doch »ein kleiner Gott der Liebe«, den sie dort mit allem Zubehör, i. e. »goldenem Bogen und etlichen Pfeilen« erblickt: »ich kannte mich selbst nicht mehr«. Er schläft. Sie will ihn küssen »in Gefühlen zerschmelzend, die mir zu neu waren, als daß ich sie dir beschreiben könnte«. Da wacht er auf, legt auf sie an, sie bittet um Gnade, er ergreift sie, blickt sie zärtlich an – »Plötzlich verwandelte er sich in einen wunderschönen Jüngling, und ich selbst glaubte unter den Liebkosungen, womit er mich überhäufte, meine vorige Gestalt wieder zu erhalten. Aber der Grausame trieb nur sein Spiel mit mir. Wie ein Aal glitschte er aus meinen um ihn geschlungenen Armen, setzte sich in seiner ersten Amorsgestalt auf meinen Schoß, und begann die goldnen Schwingfedern eine nach der andern aus meinen Flügeln zu ziehen. Ich ließ es geschehen, weil ich sah, daß es ihm Vergnügen machte; denn was hätte ich nicht für ihn gethan und gelitten? Aber sobald er die letzte ausgerupft hatte, spannte der Schalk seine Flügel aus, und flog lachend mit seiner Beute davon. Von unaussprechlichem Schmerz erdrückt, wollt' ich ihm nacheilen, aber fort waren meine Schwingen, ich sank zu Boden und – erwachte.« Der Kommentar: »Ist es Ahnung oder Warnung […]? Wenn das, was der Flügelkopf […] für den Sohn Cytherens fühlte, Liebe ist, so hab' ich nie geliebt […]« Und Aristipp antwortet: »du bist gewarnt!« – Der letzte, der Abschiedsbrief der Lais beginnt dann auch so: »Mein Traum ist nur zu bald in Erfüllung gegangen, lieber Aristipp! Die höhern Mächte haben eine strenge Rache an mir ausgeübt; Adrasteia, daß ich vier und zwanzig Jahre lang gar zu glücklich war; die Götter der Liebe, daß ich ihnen so lange Trotz zu bieten wagte.« Das einzige Mittel, das aus solchem Falle rette, sei die Flucht. Allein, die stehe nicht immer in unserer Macht.

Besehen wir noch einmal die ästhetischen Facetten der Gestalt »Lais«: die »Zweideutigkeit«, die ihre Entsprechung im Konzept des »paradoxen Hetairentums« findet, welches auf gewissermaßen »höherer Stufe« als doppeltes Ideal wiederkehrt, aber im Grunde doch nur eines ist, das der Freiheit. Das Freiheitsideal – da es keines ist – zerfällt wieder in die alltäglichen Situationen der Lebensentscheidungen einer- und das Statuenmotiv andererseits. Das Motiv des Flügelkopfes faßt beide Seiten zusammen, negativ: die Entsexualisierung zerstört sozusagen die Basis der Entscheidungen, der bloße Kopf ist das Gegenbild zur Statue – und doch ist der Flügelkopf die beste bildliche Entsprechung zum ursprünglichen Lebensideal, wie Wieland seine Lais es zu Aigina schildern ließ. Das Flügelkopfmotiv zeigt aber auch die Zerstörung dieses Ideals an, nicht durch die Schwierigkeiten seiner Phänomenologie, wie sie sich zeigt in Zweideutigkeiten, Widersprüchen und Paradoxen, sondern in seiner Konfrontation mit der menschlichen Substanz, die es tragen soll. Man kann *kein* Ideal, und wäre es ein geringeres, verkörpern. Das Flügelkopfbild faßt alles zusammen – und ist doch »andererseits« nichts als eine einzige Verleugnung. Wie diese dann offenbar wird, ist schmerzlichster Alltag, oft vorgelebt, von den Schwindeleien, die die Mesalliance verbergen sollen, den Demütigungen, die dem, was da auf einmal sich als Glück drapiert, Dauer verleihen, bis ins kleine, ganz schreckliche Detail hinein, daß sie, zuweilen, »in die naive Fröhlichkeit eines Mädchens von sechzehn zurück falle«.

Daß hier der Alltag ins Bild setzt, was auf Seiten des Mythos – und früh war das Schicksal der Phaidra genannt, oft wieder zitiert, und Antipater hatte ein Stücklein vom Hippolytos gegeben – die Rache der Aphrodite ist, sei nur der Vollständigkeit halber erwähnt. Es ist schließlich auch der Sieg jener »feindlichen Macht«, die Lais in ihrem Soziogramm der Geschlechterverhältnisse benannt hatte. Die schließliche Liebe der Lais ist Unterwerfung; ihr Tod das Abwenden der letzten Demütigung: im Zustande der Unterwerfung weggeworfen zu werden. – Dieses Letzte hat Arno Schmidt über 150 Jahre später durch die Weiterführung des Flügelkopfmotivs grelles Bild werden lassen. In seinem utopischen Roman »Die Gelehrtenrepublik«

tummeln sich auf der Erde als Folge eines Atomkrieges allerlei Mutanten, u. a. sogenannte »Fliegende Köpfe« oder »flying masks«, die planmäßig gezüchtet und in Käfigen gehalten werden. Man kann sie sich in Katalogen nach Portraitähnlichkeit mit verschiedenen weiblichen Schönheitsidealen aussuchen. Verwendet werden die »Fliegenden Köpfe« vor allem zum Zwecke der Fellatio: »[...] daß meinetwegen jeder Soldat ‹im Mannschaftsstande› seine ‹Fliegende Maske› im Zimmer hatte? (Denn für Alle reichten die WACs ja nicht. Garantiert nicht.). (»Was'n Da=Sein !« hätte mein Urgroßonkel fraglos gemurmelt. Und jetzt fiel mir auch der verschollene deutsche Schriftsteller ein, der schon damals, 1790 war's wohl ungefähr, von ‹Fliegenden Köpfen› gefantert hatte : ‹Aristipp› hatte das Buch geheißen; gar nicht taprig gemacht. Und – psychologisch sehr fein – der Alte (richtig: Wieland hieß er !) hatte ein Weib, ne Edelnutte, das betreffende längere Gedankenspiel entwickeln lassen.)).« – »Und ich, mit Enthauptetem in der Hand, (oder präziser: Entrumpftem. Jedenfalls ein unbestreitbares Menschenantlitz. Und so leicht auf der Hand ! [...] ›Also : Thalja !‹ : denn sie hatte, fauchend vor Eifersucht, mir das Gebilde weggerissen; holte aus, und zerknallte es zwischen ihren Fäustchen wie Kinder eine Tüte : Peng !«

Fünftes Kapitel

ÄSTHETIK

> »[...] als der junge Thlaps auf den Ein-
> fall kam, Stücke aufs Theater zu brin-
> gen, die weder Komödie noch Tragödie
> noch Posse, sondern eine Art von leben-
> digen Abderitischen Familiengemähl-
> den wären; wo weder Helden noch
> Narren, sondern gute ehrliche hausge-
> backne Abderiten auftreten, ihren tägli-
> chen Stadt- Markt- Haus- und Familien-
> geschäften nachgehen, und vor einem
> löblichen Spektatorium gerade so han-
> deln und sprechen sollten, als ob sie auf
> der Bühne zu Hause wären, und es sonst
> keine Leute in der Welt gäbe als sie. Man
> sieht, daß dies ohngefähr die nehmliche
> Gattung war, wodurch sich Menander
> in der Folge so viel Ruhm erwarb. Der
> Unterschied bestand bloß darin: daß er
> Athener und jener Abderiten auf die
> Bühne brachte; und daß er Menander,
> und jener Thlaps war.«

Wieland, Geschichte der Abderiten

Häßlich immerhin, doch umgeben mit dem Schein der Prä-
zision sind solche Wortbildungen wie die vom »impliziten
Leser«. Glücklicherweise muß ich mich in das Definitio-
nengestrüpp, was eine implizite Ästhetik sei, nicht begeben. Der Roman »Aristipp und einige seiner Zeitgenossen«
enthält so viel explizite Erörterung ästhetischer Fragen,
die so unabweisbar auch Fragen der eigenen Komponiert-

heit betreffen, daß man recht schnell merkt: hier wird mit offnen Karten gespielt. Der Fehler, den man vermeiden sollte, wäre der, in jeder ästhetischen Frage eine zu vermuten, die reflexiv zu wenden wäre. Wie auch sonst, so ist das Theoretisieren, oder sagen wir lieber: das systematisch Sich-Gedanken-machen hier nicht Charade oder Allegorie, sondern das, was es ist. Nur hat seine Qualität, seine Richtigkeit sich schon im ersten Anwendungsfall zu erweisen, und das ist nunmal der Roman, in dem die Gedanken stehen. Soviel vorweg.

Bereits beim ersten Lesen hat mich eine Episode aus dem 3. Band gestört, und ich bin immer noch nicht ganz im Reinen mit ihr. Es tritt dort nämlich ein Abderit auf. Ganz recht, ein Bürger des neunzehnten Bandes der Sämmtlichen Werke, der »Geschichte der Abderiten«. Störend daran ist, in einem Roman wie dem »Aristipp« einen Effekt zu finden, wie ihn solche, die nicht »Wieland« heißen, nicht verschmähen, »Dracula meets Frankenstein« etc. Man soll das nicht tun. Grundsätzlich nicht, und dann noch wegen der Gattungsgrenzen. Die »Abderiten« sind ein satirischer Roman, der »Aristipp« ist das nicht – und schon ergeben sich Folgen. Die Abderiten dürfen in den »Abderiten« sprechende Namen tragen wie ihr Autor es befiehlt, es ist (kann sein) Teil des Genres. Im »Aristipp« aber heißt das Personal schlechthin griechisch und die frappierende Gleichgültigkeit Wielands den Namen gegenüber ist ja wahrlich – nunja: frappierend. Wer hätte nicht gern »Musarion« für jene Musarion aus »Musarion« reserviert gesehen, doch mußte man sie als Dienerin, später Freundin der Lais, und als eine so ganz andere Musarion wiederfinden. In der Politik purzeln die Aristons und Aristagorasse neben Aristipp herum, so nennt der ambitionierte Grieche eben gern seine Söhne.

Mag sein, daß Wieland den Abderiten im »Aristipp« darum eine Erklärung seines Namens hat geben lassen, die nur deshalb alles noch schlimmer macht, weil sie ausweist, daß dieser Onokradias, wie er heißt, Nachkomme des würdigen Onolaos aus der »Geschichte der Abderiten« ist. Der Ahnherr der namentlich den Esel verehrenden

Sippe hatte sich einmal über einen fressenden Esel gesund gelacht und darum den Namen Onogelastes, Eselpruster also, angenommen sowie seine Söhne Onoboulos und Onomemnon genannt. Später folgte in dieser Sippe ein Onolaos, der einen Onages zeugte. Onages zeugte einen Onokradias, Onokradias zeugte Onolaos den Zweiten und Onolaos der Zweite zeugte den zweiten Onokradias, welcher sich in den »Aristipp« verlief. (Im Grunde geht es zu wie in Matthäus' Notizheft.)

Mag sein, daß Klaus Manger recht hat, wenn er auf das mögliche Vorbild in des Aristophanes »Wolken« hinweist, aber auch ein solches Spiel mit den Bräuchen der Komödie wäre ein ästhetischer Fremdkörper. Aber seien wir nicht zu puristisch, und gönnen wir dem Autor das kleine Capriccio. Zumal der Auftritt des Abderiten nichts weniger als realistisch ist. Er besucht eines Tages mit einem Athenischen Freund Aristipps private Bildergalerie und bleibt vor dem von Aristipps Freund Kleonidas gemalten »Tod des Sokrates« stehen: »Kein unfeines Stück, sagte der Athener mit einer kalten Kennermiene. / DER FREMDE. Was es wohl vorstellt? / ICH. Vermuthlich Sich Selbst. / DER FREMDE. Wie meinst du das? / ICH. Um mich deutlicher zu erklären, es ist eine Art von Räthsel oder Hieroglyf. / ATHENER. Das nenn' ich sich deutlich erklären! Es gehört also ein Schlüssel dazu? / ICH. Er steckt im Gemählde. / DER FREMDE. Wie kriegt man ihn aber heraus? / ICH. Jeder muß ihn selbst finden; darin liegt ja der Spaß bey allen Räthseln. / DER ATHENER. Wenn's der Mühe des Suchens werth ist. / DER FREMDE. Ich wollte wetten, dieses hier stellt den Tod des Sokrates vor. / ICH. Ich auch; aber wenn du darauf wetten wolltest, warum fragtest du? / DER FREMDE. Um meiner Sache gewiß zu seyn. Nun sehe ich wohl, je länger ich's betrachte, daß es nichts anders ist. Ich kenne die meisten dieser Männer von Person, sie sind zum Sprechen getroffen. Den alten Filosofen hab' ich freilich nicht mehr besuchen können, weil er schon lange todt war; aber man erkennt ihn auf den ersten Blick an seiner Silenengestalt, an der aufgestülpten Nase, und an dem Giftbecher, den er

so eben aus der Hand des Nachrichters empfangen hat. /
ICH. Gut für mich, daß der Mahler dieses Bildes uns nicht
zuhört. / DER FREMDE. Wie so, wenn man fragen darf? /
ICH. Weil er seine Arbeit in den nächsten Ziegelofen werfen würde, wenn er dich so reden hörte. / DER FREMDE. Ich
dächte doch nicht, daß ich etwas so unrechtes gesagt hätte.
Es verdrießt dich doch nicht, daß ich den Schlüssel zu deinem Räthsel so leicht gefunden habe? / ICH. Als ob man dir
so was nicht auf den ersten Blick zutraute! / DER FREMDE.
Gar zu schmeichelhaft! Ich gebe mich für keinen Ödipus
aus; aber das darf ich sagen, mir ist noch kein Räthsel vorgekommen, das ich nicht errathen hätte. / ICH. Mit Erlaubniß, was bist du für ein Landsmann? / DER FREMDE.
Ein Abderit, zu dienen. / ICH. So denk' ich, wir lassen das
Gemählde wo es ist. / DER FREMDE. Zum Verbrennen wär'
es wirklich zu gut. / DER ATHENER. Das sollt' ich auch meinen. Wenn es dir über lang oder kurz feil werden sollte, lieber Aristipp, so bitt' ich mir den Vorkauf aus. Es hat ein
warmes Kolorit, und sollte sich nicht übel in der Galerie
ausnehmen, die ich nächstens von meinem alten Oheim,
dem General, zu erben hoffe.« So weit. Weiter minimali-
sieren kann man eine Satire nicht. Fast hätten wir sie ohne
das Signalwort »Ein Abderit, zu dienen« als solche gar nicht
wahrgenommen. Möchte hierin die Didaktik der Stelle zu
vermuten sein? Oder darin, daß Wieland den Athener im
Schatten des Abderiten stehen läßt und nur am Anfang, wo
er in ihn ein-, wie am Ende, wo er aus ihm heraustritt, auf
ihn zeigt: hic niger est. Denn der Athener ist der nämliche
Esel nur ohne die abderitische Naivität. Der Naive
schwatzt abderitisch über das, was man den »Inhalt«
nennt, der Auskenner athenisch über das Kolorit und die
Tauglichkeit als Wandschmuck. Den dritten Abderiten
aber hat Wieland seinen Aristipp spielen lassen, als er ihn
auf das Gerede eingehen ließ. Die Frage, was das Bild vor-
stelle, wurde noch abgetan mit dem »sich selbst«, die Nach-
frage zu beantworten, öffnet das Spiel, das man abbrechen
muß, will man nicht zum Abderiten werden. Die Frage,
was der Maler uns habe sagen wollen, führt immer in den

Unsinn, wenn man sie nicht mit deiktischer Geste beantwortet, und Interpretationskunst, die in Kunstwerken Rätsel sieht, die der Auflösung harren, ist bloß gut gemeint. Mit dem Stichwort »es gehört also ein Schlüssel dazu?« ist das Nachwort der »Geschichte der Abderiten« zitiert, der »Schlüssel zur Abderitengeschichte«, ein Grundsatztext über das Interpretieren von Geschichten, in dem es, Ausgang nehmend von der Rezeption der Homerischen Epen, heißt: »Wie es bey allen menschlichen Dingen geht, so geht es auch hier.« Nämlich: »Nicht zufrieden, in Homers Gedichten warnende oder aufmunternde Beyspiele, einen lehrreichen Spiegel des menschlichen Lebens in seinen mancherley Ständen, Verhältnissen und Scenen zu finden, wollten die Gelehrten späterer Zeiten noch tiefer eindringen, noch mehr sehen als ihre Vorfahren; und so entdeckte (denn was entdeckt man nicht, wenn man sichs einmahl in den Kopf gesetzt hat etwas zu entdecken?) in dem was nur Beyspiel war Allegorie, in allen, sogar in den bloßen Maschinen und Dekorazionen des poetischen Schauplatzes, einen mystischen Sinn, und zuletzt in jeder Person, jeder Begebenheit, jedem Gemählde, jeder kleinen Fabel, Gott weiß was für Geheimnisse von Hermetischer, Orfischer und Magischer Filosofie, an die der gute Dichter gewiß eben so wenig gedacht hatte, als Virgil, daß man zwölf hundert Jahre nach seinem Tode mit seinen Versen die bösen Geister beschwören würde.« Wie dieser Gedanke und die Lesererwartung, man möge doch einer Geschichte den genannten »Schlüssel« mitgeben, seine Anwendung auf die »Geschichte der Abderiten« findet, mag die Leserin selber lesen. Hier stehe nur der Hinweis, daß es sich lohnt.

Wenn man von einer impliziten Ästhetik sprechen will, dann allenfalls hier, wo die Kenntnis der Texte, mit denen die kleine Abderiten-Stelle spielt, »stillschweigend vorausgesetzt« wird. In einem anderen Sinne vorausgesetzt wird natürlich die Disposition des Lesers, Vergnügen haben zu können an der nicht-einmal-mehr-satirischen Minimalisierung eines in toto ja nicht ganz unebenen Problems, vor dem auch die Leserin des Textes, den sie gerade vor Augen hat, steht, und das der Verfasser für dieses Mal hinter sich hat. Was ist das Interpretieren von Kunstwerken eigentlich für eine Tätigkeit? Wenn die Abderitengeschichte aus dem dritten Band auch den Gedanken nahelegt, der Versuch selbst sei der Fehler, so gehört das Interpretieren von Kunstwerken doch zu den menschlichen Gewohnheiten nicht minder als das Anfertigen von Kunstwerken, und will also angesehen und verstanden werden.

»Ich weiß nicht«, beginnt eine andere Episode des Romans, in der dieses Problem ausführlich verhandelt wird – »ob du von einem Gemählde des berühmten Parrhasius gehört hast, worin er den schon vom Aristofanes so treffend personificierten Athenischen Demos in einer Art von allegorisch historischer Komposizion zu schildern unternahm. Seine Absicht, sagt man, war, die Athener von der schönen und häßlichen Seite, mit allen ihren Tugenden und Lastern, Ungleichheiten, Launen und Widersprüchen mit sich selbst, zugleich und auf einen Blick darzustellen. Es war keine leichte Aufgabe, eben dasselbe Volk rasch, jähzornig, unbeständig, ungerecht, leichtsinnig, hartnäckig, geizig, verschwenderisch, stolz, grausam und unbändig auf der einen Seite, und mild, lenksam, gutherzig, mitleidig, gerecht, edel und großmüthig auf der andern, zu zeigen; oder vielmehr, er unternahm etwas, das seiner Kunst unmöglich zu seyn scheint. Du bist vielleicht neugierig zu wissen, wie er es anfing? Das Gemählde stellt eine Athenische Volksversammlung vor, welche, nachdem sie in möglichster Eile irgend eine Ruhm und Gewinn versprechende Unternehmung beschlossen, eine summarische Rechnung über Einkünfte und Ausgaben des Staats abgehört, und einen General etwas tumultuarisch zum Tode verurtheilt hat, eben im Begriff ist auseinander zu gehen.« Und Wielands Aristipp schildert die diversen Typen, die zu sehen sein sollen – »man zählt mehr als hundert halbe und ganze Figuren.« Diese sind in drei Hauptgruppen geteilt, themengemäß, die eine umsteht den Demagogen, die andre den Schatzmeister, die dritte geht mit dem verurteilten General. In diesen drei Gruppen sowie in weiteren Grüppchen und Einzelpersonen sieht der vorgestellte Betrachter verschiedene mögliche und typische Reaktionen auf das Geschehen in der Volksversammlung. Die Frage, die Wieland seinen Aristipp aufwerfen läßt, ist, ob die unterstellte Absicht, »den« athenischen Demos darzustellen, gelungen sei. Die Antwort lautet Nein: »Denn was er uns darstellt, ist nicht die personificierte Idee, die man mit dem Worte Volk verbindet, in so fern ihm ein gewisser allgemeiner Karakter zukommt; sondern eine Menge einzelner Glieder dieses Volks, in der besondern Handlung, Leidenschaft oder Gemüthsstimmung, worein sie sich in diesem Moment gesetzt befinden. Die Arbeit, sich selbst einen allgemeinen Volkskarakter aus allen diesen Ingredienzen zusammen zu setzen, bleibt dem Anschauer überlassen; aber auch dieser kann doch, da alles das eben so gut zu Korinth oder Megalopolis oder Cyrene hätte begegnen können, weiter nichts als den Karakter des Volks in einer jeden Demokratie darin aufsuchen, und der Mahler hat diesen Einwurf dadurch, daß er die Scene auf den großen Markt zu Athen setzte, höchstens aus den Augen gerückt, aber keineswegs vernichtet. Doch, wie gesagt, die Schuld, daß er nicht mehr leisten konnte, liegt nicht an ihm, sondern an den Schranken der Kunst; und, außerdem, daß dieses Stück, bloß als historisches Gemählde betrachtet, alle Wünsche des strengsten Kenners befriediget, gesteh' ich gern, daß man auf keine sinnreichere Art etwas unmögliches versuchen kann.« Die Grenzen der Malerei also – es ist dies nicht die einzige Anspielung auf Lessings »Laokoon«, später wird es eine direkte Auseinandersetzung geben.

Wieland läßt seine Lais dem Aristippischen Urteil scharf widersprechen: »die sinnreichen Anmerkungen, die du über die verfehlte Absicht des Künstlers und über die Unmöglichkeit, den Karakter eines ganzen Volkes in einer historiierten Allegorie zu personificieren, machst, hättest du dir, dünkt mich, ersparen können, mein lieber Filosof. Wer sagt dir denn, daß Parrhasius eine solche Absicht hatte? oder wie kannst du dir einbilden, ein Mahler, der das alles, was du an seinem Werke rühmst, leisten konnte, habe etwas unternehmen wollen, das der Kunst unmöglich ist? Ich bin gewiß, es fiel ihm so wenig ein, das Attische Volk, in so fern es sich als eine moralische Person denken läßt, in diesem Gemählde darstellen zu wollen, als die Anwohner des Imaus, oder das Volk im Mond. Warum wollen wir ihm eine andere Absicht leihen, als die sich in seinem Werke selbst ankündigt? Warum soll es noch etwas andres seyn als es augenscheinlich ist? Parrhasius wollte eine auseinander gehende Athenische Volksversammlung mahlen, und zwar so, daß wir errathen könnten, was in derselben verhandelt worden, und wie es überhaupt darin zuzugehen pflege. Es war ein sinnreicher Gedanke, und, ihn auszuführen, unläugbar eine Aufgabe, an die sich nur ein großer Meister wagen durfte. Deiner Beschreibung nach, hat er das, was er leisten wollte, wirklich in einem so hohen Grade geleistet, daß die Kunst in Andeutung dessen, was sie dem Scharfsinn des Anschauers überlassen muß, schwerlich weiter gehen kann. Was wollt ihr noch mehr?« Wieland läßt seinen Aristipp sich sofort geschlagen geben: »[...] gewiß hast du die Idee des Parrhasius auf den ersten Blick richtig gefaßt, und ich begreife jetzt selbst nicht, wie ich dem Ansehen eines vorgeblichen Kenners, an dessen Seite ich den sogenannten Demos Athenäon sah, mehr glauben konnte als dem Zeugnis meiner eignen Augen, die mir eben dasselbe sagten was du.«

Wieland hat, wie er in einer umfangreichen Anmerkung zu I,30 schreibt, die Beschreibung des Bildes von Plinius, wo sie allerdings nur einen einzigen Satz ausmacht. In dieser Anmerkung zitiert Wieland aus de la Nauzes »Memoire sur la manière dont Pline a traité de la Peinture«, dessen Zustimmung zur »Hypothese des Piles«, Parrhasius habe ein allegorisches Gemälde von der Art der »Schule von Athen« des Raffael gemalt oder malen wollen. Daß Wieland durch das betonte Zustimmen seines Aristipp zur Kritik der Lais an einer analogen Interpretation auch diese Hypothese zurückweisen wollte, scheint mir unabweislich. Rätselhaft bleibt mir darum, warum Klaus Manger in seinem Buch über den »Aristipp« diese Hypothese neu belebt und Raffaels Gemälde zu Wielands »Vorbild« promoviert. Hierbei geht es gar nicht darum, die unbestreitbare Liebe Wielands zu Raffael zu leugnen, oder die mich persönlich nicht so interessant dünkende Frage nach der Verwandtschaft beider im klassizistischen Stil abweisen zu wollen. Ich muß nur darauf bestehen, daß Wieland hier einen *Unterschied* feststellen wollte, gerade *weil* es möglicherweise zu nahe gelegen hätte, eine Ähnlichkeit sehen zu wollen.

Der »Aristipp« ist, wie mehrfach erwähnt, die Einlösung des bis in Wielands Erfurter Zeit zurückgehenden Planes, eine Geschichte der Sokratischen Schulen zu schreiben. Allein der Vorsatz, einen solchen Plan als ein Kunstwerk auszuführen, legt die Assoziation »Raffael« nahe. Und der Sinn der langen Anmerkung Wielands liegt fast einzig darin, auf das Trügerische solcher Assoziation hinzuweisen. Sie ist für den gedacht, der nicht bereits die Lessing-Anspielung in Aristipps Worten verstanden hat: »über die Grenzen der Malerei *und Poesie*«. Was die Malerei in Raffaels Gemälde in unvergleichlicher Weise geleistet hat, konnte sie nur so, d. h. (im weiteren Sinne) allegorisch lösen. Anzunehmen, daß der »Aristipp« ein ähnliches Unternehmen im Literarischen wäre, hieße nicht nur ihn, sondern auch den allgemeinen Umstand zu verkennen, daß so ein Unternehmen nur hätte mißlingen können. Ich meine nicht, daß Wieland Lessing darin nicht beigepflichtet hätte, daß der Maler zuweilen nicht umhin könne, zu allegorisieren, um zu erhöhen, der allegorisierende Dichter aber nur Puppen bilde. Wer die Parrhasius-Interpretationen im »Aristipp« so versteht, daß am Ende nichts weiter herauskommt als die genannte Raffael-Analogie, verkennt damit die Spannung, in der die einzelnen Episoden des Romans zum Ganzen stehen, und verfehlt damit sowohl das Eigenrecht der Einzelstelle in ihrer selbständigen eigenen Ratio, als auch ihre, in Bezug zum Ganzen gesehen, selbstreflexive Funktion. Auch dort, wo man einmal und ausnahmsweise eine Stelle als »Modell« eines wesentlichen Aspektes des Ganzen lesen *kann* (III,12, vgl. Kapitel 6), handelt es sich nicht um irgend etwas, was sich mit Abbildlichkeit vergleichen ließe oder gar auf Selbstallegorisierung hinausliefe.

Das Thema wird noch einmal aufgegriffen, im zweiten Band. Dort läßt Wieland Aristipp und Parrhasius zusammentreffen, und wie zu erwarten, wird ihm das Interpretationsproblem vorgelegt. Die Auflösung, wenn man es denn so nennen will, wird so gegeben, daß alle recht bekommen. Die ursprüngliche Absicht sei wohl gewesen, ein allegorisches Gemälde zu malen, allein, es habe sich als unmöglich erwiesen, auf einer einzigen Bildtafel die Widersprüchlichkeit des athenischen Nationalcharakters darzustellen. »Nach langem Hin- und Hersinnen, fiel mir ein, anstatt meine Absicht durch allegorische Personen erreichen zu wollen, würde ich besser zum Ziel kommen, wenn ich eine wieder auseinander gehende Volksversammlung schilderte, und zwar so, daß man aus den verschiedenen Gruppen errathen könnte, was unmittelbar vorher verhandelt und beschlossen worden, und was dieser und jener für eine Rolle dabey gespielt habe. Ich gestehe, daß ich diesen Gedanken für eine Eingebung meines guten Genius hielt, und ihn daher mit mehr als gewöhnlicher Begeisterung ausführte. Ich hatte nun Gelegenheit, alle die verschiedenen Züge, woraus der Karakter der Athener zusammengesetzt ist, auf die natürlichste Art in Handlung und Kontrast zu setzen. Mein Stück, wiewohl es im Grunde nichts mehr ist als was der Augenschein ausweist, wurde dennoch für den nachdenkenden Beschauer, der den Geist eines Gemähldes zu erhaschen weiß, wirklich das, wozu ich es Anfangs machen wollte, eine Karakteristik der Athener.« Es ist, als habe Wieland in diesem künstlichen Autos epha noch einmal vor der Raffael-Parallele warnen wollen. Man kann sogar weiter gehen und fragen, ob hierin nicht auch eine grundsätzliche Kritik am Allegorisieren auch über die Grenzen der Literatur hinaus zu sehen ist, und ob sich nicht sogar die Vermutung aufdrängt, im »Aristipp« einen *Gegenentwurf* zu Raffaels berühmtem Bild zu sehen. Ich meine dabei nicht das teilweise differierende und, was Vorder- und Hintergrund anlangt, anders gruppierte Personal. Das versteht sich von selbst. Ich meine den von Wieland gerade in der Abgrenzung zum Formprinzip der allegorisch »bedeutsamen Gruppe« betonten inneren Zusammenhang der individuell nicht auf den Aspekt des Bedeutungsträgers reduzierten Figuren. Raffael stellt Figuren zusammen, gruppiert nach Bedeutung, verteilt Requisiten, so daß ein »Wiedererkennen« auch dem nur abderitisch Gebildeten möglich wird. Der Zusammenhalt ist die Architektur des Raumes. Wenn man so will, hält das steingewordene Stichwort »Athen« die Gruppe zusammen, aber eben doch nur durchaus äußerlich. Das allerdings konfrontiert uns gleich mit der klassischen Frage, was denn die »Einheit« eines Gebildes wie »das athenische Volk« oder »die Sokratischen Schulen« ausmache. Die philosophischen Passagen des »Aristipp« zeigen, daß Wieland seinen Aristipp in solchen Fragen nominalistische Positionen bevorzugen läßt, und das mag die Schnelligkeit der »Bekehrung« in bezug auf die Interpretation des Parrhasius-Bildes plausibel erscheinen lassen. Die erste Interpretation hatte eine präexistente Einheit »athenischer Demos« der Darstellung überantwortet, aber das athenische Volk ist nichts weiter als die Bevölkerung von Athen, und wenn Aristipp einwendet, *so* sähe jedes demokratisch verfaßte Volk aus, so hat er ja recht: es diente und dient dem Historiker oder Politologen, von Platon und Aristoteles an, das athenische Volk als Demonstrationsobjekt deshalb, weil es zur Demonstration von Ähnlichkeiten taugte. Daß aus den im Gemälde dargestellten Einzelnen jenseits der bildlich-kompositorischen Einfassung ein ideales Ganzes, aus der auseinandergehenden Volksversammlung »der Demos« wird, liegt im Auge des Betrachters – die Qualität und Kenntlichkeit der Einzelzüge und das gelungene kompositorische Arrangement vorausgesetzt. Ohne letzteres kann der interpretatorische Zugriff nicht geschehen, weil erst in ihm die eigentlich nur scheinbare Zwangsläufigkeit liegt, die Einzelzüge des Kunstwerks auf eine »ideale Mitte« zu beziehen, ohne sie ihm aufzunötigen allerdings. Wielands Schlußkommentar aus dem Munde des Künstlers selbst heißt ja im Grunde nichts weiter, als: nur weil die »Außenfläche« in Detail und Komposition »stimmt«, kann etwas »dahinter« vermutet werden. Aber nur dieser Weg führt dazu, nicht mißzuinterpretieren. Wer mit einem fertigen Interpretationskonzept an ein Kunstwerk herangeht, tut nichts weiter, als eine dem Kunstwerk gänzlich äußerliche Vorstellung mit dem angeblichen Versuch ihrer Realisierung zu vergleichen. Die »Idee« des Bildes liegt genausowenig außer ihm selbst wie der »Charakter« des athenischen Demos jenseits dessen, was die Athener tun. Der Antiplatonismus ist konsequent auch in diesem Thema durchgeführt. Raffael gibt uns keine Individuen, sondern Philosophien in Menschenfleisch gekleidet. Wenn man der Reflexion des Diogenes in IV,17 folgen will (und zudem in diesem Brief einen expliziten Rückbezug Wielands auf den Plan der Geschichte der Sokratischen Schulen), macht gerade die Individualität der Philosoph(i)en, ihre Ausbildung in Einzelcharakteren es möglich, das sie Einende im Ziel und ihren gemeinsamen Ursprung aus einem – durch den einzigen Sokrates repräsentierten – Kanon der Bürgertugenden zu erkennen.

Es wäre falsch, zu meinen, Wieland hätte seinerseits in den kunsttheoretischen Erörterungen im »Aristipp« allegorisiert. Sie sind keine versteckten Leseanweisungen oder camouflierte Blaupausen des Romankonzeptes. Aber eben weil sie Erörterungen verschiedener Probleme der Darstellung der Welt im Medium der Kunst sind, mit eigenem Wert und Ernst, sind sie auf den Roman selbst rückbezüglich. Wie die philosophischen, politischen und anderen Diskussionen sind auch die ästhetischen keine zentralen Inszenierungen. Die Interpretation des Parrhasius-Bildes wäre auch interessant und stünde nicht verloren im Werk, wenn der Selbstbezug nicht oder, wie bei Manger, falsch verstanden würde. Versteht man ihn aber, versteht man auch Wielands künstlerische Intention, es so und nicht anders zu machen. Nicht nur in den philosophischen Bemerkungen on the spot lernt man, daß ein radikaler Nominalismus nichts von der Welt verliert, und wie viel an unangestrengter Schönheit er uns gewinnen kann.

Eine weitere Lessing-Anmerkung findet sich im zweiten Band. An ihr läßt sich das eben Gesagte noch einmal demonstrieren. Im zweiten Abschnitt des »Laokoon« behandelt Lessing ein Bild des griechischen Künstlers Timanthes, die Opferung Iphigeniens. Auf diesem Bild, so berichtet die Überlieferung, verhüllte der Vater Agamemnon sein Antlitz – Warum? Die Frage hatte mannigfaltige Antworten gefunden, die Lessing referiert, aber verwirft. Seine Antwort: weil der Schmerz, den der Künstler zeigen müßte, wollte er ihn auf dem Gesicht des Vaters zeigen, dieses Gesicht entstellte und im Zuschauer nur den Abscheu vor der Entstellung evozierte. Wieland nun transponiert die verschiedenen möglichen Interpretationen der Geste Agamemnons, die Lessing referiert, als Diskussion unter Kunstkennern in Timanthes Galerie (und wer mag, kann das in der Anmerkung nachlesen).* Die Auflösung

---

* Lessing, Laokoon: »[...] und es sind viel artige Dinge darüber gesagt worden. Er hatte sich, sagt dieser, in den traurigen Physiognomien so erschöpft, daß er dem Vater eine noch traurigere geben zu können verzweifelte. Er bekannte dadurch, sagt jener, daß der Schmerz eines Vaters bey dergleichen Vorfällen über allen Ausdruck sey. Ich für mein Theil sehe hier weder die Unvermögenheit des Künstlers, noch die Unvermögenheit der Kunst. Mit dem Grade des Affects verstärken sich auch die ihm entsprechenden Züge des Gesichts; der höchste Grad hat die allerentschiedensten Züge, und nichts ist der Kunst leichter, als diese auszudrücken. Aber Timanthes kannte die Grenzen, welche die Grazien seiner Kunst setzten. Er wußte, daß sich der Jammer, welcher dem Agamemnon als Vater zukam, durch Verzerrungen äußert, die allezeit häßlich sind. So weit sich Schönheit und Würde mit dem Ausdrucke verbinden ließ, so weit trieb er ihn. Das häßliche wäre er gern übergangen, hätte er gern gelindert; aber da ihm seine Komposition beydes nicht erlaubte, was blieb ihm andres übrig, als es zu verhüllen? – Was er nicht malen durfte, ließ er errathen.« – Gotthold Ephraim Lessings sämmtliche Schriften, Bd. 9, Berlin 1792, S. 35 f.

Wieland, Aristipp (II,21): »Ich war eben bey Timanth in seiner Werkstatt, als ein junger Athener mit einem Paar andern Fremden kam, und sich die Erlaubniß ausbat, dieses Gemählde zu besehen, dessen Schönheit ihm sehr angerühmt worden sey. Alle drey ließen es an bewundernden Ausrufungen nicht fehlen; doch bemerkte Einer, mit einer bedes Problems, warum Agamemnon sein Gesicht verhülle, legt er dem Maler selbst in den Mund. Hierbei folgt Wieland bis in die Nähe des wörtlichen Zitates Lessing in der Kritik der bisherigen Interpretationen. Dann aber gehen die Texte auseinander. Wielands Timanthes sagt, er habe auf seinem Bilde Agamemnon deshalb so gezeigt, weil er

---

deutenden Kennermiene, gegen seine Gefährten: ob ihnen nicht auch eine gewisse Kälte im Ausdruck des Schmerzes, den die umstehenden Helden zeigten, besonders beym Menelaus, der doch der Oheim der Prinzessin sey, zu herrschen scheine? Aber der Athener konnte nicht Worte genug finden, den sinnreichen Gedanken des Künstlers zu bewundern, daß er, nachdem er alles was die Kunst vermöge, im Ausdruck der verschiednen Grade einer anständigen Betrübniß an den Umstehenden erschöpft habe, den Vater selbst verhüllt, und es dadurch der Einbildungskraft der Anschauer überlassen habe, das, was der Pinsel nicht vermocht, selbst zu ersetzen und gleichsam auszumahlen. Ein andrer behauptete: diese Verhüllung sey gerade der möglichst stärkste Ausdruck des grenzenlosen väterlichen Jammers, und müsse eine weit größere Wirkung thun, als der höchste Schmerz, den das unverhüllte Gesicht Agamemnons hätte ausdrücken können. Timanth, nachdem er dem Streit dieser weisen Kunstkenner eine Zeitlang lächelnd zugehört hatte, sagte endlich: die Herren sind sehr gütig, mir so viel von ihrem eigenen Scharfsinne zu leihen; denn ich muß gestehen, daß ich bey der Verhüllung Agamemnons, so wie bey der Behandlung des ganzen Stücks, keinen andern Gedanken hatte, als die bekannte Scene in der Ifigenia des Euripides, gerade so, wie der Dichter sie schildert, und wie ich sie mehrmahl auf der Schaubühne gesehen, darzustellen. Steckt in der Verhüllung irgend ein besonderes Verdienst, so gebührt alles Lob dem Dichter; ich zweifle aber sehr, daß sein Agamemnon einen andern Grund, warum er seinen Kopf einhüllt, hatte, als weil er sich selbst nicht so viel Stärke zutraute, daß er beym Anblick des tödtlichen Stoßes in die Brust seines Kindes, Gewalt genug über sich behalten würde, um die Heiligkeit des Opfers nicht durch irgend einen ungebührlichen Ausbruch des Vatergefühls zu entweihen. Denn nach den Begriffen und Sitten jener Zeiten mußten solche Opfer, um von den Göttern mit Wohlgefallen aufgenommen zu werden, freywillig, ja mit fröhlichem Herzen dargebracht werden. Auch den übrigen Anwesenden war jeder stärkere Ausdruck von Schmerz und Betrübniß untersagt; das Schlachtopfer wurde mit Blumen bekränzt unter jubelnden Lobgesängen zum Altar geführt, und sogar nach Vollendung der Ceremonie war es weder Verwandten noch Freunden erlaubt, den Tod der geliebten Aufgeopferten durch irgend eine sonst gebräuchliche Handlung oder Sitte zu betrauern. Weit entfernt also, daß ein Mahler, der eine solche Geschichte bearbeitet, seine Kunst im Ausdruck der verschiedenen Grade des Schmerzes und der Traurigkeit erschöpfen dürfte, besteht seine größte Geschicklichkeit bloß darin, daß er die Umstehenden nicht mehr Theilnahme und Rührung zeigen lasse, als nöthig ist, daß sie nicht als Unin der entsprechenden Szene des Euripideischen Stückes gleichfalls sein Haupt verhülle. Dies wiederum sei einzig auf die Realistik des Euripides zurückzuführen, der ein archaisches Opfer darstellen lasse, während dessen Ablauf Affekte des Schmerzes und der Trauer zu zeigen, ritualwidrig und blasphemisch gewesen wäre. Eine deutliche Korrektur Lessings also: das Beispiel der Iphigenie des Timanthes tauge nicht zum Beweise der These des »Laokoon« über die Unterschiede in der Darstellbarkeit von Schmerzen in Poesie und bildender Kunst. Allerdings läßt Wieland seinen Timanthes gleich beifügen, im übrigen sei dem Maler »durch ein unverbrüchliches Gesetz der Kunst untersagt«, den höchsten Grad des Schmerzes zu zeigen, »weil er eine Verunstaltung der Gesichtszüge bewirkt, die das edelste Angesicht in ein widerliches Zerrbild verwandeln würde«. Es ist, als habe Wieland – denn diese Einlassung des Timanthes ist nach dem vorher Gesagten ganz unnötig – dem Leser versichern wollen, daß seine Kritik an der Tauglichkeit des von Lessing gewählten *Beispieles* keine an der These des »Laokoon« selber sei. Unter dieser beinahe etwas zu laut ausgefallenen Beteuerung entgeht einem leicht ein unscheinbares, aber meines Er-

---

menschen oder ganz gefühllose Klötze dastehen. An die sinnreiche Idee, die Einbildungskraft der Anschauer ergänzen zu lassen, was der Pinsel des Mahlers oder die Kunst des Schauspielers nicht vermochte, hat Euripides vermuthlich so wenig gedacht als ich. Es dürfte doch wohl eine unerläßliche Pflicht des Künstlers seyn, der Einbildungskraft so viel nur immer möglich ist vorzuarbeiten; auch erfordert es eben keine außerordentliche Kunst, den höchsten Grad irgend einer Leidenschaft oder irgend eines Leidens mit Pinselstrichen auszudrücken. Aber gerade dieser höchste Grad ist dem Mahler, wie dem Bildner, durch ein unverbrüchliches Gesetz der Kunst untersagt, weil er eine Verunstaltung der Gesichtszüge bewirkt, die das edelste Angesicht in ein widerliches Zerrbild verwandeln würde. – Der Athener stutzte einen Augenblick über diese authentische Erklärung aus dem Munde des Meisters selbst, der doch wohl am besten wissen mußte was er hatte machen wollen; doch erholte er sich sogleich wieder, und versicherte uns mit einem großen Strom von Worten: er sey gewiß, daß er den wahren Sinn der Verhüllung errathen habe. ›Das Genie (setzte er mit vieler Urbanität hinzu) wirkt oft als bloßer Naturtrieb, und selbst der größte Künstler, wenn er etwas unverbesserlich Gutes gemacht hat, ist sich nicht alle Mahl der Ursache bewußt, warum es so und nicht anders seyn mußte.‹«

achtens recht bedeutsames Detail. Daß der Betrachter des Bildes in der Imagination ergänzen solle, was der Künstler verhüllt habe, läßt Wieland einen der Galeriebesucher äußern. Im »Laokoon« spricht Lessing so: »Was er nicht malen durfte, ließ er erraten.«; (bei Wieland: »[...] die Einbildungskraft der Anschauer ergänzen zu lassen, was der Pinsel des Mahlers [...] nicht vermochte [...]«). Zwar spricht der Galeriebesucher vom Unvermögen des Künstlers bzw. der Kunst, äußersten Schmerz darzustellen – dem widersprechen Lessing wie Wielands Timanthes gleichermaßen: »Ich für meinen Teil sehe hier weder die Unvermögenheit des Künstlers, noch die Unvermögenheit der Kunst. Mit dem Grade des Affekts verstärken sich auch die ihm entsprechenden Züge des Gesichts; der höchste Grad hat die allerentschiedensten Züge, und nichts ist der Kunst leichter, als diese auszudrücken. Aber Timanthes kannte die Grenzen, welche die Grazien seiner Kunst setzen«, spricht Lessing, und so Wielands Timanthes: es »erfordert eben keine außerordentliche Kunst, den höchsten Grad irgend einer Leidenschaft oder irgend eines Leidens mit Pinselstrichen auszudrücken. Aber gerade dieser Grad ist dem Maler, wie dem Bildner, durch ein unverbrüchliches Gesetz der Kunst untersagt«. Beiden also geht es um eine ästhetische Norm, gleichwohl liegt genau hier der Dissens. Wenn Lessing sagt, daß Timanthes nicht darstellen *durfte*, was er darstellen *wollte*, und darum einen Kunstgriff anwandte, so widerspricht Wieland durch den Mund des Timanthes: ein Künstler *solle* nicht darstellen *wollen*, was man nicht darstellen *könne* (oder solle). Schon gar nicht dürfe er sich des Betrachters oder Lesers als Partner versichern: »An die sinnreiche Idee, die Einbildungskraft der Anschauer ergänzen zu lassen, was der Pinsel des Malers oder die Kunst des Schauspielers nicht vermochte, hat Euripides vermutlich eben so wenig gedacht als ich. Es dürfte doch wohl eine unerläßliche Pflicht des Künstlers sein, der Einbildungskraft so viel nur immer möglich ist vorzuarbeiten.« Darum also der kulturtheoretische Exkurs des Timanthes über archaische Opferbräuche. Wieland kritisiert zwar nicht den ästhetischen Normenkanon des »Laokoon«, wohl aber seine Auffassung vom Kunstwerk als zutiefst unkünstlerisch – nur darum muß es eine andere Erklärung für das Verhüllen des Kopfes geben. Ich denke nicht, daß damit die Timanthes-Szene überinterpretiert ist, denn der Grundsatz, daß ein Kunstwerk keine Rätselaufgabe sei, daß es nicht die Aufgabe eines Lesers oder Betrachters sei, etwas zu ergänzen, was das Kunstwerk verborgen halte, steht genauso im Zentrum der Kritik der Lais an Aristipps Interpretation des Parrhasius-Gemäldes wie in der Aufbereitung und Kritik der Gedanken des »Laokoon«.

Es ist mit der Kunst wie mit der Welt. Es ist nichts dahinter. Das »Wesen« ist die genaue Beschreibung der Oberfläche. Der Hinweis der Lais, Aristipp möge sich doch, anstatt zu interpretieren, an die eigene Bildbeschreibung halten, besagt das nämliche: die Unterscheidung zwischen Beschreibung und Erklärung wird aufgekündigt. – Im übrigen möchte aber die Auseinandersetzung mit Lessing auch den Hinweis enthalten, daß der Unterschied zwischen Literatur und den bildenden Künsten hinsichtlich dessen, was sich in ihnen schicke, so groß nicht sei. Den kleinen Aufsatz »Die Kunst aufzuhören« lese man einmal sub specie dieser Vermutung, und vielleicht ermuntert zur Lektüre, daß der Brief IV,3, in dem über den Tod der Lais nachgedacht wird, oder nur, daß auch in jenen Zeilen darüber referiert wird, wie die Alten den Tod gebildet. Da zwei Jahrhunderte uns in der Zwischenzeit mit so viel Beispielmaterial versorgt haben, daß es hier nicht erörtert werden kann, möchte ich diesen möglichen Streitfall undiskutiert lassen und lieber zu der Frage nach dem Verhältnis von Rezipient und Kunstwerk zurückkehren, denn wer immer im »Aristipp« sich zu Fragen der Kunst äußert, tut dies zunächst als Betrachter oder Leser. Schon die gewählte Form des Briefromans, in dem die Tagesberichte und Schilderungen den Analysen voraufgehen, in dem die Relativität des Standpunktes in Raum, Zeit und Person zum Formprinzip wird, läßt eigentlich an der rigorosen Haltung zweifeln, die Wieland gegenüber den vergleichsweise unschuldigen Anmerkungen zur Mitwirkung des Rezipienten am Gestaltwerden des Kunstwerkes einnimmt. Man darf sich nicht durch die moderne Tendenz, Einsicht in Relativität und Wurschtigkeit zu verwechseln, irreführen lassen. Das Kunstwerk – so Wielands Konzept – setzt die Varietät seiner möglichen Betrachter voraus und schließt sie in gewissem Sinne ein. Daraus ergeben sich formale Konsequenzen.

Spätestens der, der sich das zweifelhafte Vergnügen gegönnt hat, die pompöse Architektur (Goethe nannte das Bauwerk im Tagebuch der Italienischen Reise bloß »groß«) des Petersdoms zu ersteigen, kennt den Effekt: »von hinten angesehn« sind die Apostel weder besonders appetitlich noch überhaupt, das was man einen »Anblick« nennen möchte, gleichwohl interessant. So sieht das also hier aus, was von unten so-und-so aussah. Bin ich eigentlich jetzt klüger? Ist das Aufklärung? Oder nicht einmal Kammerdienerblick, nämlich nur perspektivische Unbildung? »Aber den Jupiter des Fidias muß man sehen, Freund Kleonidas, wenn man sich einen Begriff von ihm machen will. Also komm und sieh, und bete an!« Aristipp kann nicht umhin, seinem Freund Kleonidas von der Gewalt des ersten Anblicks zu berichten, der ihn wie die von der gläubigen Sorte in den Bann schlug. Von dieser Überwältigung schreibt er darum, da sie mehr Auskunft über das Kunstwerk gibt als die Auflistung dessen, was von links oben nach rechts unten zu sehen ist – so wäre das mit der Ausmessung der Oberfläche nicht gemeint. Sehr wohl aber anders: der Zeus zu Olympia, den Phidias verfertigte, war kolossalisch groß: »[...] die wahre Ursache, warum uns der Olympische Jupiter so gewaltig ergreift? Es ist, mit Erlaubnis zu sagen, nicht mehr und nicht weniger als – warum uns ein Elefant mehr Respekt gebietet als ein Stier«.

Der Zweck der Statue ist, Ehrfurcht zu erzeugen, und Ehrfurcht gebietet sie dem Betrachter und leistet so mehr als – Grenzen der Bildhauerei und Poesie – Homers Schriften (»die Kunst des Bildners mußte ihnen zu Hülfe kommen, und die Einbildungskraft auf einer bestimmten Gestalt festhalten«). Wäre – so möchte ich ergänzen – der Petersdom nicht *zu* groß, und damit ein Vorgriff auf die Phantasien von Albert Speer, es könnte von ihm das nämliche behauptet werden. Speer übrigens hatte das Perspektive-Problem nicht erkannt, wie seine Architektur-Memoiren ausweisen, die uns, gäbe es ein der Dezenz verpflichtetes Verlagswesen, da auf eine diesbezügliche Zensur nicht zu hoffen gewesen war, erspart geblieben wären. Sein Hitler-in-der-Kuppel wäre den Abgeordneten der unterworfenen Völkerschaften als daumengroßer Hampel erschienen. Hierbei handelt es sich keineswegs um eine läßliche Digression. Man sagt, ich glaube Cecil Rhodes war es, nach, daß er nach dem Besuch der Akropolis gesagt habe, damit habe Perikles die Athener zwingen wollen, an ihr Empire zu glauben. Wer sich den Propyläen nähert, sie durchschreitet, dann auf den Parthenon sieht, versteht das. Es schließt sich aber die Frage an, an was eigentlich faschistische Architektur wollte glauben machen. Ohne diese Frage, die durchaus ein wenig mehr Nachdenken erfordert, hier beantworten zu können, kehre ich zum Thema »Abstand« und »Größenverhältnisse« zurück. »Nicht Wenige habe ich beklagen gehört, daß ein prächtig gearbeitetes Brustgeländer nicht erlaube so nahe zum Thron hin zu kommen als man wohl wünschen möchte. Auch dieß ist ein Streich, den der lose Fidias den Leuten gespielt hat. Er machte es ihnen dadurch unmöglich, so nahe hinzuzutreten, daß sie, anstatt den Götterkönig auf seinem Thron zu sehen, nur einen Haufen geschnittenes Elfenbein und gegossenes Gold zu sehen bekommen hätten. Denn damit das Ganze seine gehörige Wirkung thue, muß es aus einem gewissen Standpunkt betrachtet werden. [...] Denn bey einem Kunstwerke, wo am Ende doch alles auf eine gewisse Magie, und also auf Täuschung hinausläuft, muß man die Zuschauer nicht gar zu nahe kommen und zu gelehrt werden lassen.« Contradictio in adjecto – der Streich des Phidias gilt nur Leuten, die sich düpieren lassen. Alle andern verstehen ihn und wissen das Kunstwerk zu loben, doch eben als Trick. Ohne die Ergänzung des Gläubigen ist es selbst für den, der nicht zu nahe tritt, den Trick abgerechnet, nur ein Haufen Gold und Elfenbein. Die freundliche Beschreibung der Oberfläche mag man nicht beginnen: »[...] erwartest du, natürlicher Weise, keine Beschreibung von mir, die am Ende doch nur auf ein Verzeichnis der unzählichen einzelnen Stücke und Theile hinaus laufen würde«.

Dabei sagt das zusammenfassende Urteil nichts weniger als, daß hier ein peak der Vollkommenheit erreicht wäre: »Jeder dieser Theile ist, für sich selbst betrachtet, schön, groß gedacht, mit reiner sicherer Bestimmtheit der Verhältnisse und Formen ausgeführt, und so zierlich vollendet, daß dem Liebhaber der Kunst nichts zu wünschen, dem Kenner wenig oder nichts zu erinnern übrig bleibt. Aber alle diese besondern Schönheiten verlieren sich, oder vereinigen sich vielmehr in dem Haupteindruck, den das herrliche Ganze – Jupiter auf seinem Thron, von seinem ganzen Göttergeschlecht umgeben – auf die Seele des Anschauers macht, indem er sich beym ersten Anblick von einem wunderbaren Schauder ergriffen fühlt, den der große und glaubige Haufe für ein unmittelbares Zeichen der Gegenwart des Gottes hält.« Oder soll's nur so viel heißen, daß wir, auch wenn wir seine Wirkung nicht leugnen wollen, gar zuweilen billigen können, den Wert eines Weines doch nicht durchaus nur nach seinem Alkoholgehalt bestimmen wollen?

Das Gegenstück zum Olympischen Zeus des Phidias begegnet im wilden Thessalien, genauer im lieblichen Tempe-Tal, das zwischen Olymp und Ossa gelegen »vielleicht der reitzendste Winkel des ganzen Erdbodens [ist]«. Auf einer ausgedehnten Wanderung trifft Aristipp einen Einsiedler, bei dem er übernachtet, und der sich schließlich als der seit über zwanzig Jahren für tot geltende Diagoras von Melos zu erkennen gibt – jener Diagoras, der in allen griechischen Staaten sozusagen steckbrieflich als Atheist gesucht worden war. Diagoras hatte, wie Wieland ihn Aristipp berichten läßt, zu Athen gegen den Götterglauben gepredigt, ihn als Priesterbetrug und Volksverdummung zu entlarven gesucht und die Amoral der meisten Göttererzählungen denunziert. Da er Anhängerschaft gewann, wäre es beinahe zu einem Asebieverfahren mit letalem Ausgang gekommen. Diagoras floh – ein anderer Sokrates – nach Thessalien, wo er nun als Einsiedler lebe. Interessant ist im Zusammenhang mit dem Thema dieses Kapitels sein Zeitvertreib. Diagoras ist Holzschnitzer und hat in den Zeiten seiner Einsiedelei eine komplette klassische Walpurgisnacht verfertigt, »in Thal und Grunde gar gespenstisch anzuschaun« – aber nicht nur Geister zweiter Ordnung, sondern der ganze Olymp versammelt sich, »fast alles nackt, nur hie und da behemdet«: »Bilde dir also ein, du sehest alle Götter der Griechen, vom Zeus Olympius bis zum bocksfüßigen Pan, und von der weißarmigen Herrscherin Here bis zu den schlangenhaarigen Erinnyen, einzeln und gruppenweise, unter Beibehaltung einer gewissen Ähnlichkeit mit ihren gewöhnlichen Darstellungen, in die pöbelhaftesten Mißgestalten travestiert, aber mit einer so komischen Laune in der Art der Ausführung, daß es mir bei ihrem Anblick eben so unmöglich war, mich des Lachens als des Unwillens zu erwehren. So zeigten sich (um dir nur einige Beispiele zu geben) Jupiter auf der einen Seite, wie er, in Gestalt eines vierschrötigen Sackträgers, im Begriff ist, seine ehliche Widerbellerin mit einem Amboß an jedem Fuß in die Luft herabzuhängen; auf der andern, wie er sich auf dem Gipfel des Ida von der listigen Matrone, im Kostüm einer nächtlichen Gassenschwärmerin, zu einer Torheit verführen läßt, für welche die armen Trojaner übel büßen werden. Du kennst die sonderbare Art, wie Homer seinen unbefangenen und von der Zaubergewalt des Gürtels der Venus unwissend überwältigten Zeus der schönen Dame die Wirkung, die sie auf ihn macht, zu erkennen geben läßt: aber von der energischen Art, wie dieser in seinen brünstigen Centaur übersetzte Jupiter sein Anliegen vorträgt, hat eine wohlgeordnete Einbildung wie die deine keine Ahnung. In dieser Manier kommt nun die ganze Göttersippschaft an die Reihe.« Und Wieland läßt seinen Aristipp mit deutlichem Vergnügen jene andere Seite der griechischen Mythologie, in meist pornographische Karikaturen übersetzt, schildern.

Freund Kleonidas, dem die Schilderung gilt, empört sich auf dem Fuße über derlei: »was berechtigt diesen Menschen, mit dem Muthwillen eines trunkenen Barbaren in das Heiligste der Kunst einzufallen«? – und so weiter, Homer wird von dem Vorwurf, doch seine Götter in ähnlicher Form präsentiert zu haben, freigesprochen, und zwar gerade mit dem Hinweis auf jenen olympischen Zeus des Phidias, »bey dessen Anblick [wir], wie vom Schauder des gegenwärtigen Gottes ergriffen, die Augen niederzuschlagen genöthigt sind und den Boden unter uns erzittern zu fühlen glauben«. Kurz, Aristipps Bereitschaft, auch in Zoten Witz und in provokanten Häßlichkeiten Schönheit zu erblicken, wird im Namen der Gesittung abgewiesen. Wieland läßt Aristipp nichts erwidern. Die Antwort war schon zuvor gegeben worden: »Sie sind zwar größten Theils etwas roh, und mit einer gewissen Nachlässigkeit gearbeitet, auch hat ein Karikaturenschnitzer den Vortheil, sich viele Willkührlichkeit erlauben zu dürfen; indessen bleibt die Natur doch immer seine Regel; auch die überladensten Zerrbilder müssen eine aus Harmonie mit sich selbst entspringende Wahrheit haben; und da bey ihnen alles auf eine starke und geistvolle Bezeichnung des Karakteristischen in ziemlich willkührlichen Formen ankommt, so erfordern sie vielleicht mehr Genialität und eine noch keckere Hand, als Werke, die nach einem bestimmten Kanon der schönsten Formen gearbeitet sind. Und hierin scheinen mir diese hier alles zu übertreffen, was ich jemals in ihrer Art gesehen habe.«

Eine aus Harmonie mit sich selbst entspringende Wahrheit – oder sagen wir: Schönheit. Es ist eine alte Frage, ob die Darstellung des Häßlichen Schönheit hervorbringen könne, und wie wir wissen, war das Ja Lessings nur ein sehr und zwar fast auf die Literatur eingeschränktes. Ich möchte nicht die Galerie der Kunstrichter durchmessen und mir die verschiedenen Antworten auf diese Frage abbitten; letztlich gibt es keine andere (und weniger triviale)

Antwort auf das Problem als die, die ein Autor wie Stephen King gibt, der sich als Praktiker verleugnete, wenn er nicht theoretisch die Schilderung des Scheußlichen, Grauenvollen, Ekelhaften u. s. w. rechtfertigte. Er tut das mit dem Hinweis auf das psychische Bedürfnis nach solchen Sensationen – sofern sie irreal und folgenlos blieben. Das ist, wie gesagt, trivial. Aber er gibt dem Problem eine interessante Wendung: oft bleibe nichts, als aus den unbegreiflichen Scheußlichkeiten der wirklichen Welt in eine Paranoia zu fliehen, in der alles seine »Erklärung« finde, es sei denn ein künstliches Wahnsystem, wie etwa die Horror-Story stehe zur Verfügung. So zieht King die Parallele zur Deutung der Religion durch Freud: das Angebot ans Kollektiv erspart die Ausbildung der individuellen Neurose. Darin liege der soziale Sinn der sogenannten Horror-Literatur. Das ist keine abwegige Parallele. Denn daß sich die Karikatur erst sehr spät der christlichen Mythologie so angenommen hat wie die Karikaturen des Diagoras der griechischen, liegt wohl einzig an der Machtstellung des Christentums und seiner Intoleranz gegenüber Asebie. Die Kunst mußte darum einen anderen Ausweg finden, und wir haben ihn etwa in den Vampir-Geschichten, die ja zunächst nichts weiter als Travestien der Auferstehungs- und Erlösungsmythen sind. Diese Travestien sind vermutlich deshalb so spät entstanden, weil das Christentum real und in seiner Ikonographie das Bedürfnis nach Angstlust und Genuß am Ekelhaften sehr lange Zeit direkt befriedigte.

Auf den sozialen Sinn der Travestien verweist auch das Gespräch Aristipps mit Aristophanes über die Darstellung des Sokrates in den »Wolken« (I,9, vgl. Kapitel 2). Der attischen Komödie, soweit sie Personalsatire gewesen ist, wird die Rolle eines emotionellen Blitzableiters zugeschrieben – wiewohl das Bild zu mechanistisch ist. Sie diente dazu, eine politische Menge zu lehren, mit den Gefühlen umgehen zu lernen, die eine durchgehende Politisierung des öffentlichen Alltags mit sich brachte. Eine von Wielands Überlegungen ausgehende Untersuchung der attischen Komödie würde erst das Bild der sozialen Rolle des Theaters in Athen vollständig machen, das Christian Meier für die Tragödie so überzeugend entworfen hat. Jenseits der politischen Funktionszuweisung tut sich Wieland schwer – oder sollte ich Gefahr laufen, den Autor mit seiner Figur und ihren Rücksichten zu verwechseln? Denn schließlich läßt er Aristipp über die neuen Komödien des Aristophanes eben wieder Kleonidas schreiben, und zwar so: »[...] läßt [...] die leichtfertige Muse des Dichters der Wolken weder ihrer unnachahmlichen Genialität noch ihrem gewohnten Muthwillen so enge Schranken setzen [...] Sein neuestes Stück, der Weibersenat betitelt (welches ich für dich abschreiben lasse) enthält ziemlich starke Beweise hiervon, ist aber dabey so ekelhaft schmutzig, daß ich, wiewohl es von feinerem Witz und trefflichen Einfällen strotzt, mir doch kaum getraue, es dir vor die Augen zu bringen«. Kaum. Aber doch. Immerhin beginnt so der dritte Band und der zweite schloß mit Kleonidas Protest gegen die diagorischen Karikaturen, und so kann das vielleicht als Antwort gelten.

Ein wenig spielt diese Thematik natürlich auf eine Wielands poetische Biographie berührende Frage an. Der keusche Jüngling, der zu Bodmer nach Zürich ging, und den Julie Bondeli wenigstens in der Literatur bewahrt sehen wollte trotz der Einsicht, daß sich sein Stil gebessert habe, schrieb ja die berühmten »Comischen Erzählungen«, wahrlich keine Zoten, wenn ich auch Arno Schmidts Wort von der »tauige[n] Keuschheit« gelinde widersprechen möchte. Die Zeitgenossen waren piquiert oder enchantiert, und Wielands Antwort auf das Lob des Grafen Stadion über die wunderbare Übersetzung aus dem Parisischen, ist, gegeben oder nicht, wahrscheinlich bien trovato, eine literaturgeschichtliche Cäsur: »Non Sire, c'est un oeuvre de Biberach!« Später war man nur noch piquiert, nein: abgestoßen. Ich habe das Urteil einer Literaturgeschichte aus dem Jahre 1872 zitiert. Wieland hat zu Lebzeiten dem Druck nachgegeben und sich zu der (absurden) Version bekannt, die »Comischen Erzählungen« seien Satiren auf die losen Sitten der Franzosen. Aus späteren Auflagen verbannte er »Juno und Ganymed«, das diagorischste der Stücke, wegen seines »Bordellcharakters«. Naja, es ist auch eine derbe Sache, und zu leugnen ist nicht, daß der Humor etwas zu sehr kracht trotz alles andern feineren Klangs in diesem Stücke. Mag sein auch, Wieland hätte seine »Comischen Erzählungen« eher mit jenen kleinen Elfenbeintäfelchen vergleichen wollen, die Parrhasios dem Aristipp so von Mann-zu-Mann zeigt, etwa eine »in Götterwonne hinsterbende Leda«.

In der Frage, wie nackt die Kunst Körperbilder zeigen dürfe, gibt es eine dritte Begegnung mit dem »Laokoon«. »Hat ein Gewand, das Werk sklavischer Hände, eben so viel Schönheit als das Werk der ewigen Weisheit, ein organisirter Körper?« Schön gesagt, aber doch wohl Unfug, genau besehen. Mancher Schneider arbeitet besser als die ewige Weisheit. Wie Lessing argumentiert, wie erinnerlich, der Bildhauer Skopas, der Lais ohne das Werk sklavischer Hände vor dem eigenen wie dem versammelten Blick der zur Zeugenschaft herbeigezogenen Nachwelt haben will – ich gebe hier ein wenig mehr von jenem Gespräch, das ich im vorigen Kapitel nur erwähnt habe: »[...] was für einen Grund könnte eine untadelige Schönheit haben, sich verbergen zu wollen? Ohne Verschleierung gesehen zu werden, ist ja ihr höchster Triumf. Lais. Und wenn sie nun keine Lust hätte sich dem möglichen Fall auszusetzen, von lüsternen Augen entweiht zu werden? – Skopas. Das ist als wenn die Sonne nicht leuchten wollte, um ihr Licht zu keinen schlechten Handlungen herzugeben. Vollkommene Schönheit ist das Göttlichste in der Natur; so betrachtet sie das reine Auge des wahren Künstlers, so jeder Mensch von Gefühl; für beide ist sie ein Gegenstand der Anbetung, nicht der Begierde.« Die *praktische* Auflösung des Problems habe ich im vorigen Kapitel referiert. Es steht also ein Abbild der Lais in feinem Faltenwurf vor uns, ferner ein Abbild ihrer Dienerin in naturalibus, und letztere ist »wirklich in ihren individuellen Formen von einer so seltenen Schönheit, daß es wohl, so lange uns ein allgemein anerkannter Kanon der Schönheit fehlt, unmöglich seyn dürfte, das Problem, welche von beiden Bildsäulen die schönere sey, rein aufzulösen. Meine Vorliebe für die erste beweist bloß für meinen eigenen Geschmack. [...] Mehrere Anbeter der schönen Lais, die man in der Meinung ließ, sie wäre das Modell zu beiden, streiten für die zweyte.« Mit dem vertrackten »[...] die man in der Meinung ließ, sie wäre das Modell zu beiden« lasse ich den Leser allein.

Wie es euch gefällt. Hierhin gehörte eigentlich die Erörterung über »das Schöne«, aber an die bitte ich die Leserin sich aus dem dritten Kapitel, wo sie auch hingehört, zu erinnern. – Über das Risiko beim Versuche, eine passende Definition der Schönheit zu finden, sich lächerlich zu machen, hat Jean Paul im vierten Paragraph der »Vorschule der Ästhetik« gehandelt. Ein unbestimmtes Wort löst man in viele weit unbestimmtere auf, läßt aber auf die Einzelteile nicht achten, sondern auf ihre Verknüpfung, in der Hoffnung, daß diese sinnreich scheine.

Sieht man von Platons Dialogen und den Komödien des Aristophanes ab, ist von Literatur im »Aristipp« eigentlich nicht die Rede. Homer, Pindar, Aischylos, Sophokles, Euripides kommen, außer in peripheren Bemerkungen, nicht vor. Das ist einigermaßen erstaunlich, aber man muß es wohl hinnehmen. Möglich, daß anläßlich der literarischen Ambitionen des Dionys I. im fünften Band etwas hätte gefunden werden können, wäre er geschrieben worden – schließlich wird in IV,9 ironisch erwähnt, Dionys habe für eine nicht geringe Summe die Schreibtafel des Aischylos erworben. Bei dieser Abwesenheit griechischer Literatur ist es eigentlich erstaunlich, daß Xenophons »Anabasis« einer eingehenden Würdigung unterzogen wird. Vielleicht ist die »Anabasis« weit genug von allen Themen des Romans entfernt, um gerade an ihrem Beispiel einige didaktische Bemerkungen unterzubringen, die an anderem Orte – zu didaktisch ausgefallen wären. Wieland wendet sich nämlich noch einmal dem Thema »Malerei und Poesie« zu, und bekennt, daß er ihren Unterschied durchaus *nicht* verkenne, ein weiterer Hinweis zur Vorsicht bei allzu griffigen

Vergleichen, und noch einmal eine kleine Verbeugung in Lessings Richtung. »Ein Maler oder Dichter«, von dem gesagt werden müßte, was von der »Anabasis« gesagt werden könne, »würde schlecht dadurch gelobt sein« – nämlich: »Die ganze Erzählung ist wie eine Landschaft im vollen Sonnenlicht: alles liegt hell und offen vor unsern Augen; nichts steht im Schatten, damit Etwas anderes desto stärker herausgehoben werde; alles erscheint in seiner eigenen Gestalt und Farbe; nichts vergrößert, nichts verschönert, sondern im Gegentheil jede so häufig sich anbietende Gelegenheit, das Außerordentliche und Wunderbare der Thatsachen durch Kolorit und Beleuchtung geltend zu machen, geflissentlich vernachlässigt, und die Begebenheiten mit ihren Ursachen und Folgen, die Handlungen mit ihren Motiven und dem Drange der äußern Umstände so natürlich verbunden, daß das Wunderbarste so begreiflich als das Alltäglichste wird.« Diese Worte sind so suggestiv und in ihrem Lob so entschieden und einnehmend, daß sie dazu verführen können, das Stilideal Wielands hiermit gleichzusetzen. Wenn Arno Schmidt über die Atmosphäre des »Aristipp« schreibt: »Tempel und weiße Häuser in einer stereotyp=mediterranen Landschaft. Immer ist klares Wetter: eine starke Sonne; ein wenig individueller Mond – kein dämonisch mitspielendes Himmelswesen, sondern simple Nachtleuchte. Haine: keine verdächtig= wirren Wälder. Alles fast ohne Schatten.«, dann liest sich das fast wie dieser Stelle nachempfunden, und wer die »Anabasis« kennt, Schlachten, Märsche, Angst, Hitze, Kälte, Aberglauben, Kommandos, Tod – der fragt sich, ob in jener Charakteristik nicht wirklich eine Selbstbeschreibung zu finden ist, die merkwürdigerweise auf das Stück des Xenophon gesetzt ist. Man vergäße dabei aber die Pointe des Gleichnisses. Es geht nicht um den Charakter der Landschaft, sondern um die Art der Darstellung. Denn eine Landschaft zu schildern, die jene *Eigenschaften* aufwiese, gereichte keinem Maler zum Tadel. Die Rede ist von der *Technik der Ausführung.* Und hier läßt Wieland einen Eindruck beschreiben, den man auch mangelnde Tiefenschärfe nennen könnte. Oder psychologisch: Naivität. Wer etwa Max Lüthis Analysen der Form des Volksmärchens nachliest, wird erkennen, daß hier ganz verwandte Phänomene beschrieben werden: Flächigkeit, Klarheit der Umrisse, auch das Ununterscheidbarwerden von Alltäglichem und Wunderbarem. Doch ist der »Aristipp« kein Märchen. Man bedenke wohl den Eingang in den Roman, die Impressionen von der Überfahrt von Kyrene nach Kreta, die Aristipp seinem Freunde Kleonidas gibt: »Alle Götter der beiden Elemente, denen du bey unserm Abschied mein Leben so dringend empfahlst, schienen es mit einander abgeredet zu haben, die Überfahrt deines Freundes nach Kreta zu begünstigen. Wir hatten, was in diesen Meeresgegenden selten ist, das schönste Wetter, den heitersten Himmel, die freundlichsten Winde; und da ich dem alten Vater Oceanus den schuldigen Tribut schon bey einer frühern Seereise bezahlt hatte, genoß ich dießmahl der herrlichsten aller Anschauungen so rein und ungestört, daß mir die Stunden des ersten Tages und der ersten Hälfte einer lieblichen mondhellen Nacht zu einzelnen Augenblicken wurden. Gleichwohl – darf ich dirs gestehen, Kleonidas? – däuchte michs schon am Abend des zweyten Tages, als ob mir das majestätische, unendliche Einerley unvermerkt – lange Weile zu machen anfange. Himmel und Meer, in Einen unermeßlichen Blick vereinigt, ist vielleicht das größte und erhabenste Bild, das unsre Seele fassen kann; aber nichts als Himmel und Meer und Meer und Himmel, ist, wenigstens in die Länge, keine Sache für deinen Freund Aristipp;«

Die Eintönigkeit des Flächigen ist es denn auch, die Wieland Hippias gegen das allzu entschiedene Lob Aristipps ins Gespräch bringen läßt. Zunächst weist er auf einen, die Rezeption leicht zur Überschätzung verführenden Umstand hin. Wer eine so abenteuerliche Geschichte, an der er Teil gehabt habe, in so schlichter Manier zu erzählen verstünde, wer eine so unbestreitbar bemerkenswerte militärische Leistung wie den Rückzug der zehntausend griechischen Soldaten durch Kleinasien an die Küste des

Schwarzen Meeres selber kommandiert habe *und* als Erzähler der Geschichte ein solcher Biedermann bleibe, dem gelinge – ob Verdienst, ob Zufall – ein solches Kunst*stück*, daß man das Ergebnis immer für ein großes Kunst*werk* halten werde. Aber da eben sei der Haken. Dies sei »das unfehlbarste Mittel [...], einen nicht allzumißtrauischen Leser in die angenehme Täuschung zu setzen, daß er, ohne allen Argwohn durch diesen Ton selbst getäuscht zu werden, immer die reinste Wahrheit zu lesen glaubt.« Was also für ein Märchen hingehen mag, schicke sich nicht für einen Tatsachenbericht, so angenehm auch seine Lektüre sein möge. Des längeren verweilt Hippias beim Spott über die zur Schau gestellte religiöse Naivität des Xenophon, die faktisch doch nichts als das Ergebnis massenpsychologischer Erfordernisse gewesen sei, dem Leser aber als authentisches Gefühl präsentiert werde – was es möglicherweise sogar gewesen sei, aber wäre daraus nicht ein Einwand wenigstens gegen den Feldherren Xenophon zu machen? Hippias verweilt bei den religionskritischen, rationalistischen Aspekten seiner Kritik so lange, daß man den Beginn seiner Ausführungen leicht vergißt. Was wäre, fragt er, wenn außer Xenophon noch ein anderer der Beteiligten eine »Anabasis« geschrieben hätte? »Ich sage dieß nicht um die Aufrichtigkeit Xenofons verdächtig zu machen; indessen bin ich gewiß, von allen den Hauptleuten, die eine Rolle in dieser Geschichte spielen, würde ein jeder sie mit andern Umständen erzählt, und vieles mit andern Augen und in einem andern Lichte gesehen haben [...] müßte nicht ein unbefangener Leser öfters zweifelhaft sein, wem er glauben sollte?« Die große literarische Probe aufs Exempel, eine Analyse der Frage nämlich, vor welche stilistischen Probleme historische Darstellungen vom autobiographischen Bericht über die Schilderung einer Epoche bis zum historischen Roman gestellt sind, ist Wielands »Peregrinus Proteus«. Da ich ihn in der Fußnote nicht bringen kann, empfehle ich ihn der Lektüre. Der »Aristipp« – d. h. die Briefform des »Aristipp« – ist unter anderem eine praktische Konsequenz aus solchen Überlegungen. Weitere literarische Erörterungen fehlen natürlich aus einem sehr einfachen Grund. Die griechische Literatur der behandelten Zeit eignet sich nicht dafür, formale Fragen, die auf den »Aristipp« rückbezüglich wären, zu erörtern. Sie ist, selbst bei Euripides noch, zu einstimmig. Die Malerei bietet sich zur Diskussion deshalb an, weil sie über den Umweg »Grenzen der Malerei *und* Poesie« indirekte Rede ermöglicht. Eine dritte Kunstgattung, die vielleicht am ehesten zuständig gewesen wäre, verbietet sich aus historischer Treue: die polyphone Musik. Sie wird im zur römischen Kaiserzeit spielenden zweiten der drei großen späten Romane Wielands, im »Agathodämon«, erscheinen. Dort wird am musikalischen Gleichnis die Schönheit der Vielstimmigkeit besprochen. Wer sich nun den Aufbau des »Aristipp« ansieht, wird leicht sehen, daß sein Ziel sich musikalisch leichter bestimmen läßt als im Bemühen bildnerischer Verwandtschaft.

In den ersten beiden Bänden ist Aristipp in jedem Brief Absender oder Empfänger. Der erste Band beginnt mit 17 Briefen, von Aristipp verfaßt. Hier werden alle großen Themenbereiche aus Aristipps Perspektive berührt, Politik, Philosophie, Kunst, Erotik, und die meisten wichtigen Figuren eingeführt. Die erste neue Briefstimme ist die des Antisthenes – er war die erste Bekanntschaft von Bedeutung auf der Reise des Aristipp. Es handelt sich um die kleine Auseinandersetzung um die Pflichten eines Polisbürgers, eine überschaubare Enklave von drei Briefen (vgl. Kapitel 2). Es folgt die Fortsetzung der Berichte Aristipps über sein Zusammensein mit Lais, die eigentliche Einführung des Themas »Lais«, ihr im vorigen Kapitel sogenanntes »paradoxes Hetairentum«. Dann ein kurzer Briefwechsel Aristipp–Lais, in dem die Tonlagen der beiden gewissermaßen aufeinander abgestimmt werden, dann setzt wieder das Thema »Politik« ein, und es sind an den nächsten vier Briefen vier Verfasser bzw. Empfänger beteiligt. Es folgt eine lange Sequenz Aristipp–Lais, darin die erwähnte Dissonanz, aus der sich erneut die gemeinsame Tonlage ergibt, schließlich eine weitere Sequenz mit mehreren Stimmen.

Der zweite Band löst die Themen weiter auf. Es finden sich keine langen Sequenzen mehr, weder bleiben die Briefpartner über mehrere Briefe dieselben, noch konzentrieren sich mehrere Briefe vornehmlich oder ausschließlich auf ein Thema. Zu den »großen Themen« werden »Unterthemen« eingeführt – z.B. die wechselnden Favoriten der Lais, der Tod des Sokrates, der Selbstmord des Kleombrotos. Hauptstimmen sind Lais und Aristipp. Der dritte Band macht eine erste Ausnahme von der vorigen Regel, daß Aristipp entweder Briefschreiber oder -empfänger ist. Es schreiben an Diogenes von Sinope zuerst Aristipps Schüler Antipater, dann Lais. Später schreibt Kleonidas' Frau Musarion an Lais und Lais antwortet. Die Stelle ist bezeichnend: es ist der Abschied der Lais. Im dritten Band gehört das *Thema* »Lais« zu den vorherrschenden, aber ihre *Stimme* ist etwas zurückgetreten. Im vierten Band finden wir, nach der Großenklave der »Politeia«-Kritik, wiederum eine bezeichnende Erweiterung der Stimmen: ein Gast Aristipps schreibt an seine Mutter über die häuslichen Verhältnisse Aristipps. Das heißt: Aristipp wird, und zwar als Figur, selbst zum Gegenstand des Romans, »Thema«.

Spekuliert man von dort in den fünften Band hinein und nimmt das Stichwort des »tale of three cities« des zweiten Kapitels wieder auf, kann man folgendes Bild entwerfen: die sich in der »Politeia«-Rezension vorbereitende theoretische Auseinandersetzung mit dem Politiker Platon wird nach der angekündigten Reise nach Syrakus praktisch. Thema wird u.a. der Anekdotenkranz des Diogenes Laertios und Einiges aus der »Geschichte des Agathon« wird neu formuliert. Briefe Aristipps aus Syrakus also, und um hier die nötige Polyperspektive (um aus dem Musikbild herauszufallen und auf die Problemstellung anläßlich der »Anabasis« wieder einzugehen) auf die historische Überlieferung herzustellen, schreibt vielleicht Platon, sicherlich Philistos, auch Hippias wäre eine geeignete Stimme. Gerichtet werden die Briefe Aristipps vor allem an seine Tochter Arete sein, die in Kyrene die Geschäfte führt. Da mag sich dann auch das Thema »Lais« neu beleben, so, wie Wieland das in seinem kurzen Briefroman »Krates und Hipparchia« getan hat. Schließlich korrespondieren die in den vorigen Bänden Eingeführten aus Athen nach Syrakus und Kyrene mit und über Aristipp, der als Philosoph am Königshofe Gegenstand der Beurteilung wird.

Die Zahl der Stimmen vermehrt sich, die »großen Themen« bleiben, durch ihre Anreicherung durch neue Stimmen aber und die immer wieder neue Verbindung und Kombination entstehen eigene »Subthemen«, die wieder untereinander verbunden werden können. Der Klang des Romans wird voller, reichhaltiger, gleichzeitig werden aber sowohl die Themen als die Stimmen jeweils weniger dominant. Es entsteht zunehmend ein Gesamtklang. Wer den Roman gelesen hat, weiß, daß sich dieser »Klang« nicht erst in der Spekulation über Ungeschriebenes vernehmen läßt. Die ästhetische Notwendigkeit eines fünften Bandes erschließt sich gerade aus der bereits vielgestaltigen Polyphonie der ersten vier Bände: seine in sich stabile Form hätte dem Klang aber erst der fünfte Band gegeben. – »Aristipp und einige seiner Zeitgenossen« hat mit »offener Form« nichts zu tun. Der Roman, hätte Wieland nicht des Mißerfolgs wegen die Fortsetzung aufgegeben, wäre gerade formal *geschlossen* gewesen. Das darf man natürlich nicht mit dem Ende irgendeiner »Story« verwechseln, wo zwei sich zum Schluß »kriegen« oder einer tot bleibt.

Das Ende des Romans wäre in Hinsicht auf die Story der Tod Aristipps; formal aber hat die Ablösung der Briefe von ihm als direktem oder indirektem Gegenstand bei gleichzeitigem Fortklingen der Melodie, die einmal mit dem Brief I,1 angeschlagen ward, ein solches Ende überflüssig gemacht. An die Stelle der Stimme eines ausgezeichneten Menschen treten die Stimmen eines sich vergrößernden Chors, in dem seine Stimme nicht, aber sein Thema aufbewahrt ist. Es wäre in so vielen Stimmenkombinationen zu zitieren und erwecken, daß überflüssig wird, es durch eine Einzelstimme vorzutragen. So kann man denn die philosophische Tröstung, die Aristipp versuchte, Speusipp angedeihen zu lassen, als ästhetisches Prinzip wieder-erkennen: »[...] die eben so feste Gewißheit, daß ich, wie beschränkt auch meine gegenwärtige Art zu existieren scheinen mag, dennoch als unzerstörbares Glied des Unendlichen Eins, für Raum und Zeit meines Daseyns und meiner Thätigkeit kein geringeres Maß habe, als den hermetischen Zirkel – die Unendlichkeit selbst.« Hier, für diesen Roman hätte als formales wie inhaltliches Prinzip gelten können, was Walter Benjamin aus Verlegenheit ersann, um dem Ungelesenen etwas Freundliches zum 200sten Geburtstag zu sagen. War es als Hinweis auf das bloß Transitorische und den müden historischen Blick ohne individuelle Kontur Erscheinende der Gestalt Wielands gemeint, so ist es doch, auf den Roman und seine Hauptfigur angewendet, von eigenem Reiz. Liegt doch in diesem, sich schon im Titel ankündigenden Formprinzip »Aristipp und einige seiner Zeitgenossen« einer der wenigen konsequent die Dimensionen des Menschlichen nicht zerstörenden, d.h. weder aus Idealen deduzierten noch dem, was bloß vorhanden ist, das letzte Wort lassenden Versuche, zu bestimmen, was der Mensch allenfalls sei. Der Versuch ist Fragment geblieben; doch schön.

Sechstes Kapitel

»SYMPOSION«

> *»Wenn man es nur nicht als eine aesthe-*
> *tische Composizion betrachtet, so hat es*
> *recht viel gutes; freilich mag man seine*
> *Ideale nicht, und weder seine Lais noch*
> *sein Aristipp haben mich erobert.«*

Friedrich von Schiller

Ob Aristipp ein Ideal darstelle, mag wie eine etwas alt-
fränkische Frage klingen, allenfalls sich einer aus dem
vierten Kapitel herübergeretteten Kontrast-Überlegung
verdanken, aber wer sich an das dritte Kapitel erinnert,
wird nicht leugnen, daß in die Kritik der Lebensform »Philosophie« Normen bezüglich wenigstens »reifen« oder »er-
wachsenen« Verhaltens eingeflossen sind, die ja gerade
weil sie nicht aus einer verbindlichen Theorie »des Menschen« abgeleitet worden sind, doch der Vorbilder bedürfen.

Daß Klaus Manger die Entwicklung des Bildes vom historischen Aristipp aufs Zuverlässigste nachgezeichnet
hat, habe ich bereits in der Einleitung erwähnt. Wer will,
kann sich, entweder in Mangers Buch oder in seiner Edition des »Aristipp« informieren – mir geht es hier nicht um
die Vorgeschichte des Romans »Aristipp und einige seiner
Zeitgenossen«, sondern um ein Portrait Aristipps in der
»Geschichte des Agathon«, wie es in der für die Werke letzter Hand verfertigten Fassung zu finden ist. Den Roman
durchziehen ja, in Anziehung und Abstoßung, die Begeg-
nungen von Agathon (der nur ein bißchen identisch ist mit
dem Agathon aus Platons »Symposion«) und Hippias (der
nur ein bißchen identisch ist mit dem Hippias des »Ari-

stipp«). Wie immer man die Polarität fassen will: der Enthusiast und der Kaltsinnige, der Platoniker und der Sensualist – es soll uns hier nicht kümmern. Zu Syrakus, am Hofe Dionys II. begegnet nun Agathon Aristipp: »Die Seite, von der sich dieser Filosof in der gegenwärtigen Geschichte zeigt, stimmt mit dem gemeinen Vorurtheil, welches man gegen ihn gefaßt hat, so wenig überein, als dieses mit den gewissesten Nachrichten, welche von seinem Leben und von seinen Meinungen auf uns gekommen sind. [...] Es ist hier der Ort nicht, die Unbilligkeit und den Ungrund dieses Urtheils zu beweisen: und es ist auch so nöthig nicht, nachdem bereits einer der arbeitsamsten Gelehrten unsrer Zeit, ungeachtet seines Standes, den Muth gehabt hat, in seiner kritischen Geschichte der Filosofie diesem Schüler des Sokrates Gerechtigkeit widerfahren zu lassen.« Der Hinweis betrifft den schon im ersten Kapitel genannten Brucker, aber Wieland weist in einer Anmerkung zu dieser Stelle auf seine Horaz-Kommentare hin, die demselben Zwecke gedient hätten. Nun folgt ein Charakterbild des Aristipp, aus dem hier wenigstens etwas zitiert werden soll: »Durch seine natürliche Denkungsart eben so sehr, als durch seine in der That ziemlich gemächliche Filosofie, von Ehrsucht und Geldgierigkeit gleich entfernt, bediente er sich eines zulänglichen Erbguts, [...] um, nach seiner Neigung, mehr einen Zuschauer als einen Schauspieler auf dem Schauplatze der Welt vorzustellen. Da er einer der besten Köpfe seiner Zeit war, so gab ihm diese Freyheit, worin er sich sein ganzes Leben durch erhielt, Gelegenheit, sich einen Grad von Einsicht zu erwerben, der ihn zu einem scharfen und sichern Beurtheiler aller Gegenstände des menschlichen Lebens machte. Meister über seine Leidenschaften, welche von Natur nicht heftig waren, frey von allen Arten von Sorgen und Geschäften, konnt' er sich in dieser Heiterkeit des Geistes, und in dieser Ruhe des Gemüthes erhalten, welche die Grundzüge von dem Karakter eines weisen Mannes ausmachen. [...] Er liebte das Vergnügen, weil er das Schöne liebte; und aus dem nehmlichen Grunde liebte er auch die Tugend. Aber er mußte das Vergnügen in seinem Wege finden, und die Tugend mußte ihm keine allzu beschwerlichen Pflichten auflegen. [...] Sein fester Grundsatz, dem er allezeit getreu blieb, war: Daß es in unsrer Gewalt sey, in allen Umständen glücklich zu seyn; des Falaris glühenden Ochsen ausgenommen; denn wie man in diesem sollte glücklich seyn können, davon konnte er sich keinen Begriff machen. Er setzte voraus, daß Seele und Leib gesund seyn müßten. Alsdann komme es nur darauf an, daß man sich nach den Umständen zu richten wisse, anstatt (wie der große Haufe der Sterblichen) zu verlangen, daß sich die Umstände nach uns richten, oder ihnen zu diesem Ende Gewalt anthun zu wollen. Mittelst dieser sonderbaren Geschmeidigkeit konnte er das viel bedeutende Lob verdienen, welches Horaz giebt: ›Daß ihm alle Farben, alle Umstände des günstigen oder widrigen Glückes gleich gut angestanden, oder (wie Plato von ihm sagte) daß es ihm allein gegeben sey, ein Kleid von Purpur und einen Kittel von Sackleinwand mit gleich guter Art zu tragen.‹«

Daß die genannten Eigenschaften schätzenswert sind – oder sagen wir: daß man gerne so sein *könnte*, steht wahrscheinlich auch beim Leser außer Frage. Ein anderes ist, so zu *sein*. Oder vielmehr: ist, was wir soeben gelesen haben, wirklich ein Charakterbild, oder der Versuch, einige Lebensregeln, die sich in den Kommentaren zum Horaz ganz wunderbar, klug und elegant lesen, in ein Porträt zu überführen, das allerdings doch nur die sprichwörtliche Plastizität eines Spielkartenporträts haben wird? Ist das ein Fehler des »Agathon« (denn dort gewinnt er nicht an Kontur) oder liegt es an der Konzeption der Figur, und tritt mir diese nur deshalb nicht vor Augen, weil es der Form des Briefromans gelingt, den langweiligen Charakter vielleicht gar nicht sehen zu lassen?

Die Probe aufs Exempel sind oft Liebesgeschichten, nicht nur in dem, was wir das wirkliche Leben zu nennen gewohnt sind, sondern vor allem in Romanen. Aristipp heiratet bekanntlich, und zwar die Schwester seines Freundes Kleonidas. Dagegen ist gar nichts einzuwenden, auch nicht, daß die sich bereits vorher in ein Bildchen verliebt hat, das Kleonidas von Aristipp verfertigt, nicht einmal, daß Aristipp sich in ein Bild von Kleone verliebt, auf dem sie verliebt auf jenes (verdeckte) Bild schaut. Das wäre alles gut und schön, wenn sich das Ganze in irgendein Lachen auflöste, aber es ist ganz ernst gemeint. Es handelt sich um eine Art von mutuellem Narzißmus. Man ist versucht, dem Namen »Kleone« das erste »e« wegzustreichen: »Ich glaube nicht, daß [...] jemahls zwey so genau zusammen passende Hälften einander gefunden haben, wie Aristipp und Kleone. Das Schönste dabey ist, daß sie einander so herzlich gut sind und so inniges Wohlgefallen an einander haben, ohne daß man die geringste Spur der brausenden, schwärmerischen und (mit Aristipp zu reden) tragikomischen Leidenschaft, die man gewöhnlich Liebe nennt, an ihnen gewahr werden kann. Sie lieben einander, scheint es, wie Leib und Seele; durch ein stilles, tiefes, sympathetisches Gefühl, daß sie zusammen gehören, und nicht ohne einander bestehen können. Welch ein seliges Leben werden diese zwey mit so vielen Vorzügen, jedes in seiner Art begabte, so [...]« und so weiter. Nicht, daß ich mir zu allem, was der Roman mir gibt, auch noch die Reize einer – ist doch ein weiser Mann nicht immer ein weiser Mann – Mesalliance gewünscht hätte; auch nicht, daß ich etwa meinte, ein wirkliches Liebesverhältnis mit der Chance langer Dauer begabt, könne wesentlich anders aussehen als das beschriebene; schließlich finde ich nicht, daß die Beschreibung in die falsche Feder diktiert sei – Musarion, die ehemalige Kammerzofe der Lais mag schon so daherplaudern, zumal, wenn sie, wie im obigen Zitat gestrichen, eigentlich sagt: »ich glaube nicht, daß außer Kleonidas und mir selbst jemals zwei [...]«. Nein, es ist der Versuch Wielands, seinem Aristipp überhaupt eine Familie zu verpassen, der, bin ich versucht zu sagen, ja doch nur dazu führt, die Frau wenige hundert Seiten später wieder sterben zu lassen. Eine Figur in einem Briefroman – zumal eine wie der Briefschreiber Aristipp angelegte – braucht im Grunde keine Familie, er braucht auch keinen »Charakter« von der

Art, wie ihn eine Figur aus einer anderen Romanform braucht, weil das Moment der Beschreibung bedient sein will. Natürlich ist es *möglich,* und gerade diese – im Ganzen nun allerdings wenig ins Gewicht fallenden – Passagen zeigen, daß es möglich ist. Warum Wieland der Nötigung durch die Möglichkeit nachgegeben hat, ist schwer zu sagen. Vermutlich war es am Ende doch die Versuchung, ein Ideal zu bilden, ähnlich dem Archytas-Ende der »Geschichte des Agathon«. Glücklicherweise – wir danken auch das der Form – drängt es sich nicht sonderlich in den Vordergrund.

Und ich könnte damit die Eingangsfrage beschließen, wenn uns der ästhetische Fehler, nachdem wir der Form des Briefromans entnehmen, daß die Figur des Aristipp ganz gut ohne das, was in einer anderen als Charakterschilderung auftreten müßte, auskommen kann, nicht auf die weitere Frage führte, warum speziell die Figur des Aristipp – immerhin die Hauptperson eines Tausendseiters – so *gut* ohne »Charakter« auskommt, kurz: in welcher Beziehung die gewählte Hauptfigur zur gewählten Form des Ganzen steht. Die plane Antwort lautet natürlich: weil die Person des »Zuschauers« zur Form des brieflichen Kommentars besonders gut paßt. Man kann das zweite Kapitel zum Beleg heranziehen, und sogar die Brücke zum Verfasser und seiner anderen Zuschauer- und Kommentargeberfigur, dem Jupiter-über-dem-Marsfeld schlagen. Gleichfalls paßt das vorgestellte Konzept des politischen Schriftstellers dazu, nicht Akteur zu sein, sondern zu informieren, aufzuklären, den Leser zu eigenem Urteil zu bilden ohne selbst an die Rampe zu treten. Auch die Zurückhaltung des Therapeuten in Sachen Philosophie paßt; bei der Entgegensetzung von Lebensform und Philosophie wird es ein wenig häkelig, und darum wohl der Versuch, wenn er auch nur marginal ausgefallen ist, ein Ideal zu bilden.

Daß das Thema »Lais« im fünften Band hätte neu aufgenommen werden können, habe ich im vorigen Kapitel angenommen. Zweifellos fehlt ja im vierten Band nicht nur ein Komplement zu Aristipp, da Kleone das aus genannten Gründen nicht sein kann, sondern überhaupt eine zureichend hörbare weibliche Stimme. Für den fünften Band kommen als »Kandidatinnen« in Frage, einzeln oder vereint, ich habe es erwähnt, Aristipps Tochter Arete, die ihm nach der Überlieferung in der Leitung seiner Schule (die im vierten Band allerdings noch nicht gegründet ist) folgt, und Hipparchia, die Frau des Krates, des Schülers und Freundes des Diogenes, der Aristipp einen der beiden kleinen Briefromane gewidmet hat, die er dem »Aristipp« hat folgen lassen. Es ist nicht ausgeschlossen, daß »Krates und Hipparchia« ein bereits konzipierter Teil des fünften Bandes gewesen ist, eines der von mir sogenannten Subthemen. In diesem wäre das Thema »Lais« angeklungen, nicht nur wegen des Selbstbewußtseins der Hauptfigur, sondern weil ihr das Schicksal der Lais zur Warnung vorgehalten wird. Schließlich auch deshalb, weil sie sich entschieden *anders* verhält. Am Ende von »Krates und Hipparchia« steht das »und« aus dem Titel in schönster Harmonie. Daß Arete – die einzige Leiterin einer Philosophenschule, von der wir in der Geschichte überhaupt wissen – im Buche eine Rolle spielen sollte, zeigen Wielands frühe Vorarbeiten zum Roman. Darüber, welche, wissen wir nichts. Zweifellos aber hätte das Thema »Lais« in den Briefen, die Wieland den Vater mit der Tochter hätte wechseln lassen, seine Rolle spielen müssen. Ob die eine oder andere Stimme eine ähnliche Bedeutung hätte erlangen können wie die der Lais, ist eine Frage, die man kaum wird beantworten können. Da die der Lais ihre Kraft nicht zuletzt aus der besonderen Rolle im Roman bezieht, kann man wagen, das zu bezweifeln. An solchen Zweifel wieder schließt sich die Frage nach der Gestaltung erotischer Themen im fünften Band, nachdem diese im vierten »zugunsten« der philosophischen Auseinandersetzung mit der »Politeia« ausgefallen waren. Wie wäre das dazu nötige Maß an »Zweideutigkeit« hergestellt worden? Gewiß, müßige Spekulationen, aber für den, der den Roman kennt, von einer gewissen Faszination, zumal sie auf eine weitere formale Eigenheit des »Politeia«-Exkurses im Gesamtroman verweisen. Er dient nicht nur, wie ich bereits gesagt habe, der Vorbereitung der Syrakus-Episode im fünften Band, sondern er markiert auch – wie ein Körper den Hohlraum, den eine schwere Verletzung hinterlassen hat, mit Bindegewebe füllt – die Lücke, die der Tod der Lais im Roman hinterläßt. Aristipp schreibt die Rezension, nachdem er Nachricht vom wahrscheinlichen Selbstmord der Freundin erhalten hat, und er schreibt sie als Ablenkung, Beförderung der trauernden Ablösung von ihrem Bilde:»In Lagen, wo das Gefühl mit der Vernunft ins Gedränge kommt, ist uns alles willkommen, was uns in einen andern Zusammenhang von Vorstellungen versetzt, die entweder durch Neuheit, Schönheit und Wichtigkeit anziehen, oder durch einen Anstrich von sinnreichem Unsinn und Räthselhaftigkeit zum Nachdenken reitzen, und sich unvermerkt unsrer ganzen Aufmerksamkeit bemächtigen. In dieser Rücksicht, lieber Eurybates, hätte mir der neue Platonische Dialog, womit du mich beschenkt hast, zu keiner gelegenern Zeit kommen können.«

Die Behandlung eines weiteren Platonischen Dialoges, des »Symposion«, kann den aufgeworfenen Fragen weiter nachzugehen hilfreich sein. Der Brief III,12 enthält »einen ausführlichen Bericht über ein symposisches Gespräch, welches vor einigen Tagen bei der schönen Lais vorfiel«. Das mitgeteilte Symposion ist zunächst eine Diskussion des Platonischen »Symposion«, dann ein eigener Versuch, auf dem Wege des gemeinsamen Gesprächs dem, was die Liebe sei, ein wenig näher oder doch wenigstens auf die Spur zu kommen. Klaus Manger hat recht, die Bedeutung dieses Briefes für das Buch zu betonen, wenn ich der Interpretation auch eine aus dem gänzlich anderen Herangehen an den Roman erklärliche andere Wendung geben möchte als er. Das »Symposion« ist neben der »Politeia« das einzige philosophische Werk, das im »Aristipp« einer Kritik als Ganzes unterzogen wird, darum der klappsymmetrische Aufbau der vorliegenden Interpretation des Romans. Nur ist die *Form* der Kritik eben eine grundverschiedene. Die »Politeia« wird in einer einstimmigen Rezension behandelt, dem »Symposion« wird ein vielstimmiges Gespräch gewidmet. Anlaß ist seine Vorlesung während eines

Abendessens, und im anschließenden Gespräch beim Wein finden Vorlesung und Vorgelesenes einigen Beifall. Teilnehmer des Laidischen Symposions sind neben Aristipp und Lais Figuren, die in dem übrigen Roman – abgesehen von dem jungen Antipater, dessen Rolle im vierten Kapitel behandelt wurde – keine große Rolle spielen, weshalb sie hier nur als bloße Namenschildchen aufgeführt werden: Euphranor, Neokles, Praxagoras. – Platons »Symposion« nun ist, wie man weiß, dem Wesen des Eros gewidmet, seine Sprecherrollen heißen in der Folge ihrer Redebeiträge: Phaidros (wir kennen ihn aus dem »Phaidros« und aus der ersten Begegnung der Lais mit Sokrates am Stadtrand von Athen), Pausanias, Eryximachos, Aristophanes (ebender), Agathon (nur zum Teile ebender), natürlich Sokrates, der die Rede einer gewissen Diotima wiedergibt, schließlich erscheint Alkibiades (ebender) und hält eine Rede auf Sokrates. Nun soll sich jeder aus dem einen Symposion für einen aus dem andern Symposion entscheiden; ein jeder tut das, und die Erläuterung der Gründe hätte nur Sinn bei einer eingehenden Darstellung des Platonischen »Symposion«, die hier unterbleiben muß. Hier erwähnt werden muß nur, daß Aristipp sich so entscheidet: »Ich, um sicher zu sein, daß ich mit keinem andern zusammenträfe, gab meine Stimme dem Eryximachus; mit der Einschränkung, daß ich seine Rede, in Ansehung des reichhaltigern und solidern Stoffes allen übrigen vorziehe, wiewohl ich gestehen müßte, daß sie der gezwungenen witzigen Einkleidung und des flachen Ausdrucks wegen die schlechteste von allen sei.« (Ich komme auf die Gründe dieser Wahl noch zurück.)

Die Debatte um die einzelnen Partien läßt Wieland seinen Aristipp nicht überliefern, nur daß sie sich geeinigt hätten, und zwar mit dem ästhetisch begründeten Konsens, der Schlußakt mit Alkibiades verdiene den Preis. Dort tritt nach der Rede des Sokrates Alkibiades auf, betrunken, in Frauenbegleitung torkelnd, mit Efeu und Veilchen bekränzt, nimmt am Redewettstreit Teil und hält eine Preisrede auf Sokrates in gleichermaßen trunkenem wie betrunkenem Tone. Einen Kanon der Schönheit zu begründen, sagt der Maler Euphranor, sei diese Passage tauglich, zeige sie doch einen Menschen wie er sei und folge *doch* dem Gesetz der Schönheit. Auf dieses Urteil folgt ein Geplänkel: dürfe man das Häßliche schön gestalten, das Unliebenswerte liebenswert? Und dürfe man es darum in der Kunst, weil man es »im Leben« wohl auseinanderhalten könne? Aristipp widerspricht: die Motive zu lieben seien andere als die, moralisch hochzuschätzen. »Die Liebe wäre also nicht immer, wie Plato sagt, Liebe des Schönen, wofern es möglich wäre, auch das Häßliche zu lieben?« Im übrigen könne uns Platon in dieser Sache gar nichts lehren, wirft Aristipp erneut ein, »denn es herrscht durch sein ganzes Symposion eine so auffallende Vieldeutigkeit in dem Sinne, worin er die Wörter Liebe und lieben gebraucht, daß es schwer ist, sich seiner wahren Meinung gewiß zu machen«. Der Einwurf führt in die destruktive Phase des Laidischen Symposion; in ihr werden in Kurzcharakteristiken die einzelnen Reden des Platonischen durchmustert, und die Gäste der Lais finden im Detail wenig an ihnen zu rühmen; man lese nach.

Übrig bleibt nach der Detailkritik die Frage, ob man zu Recht von verschiedenen Arten der Liebe, verschiedenen Amorn, diesem oder jenem Eros reden könne, und das bleibt das Thema des Abends bis zu Lais Schlußwort. »Wie wenn wir unser heutiges Symposion zu einem Gegenstück des seinigen machten [...]?« Ich halte hier mit der Inhaltsangabe inne und gehe zu einem Text Wielands über, den Manger gleichfalls zu Recht dem Apparat seiner »Aristipp«-Edition beigegeben hat: »Versuch über das Xenophontische ›Gastmahl‹, als Muster einer dialogisirten dramatischen Erzählung betrachtet«, zuerst erschienen 1802 in Wielands »Attischem Museum«, dann abgedruckt in der Hempelschen Ausgabe der Werke Wielands. Der Hinweis auf die Verbindung des Briefes III,12 mit diesem Text stammt von Wieland selbst; er zitiert bei der Frage, ob das Xenophontische ein bewußtes »Gegenstück« zum Platonischen sei, die »Worte meines Aristipp's«, und als er den besonderen Charakter von Xenophons »Symposion« beschreiben will, tut er es so: »Von Xenophons Gastmahl gilt größtentheils, was eben dieser Aristipp von dem symposischen Gespräche an der Tafel der Lais sagt, welches er seinem Freunde mitzutheilen im Begriffe ist. Es ist oder scheint wenigstens ein bloß zufälliges Tischgespräch unter einigen guten Freunden zu sein, denen es blos um eine angenehme Unterhaltung und auch dann, wo das Gespräch eine ernsthaftere Wendung nimmt, nicht um Offenbarungen aus der Geister- und Götterwelt, sondern um schlichte, nackte, menschliche Wahrheit zu thun ist.« Man erinnere sich an die im ersten Kapitel zitierte Kritik an der Behandlung der Dialogform in der »Politeia«. Der Wert des aufgezeichneten Gesprächs liegt für Wieland nicht in der einen oder anderen in ihm ausgesprochenen Wahrheit, sondern in der Form selbst, die im wesentlichen gleichberechtigte Dialogpartner in Beziehung setzt, und vor allem das gemeinsame Bemühen nicht nur um Wahrheit, sondern um Erhaltung dieser Gemeinsamkeit und Gleichberechtigung. »Wenn auch der Eine oder Andere [...] nicht ohne allen Anspruch ist, so kommt doch nicht mehr davon zum Vorschein, als nöthig ist, damit jeder seine eigene Rolle spiele [...] und wofern es ja begegnet, daß Einer über die feine Linie des Schicklichen hinaus geräth [...] so läßt er sich doch bald und leicht wieder in den Ton der guten Gesellschaft zurückstimmen.« Ob das »Symposion« des Xenophon die Aufzeichnung eines wirklichen Gespräches gewesen sei oder eine reine Dichtung oder die dichterische Überarbeitung eines wirklichen Gespräches, sei vergleichsweise unwichtig, da im einen wie im andern Falle dieselben »Rahmenbedingungen« notwendig gewesen seien. Nämlich vor allem ein bestimmtes Maß von gesellschaftlicher, sagen wir: bürgerlicher Freiheit, das erst jenes wechselseitige Interesse der Menschen aneinander möglich mache, das für ein wirklich dialogisches Verhältnis untereinander die Voraussetzung sei. Zu der Zeit, zu der es möglich geworden sei, auf genannte Weise miteinander umzugehen, sei es auch möglich geworden,

den Dialog als Kunstform zu erfinden. Wieland geht nun in seinem Aufsatz zu Platon über, rühmt ihn als Erfinder jener Form, tadelt aber zugleich das, was hier aus dem ersten Kapitel nicht wiederholt werden muß. Auch die Authentizitätsfrage wird noch einmal bemüht, diesmal aber so gewendet: Sokrates erscheine in den Dialogen Platons als eine Figur, die den Geist des freien Dialogs *nicht* repräsentiere, er stehe im Vordergrund, sei schulmeisterlich, bestimme allein den Gang des Gesprächs usw. Die Verfehlung der Form »Dialog« und die Verfehlung der Persönlichkeit des Sokrates seien im Grunde ein und derselbe Fehler. Umgekehrt seien bei Xenophon die Rolle des Sokrates und die Erfüllung der Form aufs engste verbunden. Sokrates erscheine als die invisible Hand der Dialogführung, seine Interventionen seien an die Stellen gesetzt, an denen das Gespräch Wendungen zu nehmen drohe, die dem Ideal des dialogischen Umganges miteinander widersprächen, und stellten den Dialog durch unscheinbare Kunstgriffe wieder her. Hier haben wir den Grund von Wielands Hochschätzung der Xenophontischen Darstellung des Sokrates. In ihr kommen Urbanität des Charakters und vollkommene Dialogführung, wiederum *in der Form* zusammen. Dieses Zusammentreffen kann man als eine Art, ein Ideal zu bilden, verstehen – aber als eine durchaus künstliche, vermittelte, darum nicht pädagogische.

Daß Wieland in III,12 diesem Vorbild nach*bilden* wollte, kann man kaum bezweifeln, und so liegt denn hier die Rechtfertigung des Versuchs, die Frage, wie der Charakter der Hauptfigur und die Form des Romans aufeinander bezogen seien, im »Kleinen« sozusagen, nämlich im Brief III,12 beantworten zu wollen. Man muß sich aber vor der Versuchung hüten, anzunehmen, Wieland habe das Xenophontische »Symposion« irgend nach*stellen* wollen. Zwar ist die »Ethik« der gewählten Form für beide zuständig, aber das eine Symposion ist eben eines, das mit dem Charakter des Sokrates, das andere eines, das mit dem des Aristipp verbunden ist. Sehen wir zurück auf die Begründung, die Wieland seinen Aristipp für die Wahl des von ihm bevorzugten Teiles des Platonischen »Symposion« geben ließ: »um sicher zu sein, daß ich mit keinem andern zusammenträfe« und »in Ansehung des reichhaltigern und solidern Stoffes« – eine formale und eine inhaltliche Begründung, die beide darin konvergieren, daß sie auf die Fortsetzung des Gespräches zielen. Aristipp will verhindern, daß man sich blockiert, oder einen Teil des zu Besprechenden vernachlässigt; gleichzeitig wählt er den reichhaltigen Stoff, weil der verspricht, eine Vielzahl von Gesichtspunkten zur Erörterung des Problems beizutragen. Wieland läßt dabei seinen Aristipp nicht nachträglich »wählen«, was übrig bleibt. Jeder wählt gleichzeitig und schreibt seine Wahl verdeckt auf ein Täfelchen. Zu Aristipps Wahl gehört also die Antizipation der Entscheidungen der andern. Jeder einzelne wählt danach, was seiner Wesensart am gemäßesten ist, »nur«, ist man versucht zu sagen, Aristipp nicht. Aber genau *darin* läßt Wieland die Wesensart des Aristipp bestehen: daß er, in Rücksicht auf die Umstände bestimmt, was ihm am gemäßesten sei. Sowohl der (gelungene) Versuch, die Entscheidungen der anderen zu antizipieren, als auch die Wahl für sich selbst betrachtet entsprechen dem Charakter des Aristipp. Was Sokrates bei Xenophon auf seine Weise, ist Aristipp bei Wieland auf die geschilderte: Garant der Fortsetzung des Gespräches. Wenn von einem Ideal zu sprechen lohnend ist, dann so. Und so ließe sich die Frage nach Aristipp als einem möglichen Ideal auf den gesamten Roman bezogen gleichfalls beantworten, und wie sie mit dem im voraufgegangenen Kapitel Herausgearbeiteten zusammenstimmt, brauche ich vielleicht nicht umständlich aufzuzählen.

So eine Antwort wäre nicht falsch, aber meines Erachtens nicht zureichend. Ich muß daher noch um ein wenig Geduld bitten. Denn ganz ohne das zu betrachten, was Aristipp auf diesem Symposion eigentlich sagt, kann man das Buch wohl doch nicht zuklappen. Aristipp versucht nämlich eine Ehrenrettung des Platonischen »Symposion«. Unter einem Gesichtspunkt sei es nämlich doch ein wohlkomponiertes Ganzes. Wenn man nämlich die einzelnen Reden nicht als aufeinander bezogene Beiträge zur Erörterung dessen, was der Eros sei, lese, sondern als Vorführung der »gemeinen Begriffe von der Liebe, die bei den Griechen von Alters her im Schwange gehen, in verschiedenem Lichte von verschiedenen Seiten aufzustellen und zu berichtigen, und die gewöhnlichsten Erscheinungen und Wirkungen dieser Leidenschaft zu erklären; sie selbst aber dienten dem Gespräch des Sokrates und der Diotima bloß als heraushebende Schattenmassen, und der große Zweck des Symposions wäre, uns mit der Theorie einer von aller gröberen Sinnlichkeit und Leidenschaft gereinigten geistigen Liebe zu beschenken«. Allerdings übt er dann doch wieder Kritik an der märchenhaften Einkleidung solcher Einsicht – aber das können wir hier übergehen. Ob Liebe ohne Leidenschaft und Begierde überhaupt möglich sei, wird gegengefragt, »eine Liebe, die vom bloßen Anschauen lebt, und der Gegenliebe rein entbehren kann, möchte doch wohl in dieser untermondlichen Welt [...] ein Hirngespenst seyn«. Aristipp widerspricht dem. Er habe nicht behauptet, solche Liebe sei die Regel – »der Vorwurf des Praxagoras würde mich treffen, wofern ich sagte, ich kennte einen Menschen, der ein schönes Weib, oder auch nur eine schöne Bildsäule [...] oder irgend ein schönes Ding in der Welt, sein Lebenlang vor sich sehen könnte, ohne jemals von der leisesten Begierde es zu besitzen angewandelt zu werden. Gewiß gibt es schwerlich einen solchen Sterblichen. Aber darauf wird bei Unterscheidung der *Liebe* von der *Begier* keine Rücksicht genommen; denn da ist es bloß darum zu thun, jedem das seinige zu geben, dem *Eros* was der *Liebe*, dem *Pothos* was der *Begierde* zukommt. Daß es zwar nicht unmögliches, aber gewiß sehr seltenes unter den Sterblichen ist, jenen ohne diesen zu sehen, geb' ich nicht nur zu, sondern find' es der Natur sehr gemäß. Indessen ist es doch ebenso wenig zu läugnen, daß es von jeher unter Blutsverwandten, unter Freunden, ja sogar unter Liebenden in der engern Bedeutung des Worts, an Beyspielen reiner uneigennütziger Liebe [...] nie gefehlt hat noch künftig fehlen wird.«

Als dann der Arzt Praxagoras die Runde auffordert, doch etwas konkreter zu werden, die Liebe als eine »menschliche Leidenschaft und die fysische Wirkung gewisser Triebe und Neigungen unsrer aus Tier und Geist sonderbar genug zusammengesetzten Natur« anzusehen und zu untersuchen »was es aus diesem Gesichtspunkt für eine Bewandtnis mit ihr habe«, beendet Lais das Gespräch, indem sie das Märchen von Amor und Psyche erzählt, in dem der schönen Psyche der Liebesgott in eigener Person alle Nächte beiligt, ohne sich zu erkennen zu geben. Als Psyche ihn beim Schein ihrer Öllampe betrachten will, verschüttet sie ein wenig heißes Öl auf ihn, er erwacht, fliegt fort und kehrt nicht wieder. Nachdem Lais auf diese Weise den Symposiasten die auch Aristippische Wahrheit, daß es oft unnütz sei, zu viel wissen zu wollen, in ein Gleichnis gekleidet hat, und Wieland gezeigt, welchen Gebrauch man allenfalls von Gleichnismärchen machen könne, und wie sie erzählt werden sollten, endet das Laidische Symposion, aber noch nicht der Brief III,12. Denn Lais will noch erproben, was es mit der »Liebe ohne Leidenschaft« in Bezug auf Aristipp wirklich auf sich habe, »und sagte in einem leise spottenden Tone: du glaubst also im Ernst, daß Liebe ohne Begierde möglich ist? Da ich sie sogleich errieth, (was ich ohne Anspruch an eine große Scharfsinnigkeit oder Divinazionsgabe gesagt haben will) so antwortete ich bescheiden aber zuversichtlich: Allerdings, und desto gewisser, je schöner der Gegenstand ist. LAIS. Auch dann, wenn er unmittelbar vor uns steht? ICH. Auch dann. LAIS. Auch wenn Zeit und Ort und alle übrigen Umstände sich vereinigen den schlummernden Pothos zu wecken? ICH. Allerdings. LAIS schalkhaft lächelnd. Wir reden, denk' ich, im Ernst, Aristipp? Der arme Pothos könnte freylich auch aus Erschöpfung schlummern! ICH. Es versteht sich, daß dieß nicht der Fall seyn darf. Lais schwieg, und fing an eine Nadel, womit ein Theil ihres in kleine Zöpfe geflochtnen Haars zusammen gesteckt war, heraus zu ziehen, die Per-

lenschnur um ihren Hals abzunehmen, und sich, so sorg-
los unbefangen als ob sie allein wäre, der Binde, die ihren
Busen fesselte, zu entledigen; kehrte sich dann wieder zu
mir und sagte: ich glaube wirklich, Sokrates hätte die
Probe unfehlbar ausgehalten; meinst du nicht? O Lais,
Lais, rief ich in einer unfreywilligen Bewegung aus, welch
ein himmlischer Anblick würde dieser Busen einem einzigen Auserkohrnen seyn, wenn er die mütterliche Ruhestatt
eines kleinen menschlichen Amorino wäre! Grillenhafter
Mensch! sagte sie, indem sie mir einen leichten Schlag auf
die Schulter gab. Aber es ist Zeit zum Schlafengehen; gute
Nacht, Aristipp! – und mit diesem Wort entschlüpfte sie in
ihr Schlafgemach und zog die Thür sanft hinter sich nach.
Ob sie auch den Riegel vorschob, weiß ich nicht; denn
gleich darauf hörte ich etliche von ihren Mädchen, die zu
ihr hereinkamen, und begab mich weg; unzufrieden mit
mir selbst, daß es mir gleichwohl einige Anstrengung ko-
stete, mich von dieser allzu liebenswürdigen Sirene zu entfernen.« Damit endet III,12.

Die Rede vom »Amorino« ist im Zusammenhang des zuvor Erörterten recht elegant geraten, ist doch Amor oder
Eros in der gewöhnlichen Mythologie der Sohn der Aphrodite. In dieser galanten Einkleidung steckt aber die Mahnung Aristipps, vom Spiel mit der Liebe abzulassen, *einen*
Mann zu lieben und wirklich zu *lieben*, und Kinder zu kriegen. Nichs weniger also als die Aufgabe ihres Lebenskon-
zeptes wird ihr angesonnen. Nun ist – man erinnere sich
an das vorletzte Kapitel – Lais »paradoxes Hetairentum«
darauf aufgebaut, daß es Liebe ohne Leidenschaft bei andern nicht, oder allenfalls bei einem Sokrates geben könne,
und daß sie, Lais, zur leidenschaftlichen Liebe unfähig sei.
Als sich diese beiden Grundvoraussetzungen ändern, Lais
nicht mehr *jedem* unwiderstehlich erscheint, und Lais sich
leidenschaftlich verliebt, beginnt der letzte Akt der »Tragödie der Lais«. Die erste der beiden Voraussetzungen
wird nicht in der eben geschilderten Szene aufgekündigt,
sondern bereits vorher in Lais' Versuch, den (beim Symposion ebenfalls anwesenden) Antipater zu betören. Ari-

stipps Mahnung ist also keine philisterhafte Einmischung, sondern der konsequent aristippische Hinweis, daß Lais der geänderten Umstände wegen ihren Lebensentwurf korrigieren sollte.

Als Lais später von Musarion Nachricht erhält, Aristipp lebe mit seiner Frau jene »Liebe ohne Leidenschaft«, der Wieland im »Hexameron von Rosenhain« eine Novelle dieses Titels gewidmet hat, schreibt sie: »Ich kenne keinen Mann, den ich mehr hätte lieben können als Aristippen, wenn ich dieser Liebe, die du so schön beschreibst, die nicht wie Liebe aussieht und doch so sehr Liebe ist, fähig genug wäre, um das für ihn zu seyn was ihm Kleone unfehlbar seyn wird. Es wäre eine lächerliche Demuth, wenn ich läugnen wollte, daß ich die Kunst, glücklich zu machen welchen ich will, ziemlich gut verstehe, und daß die Natur mich an den meisten Gaben, die dazu nöthig sind, nicht verkürzt hat; auch gestehe ich, das Vergnügen einen Mann, der es werth ist, durch mich glücklich zu sehen, kann mich auf kurze Zeit in die angenehme Täuschung versetzen, als ob ich es gleichfalls sey. Aber daß beides, das Glück das ich gebe, und was ich dagegen zu empfangen scheine, im Grunde bloße Täuschung ist, davon sind die Wenigen, mit denen ich bisher den Versuch gemacht habe, so gut überzeugt als ich selbst. Ich muß wohl Niemands Hälfte seyn [...] Dieß wird und muß Euch andern wackern Hausfrauen unnatürlich vorkommen; aber es ist nun einmahl so mit mir, und ich kann nicht wünschen daß es anders sey.«

In dieser Maxime, daß eine jede sein *soll*, was sie sein *kann*, treffen sich Aristipp und Lais wieder, und gemäß dieser Maxime behält Lais Aristipp gegenüber in der offnen Schlafzimmertür recht, wenn sie seinen Ratschlag als bloße Grille zurückweist. In diesem Sinne darf man also das, was ich zum »Charakter« Aristipps in Bezug zur Form des »Symposions« gesagt habe, nicht Hegelianisch oder Habermasianisch mißverstehen. Das »Prinzip Lais« wird weder durch das »Prinzip Aristipp« *aufgehoben* noch gibt es einen vernünftigen Konsens, der beide zusammenbrächte. Das eine hat Platz im andern, so, wie die Tragödie der Lais Platz hat im Briefroman »Aristipp und einige seiner Zeitgenossen«, oder wie in einer liberalen Öffentlichkeit exzentrische private Lebensentwürfe Platz haben. Aber genausowenig wie sich die Liberalität der Öffentlichkeit als Komposition privater Exzentritäten gestalten kann, gibt es einen Anspruch, jemand solle seinen Lebensentwurf nach den Spielregeln liberaler Öffentlichkeit gestalten. Der Unterschied ist, daß die liberale Öffentlichkeit das wissen muß, um »sie selbst«, d. h. liberal zu sein, der Lebensentwurf sich darum nicht zu scheren braucht.

Die Form von III,12 reflektiert diesen Umstand. Im »Symposion« herrschte das »Aristippische Prinzip«, Lais hatte »Platz« darin. Aber das »Laidische Prinzip« ging darin nicht auf. Es »mußte« sich am Ende von III,12 noch einmal zu Worte melden. Dort, am Schluß stehen sich die beiden »Prinzipien« oder Charaktere gegenüber, das oder der eine vom andern akzeptiert aber nicht integriert. Man darf also nicht den Fehler begehen, im »Symposion« das Modell des Romans zu sehen, sondern es ist der gesamte Brief III,12, der das große Ganze in a nutshell hat. Und er hat es als Umkehrung der Rollen. Zwar finden wir Lais & Aristipp wie im vierten Kapitel geschildert: Lais verharrt in ihrer Freiheit, Aristipp ist flexibel in der Notwendigkeit; aber Aristipp ist doch hier auch der Versuch der Einbindung, Festlegung, wogegen Lais – in Relation zu der Gemeinschaft, deren Teil sie werden soll, und deren Teil zu werden sie sich weigert – Einzigartigkeit und Bewegung repräsentiert.

Die Frage nach dem »Ideal« stellt sich nach dieser Betrachtung doch als etwas komplizierter heraus. Zwar ist das »Aristippische Prinzip« formbestimmend und *insofern* das »Ideal« – hier ist die Parallele zu Wielands Erläuterung zum Xenophontischen »Symposion« stabil. Aber das »Laidische Prinzip« hat nicht deshalb Platz in ihm, weil es sich ihm fügte, auch nicht »auf einer anderen Diskursebene«, wie mancher heutzutage sagt. Auf Aristipps Tod kommt es (vgl. das vorige Kapitel) nicht an, schon aus formalen

Gründen – die Figur, der Charakter wird im Chor der Stimmen aufgehoben. Lais begeht Selbstmord. Im Falle der Lais haben wir einen Lebensentwurf, der sich nicht fügt, der eine eigene Dramatik mit Anfang und Ende hat. Darum ist auch die Frage, wer denn und wie die »Stimme« der Lais im fünften Band übernehmen könne, falsch gestellt: Niemand. Es gehört zum Chor des Ganzen, daß diese Stimme *fehlt*, und daß dieser Verlust unersetzbar ist.

Wir haben in der merkwürdigen, ja in den Vorstellungen von Anziehung und Abstoßung fast wörtlich zu nehmenden Polarität der Figuren »Aristipp« & »Lais«, damit auch ein Modell von »Persönlichkeit«, »Charakter« oder »Identität mit sich selbst«. Jeder Mensch ist ersetzbar *und* unersetzbar; keine dieser beiden Seiten *allein* macht seinen Wert aus, und zwar für die andern wie für ihn selbst. Unverzichtbar ist der eine Teil der Individualität in Abgrenzung zu allen andern, sowie der andere Teil der Individualität, der sich im Umgang mit den anderen erst verfertigt. Sie können nicht in Übereinstimmung miteinander gebracht werden. Solche Übereinstimmung für wünschenswert zu halten, ist einer der vielen Denkfehler, die sich die Menschheit im Laufe ihrer Geschichte geleistet hat. Eine seiner Konsequenzen ist die Phantasie vom besonderen Spannungsverhältnis Individuum/Gesellschaft. Hierin nämlich ein *besonderes* Problem sehen zu wollen, ist nur die Folge der Vorstellung, hier müsse eine spezifische Harmonie walten. Aber diese Vorstellung ist genauso abwegig wie die von der zu erwartenden Harmonie des Individuums mit einem Lebenspartner, der Natur oder den Anforderungen des Straßenverkehrs. Alle diese Verhältnisse sind gekennzeichnet durch Ansprüche oder andere Erfordernisse, die denen des Individuums zuwiderlaufen (ob es nun Trieb- oder andere Ansprüche sind), und also Konflikte. Es gelingt mehr oder weniger gut, sich's zu richten. In diesem »mehr oder weniger« liegt aller soziale, öffentliche, private Streit, in ihm liegt alles ubiquitäre Elend und alles Glück, wo vorhanden. Aber es liegt nicht in irgendeinem prinzipiellen Problem oder in einer ebenso prinzipiellen Lösung. Darum ist jede Phantasie vom Menschen, die eine solche in radikaler Individuierung oder im Aufgehen in einer vernünftigen Kommunikationsgemeinschaft sich einbildet, die Verkürzung menschlichen Potentials um jeweils eine entscheidende Dimension. Weder verbürgt die absondernde Individuierung »das Individuum« noch die amalgamierende Gemeinschaft »die Vernunft«. Wielands »Symposion« zeigt uns keine »ideale Kommunikationsgemeinschaft«, sondern nur eine der beiden Möglichkeiten, in denen wir Individuen sein können: indem wir das Gespräch fortsetzen. Die andere: indem wir das Gespräch abbrechen. Zum Leben als Individuen, oder sagen wir: um »Ich« sagen zu können, brauchen wir beides. Eine künstlerische Form, die beides darstellen will, muß sich dem Prinzip unterordnen, in dem das andere Platz hat, ohne es aufzuheben. »Aristipp und einige seiner Zeitgenossen« – das Buch vom Ich.

ANHANG

Anmerkungen

9, 7   Vor den Toren Weimars ... Peter Hacks, Die wissenschaftliche
         Gesellschaft und ihr Nachbar. In »konkret« 1,1990

10, 27   S. 1080 *Wieland:* Die letzte Nacht ... Jean Paul, München 1975.
         Bd. 4. S. 1221

10, 33   vertrauet dem Leser ... Ebd., S. 928

10, 38   Ihr guten Leser ... Ebd., S. 1075

11, 4   Die Sonne geht ... Ebd., S. 1080

11, 30   Da ich in ... Johann Peter Eckermann, Gespräche mit Goethe,
         in: Johann Wolfgang Goethe, Gedenkausgabe der Werke,
         Briefe und Gespräche, Hrsg. Ernst Beutler, Zürich 1948,
         Bd. 24, S. 252 f.

12, 14   Hinter dem Sitze ... Wieland's Todtenfeier in der Loge Ama-
         lia zu Weimar am 18. Februar 1813, in: F. M. Analecten
         II. Heft, I. Abtheilung

13, 18   Da möchten die ... Goethe, a. a. O., Bd.12, S. 693

13, 38   Der Augenblick des ... Elias Canetti, Masse und Macht,
         Frankfurt 1980, S. 249

14, 9   Er begnügte sich ... Ebd., S. 310 f.

14, 37   Umso lieber ... Goethe, a. a. O., S. 695

15, 26   Wieland wußte sich ... »Der Herr D. Göthe, Verfasser dieses
         Werkleins, nachdem er uns in seinem Götz von Berlichingen
         gezeigt hat, daß er Shakespeare seyn könnte, wenn er wollte:
         hat uns in dieser heroisch-komischen Pasquinade gewiesen,
         daß er, wenn er wolle, auch Aristophanes seyn könne.« (Der
         Teutsche Merkur, 2, 1774, S. 351)

15, 31   Wieland rede wie ... Kurt Eissler weiß davon nichts. Es ist
         schon ärgerlich.

15, 38   Die Wirkungen Wielands ... Goethe, a. a. O., S. 695

16, 10   woher kam die ... Ebd., S. 697

16, 21   Alle diese Werke ... Ebd., S. 702

17, 6   Ergebnisse jener ... Ebd., S. 703

17, 10   und wir wissen ... »Er las sie in allen Etagen unsers Ge-
         schmacks- und Gesellschaftshauses vor und ward mit mäßi-
         ger Gleichgültigkeit aufgenommen, so daß er für Ungeduld
         bald wieder aufs Land flüchtete.« »Mestizen eines aristo-de-
         mokratischen Ehebandes« nannte er sie auch. Zitiert nach
         Friedrich Sengle, Wieland, Stuttgart 1949, S. 450

18, 9   Von dieser Zeit ... Goethe, a. a. O., S. 712

18, 25   Auch übernahm ich ... Ebd., S. 715 f.

19, 2   Wieland? – : ... Arno Schmidt, Wieland oder die Prosaformen, in:
         Bargfelder Ausgabe der Werke Arno Schmidts, Bd. II,1, S. 278f.

19, 6   So wenig man ... Der beste Versuch, den vom Detail aus ge-
         sehen immer rätselhaften überepochalen Erfolg Goethes zu
         verstehen, und zwar aus seinem relativen Mißerfolg *in* ihr, ist

immer noch Hans Mayers »Goethe. Versuch über den Erfolg«, Frankfurt/M. 1973

19, 17 Es möchte gleichsam ... Johanna Schopenhauer, Brief an Arthur Schopenhauer vom 10. 3. 1807, in: Die Schopenhauers. Der Familien-Briefwechsel von Adele, Arthur, Heinrich Floris und Johanna Schopenhauer. Hrsg. Ludger Lütkehaus, Zürich 1991, S. 149 f.

19, 20 und zu paranoid ... Vgl. auch »August Wilhelm Schlegel und Frau von Staël. Eine schicksalshafte Begegnung. Nach unveröffentlichten Briefen erzählt von Pauline Gräfin de Pange«, Hamburg 1940, etwa S. 59

20, 13 aber auch hier ... Goethe, a. a. O., S. 708

20, 26 eines anderen Älteren   Wobei wir nicht vergessen sollten: Wieland war Anfang 40.

20, 27 [Klopstocks] Geburtstag ... Johann Heinrich Voß, Brief an Pastor Brückner, Göttingen 4. 8. 1773, zitiert aus: Starnes I, 505 (vgl. Anm. 36, 35)

21, 1 Derlei klingt ... »Modern« deswegen, weil hier nicht, wie durchaus bis ins 18. Jahrhundert üblich, ein Buch seitens religiöser oder profaner Obrigkeit durch den Henker verbrannt wird, sondern weil ein alkoholisierter Mob versucht, durch Schriftverbrennung sich seiner selbst zu vergewissern. Zum Thema »Bücherverbrennung« vgl. Hermann Rafetseder, Bücherverbrennungen. Die öffentliche Hinrichtung von Schriften im historischen Wandel, Wien 1988. – Rafetseder kennt die Verbrennung von Wielands »Idris und Zenide« übrigens auch nur als putzige Anekdote, zitiert aus dem Buche »Das Lächeln der Zeitung« eines gewissen Knobloch, verlegt zu Halle: »Sie feierten 1773 Klopstock mit Inbrunst und Punsch und flambierten bei dieser Gelegenheit Wielands Bildnis und Werke« (S. 9) – Feuerzangenbowle gewissermaßen.

21, 7 Wir gingen bis ... Zitiert aus: Friedrich Sengle, Wieland, Stuttgart 1949, S. 306

21, 18 Doch das war ... Ebd., S. 305 u. 295

21, 29 GÖTter HElden ... Vgl. die Titelblattgestaltung der Erstausgabe

21, 30 Lenz mit seinem ... Sengle, a. a. O., S. 305

21, 36 Es war einmal ... Ebd., vgl. auch Friedrich Gottlieb Klopstock, Werke und Briefe, Bd.VI,1, Berlin/New York 1975, S. 50 f.

22, 10 Sengle sagt ... Ebd.

22, 19 duumviralische[r] Miene ... Ebd., S. 466

22, 24 Ungebühren ... Ebd., S. 467

22, 29 Bücket euch ... Goethe, a. a. O., Bd. 2, S. 453

22, 34 Ist nur Wieland ... Ebd., S. 480

22, 38 In die »Geschichte ... Karl Kraus, Die Sprache, Wien 1937, S. 211 f.

23, 28 Wieland wird ... Vgl. Sengle, a. a. O., S. 511

24, 26 berühmten Füger ... Starnes III, 15

24, 38 Sokrates wird ... Zitiert aus Johann Gottfried Gruber, Wielands Leben (erschienen als Bd. 50–53 von C. M. Wielands Sämmtliche Werke, 1827/28), Achtes Buch, S. 300 f.

26, 19   Sein Gesicht ... Außerdem erinnert das Ganze auch noch be-
unruhigend an das bekannte Gemälde, auf dem Goethe und
Corona Schröter zu sehen sind.

26, 38   ziemlich weit ... I,25

27, 1   Nicht nur ... Schließlich ist die Stelle, auf die das Kupfer anspielt, identifizierbar.

27, 16   Seit der ... Sengle, a. a. O., S. 9 f.

27, 34   eine graziöse Philosophie ... Was für ein Lob, blickt man aus
unserm Jahrhundert zurück.

27, 38   den Deutschen konnte ... O. F. Gruppe, Leben und Werke
deutscher Dichter, Bd.III, Leipzig 1872, S. 137 ff.

28, 11   Wieland ist verwandelt ... Ebd., S. 151

28, 20   Ein Blick auf ... Vgl. Jan Philipp Reemtsma, »...und grün des
Lebens...«, in: ders. »u. a. Falun«, Berlin 1992, S. 17 ff.

29, 15   Es gibt Autoren ... Walter Benjamin, Gesammelte Schriften,
Bd.II, Frankfurt/M. 1977, S. 395

29, 26   Es kann sich ... Sengle, a. a. O., S. 10 f.

30, 16   B. (ungeduldig=neugierig) ... Arno Schmidt, a. a. O., S. 278

30, 22   Da erschien etwa ... Hier paraphrasiert Schmidt Carl August
Böttiger (Literarische Zustände und Zeitgenossen, Leipzig
1838): »amphora coepit, urceus exit. Es werde ihm bange, daß
es mit dem »Wilhelm Meister auch so gehen könne« (Bd. 1,
S. 165) und S. 169 f.: »Bei Ende des zweiten Bandes des Wilhelm Meister hoffte Goethe mit vier Bänden auszukommen.
Jetzt spricht er schon von fünf Bänden. [...] Die Geständnisse
der schönen Seele, welche die größte Hälfte des dritten Bandes ausmachen, sind von einer verstorbenen Dame, die
Goethe nur nach seiner Art zuschnitt. Man sieht ihnen das
Fremdartige an jedem Worte an. Es fehlte eben Goethe am
Manuscript. Das ganze Buch hat dadurch eine auffallende Ungleichheit, daß morceaux aus ganz verschiedenen Perioden Goethe's darin sind. Überhaupt arbeite Goethe so, daß
er Stücke (z. B. bei einem Schauspiel Scenen aus dem ersten
und fünften (Act) einzeln ausarbeite und sie dann sehr lose
zusammenhängt. Das erste Buch im Wilhelm Meister war
schon vor zehn Jahren viel lebendiger einmal niederge-
schrieben. Aber seltsam ist, daß Goethe, der in seinem Serlo
und Meister solche Ideale von guten Theaterdirectionen auf-
stellt, selbst ein so abscheulicher Director ist und bald den
Geschmack des weimarischen Publicums auf Haberstroh re-
ducirt haben wird.«

30, 34   Für Goethe ist ... Arno Schmidt, a. a. O., S. 301

32, 14   ... der ‹Aristipp› ist ... Ebd., S. 304

32, 27   Böttiger hat ... Starnes, III

32, 33   Nun muß zwar ... Man denke, was die Germanistik hätte anstellen müssen, hätte es eine überlieferte Äußerung Goethes
gegeben, der – sagen wir: »Groß-Cophta« sei sein Lieblings-
werk.

33, 21   Im Grunde ist ... Sengle, a. a. O., S. 507 f.

35, 31   Wenn irgend etwas ... Abgesehen davon, daß auch bei ihm die
Orthographie vorsichtig modernisiert ist. Warum müssen wir

unsere orthographischen Zufallsmoden eigentlich immer wieder als für alle Zeiten und Vergangenheit verbindlich ausschreien? – Aber dies kann man nicht dem Herausgeber, sondern muß es dem Verlag ankreiden, zumal der Herausgeber die Problematik der Verlagsentscheidung selber deutlich macht.

36, 9   Thomas C. Starnes ... Thomas C. Starnes, Christoph Martin Wieland. Leben und Werk, Sigmaringen 1987

36, 19 Schließlich hat Klaus Manger ... Die Wieland-Bibliographie von Günther und Zeilinger (Berlin 1983) verzeichnet insgesamt 14 sich ganz oder teilweise auf den »Aristipp« beziehende Veröffentlichungen.

36, 35 Platons Meinung ... Im »Ion«

39, 36 Was Wieland tut ... Ich zitiere im folgenden abgekürzt:
        – Wielands »Aristipp« nach Band und Brief (z. B. II,3)
        – Aus Materialanhang und Kommentar der Edition Klaus Mangers als A/M und Seitenzahl (z. B. A/M 1007)
        – Thomas Starnes, Christoph Martin Wieland. Leben und Werk, Bd. 1–3, Starnes, Band und Seitenzahl (z. B. III,302)
        – Klaus Manger, Klassizismus und Aufklärung. Das Beispiel des späten Wieland, Frankfurt/M. 1991 als: Manger und Seitenzahl (z. B.: Manger, 211)

41, 19 Als unser Böttiger ...»C. M. Wielands / Selbst=Schilderung / in der / Erläuterung / der / die letzte Ausgabe begleitenden / Kupfer=Sammlung / von / J. G. Gruber / Leipzig 1826 / bey Friedrich Fleischer« gedruckt als 52. Band der Sämmtlichen Werke (Supplementband), S. III f.

42, 16 Nachdruck Titelkupfer zu Wielands Werken 1818–1828, Weimar 1984

42, 19 Bei weiterem Nachdenken ... Johann Georg Gruber, vgl. Anm. 9, 37, S. IV f.

43, 18 Lebhafter als je ... Ebd., S. 389

43, 20 Lustreise ins Elysium ... Christoph Martin Wieland, Sämmtliche Werke, Leipzig 1794 ff./Hamburg 1984, Bd. 28, S. 223 ff.

43, 21 Gespräche im Elysium ... Ebd., Bd. 25, S. 277

43, 26 Da ich es ihm ... Gruber, a. a. O., S. 392 f.

43, 32 Sokrates fragt Wielanden ... Ebd., S. 394

43, 35 Da reichte Platon ... Ebd., S. 398

44, 11 Gesinnung gegen ... Max Koch, Wieland, Allgemeine Deutsche Biographie, Bd. 42 (Reprint der 1. Auflage von 1897, Berlin 1971)

44, 16 Nur dem Unkundigen ... Arno Schmidt, a. a. O., S. 304

44, 24 Und wenn Koch ... Koch, a. a. O.

45, 3   Hildegard Emmel ... Hildegard Emmel, Geschichte des deutschen Romans, Bern 1972, S. 256

45, 9   Es findet sich ... Wieland an Göschen, zitiert aus: Gruber, Wielands Leben, Sämmtliche Werke Bd. 53, Leipzig 1828, S. 340

45, 32 Ein wahrer Biedermann ... Wieland, Sämmtliche Werke, a. a. O., Bd. 10, S. 242

45, 37 Wenn alles so ... Wieland an Göschen, zitiert aus Gruber, Wielands Leben, a. a. O., S. 338 f.

52, 15	Komposizion ... IV,5
52, 16	»Hauptwerk« Platons ... IV,4
52, 30	Außer mehrern ... IV,5
53, 30	Es ist die Folge ... Walter Pater, Plato und der Platonismus, Jena 1904, S. 276 f.
54, 6	Es giebt vielleicht ... »Hat er uns einen strengen Beweis oder eine genau bestimmte Erklärung erwarten lassen, so werden wir mit einer Analogie oder mit einem Mährchen abgefertigt; und was oft mit wenigem am Besten gesagt wäre, webt er mit der unbarmherzigsten Redseligkeit in klafterlange, aus einer einzigen Metafer gesponnene Allegorien aus. Statt der Antwort auf eine Frage, zu welcher er uns selbst genöthigt hat, giebt er uns ein Räthsel aufzurathen; und wo das zweckmäßigste wäre, geradezu auf die Sache loszugehen, führt er uns, für die lange Weile, in mühsamen Schlangenlinien, Berg auf Berg ab, durch dick und dünn, oft so weit vom Ziele, daß er selbst nicht mehr weiß wo er ist, und uns eine gute Strecke lang wieder zurück führen muß, um die Straße, die er ohne Noth verlassen hat, wieder zu finden.« IV,8
54, 30	Was für einen Zweck ... »und uns stundenlang mit Aufgaben zu beschäftigen, die nur an sehr schwachen Fäden mit der Hauptsache zusammen hangen? Arbeitete er für denkende Köpfe und war es ihm darum zu thun, die Materie von der Gerechtigkeit gründlicher als jemahls vor ihm geschehen war, zu untersuchen, wozu so viele Allegorien, Sinnbilder und Mährchen? Schrieb er für den großen leselustigen Haufen, wozu so viele spitzfindige, tiefsinnige, räthselhafte und, wofern sie ja einen Sinn haben, nur den Epopten seiner filosofischen Mysterien verständliche Stellen?« IV,8
55, 15	aber er hatte ... Die Stelle ist vom Druck her ein wenig unklar. Es heißt sowohl in der Erstausgabe (Einzelbände) wie in der Ausgabe letzter Hand: »[...] und des Beweises, ›daß eine Republik [...]‹« – die Abführungsstriche fehlen. Gruber setzt die Abführungsstriche nach »[...] regiert werde«, und Klaus Manger folgt ihm da. Dagegen ist auch nichts einzuwenden, aber ebensogut kann man sie weglassen, wie ich es getan habe. – Zusätzlich gibt es eine Bezugsunklarheit: der Genitiv »des Beweises« könnte, wie man so sagt: »theoretisch« von »Widerlegung« wie von »Ausführlichkeit« bestimmt sein. Der Inhalt läßt nur die zweite Möglichkeit zu, wenn auch der Rhythmus des Satzes, die erste nahelegt. Möglicherweise ist hier mehr im Druck ausgefallen als nur ein Paar Abführungszeichen.
55, 25	Nächst diesem fällt ... IV,8
56, 11	mit dem die ... Und nicht mit Sokrates oder gar den Vorsokratikern – worauf Manfred Geier zu Recht hinweist (Das Sprachspiel der Philosophen. Von Parmenides bis Wittgenstein, Frankfurt/M. 1989).
56, 28	nebenher seine eigene ... IV,8
56, 37	Wenn Aristipp ... IV,7

57, 19   Marcuse ... Ludwig Marcuse, Plato und Dionys. Geschichte einer Demokratie und einer Diktatur, Berlin 1968

57, 24   Daß er nehmlich ... IV,7

58, 1   Die Platonische Republik ... Immanuel Kant, Kritik der reinen Vernunft, Akademieausgabe, III, S. 247

58, 11   daß er selbst ... IV,5

58, 25   Ich denke ... Karl Popper, Die offene Gesellschaft und ihre Feinde, Bd. I Der Zauber Platons, München 1977, S. 212 f.

59, 8   so kann Wielands Aristipp ... IV,5

59, 12   Aus demselben Grunde ... IV,7

59, 17   athenische Demokratie ... Und dem Lobe bestimmter Einzelpassagen wie etwa der über die Heilkunst oder die politische Rolle des Militärs etwa – all das aber ist kein Beitrag zum Grundsätzlichen.

59, 26   Mit Einem Wort ... IV,5

59, 37   wo sich freylich ... IV,5

60, 3   Man denke ... Vgl. Sigmund Freud, Massenpsychologie und Ich-Analyse, in: ders. Gesammelte Werke Bd.13, Frankfurt/M. 1976, S. 71 ff.

60, 6   In der vollkommensten ... IV,5

60, 21   keinen Zweck ... IV,7

60, 23   bürgerliche Gesellschaft ... IV,7

60, 25   Die Menschen ... IV,7

60, 31   Die Erhaltung des Staats ... Man sieht, daß ein liberales Staatsverständnis nicht, wie man von seinen Anhängern wie Gegnern gerne hört, eine liberale Wirtschaftsdoktrin einschließt oder voraussetzt.

61, 6   nichts von dem ... Vgl. Diogenes Laertios, Leben und Meinungen berühmter Philosophen, II,84

61, 38   Doch dieß nur ... IV,7

62, 31   bis zu einer Konsequenz ... IV,7

63, 1   Bey einem Filosofen ... IV,7

63, 14   Das allerseltsamste ... IV,4

63, 32   Da ein Wort ... IV,6

64, 12   Im Einzelfall ... »Erst denken wir nach über die Gerechtigkeit des Kriegs, die Berechtigung der Todesstrafe oder der Abtreibung und machen uns dann, in zweiter Linie, Gedanken über den ›Status‹ des Invasors oder des Mörders oder des Fötus. Wenn wir versuchen, die Reihenfolge umzukehren, finden wir, daß unsere Philosophen keine hinreichenden Bedingungen für Menschlichkeit oder Vernünftigkeit anbieten, die weniger umstritten wären als die ursprünglichen praktischen Fragen. Es sind die *Details* dieser ursprünglichen Fragen (Was genau haben die Invasoren getan; was haben sie vor? Wer wird eigentlich mit dem Tode bestraft und warum? Wer entscheidet über die Abtreibung und zu welchem Zeitpunkt?), die uns bei der Entscheidung helfen, was zu tun ist. Die umfassenden allgemeinen Prinzipien warten geduldig ab, was dabei herauskommt, und danach werden ihre entscheidenden Begriffe, den Ergebnissen entsprechend, neu definiert.« Richard Rorty, Kon-

tingenz, Ironie und Solidarität, Frankfurt/M. 1989, S. 314
Anm. 8

64, 17   Sie [die Sophisten] ... IV,4
64, 36   das, was Recht ... IV,4
65, 11   das Sprachspiel ... Manfred Geier, a. a. O., S. 11
65, 33   Brucker findet es ... Kant, a. a. O. III, S. 247
66, 10   Dieser Ausdruck ... Carl Christian Erhard Schmid, Wörter-
          buch zum leichtern Gebrauch der Kantischen Schriften nebst
          einer Abhandlung, Jena 1798
66, 12   Ich möchte ... Daß uns auch die moderne Sekundärliteratur
          bei dieser Frage wie überhaupt beim Thema der Philosophie
          im »Aristipp« nicht weiterhilft, sei einmal angesprochen, weil
          an diesem Ort genau so Gelegenheit ist wie an einem andern.
          Daß Sengle den »Aristipp« vielleicht gar nicht, jedenfalls
          kaum eingehend gelesen hat, habe ich schon gesagt. Und
          Klaus Bäppler schreibt ein Buch »Der philosophische
          Wieland. Stufen und Prägungen seines Denkens« (Bern/
          München 1974) und weiß darin nichts weiter als die alte
          Legende weiterzuspinnen, Wieland sei in erster Linie ein
          Anhänger Shaftesburys gewesen. – Hingegen kann einem
          Jan-Dirk Müller (»Wielands späte Romane«, München 1971)
          durchaus etwas sagen, wenn er will, er will nur so selten.
          »Es ist Aristipp, der sich mit Platon auseinandersetzt, nicht
          Wieland, der einen philosophischen Essay unterbringen
          will.« (S. 75) versichert er uns schlau – sicher doch, aber
          da fängt das Problem doch erst an! Auch sonst weiß Müller
          über die Philosophie im »Aristipp« nichts zu sagen, obwohl
          er ein Kapitel brav mit »Der Philosophenroman« über-
          schreibt. Auch Klaus Manger übt bei diesem Thema Zurück-
          haltung.
66, 17   Er hat sich ... IV,7
66, 29   Aski, Kataski ... Soviel wie: Abrakadabra.
67, 35   Was kann ich ... IV,8
68, 18   wie dieser Lichtring ... IV,8
70, 8   sokratischer Monolog ... IV,4
70, 9   dramatische Gesetz ... IV,5
72, 14   Sind wir nicht ... IV,6
73, 23   der Intellektuelle ... Arno Schmidt a. a. O., S. 290
74, 9   Offenherzig zu reden ... A/M 895 f.
74, 19   Auch Wieland läßt ... I,7
75, 11   So ist sie denn ... I,11
75, 26   Ich habe meine ... I,4
76, 4   desinteressierten Kleonidas ... In einem Bericht an Kleonidas
          über die politischen Entwicklungen in Athen unterbricht Ari-
          stipp sich selbst: »Doch kein Wort weiter von Athenischen
          Staatsverhältnissen und demokratischen Albernheiten! Weiß
          ich denn nicht, wie widerlich und langweilig dir, mit Recht,
          diese Dinge sind? Auch soll es das letzte Mahl seyn, daß ich
          dich damit behellige!« (III,1)
76, 5   Die neuesten Nachrichten ... I,8
76, 16   Immer finde ich ... I,10

76, 28	Es hat drei Akte ... Das hier Zusammengefaßte wird in den Briefen I, 11, 12, 27, 28, 40 mitgeteilt.
77, 36	Die neuesten Nachrichten ... I,8
77, 38	die neuesten Berichte ... I,10
78, 1	so ist sie denn ... I,11
78, 2	und berichte mir ... Ebd.
78, 3	Es fehlt viel daran ... I,12
78, 8	Du bist bereits ... I,28
78, 10	Hoffentlich hat der ... I,40
78, 15	Ich füge diesem ... I,43
78, 21	Da sich ein ... Es gibt allenfalls Anklänge an die Verfassung von Bern (vgl. Horst Althaus, Hegel und Die heroischen Jahre der Philosophie, München 1992, S. 52)
78, 27	Es fehlt viel daran ... I,12
80, 3	dtv Geschichtsatlas ... Aber natürlich nicht auf die ganz unzureichenden Erläuterungen dazu.
80, 4	darauf bedacht ... I,12
80, 16	Die höchste Staatsgewalt ... I,43
80, 30	Der Senat ... I,43
80, 34	den ganzen Staat betreffen ... I,43
81, 33	Indessen bewies ... I,12
82, 15	Die Verfassung von Kyrene ... Die zärtliche Sorgfalt, die Wieland an seinen Verfassungsentwurf wendet, zeigt sich besonders schön an dem für dieses Gremium bestimmten Wahlmodus: die Hälfte der Mitglieder wird vom Großen Rat aus den Eupatriden, die andere vom Senat aus dem Volke gewählt.
82, 24	As extraordinary ... Christoph Martin Wieland, Politische Schriften, insbesondere zur Französischen Revolution, Nördlingen 1988, Bd. 3, S. 585 (künftig zitiert als PS)
82, 31	*Heribert.* Wie Sie sprechen! ... Ebd., S. 358 f – Der »St. James Chronicle« unterstellte übrigens wirklich eine Verschwörung zugunsten Napoleons. Wieland war darüber äußerst empört, und nicht nur darüber, daß man ihn mit irgendwelchen phantastischen Geheimbündlern in einen Topf werfen wollte. Seine Prophezeiung Napoleons nannte er eine »Kannegießerei«. Sie hätte ebensogut nicht eintreffen können, wie sie eingetroffen sei. In solchen Fällen käme es immer auf die einzelnen Umstände, und letztlich auf Zufälle an. Die »Prophezeiung« sei doch eigentlich nur die Illustration eines politischen Problems gewesen. Ob Napoleon wirklich französisches Staatsoberhaupt geworden sei oder nicht, sei für die Richtigkeit der Analyse des Problems ganz unwichtig. Aber wie es so geht: diese »Voraussage« blieb im Gedächtnis der Öffentlichkeit Wielands einzige Leistung als politischer Schriftsteller. (Und dieser Voraussage wegen – aber nicht nur! – kam es dann zu den zwei denkwürdigen Begegnungen Wielands mit Napoleon, die ich der Leserin und dem Leser, wenn sie's mal bei einer Lektüre wirklich gut haben wollen, empfehle.)
84, 4	Ein solcher Leser ... Vgl. I,38; I,39
84, 12	Wie gefällt dir ... I,43

85, 5	Ernsthaft zu reden ... I,43 (Mit diesen Worten endet übrigens der erste Band.)
86, 11	Da sie das seit 1988 selber tun kann ... Vgl. Anm. 20, 13
86, 22	Zwar hat es einen ... Also hier in der Fußnote: Bernhard Weyergraf, Der skeptische Bürger: Wielands Schriften zur Französischen Revolution, Stuttgart 1972 – Das Buch hat übrigens gleich nach Erscheinen Widerspruch von Hannelore Schlaffer erfahren (»Zum Klassencharakter der Aufklärung: Kritik zweier Neuerscheinungen«), die vor allem auf das von Weyergraf so virtuos gehandhabte Stilmittel der intentional fallacy hinweist. Ihr wiederum wurde von Horst Domdey widersprochen, der die Weyergrafschen Fehler dadurch zu beheben trachtete, daß er sie als authentische Äußerungen der 68er-Bewegung politisch zu adeln suchte (»Zur Kritik Hannelore Schlaffers an zwei Arbeiten über Wieland und Voltaire« – beide in: Gerd Mattenklott/Klaus Scherpe (Hrsg.), Literatur der bürgerlichen Emanzipation im 18. Jahrhundert, Kronberg/Ts. 1973).
88, 11	Am anderen Ende ... PS, I, XVII
88, 15	Der Faule spricht ... PS, I, XVII
88, 27	Teutschland in seinem ... PS, I, 142
88, 32	Ich muß indessen ... PS, I, 149 f.
91, 27	Der geistreiche Mann ... Goethe, a. a. O., S. 709
92, 4	Ich habe lernen müssen ... Wie etwa Peter Hacks in seiner Rezension der Edition der »Politischen Schriften« in »konkret« 2, 1989
93, 16	Diesen Satz ließ Wieland ... Teutscher Merkur September 1777, S. 266
93, 21	Über das göttliche Recht ... Soll heißen: Herrn P(rofessor) D(ohm) in C(assel)
93, 31	Er halte »erstens ... PS, I, 96
95, 2	Regiert – darinn stimmt ... PS, I, 113 f.
96, 8	aber vermuthlich gehörte ... PS, I, 138 – Ich will hier nicht verschweigen, daß es aus Wielands Feder doch auch einige – wenige, aber eben doch – Aufsätze dieses Genres gibt. Ich bin darauf in der Vorrede zu den »Politischen Schriften« eingegangen.
96, 38	Von Meinungslesern ... Mit Ausnahme natürlich des in einer früheren Fußnote erwähnten B. Weyergraf, der uns sehr umständlich nachweist, daß Wieland kein Jakobiner gewesen ist, eine Information, die schon deshalb mit großem Beifall aufgenommen werden kann, weil niemand jemals das Gegenteil behauptet hat.
97, 19	Geht nicht vom ... PS, I, XXXIX
98, 34	Man hat die Klerisey ... PS, I, 145
99, 24	Und die weisen Männer ... PS, I, LIX
100 ,3	Die französische ... PS, I, LVII
100, 11	Bey allem dem ... PS, I, LIX f.
100, 36	Du siehst also ... PS, I, LX
101, 20	Grundlegend sei der ... PS, I, LXXI f.
101, 38	Der Himmel verhüte ... PS, I, XII

102, 11	Er notiert ... I,4
102, 13	wir erfahren ... III,1; III,7
102, 16	die wachsende Bedeutung ... IV,1; IV,2
102, 17	und wie aus einer ... II,33 – Was für eine Abfertigung ganzer Bibliotheken voll von Alexanderschwärmerei (und was für ein schöner Nachweis nebenbei, was der Philolog den Historiker nicht alles lehren kann).
102, 20	Aristipp argumentiert ... II,8
102, 21	und läßt sich ... II,8
102, 34	Das heißt ... Sagen wir: fast nie. Denn Wieland läßt Aristipp durchaus auch einmal »spontan« schreiben (II,24), was er dann auch gleich bereut.
103, 21	Ideal für Tisch ... Arno Schmidt, a. a. O., S. 291
103, 31	Auch ohne Mauern ... I,6
104, 11	Im Athenischen Stil ... I,6
104, 35	In einem anderen Volk ... III,31
105, 2	Stephen Toulmin ... Vgl. Stephen Toulmin, Kosmopolis, Frankfurt/M. 1991
105, 14	Ohne Zweifel ... I,7
105, 15	diese Verhältnisse ... Gemeint sind die athenischen im allgemeinen, und speziell sein früher Umgang im Hause des Perikles und seine so gewonnenen Insider-Erfahrungen mit Politik.
105, 24	Das sokratische Ziel ... Vgl. IV,2; IV,3
105, 31	Xenophon überliefert ... Abgedruckt im Anhang zu Mangers Edition
106, 10	Vielleicht kann ich ... I,9 – Ich kann auf die als Unterredung zwischen Aristipp und Aristophanes dargebotene Analyse der »Wolken« hier nicht ausführlich eingehen. Man lese selber nach, oder Wielands Aufsatz »Versuch über die Frage: ob und in wie fern Aristofanes gegen den Vorwurf, den Sokrates in den Wolken persönlich mißhandelt zu haben, gerechtfertigt oder entschuldigt werden könne?« (in der Hempelschen Edition Bd. 37). Hier beachte man nur, wie Wieland mit kleinsten Hinweisen den Boden für eine dem Kunstwerk und der historischen Figur Sokrates angemessene Untersuchung bereitet. Es gibt Dutzende von Arbeiten, die den über dem Problem des Sokrates-Bildes der »Wolken« zerbrochenen Kopf ihres Verfassers vorführen, ohne daß in ihnen solche Hinweise auf den historischen (und anzunehmenden psychologischen) Kontext stünden.
106, 28	Die Cyrener ... I,9
107, 20	Sokrates lebt ... I,9
108, 12	Lebe wohl ... II,5
108, 26	wie der vierte Band ... Vgl. IV,14; IV,18
108, 38	Anzunehmen ist ... Nun, etwa Isaac Deutschers Trotzki-Biographie, und auch, erstaunlich für den Verfasser dieser drei Bände, seine Stalin-Biographie. Wer eine Biographie Dschingis Khans schreibt, erklärt sich diesbezüglich meist im Vorwort. Man denke auch an Eisensteins Film »Ivan Groznyj«, Ranke-Graves »I, Claudius« (ein nicht im literari-

schen Range, wohl aber in vielen anderen Zügen Wieland
nahes Unternehmen), und schließlich an den Krieg der Biographen im Falle der, wie immer man urteilt, stets faszinie-
renden Gestalt des Kaisers Julian.

119, 31	Wieland greift ... Karl Leonhard Reinhold, Versuch einer neuen Theorie des menschlichen Vorstellungsvermögens, Prag und Jena 1789
120, 2	Ohne dringende ... So lautet das Urteil der ADB über die »Briefe über die Kantische Philosophie«: »[...] welche sowohl persönlich für R. als auch sachlich für den Kantianismus von günstigstem Einflusse waren. R. gab darin in äußerst schöner Sprache eine gute sachgemäße Darstellung der Kritik der reinen Vernunft, besonders bezüglich ihres Verhältnisses zur Moral und Religion, und sowie er hiebei nicht nur die ausdrückliche Zustimmung Kant's fand, sondern auch das Verdienst sich erwarb, während einiger Jahre das Verständnis Kant's in weiteren Kreisen zu verbreiten, so genoß er davon, daß er im Herbst 1787 auf Antrag des Curators Voigt in Jena zum Professor, der Philosophie ernannt wurde.«
120, 19	Ich wünsche ... Aus klassischer Zeit. Wieland und Reinhold. Original=Mittheilungen als Beiträge zur Geschichte des deutschen Geisteslebens im XVIII. Jahrhundert. Herausgegeben von Robert Keil, Leipzig o. J., S. 89
120, 33	Hamann hatte ... Joseph Nadler, Johann Georg Hamann. Der Zeuge des Corpus Mysticum, Salzburg 1949, S. 344
120, 38	Ohne es zu wißen ... Ebd., S. 293 f.
121, 13	Den 1. Juli ... Die Rezension blieb erhalten und wurde zuerst in Reinholds »Beiträge zur leichtern Übersicht des Zustandes der Philosophie«, Hamburg 1801, gedruckt. Aus diesem Umstand möchte ich aber nichts weiter schließen. Jetzt in: »Johann Georg Hamann, Sämtliche Werke, Hrsg. Josef Nadler, Bd. 3, Wien 1951, S. 275 f.
121, 23	Ihre Aufmunterung ... Hamann, Briefe, Bd. V, S. 108
121, 37	Kurz, es geht ... Ebd., S. 120 f.
122, 3	laßen Sie mich ... Ebd., S. 192
122, 7	Gedruckt wurde Hamanns ... Vgl. Nadler, a. a. O., S. 350. Darin auch eine gute »Innenansicht« der Gedanken Hamanns bis zur »Metakritik«.
122, 7	Metakritik ... Jetzt in: Hamann, Sämtliche Werke, a. a. O., S. 281 ff.
122, 19	Laute und Buchstaben ... Vgl. Richard Rortys Heideggerinterpretation in »Kontingenz, Ironie und Solidarität«, etwa: »Für Heidegger hängt philosophische Wahrheit von der Wahl der Phoneme, dem Lauten der Wörter selbst ab.« (S. 190) In Ergänzung und Kontrast auch mein »Witzlosigkeit und Inhumanität. Philologische Gedanken über den Kalauer« in: Jan Philipp Reemtsma a. a. O.
122, 25	Die menschliche Seele ... Herders Sämmtliche Werke, Hrsg. Bernhard Suphan, Bd. 21, Berlin 1881, S. 19 f.
123, 1	linguistic turn ... Richard Rorty (Hrsg.), The Linguistic Turn. Recent Essays in Philosophical Method, Chicago 1970
123, 32	seine antikantische Lehre ... Rudolf Haym, Herder. Nach seinem Leben und seinen Werken dargestellt, Berlin 1954, Bd. 2, S. 712 f.
124, 2	Die Schrift hat ... Zitiert aus: Arseni Gulyga, Johann Gott-

fried Herder. Eine Einführung in seine Philosophie, Frankfurt a. M. 1978, S. 82

125, 11 Hat er … Zitiert aus: Richard Rorty, Der Spiegel der Natur. Eine Kritik der Philosophie, Frankfurt 1981, S.154

125, 22 Wäre die Rede … Wieland, a. a. O., S. 543

125, 28 eines solchen Arms … Herders, d. Verf.

125, 30 der große Magus aus Norden … Wieland verwendet hier den Hamann von Friedrich Karl von Moser gegebenen Spitznamen, meint aber Kant.

126, 18 Schwert, womit der … Heinrich Heine, Zur Geschichte der Religion und Philosophie in Deutschland, in: ders. Sämtliche Schriften. Hrsg. Klaus Briegleb, München 1978, Bd. 3, S. 594

127, 6 Hume by his … Bertrand Russel, History of Western Philosophy, London 1961, S. 678

127, 25 Ueber die bisherigen … Später Einleitung zur Kant und Wieland gewidmeten »Theorie des menschlichen Vorstellungsvermögens«.

127, 26 Ich kann Ihnen … Wieland und Reinhold, a. a. O., S. 107

128, 9 in einem so grauen … Heine, a. a. O., S. 596

128, 11 Die ›Kritik … Ebd., S. 596

128, 19 Gewiß ist … »Kant hat durch den schweren steifleinenen Stil seines Hauptwerks sehr vielen Schaden gestiftet. Denn die geistlosen Nachahmer äfften ihn nach in dieser Äußerlichkeit, und es entstand bei uns der Aberglaube, daß man kein Philosoph sei, wenn man gut schriebe.« Heine, a. a. O., S. 597

128, 27 Nichts konnte … Wieland und Reinhold, a. a. O., S. 107 f.

129, 31 Einen Monat später … Starnes, II, 168 u. 228

129, 36 Ich habe … Ebd., S. 126 f.

130, 10 Ich sollte meinen … Immanuel Kant, a. a. O., S. 25

131, 25 Den Jargon der Kantianer … Starnes II, 325

131, 27 Kants ›Religion … Ebd., S. 336

131, 37 Wieland erklärte … Ebd., S. 391

132, 4 Goethe sey … Ebd., S. 415

132, 9 aber wahr ist's … Ebd., S. 695

132, 10 Daß Reinhold sich … Ebd., S. 668 – Die Frage, ob Reinhold wirklich jemals ein Kantianer gewesen ist, kann ich hier nicht untersuchen, und für das Verhältnis Wielands zur Kantischen Philosophie spielt das im Grunde auch keine große Rolle. Es sei also nur in der Fußnote vermerkt, daß ich Reinholds Liebe zu Kant für ein Mißverständnis halte, das aus einem Bedürfnis nach Professionalität zu erklären ist. Der Mönch Reinhold suchte nach seiner Konversion einen institutionellen Rahmen, den ihm der Anspruch einer Metaphysik als Wissenschaft zu verbürgen schien. Man vergleiche die »vorkritische« Schrift »Die Wissenschaften vor und nach ihrer Säkularisation. Ein historisches Gemählde« von 1784 (in: Karl Leonhard Reinhold, Schriften zur Religionskritik und Aufklärung 1782–1784, Hrsg. Zwi Batscha, Bremen 1977) und »Über die Möglichkeit der Philosophie als strenge Wissenschaft« und »Über das Fundament des philosophischen Wissens« von 1790 und 1791 (Hrsg. Wolfgang Schrader, Hamburg 1978)

132, 12   aber dessen Hinwendung ... Vgl. das Motto zu diesem Buche
132, 13   Öffentlich will er ... Ebd., S. 651
132, 17   Darum enthalte auch er ... Ebd., S. 703
132, 22   Reinhold nimmt ... Ebd., S. 748
132, 24   die fatale Kluft ... Ebd., S. 753
132, 31   Dessen Philosophie ... Starnes, III, 703
133, 12   Künftigen Winter ... Ebd., S. 671
133, 22   verdrießt es mich ... Starnes, III, 135
133, 34   Den Gesichtspunkt ... Sie wird weder von Klaus Manger in seinem noch von Klaus Bäppler in seinem »Der philosophische Wieland. Stufen und Prägungen seines Denkens« (Bern 1974) in Erwägung gezogen.
134, 36   der treffliche »Vorländer« ... Diogenes Laertios, Leben und Meinungen berühmter Philosophen, übersetzt von Otto Apelt, Hamburg 1967, S. 107
135, 10   Was mir am Aristipp ... I,17
135, 22   Es ist mit der Filosofie ... I,21
135, 33   Klaus Manger ... Friedrich Sengle ist das bei seiner Abneigung gegen den »Aristipp« auch prompt entgangen. Er schreibt, Wieland hätte den bereits während seiner Zeit in Erfurt gefaßten Plan nie verwirklicht.
135, 37   Wie ich höre ... II,45
136, 5   Übrigens bestätigt ... III,2
136, 17   In der Tat ... Vgl. Phaidon, 59 BC, und Xenophon, Erinnerungen an Sokrates (A/M)
136, 18   bereits Diogenes Laertios ... Diogenes Laertios, a. a. O., S. 106
136, 31   Ludwig Marcuse ... Ludwig Marcuse, Plato und Dionys, a. a. O.
137, 2   der Grieche Aristipp ... Horaz, Satiren, II,3
137, 23   wie die Erfahrung ... III,8
138, 25   Platon verfälsche ... II,45
139, 17   so schreibt Vorländer ... Karl Vorländer, Geschichte der Philosophie, Bd.1, Reinbek 1990, S. 59 – Die Leserin mache sich das Vergnügen, im Kontrast zu Wielands Darlegungen (vgl. auch Kapitel 6) Kierkegaards »Über den Begriff der Ironie« zu lesen, vor allem das Kapitel über Xenophon!
140, 16   die sogenannte Fysische Filosofie ... I,7
140, 18   Er suchte Wahrheit ... I,7
140, 34   dies war unläugbar ... I,7
140, 38   Daß Sokrates ... I,8
141, 28   Ich sehe dich ... I,8
142, 38   Denn in Wahrheit ... Wilhelm Capelle, Die griechische Philosophie, Bd.1, Berlin 1971, S. 173 ff.
143, 10   Er wünsche fast ... I,9
143, 13   Was wir in unserm ... I,16
143, 24   ging ich aus Cyrene ... I,17
143, 37   Nach einem zweyjährigen ... I,17
144, 3   Weltbürger ... I,17

159, 3   Ausweg aus dem Fliegenglas ... Spätestens jetzt wird, wer
sich etwas in der Sekundärliteratur zu Wieland auskennt,
fragen, wann denn der Name »Shaftesbury« falle. Nun, ist zu
antworten: jetzt und hier. Wie es zu der angeblich so eviden-
ten Verbindung der Namen Shaftesbury und Wieland kommen konnte, ist leicht erklärt. Shaftesburys Bücher waren
sehr populär, er schrieb leicht und elegant, sein Versuch, das
antike Ideal des Kaloskagathos ins Moderne zu übersetzen,
in den »Virtuoso«, war dazu angetan, zu entzücken. Außerdem heißt es in Goethes Logenrede: »Die verständige reine
Rechtlichkeit edler Engländer und ihre Wirkung in der sittlichen Welt, eines Addison, eines Steele, hatten ihn schon
längst angezogen; nun findet er aber in dieser Genossen-
schaft einen Mann, dessen Sinnesart ihm weit gemäßer ist.
Shaftesbury, den ich nur zu nennen brauche, um in jedem
Gebildeten einen trefflichen Denker ins Gedächtniß zu rufen, Shaftesbury lebte zu einer Zeit [...] durch Frohsinn zu
wirken; nur das, was man mit Heiterkeit ansehe, werde man
recht sehen [...] in einem solchen Manne fand unser Wieland
[...] einen wahrhaften echten Zwillingsbruder im Geiste,
dem er vollkommen glich [...]« und so weiter. So was ist
natürlich erstmal für lange nicht mehr aus den Büchern zu
kriegen. Nicht, daß Wieland Shaftesbury nicht geschätzt
hätte – vor allem wegen seines Talentes, gute Dialoge zu
schreiben (vgl. Starnes II,703). Gleichwohl spricht er – jedenfalls im Alter, soll heißen, in jener Zeit, die für den vorliegenden Roman von Bedeutung ist – recht kühl von ihm
(vgl. Starnes III,139). Shaftesbury war ein Bildungsdurch-
gang für ihn, nicht halb so wichtig wie Cervantes oder Sterne
(vgl. hierzu auch Albert Fuchs, Geistiger Gehalt und Quellenfrage in Wielands Abderiten, Paris 1934).

159, 21   Mir genügt ... II,44

160, 15   later writers ... G. C. Field, Plato and his contemporaries. A
study in fourth-century life and thought, New York 1974,
S. 160

161, 3   Lust-Unlust-Bilanz ... vgl. Capelle, a. a. O., S. 19

163, 24   werden, was er ... II,26

163, 28   Er durchblätterte ... IV,9

164, 10   Ich kenne kein ... IV,10

164, 24   Die Filosofie Platons ... IV,10

166, 4   wer wollte einem ... IV,11

167, 11   Sein sei nicht ... Thomas Mann, Bekenntnisse des Hochstaplers Felix Krull, Frankfurt/M. 1985, S. 298 f.

167, 30   er antwortete ... Sigmund Freud, a. a. O., Bd. 14, S. 419 ff.

168, 13   Wenn wir annehmen ... Ebd., S. 425

168, 25   Doch ich will ... IV,10

169, 1   Die »Ideen ... IV,10

170, 7   Aber unter welchem ... IV,11

170, 35   Er hat sich ... IV,10

171, 12   An anderer Stelle ... Vgl. Jan Philipp Reemtsma, »Geh nicht
hinein!, in: ders., u. a. Falun, a. a. O.

172, 4   Wer die Frage ... Vgl. Richard Rorty, Der Spiegel der Natur, a. a. O., Kapitel VI/2 »Worüber haben unsere Vorfahren gesprochen?« S. 293 ff.

173, 3   Thomas Kuhn ... vgl. Thomas S. Kuhn, Zur Struktur wissenschaftlicher Revolutionen, Frankfurt/M. 1975

174, 30   In ihrer Theorie ... Hartmut Böhme, Gernot Böhme, Das Andere der Vernunft. Zur Entwicklung von Rationalitätsstrukturen am Beispiel Kants, Frankfurt/M. 1985, S. 123 ff.

174, 35   Der Vergleich ... Ebd., S. 130

175, 10   Fichte mit Freud ... Ebd.

175, 27   Es ist die ... Ebd., S. 126

176, 7   Wieland erklärte ... Starnes II, 391

176, 24   mit einem Roman ... Oder gar zuvor mit einer Übersetzung, der von Xenophons »Erinnerungen an Sokrates« nämlich: »Diese Übersetzung soll zugleich das Vermächtnis seiner philosophischen Überzeugungen und ein Gegengift gegen die Kantische Scholastik werden.« (Starnes II, 671)

176, 25   Wer in der modernen ... Zum sozusagen »psychischen Status« der deutschen Aufklärung habe ich an anderer Stelle etwas, gleichfalls in Bezug auf Wieland, ausgeführt: »Kombabus«, in: »u. a. Falun«, a. a. O.

177, 11   Krise des 17. Jahrhunderts ... Zum politischen Aspekt dieser Überlegungen, dem hier ebenfalls nicht nachgegangen werden kann, vgl. »'Tis all in Peeces...« Stephen Toulmin zum 70sten, in: Mittelweg 36, I, 1992

177, 38   wiederaufgenommen wird ... Ob es eine »mittelalterliche Aufklärung« gegeben hat, ist umstritten, fast eine Glaubenssache – wer gehört »noch« wozu oder »schon« zu etwas anderem?

178, 17   Das einzige ... Rorty, a. a. O., S. 427

181, 17   »Herren« und »Damen« ... In »Zettels Traum« läßt Arno Schmidt seinen Daniel Pagenstecher auf dem Klo einer Dorfgaststätte dasselbe tun und, wie billig, diese Stelle erinnern.

183, 1   Als sie wieder ... I,3

183, 34   Was dünkt dich ... I,3

184, 19   Artemis ... Die von Aktaion im Bade belauscht, daraufhin von ihr in einen Hirsch verwandelt wurde, den sie von ihren Hunden hetzen und zerreißen ließ.

185, 11   Während zum Gleichnis ... Vgl. Donald Davidson, Was Metaphern bedeuten, in: ders., Wahrheit und Interpretation, Frankfurt/M. 1986, S. 343 ff.

185, 22   Da das Mythologicum ... Oder zu einer eigenen Geschichte. Dann aber ist es eine Gleichnis-Erzählung, die ihrerseits als Mythologicum zitierbar wird.

186, 13   aber ich sah ... I,2

186, 20   Aphrodite, die Göttin ... Es sind diese Alltäglichkeiten im Grunde so witzig, daß man den Kitsch und die Barbarei, die sie auch sind, auch immer wieder einmal vergessen sollte. Man denke etwa an das Reinigungsmittel »Ajax«, das den weißen Ritter trägt. Wo kommt es her? In der Tat kommt es von Ajax dem Telamonier, den Odysseus um die Rüstung des Achill brachte. Aber wie? Nun, Aufschluß gibt ein kalauerndes Gedicht »Ulysses upon Ajax«, was einerseits heißt, was es heißt, aber so ausgesprochen wird, daß man es auch »Ulysses upon a jakes«, also »Odysseus auf dem Klo« schreiben könnte. So hat denn der Ritter Ajax sein ewiges revennement als WC-Reiniger.

186, 22   Ranke-Graves ... Robert von Ranke-Graves, Griechische Mythologie. Quellen und Deutung, Reinbek 1990, S. 40

187, 24   The tragedy ... Max Dufner, The Tragedy of Lais in C. M. Wieland's ›Aristipp‹, in: Monatshefte Vol. 52, Madison/Wisc. 1960. Vgl. auch Tony Phelan, Ironic Lovers. Wielands ›Aristipp und einige seiner Zeitgenossen‹, in: German Life and Letters, Vol. 29, Oxford 1975/76, und Ursula Frieß: Buhlerin und Zauberin. Eine Untersuchung zur deutschen Literatur des 18. Jahrhunderts, München 1970

187, 32   nicht Lust hätte ... I,13

188, 10   Hetäros ... A/M 1214 f.

188, 29   Die historische Lais ... Klaus Manger hat dankenswerterweise den Artikel »Lais« in der Gottschedischen Übersetzung im Anhang zu seiner Edition des »Aristipp« S. 931 ff. abgedruckt.

189, 11   Was mich anbelangt ... A/M 949f.

189, 19   es habe zwei ... Das ist auch heute noch der Stand der Lais-Forschung, vgl. etwa den Artikel im »Kleinen Pauly«.

190, 22   Beispiele sind ... Ehrenrettung dreyer berühmter Frauen des Alterthums, in: Sämmtliche Werke, a. a. O., Bd. 24. Es handelt sich um Aspasia, Julia und Faustina.

191, 10   Durch diesen Kunstgriff ... Ohne Einsicht in den besonderen Einsatz der verwendeten Quellen und den künstlerischen Sinn der jeweiligen Besonderheit in Wielands Romanen ist die Kenntnisnahme der Quellen selbst ganz unnütz. Es ist, als ob man einem verkauften Kuchen noch ein Säcklein Zucker und Mandeln beigäbe: die sind da drin. Was aber soll man machen? Sie als Nachtisch essen und sich den Geschmack des Kuchens verderben?

191, 15   Indessen kam ... I,13

192, 16   Aber stelle dir vor ... I,13

192, 35   Von Aristipp ... »wohlgenährt« I,14

193, 16   nicht viel mehr ... Egon Friedell, Kulturgeschichte Griechenlands, München 1988, S. 349

193, 24   Es versteht sich ... I,15

193, 30   Skopas. [...] Kann das ... Ebd.

194, 17   mit einer Schnur ... I,3

194, 18   Klaus Manger ... Manger 119

195, 27   Beneide mich nicht ... I,15

197, 19   Bald nach dieser ... I,14

197, 31   Es ist also ... I,14

199, 12   Zwey Lebenswege ... I,14

199, 27   Ich habe ... I,14

199, 30	Was bleibt ... I,14
200, 3	zu einer Klasse gerechnet ... Man beachte die Häufung der Kommerz-Wörter: einkaufen, erkaufen, rechnen.
200, 11	großherzige Freygebigkeit ... I,20
201, 22	Ich liebe ... I,14
202, 2	Du scherzest ... I,14
202, 4	das mitgeteilte Gespräch ... XI,3
202, 6	wenigstens ist ... Anmerkungen zum ersten Band, Nr. 12
202, 16	Das, wovor du ... I,14
203, 7	definieren ... I,20
204, 14	Ich opfre ... Bekanntlich ist es auch nicht ganz leicht, anderwelche Liebesverhältnisse zu beschreiben, ohne der Ökonomie Rechnung zu tragen.
205, 29	Ich habe noch ... I,20
206, 31	Was soll ich ... Goethe a. a. O., Bd. 4, S. 226
207, 4	Denn in dieser Schärfe ... Man vergleiche etwa mit dem berühmten »Feministen« Hippel.
207, 9	Es verbindet sich ... Was seltsam ist, wäre hier doch möglicherweise ein Stück in der Tat bisher ganz unbekannte Theorietradition zu entdecken. Es wird sich, wie so oft, ganz einfach daher erklären lassen, daß von den in Frage kommenden Literaturwissenschaftlerinnen keine das Buch kennt. It's part of the problem. – Wer sich in der Sekundärliteratur informieren will, muß vor allem auf Wolfgang Paulsen zurückgreifen (»Christoph Martin Wieland. Der Mensch und sein Werk in psychologischen Perspektiven«, Bern/München 1975 oder »Die emanzipierte Frau in Wielands Weltbild«, in: ders. (Ed.) Die Frau als Heldin und Autorin, Bern/München 1979)
207, 17	Wer war die Frau ... Werner Milch, Sophie LaRoche, Frankfurt 1935, S. 232
208, 3	Fouqué ... Der erstaunte Leser weiß jetzt, warum ich plötzlich einen Schmidt-Exkurs einschalte.
208, 15	die aber nicht auf den Markt gehört ... Egon Friedell fragt mit Recht, wie berühmt man eigentlich sein müsse, daß niemand es mehr für nötig erachte, auch nur die Diskretion zu üben.
209, 36	Shakespeare ... Aber auch er hat sich gefallen lassen müssen, daß man nachwies, seine Sonette seien an einen Mann gerichtet, man weiß nur nicht, wen, da man nicht weiß, wer Shakespeare war. – Sehr Nachdenkliches im Zusammenhang der oben erwähnten, magischen Disposition so mancher literaturwissenschaftlichen Bemühung ist in Arno Schmidts »Dichtergespräche im Elysium« die diesbezügliche Unterhaltung, vor allem der Wortwechsel zwischen (man wird es nach diesen Vorbereitungen ahnen) Shakespeare und Wieland.
211, 8	Es sind drei ... Daß Manger noch Wielands Frau, Anna Dorothea, geborene Hillenbrand, aufnimmt (S.124), ist nett von ihm.
212, 10	Barbara Becker-Cantarino ... Barbara Becker-Cantarino,

Der lange Weg zur Mündigkeit. Frauen und Literatur in Deutschland von 1500 bis 1800, München 1989, S. 278 ff.

212, 22 Das Fräulein von Sternheim ... Und LaRoche und ihre Romangestalt in ihren Idealen gleichzusetzen ist durchaus eine Selbststilisierung LaRoches gewesen.

212, 30 sanft, zärtlich ... Der Einfachheit halber zitiert aus Milch, a. a. O., S.112

212, 38 Wie, daß Du ... Ebd., S.113

213, 8 Wieland hat sie ... Ich muß vorsichtig sein. Die einzig zuhandene Ausgabe von Briefen Julie Bondelis soll, so sagen die, die am Nachlaß der Bondeli arbeiten, unzuverlässig sein. Mit diesem Vorbehalt sei alles, was sich auf die Briefe bezieht, oder aus ihnen zitiert wird, gelesen. (Ich nutze die Gelegenheit, mich bei Frau Regula Venske für die diesbezügliche Recherche zu bedanken.) Ich glaube allerdings nicht, daß Wesentliches, was das Bild *Wielands* angeht, einmal wird korrigiert werden müssen.

214, 38 Was mir den ... Die Briefe von Julie Bondeli an Joh. Georg Zimmermann und Leonhard Usteri, Ed. Lilli Haller, Frauenfeld und Leipzig 1930, S.54 f. (vgl. Anm. 54) – Ob das hier erwähnte »Unrecht« in anderem bestanden hat als darin, J. B. letztlich verlassen zu haben, vermag ich nicht zu sagen. Wenn ich beider Leben überblicke, kann ich nur sagen, daß dieses »Unrecht« beiden zum Heile geraten ist. Daß Wieland keine erfreuliche Rolle dabei gespielt hat, wie keiner eine solche spielt, der sich in Inszenierungen flüchtet, wer wills leugnen? Aber wer hat den größeren Schaden davon? Der Mann, der nicht die Selbstsicherheit bewies, die man von ihm hätte verlangen können, oder J. B., die wenigstens die Genugtuung hatte, in diesem einen und für diesen Moment ihm überlegen gewesen zu sein?

216, 10 Wie oft seh ... Wielands Briefwechsel (Hrsg. H. W. Seiffert), Berlin 1963 ff., Bd. 3, Nr. 344

216, 24 Es giebt keine ... I,15

216, 36 In ihr ... Milch a. a. O., S. 72

217, 6 Das, warum es mir ... Wieland Briefe 3, 371, S. 364

217, 20 ich wolte ... Ebd., Nr. 193

217, 21 für den Markt ... »Was mich betrifft, werde ich keinem Menschen sagen, Wieland sei der Autor des ›Don Sylvio‹, außer etwa Herrn Tsciffely, dem ich alles sage, was ich über Wieland weiß, weil er von ganzem Herzen darüber lacht, es für sich behält und Wieland auch liebt. Dieser ›Don Sylvio‹ ist ohne Voreingenommenheit einer der hübschesten Romane, die ich kenne, besonders sein Stil gefällt mir sehr; aber offen gestanden, seine elegante Einfachheit hätte mich zweifeln lassen, ob Wieland auch wirklich der Autor des Buches sei [...] Man muß gestehen, die moralische Verdorbenheit des Dichters hat seinem Stil ausgezeichnet getan [...] Die Verdorbenheit ist ihm noch auf einem anderen Gebiete zugute gekommen: der Erfindungsgabe. Ich kann sie versichern, als ich ihn kennen lernte, wäre er nicht imstande gewesen, auch das einfachste Abenteuer eines ›Don Sylvio‹ zu erfinden.« (Julie Bondeli, Briefe, a. a. O., S. 146 f.)

217, 32 Die Männer ... Wieland, Sämmtliche Werke, a. a. O., Bd. 3, S. 312f.

218, 10 Nachdem sie alles ... Ebd.

218, 19 Wir sollten das ... Ebd., S. 314

218, 25 Die Rede der Lais ... Zwischen I,14, das die erste Skizze des Lebensplans (Unabhängigkeit, keine Verheiratung, offenes Haus) enthält, folgt das Intermezzo mit der Statue des Skopas. Dann eine Unterbrechung: Aristipp wird aus Athen angemahnt, zurück zu Sokrates zu kommen (den Brief schreibt »i. A.« Kleombrotos, s. o.), es folgt ein kleiner Schlagabtausch Antisthenes vs. Aristipp in Sachen Vaterlandspflichten. Dann wird der aiginetische Faden weitergesponnen und das Apropos des Preises, den sich Lais die Statue des Skopas kosten läßt, führt zu der Sorge des Aristipp und der hier behandelten Rede.

218, 38 Woher also ... Daß er im »Agathon« bereits vorhanden gewesen ist, macht den Versuch sinnlos, hier eine spätere Übernahme, etwa von französischen Ideen der Jahre 1789 ff., anzunehmen. Abgesehen davon, daß diese gedanklichen wie politischen Entwicklungen, wo Wieland sie überhaupt zur Kenntnis nehmen konnte, eher seine Abneigung hervorgerufen haben, wenn wir das Wenige richtig deuten.

219, 3 Julie Bondeli ... Bondeli, Briefe a. a. O., S. XVIII, auch S. 115: »Und nun als ich gestern Rousseau einen sehr geistreichen Brief schreiben wollte, war ich höchst erstaunt, zu sehen, daß ich einen sehr zärtlichen geschrieben hatte. Welch sonderbarer Zufall! So zärtlich war er, so zärtlich, daß ich ihn nicht abschicken durfte, ohne ihn Mme von V. und Marianne [Fels] gezeigt zu haben. Noch weiß ich nicht, was die beiden darüber beschließen werden.«

219, 6 Erlauben Sie mir ... Ebd., S. 3

219, 8 Mademoiselle Fels ... Ebd., S. 14

219, 14 vor die Tür setzen ... »Der Prozeß dauert noch an und wird nicht so rasch zu Ende kommen. Der Zweck, den F. anstrebt, ist leicht ersichtlich; er will den Entscheid des Prozesses hinauszögern, um seiner Frau Zeit zu lassen, vorher zu sterben, denn dann hat er die Nutznießung des Gutes und allen Grund, seine Tochter vor die Tür zu setzen. Andrerseits hämmert er mit verdoppelten Schlägen auf seine Frau los, damit sie umso rascher sterbe.« (S. 182)

219, 15 im Publikum ... Ebd., S. 180

219, 21 Julie hatte ... Starnes, II, 488

220, 19 Mir däucht ... Zitiert von Klaus Manger im Anhang zu der von ihm besorgten Ausgabe der »Geschichte des Agathon«, Frankfurt 1986, S. 951

221, 4 Lais, Lais! ... I,35

221, 7 Welcher ungnädigen ... I,36

221, 15 Ich glaube wirklich ... I,37

221, 19 Neckerei der Lais ... II,23

221, 37   dem weichsten Rasen ... Das sind Stellen, an denen man immer schmunzeln muß. Jede Landschaft, ja noch das Tempe-Tal, verwandelt sich Wieland in einen Park. Er, der seine Sprechenden in Städten stets genau zu lokalisieren wußte, er, der in einer Anmerkung darauf hinweist, daß Lais auf dem Weg, den sie von Megara genommen hat, nicht dort ankommen konnte, wo sie ankommt, und daraus eine winzige witzige Digression zu gewinnen weiß, läßt Lais auf weichen Rasen treten. Als ob es irgendwo in Griechenland und gar neben der Landstraße weichen Rasen gäbe! »Natur« ist Wieland, jedenfalls wenn er schreibt, so fremd wie Sokrates der Baum unter dem Platons »Phaidros« seine Szene hat. Bäume, sagte Sokrates einmal, lehren mich nichts. Lessing und Wieland hätten es ihm nachsprechen können.

222, 23   Der Alte betrachtete ... I,23

223, 13   Und nun ... I,25

224, 4   Geschichte des Agathon ... Klaus Manger stellt in seinem entstehungsgeschichtlichen Nachwort zu der von ihm besorgten Ausgabe des »Agathon« (vgl. Anm. 72) die beiden Stellen gegenüber nebst der Briefstelle Jacobis, die zu der Umarbeitung geführt hat (S. 900).

224, 34   Er drückte ... I,25

224, 38   Ich bin nur ... Ebd.

225, 20   Seit einiger Zeit ... II,27

225, 30   »Sardes« fallen ... II,33

226, 1   Sie scheint noch unentschlossen ... Man kann ja nicht immer in die Zitate hineinreden, aber hier tu ich's: dieser pathetische Satz, in dem die Ironie versucht, sich gegen das Klischee durchzusetzen (Kleonidas ist der Schreiber, und Kleonidas ist immer ein etwas zu biederer Mann und Schöngeist), zusammen mit dem Halbzitat aus des Verliebten Rede und dann das lakonische »Sie scheint noch unentschlossen [...]«, das Kleonidas, wohl aber der Empfänger des Briefes zu würdigen weiß – das ist, für meinen Geschmack, ein wunderbar witziges Detail. Dazu kommt, daß hier eine ganz kurze Überblendung mit einem anderen Bild stattfindet, das Lais selbst zum Gleichnis gewählt hat, das der Göttin nämlich, die Opfer empfängt, und in deren Macht es tatsächlich steht, einen Menschen zum Glücklichsten oder Elendesten zu machen. Diese Kunst, das, was man »tiefe Bedeutung« nennt und banalste Alltäglichkeit nicht: zu »konfrontieren« (das macht der Schmock), sondern für einen Lidschlag in eins zu setzen, ist vielleicht immer der eigentliche Zielpunkt gewesen, um den sich der Kranz der literarischen Formen legt.

226, 33   aber er treibt ... II,27

227, 11   was ich vor ... II,28

227, 20   welch ein ... II,29

228, 11   Damit ist Lais ... Das unterscheidet die Ökonomie des Schenkens von der des Tausches. In dieser hat jeder Ansprüche an den andern, die er vortragen kann. In jener entstehen Verpflichtungen auf seiten des Beschenkten, die, weil sie der andere nicht einklagen kann bzw. darf, um so drückender sind.

242, 32 Ich leugne ... Vgl. Richard Rorty, Unfamiliar noises. Hesse and Davidson on metaphor, in: ders., Objectivity, Relativism and Truth, Cambridge 1991, und Hans Blumenberg, in »Akzente« 1, 1992

243, 10 Ich besinne ... III,31

243, 28 Wie schmeichelhaft ... III,31

244, 13 Bald nach ... II,27

244, 20 Es war ein ... II,28

245, 32 wäre, aller ... III,10

245, 38 Er spricht ... III,11

246, 4 »elfenbeinern« ... III,13

246, 10 Nur mit ... III,11

246, 13 Mein Führer ... III,14 – Ich weise noch einmal auf die rhetorische Funktion des Einsatzes solcher Mythologica hin. Sie sind im Brief der Lais zunächst einmal bloße Konventionalismen, hart an der Grenze zum bloßen Bildungsgeplauder, wie es ein heutiger Reisender mit Klassiker-Zitaten, mal mehr, mal weniger elegant, auch anstellen könnte. Dem Griechen fällt bei Thessalien eben Deukalion & Pyrrha ein, wie dem Teutschen beim Teutoburger Wald Varus. Für Lais nun dient das Mythologicum gleichzeitig zur Überleitung: das Bild vom menschgewordenen Stein wird auf den Reisebegleiter übertragen: er ist eben ein wenig unelegant und mag so gut aussehen wie er will, die nötige Eleganz und Urbanität wird ihm fehlen. Dem Leser wird auf diese Weise zugleich die andere Bedeutungsebene, die ich unter das Stichwort der »Petrifizierung« gebracht habe, mit angesprochen. Ästhetisch konsequent ist hier in einem Punkte verdichtet, was ich oben interpretierend versucht habe auseinanderzulegen, von der neuen Zweideutigkeit an der pikanten Oberfläche (wird sie oder wird sie nicht?), über das Risiko, die eine Seite des idealischen Doppelbildes (Tugend) aufzugeben, und damit aus dem Ideal der Freiheit ganz zu fallen, schließlich wird auf seine Eigenschaft durch das Zitieren des Steinernen angespielt, und: ein Stein tut einem Steine kein Harm. (Daß der Leser vielleicht weiß, daß, der Quelle gemäß, die eine der beiden historischen Laiden zu Thessalien im Tempel der Aphrodite, d. h. zu den Füßen ihrer Statue gesteinigt worden ist, mag hinzukommen.) – Man unterschätze den scheinbar plaudernden Stil Wielands nie, seine ästhetischen »Punktschweißungen« finden sich ganz oft an solchen Stellen, die wie alltägliches, allenfalls elegantes Gerede daherkommen.

246, 37 komme es nur ... Diese zugespitzte Maxime formuliert Wieland in der »Geschichte des Agathon« (Sämmtliche Werke, Bd. 3, S. 20)

247, 3 das was wir ... So faßt Wieland die Aristippische Philosophie in der Einleitung zur ersten Satire des Horaz zusammen.

248, 6 ich kann mich ... II,19 – sic!

248, 12 wie du es ... Ebd.

248, 32 ich liebe den ... I,14

248, 34 ich sagte ... I,20

248, 37 daß die gewöhnliche ... I,20

249, 4 Zunächst ... Vgl. Arno Schmidt, a. a. O., Bd. I,3, S. 538

249, 12 Lais widerspricht ... II,19 – Die letztere Stelle hat eine ganz
lustige Entstehungsgeschichte. Wieland wollte Musarion
ursprünglich erwidern lassen, daß eine Liebe ohne Herz
nicht das Wahre sei. Böttiger merkte daraufhin an, daß die
Griechen kein Wort für »Herz« gehabt hätten. Nun läßt Wieland Musarion von einem »Kopf ohne Eingeweide« sprechen
und Lais erwidern, »dass, wofern auch die Lebern an Feuer
und Innigkeit einigen Vorzug hätten [...]« – das aber erscheint Wieland, obwohl griechisch korrekt, unappetitlich,
er schäme sich, derlei Damen vorzulesen, und er überlegt,
wie das »Geschlinge oder, wie wir Schwaben sagen, die Ka-
keln ganz wegbleiben«, und produziert so für sich das noch
einmal, worum es Lais eigentlich geht. Schließlich findet er
die ästhetisch überzeugende Lösung: es bleiben nur die
Köpfe übrig: »Aber ein bloßer Kopf, meint die kleine Musarion, wäre doch eine Sache nicht«. Nur ›weiter unten‹ im
Text heißt es dann: die Köpfe würden die Liebe »desto feiner
behandeln [...] als wenn die Hypochondrien mit ins Spiel
mischten«. (Vgl. Manger 1096)

250, 24 Ist es Ahnung ... III,28

250, 27 du bist gewarnt! ... III,29

250, 34 Allein, die stehe ... III,36

251, 24 in die naive ... III,32

252, 7 daß meinetwegen ... Arno Schmidt, a. a. O., Bd. I,2, S. 268
und 253 (Das Kentaurenmotiv des Buches ist natürlich auch
durch die Thessalien-Lokalisierung des Todes der Lais mit
determiniert.)

254, 37 Onolaos ... Was nota bene nicht Eselslob heißt. »Laus« ist bekanntlich Latein, und Wielands Latinisierung griechischer
Endungen bedeutet nicht, daß er hätte einen Kentauren aus
dem Esel machen wollen.

255, 11 Aristophanes »Wolken« ... A/M, Anmerkung zu S. 459, Z. 28.
Für sich genommen hat dieser Hinweis wenig Gewicht. Erst
mit der Geschichte der Namensfindung gewinnt sie an Plau-
sibilität, denn die ist in sich ein Stück derber attischer
Komödie. Der erste der Ono-Sippe hatte nämlich ein Geschwür, an dem er zu ersticken drohte, und die Ärzte hatten
ihn aufgegeben. Als er nun einen Esel sah, der sich über
einen Korb Feigen hermachte, und dabei in Mimik und Aku-
stik höchstes Behagen zeigte, mußte der Patient so lachen,
daß ihm das Geschwür platzte und er geheilt war (darum
meine Übersetzung »-pruster« und nicht matt: »Eselsla-
cher«). Die Erzählung Wielands ist nun so dezent, wie man
nur wünschen kann. Gleichzeitig aber wird man nicht um-
hinkommen, sich vorzustellen, wie bei Aristophanes eine
solche Geschichte – mit allen Konnotationen, die »Esel« und
»Feigen« griechisch haben – geworden wäre.

255, 15 Zumal der ... Hier sei einmal pauschal darauf hingewiesen, daß die »Geschichte der Abderiten« weniger satirisch ist, als allgemein angenommen. Nur die Anlässe (Eselsschatten, Frösche) sind »satirisch«. Was folgt, ist, wenn man einmal die Voraussetzungen akzeptiert, derartig alltäglich, daß man es nur der »satirischen« Einkleidung wegen akzeptieren kann. Zumal diese durchaus freundlich gewählt ist. So haben die Katastrophen der fünf Bücher der »Geschichte der Abderiten« ihren stets netten kleinstädtischen Zug. »Spießbürger«-Satire meint man gern. In Wirklichkeit sind die »Abderiten« mindestens so »schwarz« wie die ersten drei Bücher von »Gulliver's Travels«.

255, 19	Kein unfeines Stück ... III,1
257, 10	Nicht zufrieden ... Wieland, Sämmtliche Werke, a. a. O., Bd. 19, S. 292f.
258, 9	Ich weiß nicht ... I,30
259, 6	Denn was er ... I,30
259, 32	die sinnreichen ... I,31
260, 21	gewiß hast du ... I,32
260, 38	Klaus Manger ... Manger, 78
262, 12	Nach langem ... II,14
263, 20	Die erste ... Muß man betonen, daß das nicht aufgrund seiner Durchschnittlichkeit, sondern seiner Extreme wegen so gewesen ist?
269, 22	Die Kunst aufzuhören ... Wieland, Sämmtliche Werke, a. a. O., Supplemente Bd. 6, S. 85 ff.
270, 30	die wahre Ursache ... I,5
271, 21	Nicht wenige ... I,5
272, 4	erwartest du ... I,5
272, 10	Jeder dieser Theile ... I,5
272, 29	vielleicht der ... II,46
273, 12	Bilde dir also ... II,46
274, 10	bey dessen Anblick ... II,47
274, 13	Kurz ... »Zwar sind auch wir von Herzen unanständig, / Doch das Antike find' ich zu lebendig«, sagt immerhin Mephistopheles.
274, 17	Sie sind zwar ... II,46
275, 14	Darin liege der ... Stephen King, Danse macabre, München 1988, vor allem: S. 402 ff.
276, 1	Christian Meier ... Christian Meier, Die politische Kunst der griechischen Tragödie, München 1988
276, 8	läßt ... III,1
276, 27	tauige[n] Keuschheit ... Arno Schmidt, a. a. O., Bd. II,1, S. 279
277, 8	in Götterwonne ... II,14
277, 12	Hat ein Gewand ... Lessing, a. a. O., S. 98
277, 22	was für einen Grund ... I,15
278, 4	Mehrere Anbeter ... I,20
279, 5	Die ganze Erzählung ... II,32
279, 21	Tempel und ... Arno Schmidt, a. a. O., Bd. II,1, S. 291
280, 2	Max Lüthis ... Vgl. etwa Max Lüthi, Das europäische Volksmärchen. Form und Wesen, Bern 1960.
280, 9	Alle Götter ... I,1

281, 5   das unfehlbarste Mittel ... II,33
281, 23   Ich sage dieß ... II,33
284, 20   Aristipp ... Weiß man wirklich, was darunter verstanden werden soll? Wäre einem Konservativen zu widersprechen, der behauptete, die »offene Form« sei Formlosigkeit des Gegenstandes oder Unkenntnis des Betrachters? – Aufgenommen wurde hier das Stichwort der »Polyperspektive« wie es Karl Robert Mandelkow in seinem Aufsatz »Der Briefroman. Zum Problem der Polyperspektive im Epischen« (in: ders. Orpheus und Maschine, Heidelberg 1976) einführt. Mandelkows Beispiel ist interessanterweise Tiecks »William Lovell«, den Mandelkow so charakterisiert: »Gnadenlos überläßt er seine Gestalten sich selbst. Eingepfercht in den Kerker ihrer Subjektivität sprechen sie aneinander vorbei, da es ein verbindendes tertium für sie nicht mehr gibt. Die Subjektivierung der Wirklichkeit in der Brechung durch die verschiedenen Standorte der Briefpartner findet ihr stilistisches Korrelat in dem Bestreben individualisierender Sprachgebung, das der typisierenden Stilhaltung standortfesten Erzählens, wie wir sie im ›Wilhelm Meister‹ finden, entgegensteht. [...] Im ›Lovell‹ begegnen wir bereits einer ähnlichen Grundstimmung und Grunderfahrung, wie sie dem polyperspektivischen, standortlosen Erzählen im 20. Jahrhundert zugrundeliegt, das bei Tieck in der Briefform sein den Möglichkeiten des Romans im 18. Jahrhundert entsprechendes Pendant findet.« (S. 19 f.) Mandelkow schlägt eine Brücke zwischen den Formen des 20. und denen des 18. Jahrhunderts, und er hat recht damit. Ob der »Lovell« ein glückliches Beispiel gewesen ist, steht auf einem andern Blatt. Denn die Charakteristik, die Mandelkow von Tiecks Roman entwirft, trifft auf ihn weniger aufgrund seiner formalen Eigenschaften zu, als vielmehr der Story und der Dramatis personarum wegen. Der »Kerker der Subjektivität« hat nichts mit dem Briefroman zu tun, sondern vielmehr mit Intrigantentum, Verführern und Verführten u. s. w. Denn es ist ja keineswegs so, daß dort, wo ein »tertium« fehlt, nun ein einsames Rasen begönne. Der Briefroman ist kein Metier zur Darstellung von Autisten mit Geständniszwang oder redseligen Katatonikern. Im Gegenteil: dort, wo das Moment des Vor-sich-hin-Redens besonders ausgeprägt ist, taugt der Briefroman nicht – das war Arno Schmidts richtiger Einwand gegen den »Werther«. Interessanterweise vermag der Briefroman Wielands zu zeigen, daß man eines »tertium« leichten Herzens ermangelt, weil er demonstriert, daß man es nicht braucht, um sich zu verständigen. Mag sein, heißt es bei Richard Rorty, daß wir Monaden sind, aber wir sind, anders als Leibniz meinte, »well windowed monads«.

285, 2   die eben so feste ... IV,11
288, 4   Die Seite ... Wieland, Sämmtliche Werke, a. a. O., 3. Bd. S. 12 f.

288, 21   Durch seine natürliche ... Wieland, a. a. O., S. 14 ff.

289, 4   Daß es ... Anspielung auf die Legende vom Philosophen, der im Innern eines glühenden Ochsen noch sang und lachte, um den König Phalaris zu widerlegen, der beweisen wollte, daß es Grenzen der Selbstbeherrschung gebe.

290, 8   Ich glaube nicht ... III,25

292, 1   Für den fünften ... »Menander und Glycerion« und eben »Krates und Hipparchia«, Sämmtliche Werke, a. a. O., Bd. 39

292, 17   Daß Arete ... Vgl. A/M

293, 8   In Lagen ... IV,4

293, 23   Das mitgeteilte Symposion ... Man vergleiche hierzu, was in der Einleitung zu Friedrich Sengles Lektüre dieser Stelle gesagt worden ist.

296, 2   Von Xenophons Gastmahl ... Wieland's Werke, Berlin o. J., Bd. 37, S. 288 f.

296, 20   Wenn auch ... Ebd., S. 289

296, 33   bürgerlicher Freiheit ... Ergänze: der Oberschicht?

299, 4   gemeinen Begriffe ... III,12

302, 5   Als Lais ... Wieland, Sämmtliche Werke, a. a. O., Bd. 38, S. 281 ff.

302, 8   Ich kenne keinen Mann ... III,26

303, 9   Der Unterschied ist ... Vgl. Richard Rorty, Kontingenz, Ironie und Solidarität, Frankfurt/M. 1989.

Literaturverzeichnis

Aristophanes, vgl. Wieland

Bäppler, Klaus, Der philosophische Wieland. Stufen und Prägungen seines Denkens, Bern/München 1974

Baillet, Dietlinde S., Die Frau als Verführte und als Verführerin in der deutschen und französischen Literatur des 18. Jahrhunderts, Bern 1981

Barth, Ilse-Marie, Literarisches Weimar, Stuttgart 1971

Batscha, Zwi, Die Kontroverse zwischen Christoph Martin Wieland und Martin Ehlers. In: Walter Grab (Hrsg.), Jahrbuch für deutsche Geschichte X, 1981, Tel Aviv 1981

Becker-Cantarino, Barbara, Der lange Weg zur Mündigkeit. Frauen und Literatur in Deutschland von 1500 bis 1800, München 1989

Benjamin, Walter, Gesammelte Schriften, herausgegeben von Rolf Tiedemann und Hermann Schweppenhäuser, Frankfurt/M. 1972 ff.

Blumenberg, Hans, Höhlenausgänge, Frankfurt/M. 1989

Böhme, Gernot, Der Typ Sokrates, Frankfurt/M. 1988

Böhme, Hartmut, Böhme, Gernot, Das Andere der Vernunft. Zur Entwicklung von Rationalitätsstrukturen am Beispiel Kants, Frankfurt/M. 1983

Böttiger, Karl August, Literarische Zustände und Zeitgenossen, Leipzig 1838

Bohadti, Gustav, Friedrich Johann Justin Bertuch, Berlin 1968

Bondeli, Julie, Briefe an Johann Georg Zimmermann und Leonhard Usteri, herausgegeben von Lilli Haller, Frauenfeld/Leipzig 1930

Bovenschen, Silvia, Die imaginierte Weiblichkeit. Exemplarische Untersuchungen zu kulturgeschichtlichen und literarischen Präsentationsformen des Weiblichen, Frankfurt/M. 1979

Bünemann, H., Elias Schlegel und Wieland als Bearbeiter antiker Tragödien, Leipzig 1928

Canetti, Elias, Masse und Macht, Frankfurt 1980

Capelle, Wilhelm, Die griechische Philosophie, Berlin 1971

Davidson, Donald, Wahrheit und Interpretation, Frankfurt/M. 1986

Diogenes Laertios, Leben und Meinungen berühmter Philosophen, Hamburg 1967

Domdey, Horst, Zur Kritik von Hannelore Schlaffers an zwei Arbeiten über Wieland und Voltaire. In: Mattenklott, Gert, Scherpe, Klaus, (Hrsg.), Literatur der bürgerlichen Emanzipation im 18. Jahrhundert

Dufner, Max, The Tragedy of Lais in C. M. Wieland's »Aristipp«. In: Monatshefte, Vol. 52, Madison (Wisc.) 1960

Eckermann, Johann Peter, Gespräche mit Goethe, vgl. Goethe

Eissler, Kurt, Goethe. Eine psychoanalytische Studie, Frankfurt/M. 1983 ff.

Emmel, Hildegard, Geschichte des deutschen Romans, Bern 1972

Erhart, Walter, Entzweiung und Selbstaufklärung. C. M. Wielands »Agathon«-Projekt, Tübingen 1991

–, Weltlauf und Fiktion. Zu Christoph Martin Wielands »Geschichte des Agathon« (masch. Ms.)

Field, G. C., Plato and his Contemporaries. A study in fourth-century life and thought, New York 1974

Finley, M. I., Das antike Sizilien, München 1979

Freud, Sigmund, Gesammelte Werke, London 1940 ff., Nachdruck Frankfurt/M.

Friedell, Egon, Kulturgeschichte Griechenlands, München 1988

Frieß, Ursula, Buhlerin und Zauberin. Eine Untersuchung zur deutschen Literatur des 18. Jahrhunderts, München 1970

Fuchs, Albert, Geistiger Gehalt und Quellenfrage in Wielands Abderiten, Paris 1934

Geier, Manfred, Das Sprachspiel der Philosophen. Von Parmenides bis Wittgenstein, Frankfurt/M. 1989

Goethe, Johann Wolfgang, Gedenkausgabe der Werke, Briefe und Gespräche, herausgegeben von Ernst Beutler, Zürich 1948

Groß, Erich, C. M. Wielands »Geschichte des Agathon«. Entstehungsgeschichte, Berlin 1930

Gruber, Johann Georg, Wielands Leben, vgl. Wieland

Gruber, Johann Georg, C. M. Wielands Selbst=Schilderung, vgl. Wieland

Gruppe, O. F., Leben und Werke deutscher Dichter, Leipzig 1872

Günther, Gottfried, Zeilinger, Heidi, vgl. Wieland

Gulyga, Arseni, Johann Gottfried Herder. Eine Einführung in seine Philosophie, Frankfurt/M. 1978

Hacks, Peter, Die wissenschaftliche Gesellschaft und ihr Nachbar. In »konkret« 1/1990

–, Rezension von Wielands »Politischen Schriften« in: »konkret« 2/1989

Hamann, Johann Georg, Sämmtliche Werke, herausgegeben von Joseph Nadler, Wien 1949

–, Briefe, herausgegeben von Walter Ziesemer und Arthur Henkel, Wiesbaden 1975 ff.

Hass, Hans-Egon, Mohrlüder, Gustav-Adolf (Hrsg.), Ironie als literarisches Phänomen, Köln 1978

Haym, Rudolf, Herder. Nach seinem Leben und seinen Werken dargestellt, Berlin 1954

Hecker, Jutta, Corona. Das Leben der Schauspielerin Corona Schröter, Berlin 1972

–, Wieland. Geschichte eines Menschen in der Zeit, Stuttgart 1971

Hegel, Georg Wilhelm Friedrich, Werke in zwanzig Bänden, Frankfurt/M. 1971

Heine, Heinrich, Sämtliche Schriften, herausgegeben von Klaus Briegleb, München 1978

Hennings, W., Deutscher Ehren-Tempel, Gotha 1871

Herder, Johann Gottfried, Sämmtliche Werke, herausgegeben von Bernhard Suphan, Berlin 1881

–, Briefe, herausgegeben von den Nationalen Forschungs- und Gedenkstätten der klassischen deutschen Literatur in Weimar

Hettner, Hermann, Literaturgeschichte der Goethezeit, München 1970

Höhle, Thomas, Revolution, Bürgerkrieg und neue Verfassung in Cyrene. Betrachtungen zu Wielands »Aristipp« und den Nachspielen der Französischen Revolution. In: Herzig, Arno, Stephan, Inge, Winter,

Hans G., »Sie, und nicht wir«. Die Französische Revolution und ihre Wirkung auf Norddeutschland und das Reich, Hamburg 1989

–, (Hrsg.), Das Spätwerk Christoph Martin Wielands und seine Bedeutung für die deutsche Aufklärung, Halle-Wittenberg 1988

Hoppe, Karl, Der junge Wieland. Wesensbestimmung seines Geistes, Leipzig 1930

Horaz, vgl. Wieland

Hume, David, Eine Untersuchung über den menschlichen Verstand, Stuttgart 1982

Ideler, Rudolf, Zur Sprache Wielands. Sprachliche Untersuchungen am Anschluß an Wielands Übersetzungen der Briefe Ciceros, Torgau 1911

Jacobs. Jürgen, Prosa der Aufklärung, München 1976

–, Wieland: »Aristipp und einige seiner Zeitgenossen«; Briefroman. In: Spektrum der Literatur, herausgegeben von Bettina und Lars Clausen, Gütersloh 1975

–, Wielands Romane, München 1969

Jäckel, Günter, Schlösser, Manfred (Hrsg.), Das Volk braucht Licht. Frauen zur Zeit des Aufbruchs 1790–1848, Darmstadt 1970

Jens, Walter, Wieland als Übersetzer. In: Börsenblatt für den deutschen Buchhandel, 98/1979

Kant, Immanuel, Gesammelte Schriften, herausgegeben von der Preußischen Akademie der Wissenschaften, Berlin 1910 ff.

Keil, Robert (Hrsg.), vgl. Wieland

Kierkegaard, Sören, Der Begriff der Ironie, München 1929

Kiesel, H., Münch, P. (Hrsg.), Gesellschaft und Literatur im 18. Jahrhundert. Voraussetzungen und Entstehung des literarischen Marktes in Deutschland, München 1977

Kimpel, Dieter, Der Roman der Aufklärung, Stuttgart 1977

King, Stephen, Danse macabre, München 1988

Kleist, Heinrich von, Das war der stolzeste Augenblick meines Lebens. Heinrich von Kleist an Christoph Martin Wieland 17. Dezember 1807, herausgegeben von den Nationalen Forschungs- und Gedenkstätten der klassischen deutschen Literatur in Weimar, Weimar 1976

Klopstock, Friedrich Gottlieb, Sämmtliche Werke, Leipzig 1923

Koch, Max, Wieland, Allgemeine Deutsche Biographie, Berlin 1971

Köster, Albert, Die deutsche Literatur der Aufklärungszeit, Heidelberg 1925

Kopper, Joachim, Einführung in die Philosophie der Aufklärung, Darmstadt 1979

Kraus, Karl, Die Sprache, Wien 1937

Kuhn, Thomas S., Zur Struktur wissenschaftlicher Revolutionen, Frankfurt/M. 1975

LaRoche, Sophie von, Geschichte des Fräuleins von Sternheim. Von einer Freundin derselben aus Original=Papieren und anderen zuverlässigen Quellen gezogen. Herausgegeben von C. M. Wieland, Leipzig 1771

–, Geschichte von Miß Lony und der schöne Bund, Gotha 1789

–, Schönes Bild der Resignation, Leipzig 1795

Lessing, Gotthold Ephraim, Sämmtliche Schriften, Berlin 1784 ff.

Lüthi, Max, Das europäische Volksmärchen. Form und Wesen, Bern 1960

Lukian, vgl. Wieland

Mandelkow, Karl Robert, Orpheus und Maschine, Heidelberg 1976

Manger, Klaus, Klassizismus und Aufklärung. Das Beispiel des späten Wieland, Frankfurt/M. 1991

–, (Hrsg.), vgl. Wieland

Mann, Thomas, Bekenntnisse des Hochstaplers Felix Krull, Frankfurt/M. 1985

Marcuse, Ludwig, Plato und Dionys. Geschichte einer Demokratie und einer Diktatur, Berlin 1968

Mayer, Hans, Goethe. Versuch über den Erfolg, Frankfurt/M. 1973

McCarthy, John, Fantasy and Reality. An Epistemological Approach to Wieland, Bern 1974

Meier, Christian, Die politische Kunst der griechischen Tragödie, München 1988

Meyer, Hermann, Das Zitat in der Erzählkunst. Zur Geschichte und Poetik des europäischen Romans, Stuttgart 1967

Michelet, Carl Ludwig, Geschichte der letzten Systeme der Philosophie in Deutschland von Kant bis Hegel, Berlin 1937/Hildesheim 1967

Milch, Werner, Sophie La Roche, Frankfurt 1935

Müller, Jan Dirk, Wielands späte Romane, München 1971

Nadler, Joseph, Johann Georg Hamann. Der Zeuge des Corpus Mysticum, Salzburg 1949

De Pange, Pauline Gräfin, August Wilhelm Schlegel und Frau von Staël. Nach unveröffentlichten Briefen erzählt, Hamburg 1940

Pater, Walter, Plato und der Platonismus, Jena 1904

Paulsen, Christoph Martin Wieland. Der Mensch und sein Werk in psychologischen Perspektiven, Bern/München 1975

–, Die emanzipierte Frau in Wielands Weltbild. In: ders. (Hrsg.) Die Frau als Heldin und Autorin, Bern/München 1979

Phelan, Tony, Ironic Lovers. Wielands »Aristipp und einige seiner Zeitgenossen«. In: German Life and Letters, Vol. 29, Oxford 1975/76

Platons Werke von Schleiermacher, Berlin 1804

Popper, Karl, Die offene Gesellschaft und ihre Feinde, München 1977

Pütz, Peter (Hrsg.), Erforschung der deutschen Aufklärung, Königstein/Ts. 1980

Radspieler, Hans, Christoph Martin Wieland 1733–1813. Leben und Wirken in Oberschwaben (Katalog zur gleichnamigen Ausstellung), Weißenhorn 1983

–, Wieland Archiv Biberach, Wieland-Studien I, Sigmaringen 1991

–, (Hrsg.), vgl. Wieland

Rafetseder, Hermann, Bücherverbrennungen. Die öffentliche Hinrichtung von Schriften im historischen Wandel, Wien 1988

Ranke-Graves, Robert, Griechische Mythologie. Quellen und Deutung, Reinbek 1990

Reemtsma, Jan Philipp, u. a. Falun, Berlin 1992

–, »'Tis all in Peeces...« Stephen Toulmin zum 70sten. In: Mittelweg 36, 1, 1992

–, (Hrsg.) vgl. Wieland

Reinhold, Karl Leonhard, Schriften zur Religionskritik und Aufklärung 1782–1784, herausgegeben von Zwi Batscha, Bremen 1977
–, Über die Möglichkeit der Philosophie als strenge Wissenschaft, Über das Fundament des philosophischen Wissens, herausgegeben von Wolfgang Schrader, Hamburg 1978
–, Versuch einer neuen Theorie des menschlichen Vorstellungsvermögens, Prag/Jena 1789
Richter, Jean Paul Friedrich, Werke in drei Bänden, herausgegeben von Norbert Miller, München 1969
Ricken, Ulrich, Sprachtheorie und Weltanschauung in der europäischen Aufklärung. Zur Geschichte der Sprachtheorien des 18. Jahrhunderts und ihrer europäischen Rezeption nach der Französischen Revolution, Berlin 1990
Rogan, Richard, The Reader in the Novels of C. M. Wieland, Las Vegas 1981
Rorty, Richard, Der Spiegel der Natur. Eine Kritik der Philosophie, Frankfurt 1981
–, Kontingenz, Ironie und Solidarität, Frankfurt/M. 1989
–, Objectivity, Relativism and Truth, Cambridge 1991
–, (Hrsg.) The Linguistic Turn. Recent Essays in Philosophical Method, Chicago 1970
Russel, Bertrand, History of Western Philosophy, London 1961
Sachs, Jetta, Sophie la Roche, Jugendliebe Wielands und erste Frau die einen deutschen Roman schrieb, Heilbronn 1985
Schlaffer, Hannelore, Zum Klassencharakter der Aufklärung. In: vgl. Domdey
Schmid, Carl Christian Erhard, Wörterbuch zum leichtern Gebrauch der Kantischen Schriften nebst einer Abhandlung, Jena 1789
Schmidt, Arno, Bargfelder Ausgabe der Werke, Bargfeld 1986ff.
–, Zettels Traum, Stuttgart 1970
Schoder, Raymond, Das antike Griechenland aus der Luft, Bergisch Gladbach 1975
Schopenhauer, Arthur, Werke in 10 Bänden, Zürich 1977
Sengle, Friedrich, Wieland, Stuttgart 1949
Seiffert, Hans Werner (Hrsg.), vgl. Wieland
Shaftesbury, Anthony Ashley-Cooper Earl of, Ein Brief über den Enthusiasmus. Die Moralisten, Hamburg 1976
Starnes, Thomas C., Christoph Martin Wieland. Leben und Werk, Sigmaringen 1987
Steiner, Rudolf, Christoph Martin Wieland. In: ders. Biographen und biographische Skizzen 1894–1905
Sterne, Laurence, Leben und Ansichten von Tristram Shandy, Gentleman, Zürich 1983ff.
Toulmin, Stephen, Kosmopolis, Frankfurt/M. 1991
Vogt, Oskar, »Der goldene Spiegel« und Wielands politische Ansichten, Hildesheim 1978
Vorländer, Karl, Geschichte der Philosophie, Reinbek 1990
Vormweg, Heinrich, Die Romane Chr. M. Wielands. Zeitmorphologische Reihenuntersuchung, Bonn 1956 (Diss.)
Voß, Johann Heinrich, vgl. Starnes

Weyergraf, Bernhard, Der skeptische Bürger: Wielands Schriften zur Französischen Revolution, Stuttgart 1972
Wieland, Christoph Martin
Werkausgaben:
–, Sämmtliche Werke, Leipzig 1794 ff. (Nachdruck, Nördlingen 1984, darin enthalten: Gruber, Johann Gottfried, Wielands Leben)
–, Sämmtliche Werke, herausgegeben von Johann Gottfried Gruber, Leipzig 1818ff. (darin enthalten: Gruber, Johann Gottfried, Wielands Leben; darin manchmal enthalten: Gruber, Johann Gottfried, C. M. Wielands Selbst=Schilderung in der Erläuterung der die letzte Ausgabe begleitenden Kupfer=Sammlung)
–, Werke, Berlin o. J.
Auswahlausgaben:
–, Ausgewählte Prosa aus dem Teutschen Merkur (Hrsg. Hans Werner Seiffert) Marbach 1963
–, Meine Antworten. Aufsätze zur Französischen Revolution 1789–1793, Marbach 1983
–, Politische Schriften, insbesondere zur Französischen Revolution, herausgegeben von Hans und Johanna Radspieler und Jan Philipp Reemtsma, Nördlingen, 1988
Einzelausgaben:
–, Aristipp und einige seiner Zeitgenossen, herausgegeben von Klaus Manger, Frankfurt/M. 1988
–, Die Abentheuer des Don Sylvio von Rosalva. Carlsruhe 1777 (Nachdruck der zweiten Auflage)
–, Die Geschichte des Agathon, herausgegeben von Klaus Manger, Frankfurt/M. 1986
Übersetzungen:
Aristophanes, vgl. Attisches Museum und Neues Attisches Museum
Horazens Briefe, aus dem Lateinischen übersetzt und mit historischen Einleitungen und andern nöthigen Erläuterungen versehen von C. M. Wieland, herausgegeben von Hans Radspieler, Nördlingen 1986
Horazens Satiren, aus dem Lateinischen übersetzt und mit historischen Einleitungen und andern nöthigen Erläuterungen versehen von C. M. Wieland, herausgegeben von Hans Radspieler, Nördlingen 1985
Periodika:
Der Teutsche Merkur, Weimar 1773 ff.
Der Neue Teutsche Merkur, Weimar 1790 ff.
Attisches Museum, Leipzig 1805 ff.
Briefe:
–, Briefwechsel, herausgegeben von der Deutschen Akademie der Wissenschaften von Hans Werner Seiffert, Berlin 1963 ff.
–, Aus klassischer Zeit. Wieland und Reinhold. Original=Mittheilungen als Beiträge zur Geschichte des deutschen Geisteslebens im XVIII. Jahrhundert. Herausgegeben von Robert Keil, Leipzig o. J.
Materialien:
Günther, Gottfried, Zeilinger, Heidi, Wieland-Bibliographie, Berlin und Weimar 1983
Titelkupfer zu Wielands Werken 1818–1828, Weimar 1984
Verzeichniß der Bibliothek des verewigten Herrn Hofraths Wieland,

welche den 3. April 1815 und die folgenden Tage, gegen gleich baa-
rer Bezahlung, zu Weimar öffentlich versteigert werden soll, Weimar
1914

Wieland's Todtenfeier in der Loge Amalia zu Weimar am 18. Februar
1813. In: F. M. Analecten II. Heft, II. Abtheilung

Wilke, Jürgen, Literarische Zeitschriften des 18. Jahrhunderts, Stuttgart 1978

Winter, Hans-Gerhard, Dialog und Dialogroman in der Aufklärung,
Hamburg 1974

Xenophon, Anabasis, München 1959

–, Erinnerungen an Sokrates, München 1977

–, Symposion, Das Gastmahl, Stuttgart 1985

Klassiker der
deutschsprachigen Literatur
im <u>dtv</u>

Georg Büchner
Werke und Briefe
Neuausgabe · dtv 12374

**H. J. Chr. von
Grimmelshausen**
Der Abenteuerliche
Simplicissimus Teutsch
dtv 12379

E. T. A. Hoffmann
Die Elixiere des Teufels
Roman · dtv 12377

Gottfried Keller
Der grüne Heinrich
Herausgegeben und mit
einem Nachwort von
Clemens Heselhaus
dtv 12373

Heinrich von Kleist
Sämtliche Werke und
Briefe in zwei Bänden
Hrsg. von H. Sembdner
dtv 5925

Sämtliche Erzählungen
und Anekdoten
Hrsg. von H. Sembdner
dtv 12493

Philipp Melanchthon
Der Lehrer Deutschlands
Herausgegeben von
Hans-Rüdiger Schwab
dtv 2415

August von Platen
»Wer die Schönheit
angeschaut mit Augen…«
Ein Lesebuch
Herausgegeben von
Rüdiger Görner
dtv 2395

Johann Gottfried Seume
Spaziergang nach Syrakus
dtv 12378

Adalbert Stifter
Der Nachsommer
Roman
dtv 2018

Witiko
Roman
dtv 12375

Georg Trakl
Das dichterische Werk
dtv 12496

<u>dtv</u>

Literatur und Geschichte
zum Nachschlagen

Herbert A. und
Elisabeth Frenzel
**Daten deutscher
Dichtung**
Chronologischer Abriß der
deutschen Literaturge-
schichte in 2 Bänden
Band 1
Von den Anfängen bis zum
jungen Deutschland
dtv 3003
Band 2
Vom Realismus bis zur Ge-
genwart
dtv 3004

Horst Dieter Schlosser
**dtv-Atlas zur deutschen
Literatur**
dtv 3219

**Lexikon der
Goethe-Zitate**
Herausgegeben von
Richard Dobel
dtv 3361

**Der Kleine Pauly
Lexikon der Antike**
Herausgegeben von
Konrat Ziegler,
Walther Sontheimer und
Hans Gärtner
5 Bände · dtv 5963

Michael Grant
John Hazel
**Lexikon der antiken
Mythen und Gestalten**
Mit 390 Abbildungen,
Stammbäumen und
Karten
dtv 32508

Klaus-Jürgen Matz
Wer regierte wann?
Regententabellen zur Weltgeschichte
dtv 3294

Werner Hilgemann
Hermann Kinder
**dtv-Atlas zur
Weltgeschichte**
2 Bände
dtv 3001 und
dtv 3002

Konrad Fuchs
Heribert Raab
**Wörterbuch
Geschichte**
dtv 3364

Georg Denzler
Carl Andresen
**Wörterbuch
Kirchengeschichte**
dtv 32503

Literaturwissenschaft im <u>dtv</u>

dtv portrait

Herausgegeben von Martin Sulzer-Reichel
Originalausgaben

**Biographien bedeutender Frauen und Männer aus
Geschichte, Literatur, Philosophie, Kunst und Musik**

Denkanstöße Philosophie im dtv

dtv-Atlas Philosophie
dtv 3229

Michael Hauskeller
**Geschichte der Ethik
Antike**
dtv 30634

**Klassiker des
philosophischen Denkens**
Herausgegeben von
Norbert Hoerster
2 Bände
dtv 4386/4387

**Klassische Texte der
Staatsphilosophie**
Herausgegeben von
Norbert Hoerster
dtv 30147

Bertrand Russel
Denker des Abendlandes
Eine Geschichte der
Philosophie
dtv 30019

Eike von Savigny
**Der Mensch als
Mitmensch**
Wittgensteins ›Philoso-
phische Untersuchungen‹
dtv 4691

Arthur Schopenhauer
**Die Welt als Wille und
Vorstellung**
Gesamtausgabe · dtv 30671

Peter F. Strawson
**Analyse und
Metaphysik**
Eine Einführung in die
Philosophie
dtv 4615

Richard Tarnas
Idee und Leidenschaft
Die Wege des westlichen
Denkens
dtv 30715

Norbert Tholen
Kennen Sie Nietzsche?
dtv 30655

Was ist Natur?
Klassische Texte zur
Naturphilosophie
Herausgegeben von
Gregor Schiemann
dtv 4697

Wilhelm Weischedel
**Die philosophische
Hintertreppe**
34 große Philosophen in
Alltag und Denken
dtv 30020

dtv im Internet: www.dtv.de

Christoph Helferich

Geschichte der Philosophie

Von den Anfängen bis zur Gegenwart
und Östliches Denken
Mit einem Beitrag von Peter Christian Lang
dtv 30706

Diese umfassende, anschauliche und für Laien verständlich
geschriebene Philosophiegeschichte mit ihren zahlreichen
Illustrationen und ausführlichen Textbeispielen führt bis in
die jüngste Zeit. Sie bietet allen an Philosophie Interessierten gründliche Information über die großen Denker und
Denkerinnen, über die wichtigsten philosophischen Fragen
und Theorien sowie über die dadurch ausgelösten Debatten
und Kontroversen. Die faszinierende Welt der Philosophie – des Westens und des Ostens – in einem Band!

»Wer heute auf eine vergleichsweise kurzgefaßte Geschichte
der Philosophie im Weltmaßstab nicht von vornherein verzichten will, könnte zwar jederzeit eine andere Philosophiegeschichte schreiben, schwerlich aber eine ›bessere‹.«
Allgemeine Zeitschrift für Philosophie

»Helferich hat jene vom philosophischen Laien so gefürch-
tete esoterische Sprache, die die Philosophie immer wieder
in Mißkredit gebracht hat, durchgängig vermieden. Alle
speziellen Fachbegriffe werden entwickelt und erklärt. Sein
Buch ist deshalb als Einführung in die Philosophie und
damit zugleich in die geschichtlich entwickelten Formen
unseres Fragens und Denkens geeignet.«
Frankfurter Allgemeine Zeitung

dtv

Geschichte der Ethik

Die Frage nach dem richtigen Handeln und der richtigen Lebensführung gehört zu den zentralen Gegenständen philosophischen Denkens. Die auf vier Bände angelegte ›Geschichte der Ethik‹ eröffnet einen Überblick über die grundlegenden Anschauungen und Systeme der Ethik und führt in die Lektüre der wichtigsten philosophischen Texte ein. Bisher liegen vor:

Michael Hauskeller

Geschichte der Ethik
Antike
Originalausgabe
dtv 30634

Der erste Band der Geschichte der Ethik stellt die wichtigsten Systeme dieser philosophischen Disziplin in der Antike – Platon, Aristoteles, Epikur und die Stoa – vor und gibt damit auch eine Einführung in die grundlegenden Methoden philosophischen Denkens.

Michael Hauskeller

Geschichte der Ethik
Mittelalter
Originalausgabe
dtv 30727

Im abendländischen Mittelalter treten mit der christlichen Heilslehre Glaube, Liebe und Hoffnung an die Seite der Erkenntnis des Guten. Sich selbst zu erkennen und im Spannungsfeld von Willensfreiheit und Determination durch den allmächtigen Gott den richtigen Weg zu wählen, hält die mittelalterliche Geisteswelt in Atem.

dtv im Internet: www.dtv.de